KB210828

한국환경공단

NCS + 최종점검 모의고사 6회

시대에듀

2025 최신판 시대에듀 한국환경공단
NCS + 최종점검 모의고사 6회 + 무료NCS특강

Always **with you**

사람의 인연은 길에서 우연하게 만나거나 함께 살아가는 것만을 의미하지는 않습니다.
책을 펴내는 출판사와 그 책을 읽는 독자의 만남도 소중한 인연입니다.
시대에듀는 항상 독자의 마음을 헤아리기 위해 노력하고 있습니다. 늘 독자와 함께하겠습니다.

합격의 공식 ▶
시대에듀

자격증 · 공무원 · 금융/보험 · 면허증 · 언어/외국어 · 검정고시/독학사 · 기업체/취업
이 시대의 모든 합격! 시대에듀에서 합격하세요!
www.youtube.com ➜ 시대에듀 ➜ 구독

머리말 PREFACE

기후변화 대응을 위한 온실가스 관련 사업을 효율적으로 추진함으로써 환경 친화적 국가발전에 이바지하는 한국환경공단은 2025년에 신입직원을 채용할 예정이다. 채용절차는 「접수 ➜ 서류전형 ➜ 필기전형 ➜ 면접전형 ➜ 최종합격자 발표 ➜ 결격사유 확인」 순서로 진행된다. 서류전형은 경력·우대사항 등 정량평가와 자기소개서 등 정성평가를 시행하며, 고득점자 순으로 채용 인원의 10배수를 선발하여 필기전형 응시기회를 부여한다. 필기전형은 인성검사, 직업기초능력평가, 직무수행능력평가를 진행하며, 직업기초능력평가는 모든 직렬에서 의사소통능력, 수리능력, 문제해결능력, 조직이해능력 4개 영역을, 직무수행능력평가는 직렬별 전공과목을 평가한다. 필기전형의 경우 각 과목 만점의 40% 이상 득점자 중 총점 고득점자 순으로 직렬별 채용 인원의 2~3배수를 선발하므로 필기전형 합격을 위해서는 출제되는 영역에서 빠짐없이 고득점을 하는 것이 중요하다.

한국환경공단 합격을 위해 시대에듀에서는 한국환경공단 판매량 1위의 출간 경험을 토대로 다음과 같은 특징을 가진 도서를 출간하였다.

도서의 특징

❶ 기출복원문제를 통한 출제경향 파악!
- 2024년 하반기 주요 공기업 NCS 기출문제를 복원하여 공기업별 NCS 출제경향을 파악할 수 있도록 하였다.

❷ 한국환경공단 필기전형 출제 영역 맞춤 문제를 통한 실력 상승!
- 직업기초능력평가 대표기출유형&기출응용문제를 수록하여 유형별로 학습할 수 있도록 하였다.

❸ 최종점검 모의고사를 통한 완벽한 실전 대비!
- 철저한 분석을 통해 실제 유형과 유사한 최종점검 모의고사를 수록하여 자신의 실력을 점검할 수 있도록 하였다.

❹ 다양한 콘텐츠로 최종 합격까지!
- 한국환경공단 채용 가이드와 면접 기출질문을 수록하여 채용을 준비하는 데 부족함이 없도록 하였다.
- 온라인 모의고사를 무료로 제공하여 필기전형에 대비할 수 있도록 하였다.

끝으로 본 도서를 통해 한국환경공단 채용을 준비하는 모든 수험생 여러분이 합격의 기쁨을 누리기를 진심으로 기원한다.

SDC(Sidae Data Center) 씀

◇ **미션**

지속가능한 미래, 함께 누리는 환경

◇ **비전**

탄소중립시대를 선도하는 글로벌 환경전문기관

◇ **핵심가치**

신뢰

이해관계자와 소통하고 윤리 · 청렴 실천 등을 통해 국민 신뢰 확보

전문

지속적인 역량 개발 및 전문성 강화를 통해 탄소중립 실현 및 환경문제 해결

안전

기후위기 · 환경재난으로부터 걱정 없는 환경 및 일터 구현

혁신

변화와 혁신을 통해 기관 경쟁력과 국민 삶의 질 제고

◇ 전략목표 & 전략과제

| 탄소중립 · 청정대기 실현 | ▶ | ● 기후위기 대응 탄소중립 추진
● 대기환경 첨단 모니터링 강화 |

| 건강한 물환경 조성 | ▶ | ● 똑똑한 물관리, 견실한 물산업
● 물환경의 지속가능성 제고 |

| 순한경제사회로의 전환 | ▶ | ● 전주기 자원순환 관리체계 강화
● 빈틈없는 폐기물 관리 |

| 안전하고 지속가능한 생활환경 조성 | ▶ | ● 안전한 화학물질 · 시설관리 강화
● 생활환경 개선으로 국민 삶의 질 향상 |

| 경영혁신 및 ESG 경영 실천 | ▶ | ● 지속가능성장을 위한 내실 강화
● ESG 확산 및 역동경제 기여 |

◇ 인재상

참여와 열정, 창의와 융합, 책임과 존중의 K-eco 人

건강한 조직문화 구축을 위한 열정으로 참여를 이끌며, 미래 환경 선도를 위한
창의성과 융합능력을 갖추고, 사회적 가치의 실현과 이해관계자를 존중하는 인재

◇ **지원자격(공통)**

❶ 학력, 성별, 연령 제한 없음

❷ 임용예정일부터 즉시 업무 가능자

❸ 공단 인사규정 제16조에 따른 결격 사유가 없는 자

❹ 남자의 경우, 병역필 또는 병역 면제자(임용 예정일자 기준)

※ 모집구분 및 직렬 간 복수지원의 경우 불합격 처리

◇ **필기전형(공개경쟁채용)**

구분	시험과목	문항 수	반영비율	배점	소요시간
일반직 6급	인성검사	211	적/부	–	1교시 : 25분
	직업기초능력평가	50	50%	50점	2교시 : 60분
	직무수행능력평가	40	50%	50점	3교시 : 50분
일반직 8급	인성검사	211	적/부	–	1교시 : 25분
	직업기초능력평가	50	100%	100점	2교시 : 60분

※ 직업기초능력평가 : 의사소통능력, 수리능력, 문제해결능력, 조직이해능력

◇ **면접전형**

전형내용 : 직무수행능력(PT, 50%) 및 직업기초능력(인성, 50%)

구분	내용
면접방식	PT + 질의응답
평가항목	문제해결능력, 의사소통능력, 대인관계능력, 조직이해능력 등

❖ 위 채용 안내는 2024년 채용공고를 기준으로 작성하였으므로 세부사항은 확정된 채용공고를 확인하기 바랍니다.

총평

한국환경공단 필기전형의 경우, 난이도는 중간 난이도로 출제되었으나, 긴 지문의 문제와 빠른 사고력을 요하는 문제가 다수 출제되어 시간이 부족하였다는 후기가 많았다. NCS의 경우 의사소통능력, 수리능력, 문제해결능력은 피듈형으로 출제되었으나, 긴 지문의 PSAT형 문제가 많이 출제되었고, 조직이해능력의 경우 모듈형으로 출제되어 직업기초능력에 대한 사전 지식이 필요하였다. 50문제를 60분간 풀어야 하므로 철저한 시험시간 관리 및 과목별 유형학습을 통해 출제되는 문제에 익숙해지도록 연습하는 것이 중요하다.

◇ 영역별 출제 비중

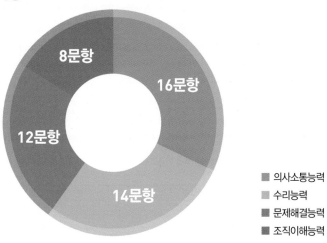

- 8문항
- 16문항
- 12문항
- 14문항

■ 의사소통능력
■ 수리능력
■ 문제해결능력
■ 조직이해능력

구분	출제 특징	출제 키워드
의사소통능력	• 지문의 길이가 긴 문제가 출제됨 • 내용 추론 및, 내용 일치 문제가 다수 출제됨	• 환경오염 및 신기술 관련 키워드 등
수리능력	• 표를 활용한 자료 해석 문제가 출제됨 • 복잡한 계산의 응용 수리 문제가 출제됨	• 거리, 속도, 시간, 확률, 표를 활용한 비율, 계산 등
문제해결능력	• 명제 추리 등의 사고력 문제가 출제됨 • 긴 지문의 문제처리능력 문제가 출제됨	• 효율적 선택, 비용 계산, 참/거짓 등
조직이해능력	• 모듈형 문제가 다수 출제됨 • 상대적으로 짧은 길이의 문제가 출제됨	• 공식 · 비공식조직, 경영이론, 조직 목표 및 문화 등

PSAT형

| 수리능력

04 다음은 신용등급에 따른 아파트 보증률에 대한 사항이다. 자료와 상황에 근거할 때, 갑(甲)과 을(乙)의 보증료의 차이는 얼마인가?(단, 두 명 모두 대지비 보증금액은 5억 원, 건축비 보증금액은 3억 원이며, 보증서 발급일로부터 입주자 모집공고 안에 기재된 입주 예정 월의 다음 달 말일까지의 해당 일수는 365일이다)

- (신용등급별 보증료)=(대지비 부분 보증료)+(건축비 부분 보증료)
- 신용평가 등급별 보증료율

구분	대지비 부분	건축비 부분				
		1등급	2등급	3등급	4등급	5등급
AAA, AA	0.138%	0.178%	0.185%	0.192%	0.203%	0.221%
A⁺		0.194%	0.208%	0.215%	0.226%	0.236%
A⁻, BBB⁺		0.216%	0.225%	0.231%	0.242%	0.261%
BBB⁻		0.232%	0.247%	0.255%	0.267%	0.301%
BB⁺~CC		0.254%	0.276%	0.296%	0.314%	0.335%
C, D		0.404%	0.427%	0.461%	0.495%	0.531%

※ (대지비 부분 보증료)=(대지비 부분 보증금액)×(대지비 부분 보증료율)×(보증서 발급일로부터 입주자 모집공고 안에 기재된 입주 예정 월의 다음 달 말일까지의 해당 일수)÷365

※ (건축비 부분 보증료)=(건축비 부분 보증금액)×(건축비 부분 보증료율)×(보증서 발급일로부터 입주자 모집공고 안에 기재된 입주 예정 월의 다음 달 말일까지의 해당 일수)÷365

- 기여고객 할인율 : 보증료, 거래기간 등을 기준으로 기여도에 따라 6개 군으로 분류하며, 건축비 부분 요율에서 할인 가능

구분	1군	2군	3군	4군	5군	6군
차감률	0.058%	0.050%	0.042%	0.033%	0.025%	0.017%

〈상황〉

- 갑 : 신용등급은 A⁺이며, 3등급 아파트 보증금을 내야 한다. 기여고객 할인율에서는 2군으로 선정되었다.
- 을 : 신용등급은 C이며, 1등급 아파트 보증금을 내야 한다. 기여고객 할인율은 3군으로 선정되었다.

① 554,000원
② 566,000원
③ 582,000원
④ 591,000원
⑤ 623,000원

특징 ▶ 대부분 의사소통능력, 수리능력, 문제해결능력을 중심으로 출제(일부 기업의 경우 자원관리능력, 조직이해능력을 출제)
▶ 자료에 대한 추론 및 해석 능력을 요구

대행사 ▶ 엑스퍼트컨설팅, 커리어넷, 태드솔루션, 한국행동과학연구소(행과연), 휴노 등

모듈형

> **41** 문제해결절차의 문제 도출 단계는 (가)와 (나)의 절차를 거쳐 수행된다. 다음 중 (가)에 대한 설명으로 적절하지 않은 것은?
>
> | (가) | → | (나) |
> | --- | --- | --- |
> | 전체 문제를 개별화된 이슈들로 세분화 | | 문제에 영향력이 큰 핵심이슈를 선정 |
>
> ① 문제의 내용 및 영향 등을 파악하여 문제의 구조를 도출한다.
> ② 본래 문제가 발생한 배경이나 문제를 일으키는 메커니즘을 분명히 해야 한다.
> ③ 현상에 얽매이지 말고 문제의 본질과 실제를 봐야 한다.
> ④ 눈앞의 결과를 중심으로 문제를 바라봐야 한다.
> ⑤ 문제 구조 파악을 위해서 Logic Tree 방법이 주로 사용된다.

┃ 문제해결능력

특징
▶ 이론 및 개념을 활용하여 푸는 유형
▶ 채용 기업 및 직무에 따라 NCS 직업기초능력평가 10개 영역 중 선발하여 출제
▶ 기업의 특성을 고려한 직무 관련 문제를 출제
▶ 주어진 상황에 대한 판단 및 이론 적용을 요구

대행사
▶ 인트로맨, 휴스테이션, ORP연구소 등

피듈형(PSAT형 + 모듈형)

> **07** 다음 자료를 근거로 판단할 때, 연구모임 A ~ E 중 세 번째로 많은 지원금을 받는 모임은?
>
> **┃ 자원관리능력**
>
>
>
> 〈지원계획〉
>
> • 지원을 받기 위해서는 한 모임당 5명 이상 9명 미만으로 구성되어야 한다.
> • 기본지원금은 모임당 1,500천 원을 기본으로 지원한다. 단, 상품개발을 위한 모임의 경우는 2,000천 원을 지원한다.
> • 추가지원금
>
> | 등급 | 상 | 중 | 하 |
> | --- | --- | --- | --- |
> | 추가지원금(천 원/명) | 120 | 100 | 70 |
>
> ※ 추가지원금은 연구 계획 사전평가결과에 따라 달라진다.
> • 협업 장려를 위해 협업이 인정되는 모임에는 위의 두 지원금을 합한 금액의 30%를 별도로 지원한다.
>
> 〈연구모임 현황 및 평가결과〉

특징
▶ 기초 및 응용 모듈을 구분하여 푸는 유형
▶ 기초인지모듈과 응용업무모듈로 구분하여 출제
▶ PSAT형보다 난도가 낮은 편
▶ 유형이 정형화되어 있고, 유사한 유형의 문제를 세트로 출제

대행사
▶ 사람인, 스카우트, 인크루트, 커리어케어, 트리피, 한국사회능력개발원 등

주요 공기업 적중 문제 TEST CHECK

빈칸 삽입 ▶ 유형

01 다음 중 빈칸에 들어갈 내용으로 가장 적절한 것은?

＿＿＿＿＿＿＿＿＿는 슬로건이 대두되는 이유는 우리가 작품의 맥락과 내용에 대한 지식에 의존하여 작품을 감상하는 일이 자주 있기 때문이다. 맥락에 있어서건 내용에 있어서건 지식이 작품의 가치평가에서 하는 역할이란 작품의 미적인 측면과는 관련이 없는 것처럼 보인다. 단토는 일찍이 '어떤 것을 예술로 보는 것은 눈이 알아보지 못하는 무엇[예술이론의 분위기와 예술사에 대한 지식, 즉 예술계(Artworld)]을 요구한다.'고 주장했다. 그가 드는 고전적인 예는 앤디 워홀이 복제한 브릴로 상자들인데, 이 상자들은 1960년대의 평범한 슈퍼마켓에 깔끔하게 쌓아올려진 채 진열되어 있었던 그런 종류의 물건이었다. 어떤 의도와 목적을 가지고 보든지 워홀의 브릴로 상자는 그것이 모사하는 일상의 대상인 실제 브릴로 상자들과 조금도 달라 보이지 않지만, 그래도 우리는 워홀의 상자는 예술로 대하고 가게에 있는 상자들은 그렇게 대하지 않는다. 그 차이는 워홀이 만든 대상이 지닌 아름다움으로는 설명될 수 없다. 왜냐하면 이 측면에서라면 두 종류의 상자가 지닌 특질은 동일하다고 볼 수 있기 때문이다. 그렇다면 우리는 워홀의 브릴로 상자가 지닌 아름다움에 대해 그것은 그 작품의 예술로서의 본성과 의미와 관련하여 외적이라고 말할 수 있을 것이다.

① 의미가 중요하다
② 대중성이 중요하다
③ 실천이 중요하다
④ 지식이 중요하다
⑤ 아름다운 것의 예술적 변용이 중요하다

조건 추론 ▶ 유형

※ 다음 〈조건〉을 바탕으로 추론한 〈보기〉에 대한 판단으로 옳은 것을 고르시오. [8~9]

08

조건
- 축구를 좋아하는 사람은 야구를 싫어한다.
- 야구를 좋아하는 사람은 농구를 싫어한다.
- 농구를 좋아하는 사람은 축구를 좋아한다.

보기
A : 농구를 좋아하는 사람은 야구를 싫어한다.
B : 축구를 싫어하는 사람은 농구를 싫어하고, 야구를 좋아한다.

① A만 옳다.
② B만 옳다.
③ A, B 모두 옳다.
④ A, B 모두 틀리다.
⑤ A, B 모두 옳은지 틀린지 판단할 수 없다.

한국농어촌공사

2024년 적중

내용 일치 ▶ 유형

01 다음 글의 내용으로 가장 적절한 것은?

> 선물환거래란 계약일로부터 일정시간이 지난 뒤 특정일에 외환의 거래가 이루어지는 것이다. 현재 약정한 금액으로 미래에 결제하게 되기 때문에, 선물환계약을 체결하게 되면 약정된 결제일까지 매매 쌍방 모두 결제가 이연된다. 선물환거래는 보통 환리스크를 헤지(Hedge)하기 위한 목적으로 이용된다. 예를 들어 1개월 이후 달러로 거래 대금을 수령할 예정인 수출한 기업은 1개월 후 달러를 매각하는 대신 원화를 수령하는 선물환계약을 통해 원/달러 환율변동에 따른 환리스크를 헤지할 수 있다.
>
> 이외에도 선물환거래는 금리차익을 얻는 것과 투기적 목적 등을 가지고 있다. 선물환거래에는 일방적으로 선물환을 매입하는 것 또는 매도 거래만 발생하는 Outright Forward 거래가 있으며, 선물환거래가 스왑거래의 일부분으로써 현물환거래와 같이 발생하는 Swap Forward 거래가 있다. Outright Forward 거래는 만기 때 실물 인수도가 일어나는 일반 선물환거래와 만기 때 실물의 인수 없이 차액만을 정산하는 차액결제선물환(NDF: Non – Deliverable Forward) 거래로 구분된다.
>
> 옵션(Option)이란 거래당사자들이 미리 가격을 정하고, 그 가격으로 미래의 특정시점이나 그 이전에 자산을 사고파는 권리를 매매하는 계약으로, 선도 및 선물, 스왑거래 등과 같은 파생금융상품이다. 옵션은 매입권리가 있는 콜옵션(Call Option)과 매도권리가 있는 풋옵션(Put Option)으로 구분된다. 옵션거래로 매입이나 매도할 수 있는 권리를 가지게 되는 옵션매입자는 시장가격의 변동에 따라 자기에게 유리하거나 불리한 경우를 판단하여, 옵션을 행사하거나 포기할 수도 있다. 옵션매입자는 선택할 권리에 대한 대가로 옵션매도자에게 프리미엄을 지급하고, 옵션매도자는 프리미엄을 받는 대신 옵션매입자가 행사하는 옵션에 따라 발생하는 것에 대해 이해하는 책임을 가진다. 옵션거래의 손해와 이익은 행사가격, 현재가격 및 프리미엄에 의해 결정된다.

① 선물환거래는 투기를 목적으로 사용되기도 한다.

2024년 적중

원탁 ▶ 키워드

01 서로 다른 직업을 가진 남자 2명과 여자 2명이 〈조건〉대로 원탁에 앉아 있을 때, 다음 중 옳은 것은?

> **조건**
> • 네 사람의 직업은 각각 교사, 변호사, 자영업자, 의사이다.
> • 네 사람은 각각 검은색 원피스, 파란색 재킷, 흰색 니트, 밤색 티셔츠를 입고 있으며, 이 중 검은색 원피스는 여성용, 파란색 재킷은 남성용이다.
> • 남자는 남자끼리, 여자는 여자끼리 인접해서 앉아 있다.
> • 변호사는 흰색 니트를 입고 있다.
> • 자영업자는 남자이다.
> • 의사의 왼쪽 자리에 앉은 사람은 검은색 원피스를 입었다.
> • 교사는 밤색 니트를 입은 사람과 원탁을 사이에 두고 마주 보고 있다.

① 교사와 의사는 원탁을 사이에 두고 마주 보고 있다.
② 변호사는 남자이다.
③ 밤색 티셔츠를 입은 사람은 여자이다.
④ 의사는 파란색 재킷을 입고 있다.
⑤ 검은 원피스를 입은 여자는 자영업자의 옆에 앉아 있다.

한국마사회

글의 주제 ▶ 유형

03 다음 (가) ~ (라) 문단의 주제로 적절하지 않은 것은?

(가) 우리는 최근 '사회가 많이 깨끗해졌다.'라는 말을 많이 듣는다. 실제 우리의 일상생활은 정말 많이 깨끗해졌다. 과거에 비하면 일상생활에서 뇌물이 오가는 경우가 거의 없어진 것이다. 그런데 왜 부패인식지수가 나아지기는커녕 도리어 나빠지고 있을까? 일상생활과 부패인식지수가 전혀 다른 모습을 보이는 이유는 어디에 있을까?

(나) 부패인식지수가 산출되는 과정에서 그 물음의 답을 찾을 수 있다. 부패인식지수는 국제투명성기구에서 매년 조사하여 발표하고 있는 세계적으로 가장 권위 있는 부패 지표로, 지수는 국제적인 조사 및 평가를 실시하고 있는 여러 기관의 조사 결과를 바탕으로 산출된다. 각 기관의 조사 항목과 조사 대상은 서로 다르지만, 주요 항목은 공무원의 직권 남용 억제 기능, 공무원의 공적 권력의 사적 이용, 공공서비스와 관련한 뇌물 등으로 공무원의 뇌물과 부패에 초점이 맞추어져 있다.

(다) 부패인식지수를 이해하는 데에 주목하여야 할 또 하나의 중요한 점은 부패인식지수 계산에 사용된 각 지수의 조사 대상이다. 조사에 따라 약간의 차이가 있기는 하지만 조사는 주로 해당 국가나 해당 국가와 거래하고 있는 고위 기업인과 전문가들을 대상으로 이루어진다. 일반 시민이 아니라 기업 활동에서 공직자들과 깊숙한 관계를 맺고 있어 공직자들의 행태를 누구보다 잘 알고 있을 것으로 추정되는 사람들의 의견을 대상으로 하는 것이다. 결국 부패인식지수는 고위 기업경영인과 전문가들의 공직 사회의 뇌물과 부패에 대한 평가라 할 수 있다.

(라) 그렇다면 부패인식지수를 개선하는 방법은 무엇일까? 그간 정부는 공무원행동강령, 청탁금지법, 부패방지기구 설치 등 많은 제도적인 노력을 기울여왔다. 이러한 정부의 노력에도 불구하고 정부 반부패정책은 대부분 효과가 없는 것으로 보인다. 정부 노력에 대한 일반 시민들의 시선도 차갑기만 하다. 결국 별의 제도적 장치는 우리 사회에 만연한 연줄 문화 안에서 힘을

문장 삽입 ▶ 유형

02 다음 글에서 〈보기〉의 문장이 들어갈 위치로 가장 적절한 곳은?

(가) 1783년 영국 자연철학자 존 미첼은 빛은 입자라는 생각과 뉴턴의 중력이론을 결합한 이론을 제시하였다. 그는 우선 별들이 어떻게 보일 것인지 사고 실험을 통해 예측하였다.
별의 표면에서 얼마간의 초기 속도로 입자를 쏘아 올려 아무런 방해 없이 위로 올라간다고 가정해보자. (나) 만약에 초기 속도가 충분히 빠르지 않으면 별의 중력은 입자의 속도를 점점 느리게 할 것이며, 결국 그 입자를 별의 표면으로 되돌아가게 할 것이다. 만약 초기 속도가 충분히 빠르면 입자는 중력을 극복하고 별을 탈출할 수 있을 것이다. 이렇게 입자가 별을 탈출할 수 있는 최소한의 초기 속도는 '탈출 속도'라고 불린다.

(다) 이를 바탕으로 미첼은 '임계 둘레'라는 것도 추론해냈다. 임계 둘레란 탈출 속도와 빛의 속도를 같게 만드는 별의 둘레를 말한다. 빛 입자는 다른 입자들처럼 중력의 영향을 받는다. 그로 인해 빛은 임계 둘레보다 작은 둘레를 가진 별에서는 탈출할 수 없다. 그런 별에서 약 30만 km/s의 초기 속도로 빛 입자를 쏘아 올렸을 때 입자는 우선 위로 날아갈 것이다. (라) 그런 다음 멈출 때까지 느려지다가, 결국 별의 표면으로 되돌아갈 것이다. 미첼은 임계 둘레를 쉽게 계산할 수 있었다. 태양과 동일한 질량을 가진 별의 임계 둘레는 약 19km로 계산되었다. 이러한 사고 실험을 통해 미첼은 임계 둘레보다 작은 둘레를 가진 암흑의 별들이 무척 많을 테고, 그 별들에선 빛 입자가 빠져나올 수 없기에 지구에서는 볼 수 없을 것으로 추측했다.

보기

미첼은 뉴턴의 중력이론을 이용해서 탈출 속도를 계산할 수 있었으며, 그 속도가 별 질량을 별의 둘레로 나눈 값의 제곱근에 비례한다는 것을 유도하였다.

해양환경공단

수열에너지 ▶ 키워드

09 다음 글에서 〈보기〉의 문장이 들어갈 위치로 가장 적절한 곳은?

> **무한한 자원, 물에서 얻는 혁신적인 친환경 에너지**
> − 세계 최초 '수열에너지 융·복합 클러스터' 조성 −
>
> 수열에너지는 말 그대로 물의 열(熱)에서 추출한 에너지를 말한다. ___(A)___ 겨울에는 대기보다 높고, 여름에는 낮은 물의 온도 차를 이용해 에너지를 추출하는 첨단 기술이다. 이 수열에너지를 잘 활용하면 기존 냉난방 시스템보다 최대 50%까지 에너지를 절약할 수 있다. ___(B)___ 특히, 지구의 70%를 차지하는 물을 이용해 만든 에너지이기 때문에 친환경적이며 보존량도 무궁무진한 것이 최대 장점이다. ___(C)___ 지난 2014년에는 경기도 하남의 팔당호 물을 활용해 L타워의 냉난방 비용을 연간 30%나 절감하는 성과를 거두기도 했다. 이에 한강권역본부는 소양강댐의 차가운 냉수가 지니는 수열에너지를 이용해 세계 최초의 수열에너지 기반 친환경 데이터센터 집적 단지를 조성하는 융·복합 클러스터 조성사업(K-Cloud Park)을 추진하고 있다. ___(D)___ 생활이 불편할 만큼 차가운 소양강의 물이 기술의 발달과 발상의 전환으로 4차 산업혁명 시대에 걸맞은 사업을 유치하며 새로운 가치를 발굴한 사례다. 프로젝트가 마무리되면, 수열에너지 활용에 따른 에너지 절감효과는 물론, 5,517명의 일자리 창출 및 연 220억 원 가량의 지방세 세수 증가가 이뤄질 것으로 기대된다.

> ───〈보기〉───
> 이를 통해 수열에너지 기반의 스마트팜 첨단농업단지, 물 기업 특화 산업단지까지 구축하게 되면 새로운 부가가치를 창출하는 비즈니스 플랫폼은 물론, 아시아·태평양 지역의 클라우드 데이터센터 허브로 자리 잡게 될 것으로 전망된다.

① (A)
② (B)
③ (C)
④ (D)

단축키 ▶ 키워드

33 다음 중 한글에서 파일을 다른 이름으로 저장할 때 사용하는 단축키는?

> 새 문서(N)
> 새 탭(B)
> 문서마당(T)...
> XML 문서(M)
> 불러오기(O)...
> 최근 작업 문서(R)...
> 문서 닫기(C)
> 저장하기(S)
> 다른 이름으로 저장하기(A)...

① [Alt]+[N]
② [Ctrl]+[N], [P]
③ [Alt]+[S]
④ [Alt]+[V]

도서 200% 활용하기 STRUCTURES

1 기출복원문제로 출제경향 파악

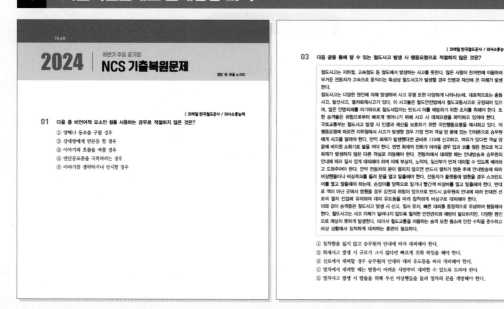

▶ 2024년 하반기 주요 공기업 NCS 기출문제를 복원하여 공기업별 NCS 필기 유형을 파악할 수 있도록 하였다.

2 대표기출유형 + 기출응용문제로 NCS 완벽 대비

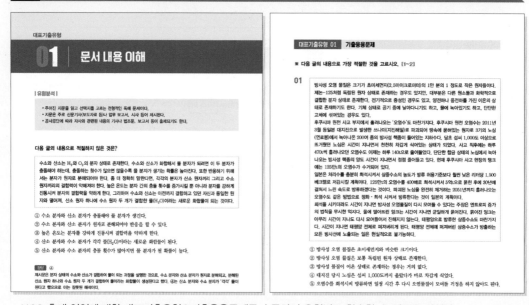

▶ NCS 출제 영역에 대한 대표기출유형&기출응용문제를 수록하여 유형별로 학습할 수 있도록 하였다.

3 최종점검 모의고사 + OMR을 활용한 실전 연습

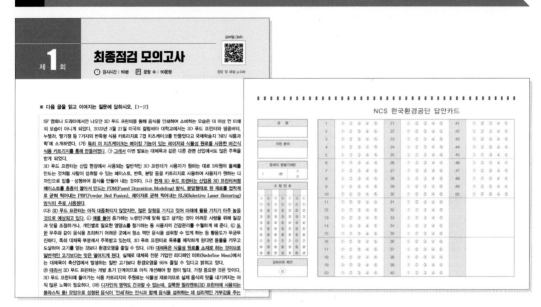

▶ 철저한 분석을 통해 실제 유형과 유사한 최종점검 모의고사를 수록하여 자신의 실력을 점검할 수 있도록 하였다.
▶ 모바일 OMR 답안채점/성적분석 서비스를 제공하여 자동으로 점수를 채점하고 확인할 수 있도록 하였다.

4 인성검사부터 면접까지 한 권으로 최종 마무리

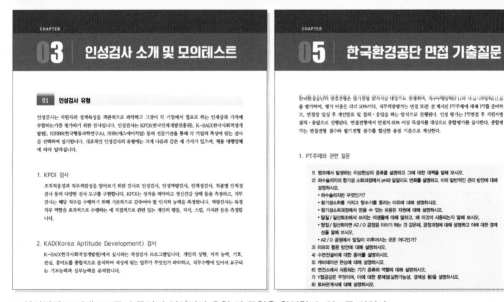

▶ 인성검사 모의테스트를 수록하여 인성검사 유형 및 문항을 확인할 수 있도록 하였다.
▶ 한국환경공단 면접 기출질문을 수록하여 실제 면접에서 나오는 질문을 미리 파악하고 연습할 수 있도록 하였다.

이 책의 차례 CONTENTS

A d d +   2024년 하반기 주요 공기업 NCS 기출복원문제   2

PART 1   직업기초능력평가

CHAPTER 01 의사소통능력   4
대표기출유형 01 문서 내용 이해
대표기출유형 02 글의 주제 · 제목
대표기출유형 03 내용 추론
대표기출유형 04 빈칸 삽입
대표기출유형 05 문서 작성 · 수정

CHAPTER 02 수리능력   42
대표기출유형 01 응용 수리
대표기출유형 02 자료 이해

CHAPTER 03 문제해결능력   64
대표기출유형 01 명제 추론
대표기출유형 02 규칙 적용
대표기출유형 03 자료 해석

CHAPTER 04 조직이해능력   86
대표기출유형 01 경영 전략
대표기출유형 02 조직 구조
대표기출유형 03 업무 종류

PART 2   최종점검 모의고사

제1회 최종점검 모의고사   106
제2회 최종점검 모의고사   140
제3회 최종점검 모의고사   174

PART 3   채용 가이드

CHAPTER 01 블라인드 채용 소개   208
CHAPTER 02 서류전형 가이드   210
CHAPTER 03 인성검사 소개 및 모의테스트   217
CHAPTER 04 면접전형 가이드   224
CHAPTER 05 한국환경공단 면접 기출질문   234

별   책   정답 및 해설

Add+ 2024년 하반기 주요 공기업
         NCS 기출복원문제   2

PART 1 직업기초능력평가   16

PART 2 최종점검 모의고사   46

OMR 답안카드

합격의 공식 시대에듀 www.sdedu.co.kr

Add+

2024년 하반기
주요 공기업 NCS
기출복원문제

※ 기출복원문제는 수험생들의 후기를 통해 시대에듀에서 복원한 문제로 실제 문제와 다소 차이가 있을 수 있으며, 본 저작물의 무단전재 및 복제를 금합니다.

| 코레일 한국철도공사 / 의사소통능력

01 다음 중 비언어적 요소인 쉼을 사용하는 경우로 적절하지 않은 것은?

① 양해나 동조를 구할 경우

② 상대방에게 반문을 할 경우

③ 이야기의 흐름을 바꿀 경우

④ 연단공포증을 극복하려는 경우

⑤ 이야기를 생략하거나 암시할 경우

| 코레일 한국철도공사 / 의사소통능력

02 다음 밑줄 친 부분에 해당하는 키슬러의 대인관계 의사소통 유형은?

> 의사소통 시 <u>이 유형</u>의 사람은 따뜻하고 인정이 많고 자기희생적이나 타인의 요구를 거절하지 못하므로 타인과의 정서적인 거리를 유지하는 노력이 필요하다.

① 지배형　　　　　　　　　　② 사교형

③ 친화형　　　　　　　　　　④ 고립형

⑤ 순박형

03 다음 글을 통해 알 수 있는 철도사고 발생 시 행동요령으로 적절하지 않은 것은?

> 철도사고는 지하철, 고속철도 등 철도에서 발생하는 사고를 뜻한다. 많은 사람이 한꺼번에 이용하며 무거운 전동차가 고속으로 움직이는 특성상 철도사고가 발생할 경우 인명과 재산에 큰 피해가 발생한다.
>
> 철도사고는 다양한 원인에 의해 발생하며 사고 유형 또한 다양하게 나타나는데, 대표적으로는 충돌사고, 탈선사고, 열차화재사고가 있다. 이 사고들은 철도안전법에서 철도교통사고로 규정되어 있으며, 많은 인명피해를 야기하므로 철도사업자는 반드시 이를 예방하기 위한 조치를 취해야 한다. 또한 승객들은 위험으로부터 빠르게 벗어나기 위해 사고 시 대피요령을 파악하고 있어야 한다.
>
> 국토교통부는 철도사고 발생 시 인명과 재산을 보호하기 위한 국민행동요령을 제시하고 있다. 이 행동요령에 따르면 지하철에서 사고가 발생할 경우 가장 먼저 객실 양 끝에 있는 인터폰으로 승무원에게 사고를 알려야 한다. 만약 화재가 발생했다면 곧바로 119에 신고하고, 여유가 있다면 객실 양 끝에 비치된 소화기로 불을 꺼야 한다. 반면 화재의 진화가 어려울 경우 입과 코를 젖은 천으로 막고 화재가 발생하지 않은 다른 객실로 이동해야 한다. 전동차에서 대피할 때는 안내방송과 승무원의 안내에 따라 질서 있게 대피해야 하며 이때 부상자, 노약자, 임산부가 먼저 대피할 수 있도록 배려하고 도와주어야 한다. 만약 전동차의 문이 열리지 않으면 반드시 열차가 멈춘 후에 안내방송에 따라 비상핸들이나 비상콕크를 돌려 문을 열고 탈출해야 한다. 전동차가 플랫폼에 멈췄을 경우 스크린도어를 열고 탈출해야 하는데, 손잡이를 양쪽으로 밀거나 빨간색 비상바를 밀고 탈출해야 한다. 반대로 역이 아닌 곳에서 멈췄을 경우 감전의 위험이 있으므로 반드시 승무원의 안내에 따라 반대편 선로의 열차 진입에 유의하며 대피 유도등을 따라 침착하게 비상구로 대피해야 한다.
>
> 이와 같이 승객들은 철도사고 발생 시 신고, 질서 유지, 빠른 대피를 중점적으로 유념하여 행동해야 한다. 철도사고는 사고 자체가 일어나지 않도록 철저한 안전관리와 예방이 필요하지만, 다양한 원인으로 예상치 못하게 발생한다. 따라서 철도교통을 이용하는 승객 또한 평소에 안전 수칙을 준수하고 비상 상황에서 침착하게 대처하는 훈련이 필요하다.

① 침착함을 잃지 않고 승무원의 안내에 따라 대피해야 한다.
② 화재사고 발생 시 규모가 크지 않다면 빠르게 진화 작업을 해야 한다.
③ 선로에서 대피할 경우 승무원의 안내와 대피 유도등을 따라 대피해야 한다.
④ 열차에서 대피할 때는 탈출이 어려운 사람부터 대피할 수 있도록 도와야 한다.
⑤ 열차사고 발생 시 탈출을 위해 우선 비상핸들을 돌려 열차의 문을 개방해야 한다.

04 다음 글을 읽고 알 수 있는 하향식 읽기 모형의 사례로 적절하지 않은 것은?

글을 읽는 것은 단순히 책에 쓰인 문자를 해독하는 것이 아니라 그 안에 담긴 의미를 파악하는 과정이다. 그렇다면 사람들은 어떤 방식으로 글의 의미를 파악할까? 세상의 모든 어휘를 알고 있는 사람은 없을 것이다. 그러나 대부분의 사람들, 특히 고등교육을 받은 성인들은 자신이 잘 모르는 어휘가 있더라도 글의 전체적인 맥락과 의미를 파악할 수 있다. 이를 설명해 주는 것이 바로 하향식 읽기 모형이다.

하향식 읽기 모형은 독자가 이미 알고 있는 배경지식과 경험을 바탕으로 글의 전체적인 맥락을 먼저 파악하는 방식이다. 하향식 읽기 모형은 독자의 능동적인 참여를 활용하는 읽기로, 여기서 독자는 단순히 글을 받아들이는 수동적인 존재가 아니라 자신의 지식과 경험을 활용하여 글의 의미를 구성해 나가는 주체적인 역할을 한다. 이때 독자는 글의 내용을 예측하고 추론하며, 심지어 자신의 생각을 더하여 글에 대한 이해를 넓혀갈 수 있다.

하향식 읽기 모형의 장점은 빠르고 효율적인 독서가 가능하다는 것이다. 글의 전체적인 맥락을 먼저 파악하기 때문에 글의 핵심 내용을 빠르게 파악할 수 있고, 배경지식을 활용하여 더 깊이 있는 이해를 얻을 수 있다. 또한 예측과 추론을 통한 능동적인 독서는 독서에 대한 흥미를 높여 주는 효과도 있다.

그러나 하향식 읽기 모형은 독자의 배경지식에 의존하여 읽는 방법이므로 배경지식이 부족한 경우 글의 의미를 정확하게 파악하기 어려울 수 있으며, 배경지식에 의존하여 오해를 할 가능성도 크다. 또한 글의 내용이 복잡하다면 많은 배경지식을 가지고 있더라도 글의 맥락을 적극적으로 가정하거나 추측하기 어려운 것 또한 하향식 읽기 모형의 단점이 된다.

하향식 읽기 모형은 글의 내용을 빠르게 이해하고 독자 스스로 내면화할 수 있으므로 독서 능력 향상에 유용한 방법이다. 그러나 모든 글에 동일하게 적용할 수 있는 읽기 모델은 아니므로 글의 종류와 독자의 배경지식에 따라 적절한 읽기 전략을 사용해야 한다. 따라서 하향식 읽기 모형과 함께 상향식 읽기(문자의 정확한 해독), 주석 달기, 소리 내어 읽기 등 다양한 읽기 전략을 활용하여야 한다.

① 회의 자료를 읽기 전 회의 주제를 먼저 파악하여 회의 안건을 예상하였다.

② 기사의 헤드라인을 먼저 읽어 기사의 내용을 유추한 뒤 상세 내용을 읽었다.

③ 제품 설명서를 읽어 제품의 기능과 각 버튼의 용도를 파악하고 기계를 작동시켰다.

④ 요리법의 전체적인 조리 과정을 파악하고 단계별로 필요한 재료와 순서를 확인하였다.

⑤ 서문이나 목차를 통해 책의 전체적인 흐름을 파악하고 관심 있는 부분을 집중적으로 읽었다.

05 농도가 15%인 소금물 200g과 농도가 20%인 소금물 300g을 섞었을 때, 섞인 소금물의 농도는?

① 17%

② 17.5%

③ 18%

④ 18.5%

⑤ 19%

06 남직원 A ~ C, 여직원 D ~ F 6명이 일렬로 앉고자 한다. 여직원끼리 인접하지 않고, 여직원 D와 남직원 B가 서로 인접하여 앉는 경우의 수는?

① 12가지

② 20가지

③ 40가지

④ 60가지

⑤ 120가지

07 다음과 같이 일정한 규칙으로 수를 나열할 때 빈칸에 들어갈 수로 옳은 것은?

	−23	−15	−11	5	13	25	( )	45	157	65

① 49

② 53

③ 57

④ 61

⑤ 65

08 다음은 K시의 유치원, 초·중·고등학교, 고등교육기관의 취학률 및 초·중·고등학교의 상급학교 진학률에 대한 자료이다. 이에 대한 설명으로 옳지 않은 것은?

〈유치원, 초·중·고등학교, 고등교육기관 취학률〉

(단위 : %)

구분	2014년	2015년	2016년	2017년	2018년	2019년	2020년	2021년	2022년	2023년
유치원	45.8	45.2	48.3	50.6	51.6	48.1	44.3	45.8	49.7	52.8
초등학교	98.7	99	98.6	98.9	99.3	99.6	98.1	98.1	99.5	99.9
중학교	98.5	98.6	98.1	98	98.9	98.5	97.1	97.6	97.5	98.2
고등학교	95.3	96.9	96.2	95.4	96.2	94.7	92.1	93.7	95.2	95.6
고등교육기관	65.6	68.9	64.9	66.2	67.5	69.2	70.8	71.7	74.3	73.5

〈초·중·고등학교 상급학교 진학률〉

(단위 : %)

구분	2014년	2015년	2016년	2017년	2018년	2019년	2020년	2021년	2022년	2023년
초등학교	100	100	100	100	100	100	100	100	100	100
중학교	99.7	99.7	99.7	99.7	99.7	99.7	99.7	99.7	99.7	99.6
고등학교	93.5	91.8	90.2	93.2	91.7	90.5	91.4	92.6	93.9	92.8

① 중학교의 취학률은 매년 97% 이상이다.
② 매년 취학률이 가장 높은 기관은 초등학교이다.
③ 고등교육기관의 취학률이 70%를 넘긴 해는 2020년부터이다.
④ 2023년에 중학교에서 고등학교로 진학하지 않은 학생의 비율은 전년 대비 감소하였다.
⑤ 고등교육기관의 취학률이 가장 낮은 해와 고등학교의 상급학교 진학률이 가장 낮은 해는 같다.

09 다음은 A기업과 B기업의 2024년 1 ～ 6월 매출액에 대한 자료이다. 이를 그래프로 옮겼을 때의 개형으로 옳은 것은?

<2024년 1 ～ 6월 A, B기업 매출액>

(단위 : 억 원)

구분	2024년 1월	2024년 2월	2024년 3월	2024년 4월	2024년 5월	2024년 6월
A기업	307.06	316.38	315.97	294.75	317.25	329.15
B기업	256.72	300.56	335.73	313.71	296.49	309.85

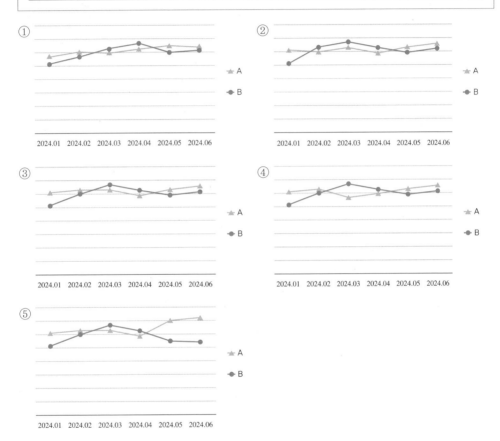

10 다음은 스마트 팜을 운영하는 K사에 대한 SWOT 분석 결과이다. 이에 따른 전략이 나머지와 다른 것은?

<K사 스마트 팜 SWOT 분석 결과>

구분		분석 결과
내부환경요인	강점 (Strength)	• 차별화된 기술력 : 기존 스마트 팜 솔루션과 차별화된 센서 기술, AI 기반 데이터 분석 기술 보유 • 젊고 유연한 조직 : 빠른 의사결정과 시장 변화에 대한 적응력 • 정부 사업 참여 경험 : 스마트 팜 관련 정부 사업 참여 가능성
	약점 (Weakness)	• 자금 부족 : 연구개발, 마케팅 등에 필요한 자금 확보 어려움 • 인력 부족 : 다양한 분야의 전문 인력 확보 필요 • 개발력 부족 : 신규 기술 개발 속도 느림
외부환경요인	기회 (Opportunity)	• 스마트 팜 시장 성장 : 스마트 팜에 대한 관심 증가와 이에 따른 정부의 적극적인 지원 • 해외 시장 진출 가능성 : 글로벌 스마트 팜 시장 진출 기회 확대 • 활발한 관련 연구 : 스마트 팜 관련 공동연구 및 포럼, 설명회 등 정보 교류가 활발하게 논의
	위협 (Threat)	• 경쟁 심화 : 후발 주자의 등장과 기존 대기업의 시장 장악 가능성 • 기술 변화 : 빠르게 변화하는 기술 트렌드에 대한 대응 어려움 • 자연재해 : 기후 변화 등 예측 불가능한 자연재해로 인한 피해 가능성

① 정부 지원을 바탕으로 연구개발에 필요한 자금을 확보

② 스마트 팜 관련 공동연구에 참가하여 빠르게 신규 기술을 확보

③ 스마트 팜에 대한 높은 관심을 바탕으로 온라인 펀딩을 통해 자금을 확보

④ 포럼 등 설명회에 적극적으로 참가하여 전문 인력 확충을 위한 인맥을 확보

⑤ 스마트 팜 관련 정부 사업 참여 경험을 바탕으로 정부의 적극적인 지원을 확보

11 다음 대화에서 공통적으로 나타나는 논리적 오류로 가장 적절한 것은?

> A : 반려견 출입 금지라고 쓰여 있는 카페에 갔는데 거절당했어. 반려견 출입 금지면 고양이는 괜찮은 거 아니야?
> B : 어제 직장동료가 "조심히 들어가세요."라고 했는데 집에 들어갈 때만 조심하라는 건가?
> C : 친구가 비가 와서 우울하다고 했는데, 비가 안 오면 행복해지겠지?
> D : 이웃을 사랑하라는 선생님의 가르침을 실천하기 위해 사기를 저지른 이웃을 숨겨 주었어.
> E : 의사가 건강을 위해 채소를 많이 먹으라고 하던데 앞으로는 채소만 먹으면 되겠어.
> F : 긍정적인 생각을 하면 좋은 일이 생기니까 아무리 나쁜 일이 있어도 긍정적으로만 생각하면 될 거야.

① 무지의 오류
② 연역법의 오류
③ 과대해석의 오류
④ 허수아비 공격의 오류
⑤ 권위나 인신공격에 의존한 논증

12 A～E열차를 운행거리가 가장 긴 순서대로 나열하려고 한다. 운행시간 및 평균 속력이 다음과 같을 때, C열차는 몇 번째로 운행거리가 긴 열차인가?(단, 열차 대기시간은 고려하지 않는다)

<A ～ E열차 운행시간 및 평균 속력>

구분	운행시간	평균 속력
A열차	900분	50m/s
B열차	10시간 30분	150km/h
C열차	8시간	55m/s
D열차	720분	2.5km/min
E열차	10시간	2.7km/min

① 첫 번째
② 두 번째
③ 세 번째
④ 네 번째
⑤ 다섯 번째

13 다음 글에서 나타난 문제해결 절차의 단계로 가장 적절한 것은?

K대학교 기숙사는 최근 학생들의 불만이 끊이지 않고 있다. 특히, 식사의 질이 낮고, 시설이 노후화되었으며, 인터넷 연결 상태가 불안정하다는 의견이 많았다. 이에 K대학교 기숙사 운영위원회는 문제해결을 위해 긴급회의를 소집했다.

회의에서 학생 대표들은 식단의 다양성 부족, 식재료의 신선도 문제, 식당 내 위생 상태 불량 등을 지적했다. 또한, 시설 관리 담당자는 건물 외벽의 균열, 낡은 가구, 잦은 누수 현상 등 시설 노후화 문제를 강조했다. IT 담당자는 기숙사 내 와이파이 연결 불안정, 인터넷 속도 저하 등 통신환경 문제를 제기했다.

운영위원회는 이러한 다양한 의견을 종합하여 문제를 더욱 구체적으로 분석하기로 결정했다. 먼저, 식사 문제의 경우 학생들의 식습관 변화에 따른 메뉴 구성의 문제점, 식자재 조달 과정의 비효율성, 조리 시설의 부족 등의 문제점을 파악했다. 시설 문제는 건물의 노후화로 인한 안전 문제, 에너지 효율 저하, 학생들의 편의성 저하 등으로 세분화했다. 마지막으로, 통신환경 문제는 기존 네트워크 장비의 노후화, 학생 수 증가에 따른 네트워크 부하 증가 등의 세부 문제가 제시되었다.

① 문제 인식　　　　　　　　　② 문제 도출
③ 원인 분석　　　　　　　　　④ 해결안 개발
⑤ 실행 및 평가

14 다음 중 빈칸에 들어갈 단어로 가장 적절한 것은?

감사원의 조사 결과 J공사는 공공사업을 위해 투입된 세금을 본래의 목적에 사용하지 않고 무단으로 _____했음이 밝혀졌다.

① 전용(轉用)　　　　　　　　　② 남용(濫用)
③ 적용(適用)　　　　　　　　　④ 활용(活用)
⑤ 준용(遵用)

15 다음 중 비행을 하기 위한 시조새의 신체 조건으로 가장 적절한 것은?

> 시조새(Archaeopteryx)는 약 1억 5천만 년 전 중생대 쥐라기 시대에 살았던 고대 생물로, 조류와 공룡의 중간 단계에 위치한 생물이다. 1861년 독일 바이에른 지방에 있는 졸른호펜 채석장에서 화석이 발견된 이후, 시조새는 조류의 기원과 공룡에서 새로의 진화 과정을 밝히는 데 중요한 단서를 제공해 왔다. '시조(始祖)'라는 이름에서 알 수 있듯이 시조새는 현대 조류의 조상으로 여겨지며 고생물학계에서 매우 중요한 연구 대상으로 취급된다.
>
> 시조새는 오늘날의 새와는 여러 가지 차이점이 있다. 이빨이 있는 부리, 긴 척추뼈로 이루어진 꼬리, 그리고 날개에 있는 세 개의 갈고리 발톱은 공룡의 특징을 잘 보여준다. 비록 현대 조류처럼 가슴뼈가 비행에 최적화된 형태로 발달되지는 않았지만, 갈비뼈와 팔에 강한 근육이 붙어있어 짧은 거리를 활강하거나 나뭇가지 사이를 오르내리며 이동할 수 있었던 것으로 추정된다.
>
> 한편, 시조새는 비대칭형 깃털을 가진 최초의 동물 중 하나로, 이는 비행을 하기에 적합한 형태이다. 시조새의 깃털은 현대의 날 수 있는 조류처럼 바람을 맞는 곳의 깃털은 짧고, 뒤쪽은 긴 형태인데, 이러한 비대칭형 깃털은 양력을 제공해 짧은 거리의 활강을 가능하게 했으며, 새의 조상으로서 비행의 초기 형태를 보여준다. 이로 인해 시조새는 공룡에서 새로 이어지는 진화 과정을 이해하는 데 있어 중요한 생물학적 증거로 여겨지고 있다.
>
> 시조새의 화석 연구는 당시의 생태계에 대한 정보도 제공하고 있다. 시조새는 열대 우림이나 활엽수림 근처에서 생활하며 나뭇가지를 오르내렸을 가능성이 큰 것으로 추정된다. 시조새의 이동 방식에 대해서는 여러 가설이 존재하지만, 짧은 거리의 활강을 통해 먹이를 찾고 이동했을 것이라는 주장이 유력하다.
>
> 결론적으로 시조새는 공룡과 새의 특성을 모두 가진 중간 단계의 생물로, 진화의 과정을 이해하는 데 핵심적인 역할을 한다. 시조새의 다양한 신체적 특징들은 공룡에서 새로 이어지는 진화의 연결고리를 보여주며, 조류 비행의 기원을 이해하는 중요한 증거로 평가된다.

① 날개 사이에 근육질의 익막이 있다.
② 날개에는 세 개의 갈고리 발톱이 있다.
③ 날개의 깃털이 비대칭 구조로 형성되어 있다.
④ 척추뼈가 꼬리까지 이어지는 유선형 구조이다.
⑤ 현대 조류처럼 가슴뼈가 비행에 최적화된 구조이다.

16 다음 글의 주제로 가장 적절한 것은?

사람들에게 의학을 대표하는 인물을 물어본다면 대부분 히포크라테스(Hippocrates)를 떠올릴 것이다. 히포크라테스는 당시 신의 징벌이나 초자연적인 힘으로 생각되었던 질병을 관찰을 통해 자연적 현상으로 이해하였고, 당시 마술이나 철학으로 여겨졌던 의학을 분리하였다. 이에 따라 의사라는 직업이 과학적인 기반 위에 만들어지게 되었다. 현재에는 의학의 아버지로 불리며 히포크라테스 선서라고 불리는 의사의 윤리적 기준을 저술한 것으로 알려져 있다. 이처럼 히포크라테스는 서양의학의 상징으로 받아들여지지만, 서양의학에 절대적인 영향을 준 사람은 클라우디오스 갈레노스(Claudius Galenus)이다.

갈레노스는 로마 시대 검투사 담당의에서 황제 마르쿠스 아우렐리우스의 주치의로 활동한 의사로, 해부학, 생리학, 병리학에 걸친 방대한 의학체계를 집대성하여 이후 1,000년 이상 서양의학의 토대를 닦았다. 당시에는 인체의 해부가 금지되어 있었기 때문에 갈레노스는 원숭이, 돼지 등을 사용하여 해부학적 지식을 쌓았으며, 임상 실험을 병행하여 의학적 지식을 확립하였다. 이러한 해부 및 실험을 통해 갈레노스는 여러 장기의 기능을 밝히고, 근육과 뼈를 구분하였으며, 심장의 판막이나 정맥과 동맥의 차이점 등을 밝혀내거나, 혈액이 혈관을 통해 신체 말단까지 퍼져나가며 신진대사를 조절하는 물질을 운반한다고 밝혀냈다. 물론 갈레노스도 히포크라테스가 주장한 4원소에 따른 4체액설(혈액, 담즙, 황담즙, 흑담즙)을 믿거나 피를 뽑아 치료하는 사혈법을 주장하는 등 현대 의학과는 거리가 있지만, 당시에 의학 이론을 해부와 실험을 통해 증명하고 방대한 저술을 남겼다는 놀라운 업적을 가지고 있으며, 이는 가장 오랫동안 서양의학을 실제로 지배하는 토대가 되었다.

① 갈레노스의 생애와 의학의 발전
② 고대에서 현대까지 해부학의 발전 과정
③ 히포크라테스 선서에 의한 전문직의 도덕적 기준
④ 히포크라테스와 갈레노스가 서양의학에 끼친 영향과 중요성
⑤ 히포크라테스와 갈레노스의 4체액설이 현대 의학에 끼친 영향

17 다음 중 제시된 단어와 가장 비슷한 단어는?

비상구

① 진입로   ② 출입구

③ 돌파구   ④ 여울목

⑤ 탈출구

18 A열차가 어떤 터널을 진입하고 5초 후 B열차가 같은 터널에 진입하였다. 그로부터 5초 후 B열차가 터널을 빠져나왔고 5초 후 A열차가 터널을 빠져나왔다. A열차가 터널을 빠져나오는 데 걸린 시간이 14초일 때, B열차는 A열차보다 몇 배 빠른가?(단, A열차와 B열차 모두 속력의 변화는 없으며, 두 열차의 길이는 서로 같다)

① 2배   ② 2.5배

③ 3배   ④ 3.5배

⑤ 4배

19 A팀은 5일부터 5일마다 회의실을 사용하고, B팀은 4일부터 4일마다 회의실을 사용하기로 하였으며, 두 팀이 사용하고자 하는 날이 겹칠 경우에는 A, B팀이 번갈아가며 사용하기로 하였다. 어느 날 A팀과 B팀이 사용하고자 하는 날이 겹쳤을 때, 겹친 날을 기준으로 A팀이 9번, B팀이 8번 회의실을 사용했다면, 이때까지 A팀은 회의실을 최대 몇 번 이용하였는가?(단, 회의실 사용일이 첫 번째로 겹친 날에는 A팀이 먼저 사용하였으며, 회의실 사용일은 주말 및 공휴일도 포함한다)

① 61회   ② 62회

③ 63회   ④ 64회

⑤ 65회

20 다음 모스 굳기 10단계에 해당하는 광물 A ~ C가 〈조건〉을 만족할 때, 이에 대한 설명으로 옳은 것은?

〈모스 굳기 10단계〉

단계	1단계	2단계	3단계	4단계	5단계
광물	활석	석고	방해석	형석	인회석
단계	6단계	7단계	8단계	9단계	10단계
광물	정장석	석영	황옥	강옥	금강석

- 모스 굳기 단계의 단계가 낮을수록 더 무른 광물이고, 단계가 높을수록 단단한 광물이다.
- 단계가 더 낮은 광물로 단계가 더 높은 광물을 긁으면 긁힘 자국이 생기지 않는다.
- 단계가 더 높은 광물로 단계가 더 낮은 광물을 긁으면 긁힘 자국이 생긴다.

조건

- 광물 A로 광물 B를 긁으면 긁힘 자국이 생기지 않는다.
- 광물 A로 광물 C를 긁으면 긁힘 자국이 생긴다.
- 광물 B로 광물 C를 긁으면 긁힘 자국이 생긴다.
- 광물 B는 인회석이다.

① 광물 C는 석영이다.

② 광물 A는 방해석이다.

③ 광물 A가 가장 무르다.

④ 광물 B가 가장 단단하다.

⑤ 광물 B는 모스 굳기 단계가 7단계 이상이다.

21 J공사는 지방에 있는 지점 사무실을 공유 오피스로 이전하고자 한다. 다음 사무실 이전 조건을 참고할 때, 〈보기〉 중 이전할 오피스로 가장 적절한 곳은?

〈사무실 이전 조건〉

- 지점 근무 인원 : 71명
- 사무실 예상 이용 기간 : 5년
- 교통 조건 : 역이나 버스 정류장에서 도보 10분 이내
- 시설 조건 : 자사 홍보영상 제작을 위한 스튜디오 필요, 회의실 필요
- 비용 조건 : 다른 조건이 모두 가능한 공유 오피스 중 가장 저렴한 곳(1년 치 비용 선납 가능)

보기

구분	가용 인원수	보유시설	교통 조건	임대비용
A오피스	100인	라운지, 회의실, 스튜디오, 복사실, 탕비실	A역에서 도보 8분	1인당 연간 600만 원
B오피스	60인	회의실, 스튜디오, 복사실	B정류장에서 도보 5분	1인당 월 40만 원
C오피스	100인	라운지, 회의실, 스튜디오	C역에서 도보 7분	월 3,600만 원
D오피스	90인	회의실, 복사실, 탕비실	D정류장에서 도보 4분	월 3,500만 원 (1년 치 선납 시 8% 할인)
E오피스	80인	라운지, 회의실, 스튜디오	E역과 연결된 사무실	월 3,800만 원 (1년 치 선납 시 10% 할인)

① A오피스   ② B오피스
③ C오피스   ④ D오피스
⑤ E오피스

※ 다음은 에너지바우처 사업에 대한 자료이다. 이어지는 질문에 답하시오. [22~23]

〈에너지바우처〉

1. 에너지바우처란?

   국민 모두가 시원한 여름, 따뜻한 겨울을 보낼 수 있도록 에너지 취약계층을 위해 에너지바우처(이용권)를 지급하여 전기, 도시가스, 지역난방, 등유, LPG, 연탄을 구입할 수 있도록 지원하는 제도

2. 신청대상 : 소득기준과 세대원 특성기준을 모두 충족하는 세대

   • 소득기준 : 국민기초생활 보장법에 따른 생계급여 / 의료급여 / 주거급여 / 교육급여 수급자

   • 세대원 특성기준 : 주민등록표 등본상 기초생활수급자(본인) 또는 세대원이 다음 중 어느 하나에 해당하는 경우

     − 노인 : 65세 이상

     − 영유아 : 7세 이하의 취학 전 아동

     − 장애인 : 장애인복지법에 따라 등록한 장애인

     − 임산부 : 임신 중이거나 분만 후 6개월 미만인 여성

     − 중증질환자, 희귀질환자, 중증난치질환자 : 국민건강보험법 시행령에 따라 보건복지부장관이 정하여 고시하는 중증질환, 희귀질환, 중증난치질환을 가진 사람

     − 한부모가족 : 한부모가족지원법에 따른 '모' 또는 '부'로서 아동인 자녀를 양육하는 사람

     − 소년소녀가정 : 보건복지부에서 정한 아동분야 지원대상에 해당하는 사람(아동복지법에 의한 가정위탁보호 아동 포함)

   • 지원 제외 대상 : 세대원 모두가 보장시설 수급자

   • 다음의 경우 동절기 에너지바우처 중복 지원 불가

     − 긴급복지지원법에 따라 동절기 연료비를 지원받은 자(세대)

     − 한국에너지공단의 등유바우처를 발급받은 자(세대)

     − 한국광해광업공단의 연탄쿠폰을 발급받은 자(세대)

     ※ 하절기 에너지바우처를 사용한 수급자가 동절기에 위 사업들을 신청할 경우 동절기 에너지바우처를 중지 처리한 후 신청(중지사유 : 타동절기 에너지이용권 수급)

     ※ 단, 동절기 에너지바우처를 일부 사용한 경우 위 사업들은 신청 불가

3. 바우처 지원금액

구분	1인 세대	2인 세대	3인 세대	4인 이상 세대
하절기	55,700원	73,800원	90,800원	117,000원
동절기	254,500원	348,700원	456,900원	599,300원
총액	310,200원	422,500원	547,700원	716,300원

4. 지원방법

   • 요금차감

     − 하절기 : 전기요금 고지서에서 요금을 자동으로 차감

     − 동절기 : 도시가스 / 지역난방 중 하나를 선택하여 고지서에서 요금을 자동으로 차감

   • 실물카드 : 동절기 도시가스, 등유, LPG, 연탄을 실물카드(국민행복카드)로 직접 결제

22 다음 중 에너지바우처에 대한 설명으로 옳지 않은 것은?

① 36개월의 아이가 있는 의료급여 수급자 A는 에너지바우처를 신청할 수 있다.

② 혼자서 아이를 3명 키우는 교육급여 수급자 B는 1년에 70만 원을 넘게 지원받을 수 있다.

③ 보장시설인 양로시설에 살면서 생계급여를 받는 70세 독거노인 C는 에너지바우처를 신청할 수 있다.

④ 에너지바우처 기준을 충족하는 D는 겨울에 연탄보일러를 사용하므로 실물카드를 받는 방법으로 지원을 받아야 한다.

⑤ 희귀질환을 앓고 있는 어머니와 함께 단둘이 사는 생계급여 수급자 E는 에너지바우처를 통해 여름에 전기비에서 73,800원이 차감될 것이다.

23 다음은 A, B가족의 에너지바우처 정보이다. A, B가족이 올해 에너지바우처를 통해 지원받는 금액의 총합은 얼마인가?

<A, B가족의 에너지바우처 정보>

구분	세대 인원	소득기준	세대원 특성기준	특이사항
A가족	5명	의료급여 수급자	영유아 2명	연탄쿠폰 발급받음
B가족	2명	생계급여 수급자	소년소녀가정	지역난방 이용

① 190,800원
② 539,500원
③ 948,000원
④ 1,021,800원
⑤ 1,138,800원

24 다음 C 프로그램을 실행하였을 때의 결과로 옳은 것은?

```c
#include <stdio.h>
int main( ) {
    int result=0;
    while (result<2) {
        result=result+1;
        printf("%d\n",result);
        result=result-1;
    }
}
```

① 실행되지 않는다.

② 0
　1

③ 0
　-1

④ 1
　1

⑤ 1이 무한히 출력된다.

25 다음은 A국과 B국의 물가지수 동향에 대한 자료이다. [E2] 셀에 「=ROUND(D2, -1)」를 입력하였을 때, 출력되는 값은?

<A, B국 물가지수 동향>

	A	B	C	D	E
1	측정 연월	A국	B국	평균 판매지수	
2	2024년 1월	122.313	112.36	117.3365	
3	2024년 2월	119.741	110.311	115.026	
4	2024년 3월	117.556	115.379	116.4675	
5	2024년 4월	124.739	118.652	121.6955	
6	⋮	⋮	⋮	⋮	
7					

① 100

② 105

③ 110

④ 115

⑤ 120

26 다음 중 빈칸에 들어갈 내용으로 가장 적절한 것은?

주의력 결핍 과잉행동장애(ADHD)는 학령기 아동에게 흔히 나타나는 질환으로, 주의력 결핍, 과잉 행동, 충동성의 증상을 보인다. 이는 아동의 학교 및 가정생활에 큰 영향을 미치며, 적절한 치료와 관리가 필요하다. ADHD의 원인은 신경화학적 요인과 유전적 요인이 복합적으로 작용하는 것으로 여겨진다. 도파민과 노르에피네프린 같은 신경전달물질의 불균형이 주요 원인으로 지목되며, 가족 력이 있는 경우 ADHD 발병 확률이 높아진다. 연구에 따르면, ADHD는 상당한 유전적 연관성을 보이며, 부모나 형제 중에 ADHD를 가진 사람이 있을 경우 그 위험이 증가한다.

환경적 요인도 ADHD 발병에 영향을 미칠 수 있다. 임신 중 음주, 흡연, 약물 사용 등이 위험을 높일 수 있으며, 조산이나 저체중 출산도 연관성이 있다. 이러한 환경적 요인들은 태아의 뇌 발달에 영향을 미쳐 ADHD 발병 가능성을 증가시킬 수 있다. 그러나 이러한 요인들이 단독으로 ADHD를 유발하는 것은 아니며, 다양한 요인이 복합적으로 작용하여 증상이 나타난다.

ADHD 치료는 약물요법과 비약물요법으로 나뉜다. 약물요법에서는 메틸페니데이트 같은 중추신경 자극제가 널리 사용된다. 이 약물은 도파민과 노르에피네프린의 재흡수를 억제해 증상을 완화한다. 이러한 약물은 주의력 향상과 충동성 감소에 효과적이며, 많은 연구에서 그 효능이 입증되었다. 비 약물요법으로는 행동개입 요법과 심리사회적 프로그램이 있다. 이는 구조화된 환경에서 집중을 방 해하는 요소를 최소화하고, 연령에 맞는 개입방법을 적용한다. 예를 들어, 학령기 아동에게는 그룹 부모훈련과 교실 내 행동개입 프로그램이 추천된다.

가정에서는 부모가 아이가 해야 할 일을 목록으로 작성하도록 돕고, 한 번에 한 가지씩 처리하도록 지도해야 한다. 특히 아이의 바람직한 행동에는 칭찬하고, 잘못된 행동에는 책임을 지도록 하는 것 이 중요하다. 이러한 방법은 아이의 자존감을 높이고 긍정적인 행동을 강화하는 데 도움이 된다. 학교에서는 과제를 짧게 나누고, 수업이 지루하지 않도록 하며, 규칙과 보상을 일관되게 유지해야 한다. 교사는 ADHD 아동이 주의가 산만해질 수 있는 환경적 요소를 제거하고, 많은 격려와 칭찬을 통해 학습 동기를 유발해야 한다.

ADHD는 완치가 어려운 만성 질환이지만 적절한 치료와 관리를 통해 증상을 개선할 수 있다. 약물 치료와 비약물 치료를 병행하고 가정과 학교에서 적절한 지원이 이루어지면 ADHD 아동도 건강하 고 행복한 삶을 영위할 수 있다. 결론적으로, ADHD는 _____
따라서 다양한 원인에 부합하는 맞춤형 치료와 환경 조성을 통해 아동의 잠재력을 최대한 발휘할 수 있도록 지원해야 한다. 이는 아동이 자신의 능력을 충분히 발휘하고 성공적인 삶을 살아가는 데 중요한 역할을 한다.

① 완벽한 치료가 불가능한 불치병이다.

② 약물 치료를 통해 쉽게 치료가 가능하다.

③ 다양한 원인이 복합적으로 작용하는 질환이다.

④ 아동에게 적극적으로 개입하여 충동성을 감소시켜야 하는 질환이다.

27 다음 중 밑줄 친 단어가 맞춤법상 옳지 않은 것은?

① 김주임은 지난 분기 매출을 조사하여 증가량을 <u>백분율</u>로 표기하였다.

② 젊은 세대를 중심으로 빠른 이직 트렌드가 형성되어 <u>이직률</u>이 높아지고 있다.

③ 이번 학기 <u>출석율</u>이 이전보다 크게 향상되어 학생들의 참여도가 높아지고 있다.

④ 이번 시험의 <u>합격률</u>이 역대 최고치를 기록하며 수험생들에게 희망을 안겨주었다.

28 S공사는 2024년 상반기에 신입사원을 채용하였다. 전체 지원자 중 채용에 불합격한 남성 수와 여성 수의 비율은 같으며, 합격한 남성 수와 여성 수의 비율은 2 : 3이라고 한다. 남성 전체 지원자와 여성 전체 지원자의 비율이 6 : 7일 때, 합격한 남성 수가 32명이면 전체 지원자는 몇 명인가?

① 192명

② 200명

③ 208명

④ 216명

29 다음은 직장가입자 보수월액보험료에 대한 자료이다. A씨가 〈조건〉에 따라 장기요양보험료를 납부할 때, A씨의 2023년 보수월액은?(단, 소수점 첫째 자리에서 반올림한다)

〈직장가입자 보수월액보험료〉

- 개요 : 보수월액보험료는 직장가입자의 보수월액에 보험료율을 곱하여 산정한 금액에 경감 등을 적용하여 부과한다.
- 보험료 산정 방법
  - 건강보험료는 다음과 같이 산정한다.

    (건강보험료)=(보수월액)×(건강보험료율)

    ※ 보수월액 : 동일사업장에서 당해 연도에 지급받은 보수총액을 근무월수로 나눈 금액
  - 장기요양보험료는 다음과 같이 산정한다.

    2022.12.31. 이전 : (장기요양보험료)=(건강보험료)×(장기요양보험료율)

    2023.01.01. 이후 : (장기요양보험료)=(건강보험료)×$\dfrac{(장기요양보험료율)}{(건강보험료율)}$

〈2020 ~ 2024년 보험료율〉

(단위 : %)

구분	2020년	2021년	2022년	2023년	2024년
건강보험료율	6.67	6.86	6.99	7.09	7.09
장기요양보험료율	10.25	11.52	12.27	0.9082	0.9182

조건

- A씨는 K공사에서 2011년 3월부터 2023년 9월까지 근무하였다.
- A씨는 3개월 후 2024년 1월부터 S공사에서 현재까지 근무하고 있다.
- A씨의 2023년 장기요양보험료는 35,120원이었다.

① 3,866,990원
② 3,974,560원
③ 4,024,820원
④ 4,135,970원

30 다음 중 개인정보보호법에서 사용하는 용어에 대한 정의로 옳지 않은 것은?

① '가명처리'란 추가 정보 없이도 특정 개인을 알아볼 수 있도록 처리하는 것을 말한다.

② '정보주체'란 처리되는 정보에 의하여 알아볼 수 있는 사람으로서 그 정보의 주체가 되는 사람을 말한다.

③ '개인정보'란 살아 있는 개인에 관한 정보로서 성명, 주민등록번호 및 영상 등을 통하여 개인을 알아볼 수 있는 정보를 말한다.

④ '처리'란 개인정보의 수집, 생성, 연계, 연동, 기록, 저장, 보유, 가공, 편집, 검색, 출력, 정정, 복구, 이용, 제공, 공개, 파기, 그 밖에 이와 유사한 행위를 말한다.

31 다음은 생활보조금 신청자의 소득 및 결과에 대한 자료이다. 월 소득이 100만 원 이하인 사람은 보조금 지급이 가능하고, 100만 원을 초과한 사람은 보조금 지급이 불가능할 때, 보조금 지급을 받는 사람의 수를 구하는 함수로 옳은 것은?

〈생활보조금 신청자 소득 및 결과〉

	A	B	C	D	E
1	지원번호	소득(만 원)	결과		
2	1001	150	불가능		
3	1002	80	가능		보조금 지급 인원 수
4	1003	120	불가능		
5	1004	95	가능		
6	⋮	⋮	⋮		
7					

① =COUNTIF(A:C, "<=100")

② =COUNTIF(A:C, <=100)

③ =COUNTIF(B:B, "<=100")

④ =COUNTIF(B:B, <=100)

32 다음은 초등학생의 주차별 용돈에 대한 자료이다. 빈칸에 들어갈 함수를 바르게 짝지은 것은?(단, 한 달은 4주로 한다)

〈초등학생 주차별 용돈〉

	A	B	C	D	E	F
1	학생번호	1주	2주	3주	4주	합계
2	1	7,000	8,000	12,000	11,000	(A)
3	2	50,000	60,000	45,000	55,000	
4	3	70,000	85,000	40,000	55,000	
5	4	10,000	6,000	18,000	14,000	
6	5	24,000	17,000	34,000	21,000	
7	6	27,000	56,000	43,000	28,000	
8	한 달 용돈이 150,000원 이상인 학생 수					(B)

	(A)	(B)
①	=SUM(B2:E2)	=COUNTIF(F2:F7, ">=150,000")
②	=SUM(B2:E2)	=COUNTIF(B2:E2, ">=150,000")
③	=SUM(B2:E2)	=COUNTIF(B2:E7, ">=150,000")
④	=SUM(B2:E7)	=COUNTIF(F2:F7, ">=150,000")

33 다음 중 빅데이터 분석 기획 절차를 순서대로 바르게 나열한 것은?

① 범위 설정 → 프로젝트 정의 → 위험 계획 수립 → 수행 계획 수립

② 범위 설정 → 프로젝트 정의 → 수행 계획 수립 → 위험 계획 수립

③ 프로젝트 정의 → 범위 정의 → 위험 계획 수립 → 수행 계획 수립

④ 프로젝트 정의 → 범위 설정 → 수행 계획 수립 → 위험 계획 수립

34 다음 중 밑줄 친 부분의 단어가 어법상 옳은 것은?

> K씨는 항상 ⊙ 짜깁기 / 짜집기한 자료로 보고서를 작성했다. 처음에는 아무도 눈치채지 못했지만, 시간이 지나면서 K씨의 작업이 다른 사람들의 것과 비교해 질적으로 떨어지는 것이 분명해졌다. K씨는 결국 동료들 사이에서 ⓒ 뒤처지기 / 뒤쳐지기 시작했고, 격차를 좁히기 위해 더 많은 시간을 투자해야 했다.

	⊙	ⓒ
①	짜깁기	뒤처지기
②	짜깁기	뒤쳐지기
③	짜집기	뒤처지기
④	짜집기	뒤쳐지기

35 다음 중 공문서 작성 시 유의해야 할 점으로 옳지 않은 것은?

① 한 장에 담아내는 것이 원칙이다.
② 부정문이나 의문문의 형식은 피한다.
③ 마지막엔 반드시 '끝'자로 마무리한다.
④ 날짜 다음에 괄호를 사용할 경우에는 반드시 마침표를 찍는다.

36 영서가 어머니와 함께 40분 동안 만두를 60개 빚었다고 한다. 어머니가 혼자서 1시간 동안 만두를 빚을 수 있는 개수가 영서가 혼자서 1시간 동안 만두를 빚을 수 있는 개수보다 10개 더 많을 때, 영서는 1시간 동안 만두를 몇 개 빚을 수 있는가?

① 30개
② 35개
③ 40개
④ 45개

37 대칭수는 순서대로 읽은 수와 거꾸로 읽은 수가 같은 수를 가리키는 말이다. 예컨대, 121, 303, 1,441, 85,058 등은 대칭수이다. 1,000 이상 50,000 미만의 대칭수는 모두 몇 개인가?

① 180개

② 325개

③ 405개

④ 490개

38 어떤 자연수 '25□'가 3의 배수일 때, □에 들어갈 수 있는 모든 자연수의 합은?

① 12

② 13

③ 14

④ 15

39 바이올린, 호른, 오보에, 플루트 4가지의 악기를 다음 〈조건〉에 따라 좌우로 4칸인 선반에 각각 1대씩 보관하려 한다. 각 칸에는 한 대의 악기만 배치할 수 있을 때, 왼쪽에서 두 번째 칸에 배치할 수 없는 악기는?

> **조건**
> • 호른은 바이올린 바로 왼쪽에 위치한다.
> • 오보에는 플루트 왼쪽에 위치하지 않는다.

① 바이올린

② 호른

③ 오보에

④ 플루트

40 다음 중 비영리 조직에 해당하지 않는 것은?

① 교육기관

② 자선단체

③ 사회적 기업

④ 비정부기구

41 다음은 D기업의 분기별 재무제표에 대한 자료이다. 2022년 4분기의 영업이익률은 얼마인가?

〈D기업 분기별 재무제표〉

(단위 : 십억 원, %)

구분	2022년 1분기	2022년 2분기	2022년 3분기	2022년 4분기	2023년 1분기	2023년 2분기	2023년 3분기	2023년 4분기
매출액	40	50	80	60	60	100	150	160
매출원가	30	40	70	80	100	100	120	130
매출총이익	10	10	10	( )	−40	0	30	30
판관비	3	5	5	7	8	5	7.5	10
영업이익	7	5	5	( )	−8	−5	22.5	20
영업이익률	17.5	10	6.25	( )	−80	−5	15	12.5

※ (영업이익률)=(영업이익)÷(매출액)×100

※ (영업이익)=(매출총이익)−(판관비)

※ (매출총이익)=(매출액)−(매출원가)

① −30% ② −45%

③ −60% ④ −75%

42 5km/h의 속력으로 움직이는 무빙워크를 이용하여 이동하는 데 36초가 걸렸다. 무빙워크 위에서 무빙워크와 같은 방향으로 4km/h의 속력으로 걸어 이동할 때 걸리는 시간은?

① 10초 ② 15초

③ 20초 ④ 25초

43 다음 순서도에서 출력되는 result 값은?

〈순서도 기호〉

기호	설명	기호	설명
	시작과 끝을 나타낸다.		어느 것을 택할 것인지 판단한다.
	데이터를 입력하거나 계산하는 등의 처리를 한다.		선택한 값을 출력한다.

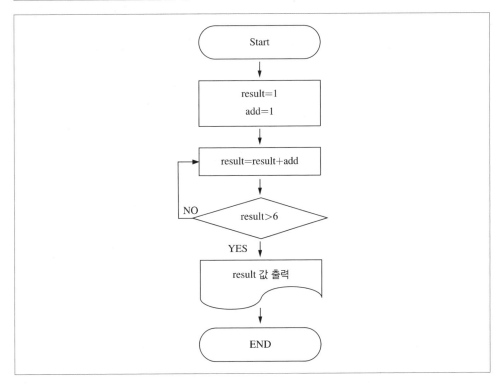

① 11
② 10
③ 9
④ 8
⑤ 7

44 다음은 A컴퓨터 A/S센터의 하드디스크 수리 방문접수 과정에 대한 순서도이다. 하드디스크 데이터 복구를 문의할 때, 출력되는 도형은 무엇인가?

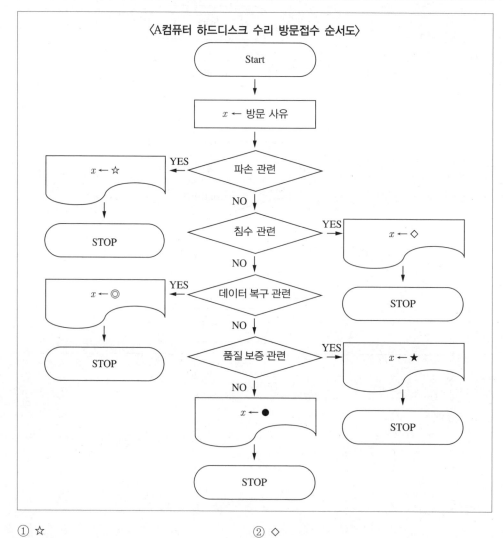

① ☆

② ◇

③ ◎

④ ★

⑤ ●

45 다음은 EAN-13 바코드 부여 규칙에 대한 자료이다. 상품코드의 맨 앞 자릿수가 9일 때, 2 ~ 7번째 자릿수가 '387655'라면 이를 이진코드로 바르게 변환한 것은?

〈EAN-13 바코드 부여 규칙〉

1. 13자리 상품코드의 맨 앞 자릿수에 따라 다음과 같이 변환한다.

상품코드 번호	2 ~ 7번째 자릿수	8 ~ 13번째 자릿수
0	AAAAAA	CCCCCC
1	AABABB	CCCCCC
2	AABBAB	CCCCCC
3	AABBBA	CCCCCC
4	ABAABB	CCCCCC
5	ABBAAB	CCCCCC
6	ABBBAA	CCCCCC
7	ABABAB	CCCCCC
8	ABABBA	CCCCCC
9	ABBABA	CCCCCC

2. A, B, C는 다음과 같이 상품코드 번호를 이진코드로 변환한 값이다.

상품코드 번호	A	B	C
0	0001101	0100111	1110010
1	0011001	0110011	1100110
2	0010011	0011011	1101100
3	0111101	0100001	1000010
4	0100011	0011101	1011100
5	0110001	0111001	1001110
6	0101111	0000101	1010000
7	0111011	0010001	1000100
8	0110111	0001001	1001000
9	0001011	0010111	1110100

	2번째 수	3번째 수	4번째 수	5번째 수	6번째 수	7번째 수
①	0111101	0001001	0010001	0101111	0111001	0110001
②	0100001	0001001	0010001	0000101	0111101	0111101
③	0111101	0110111	0111011	0101111	0111001	0111101
④	0100001	0101111	0010001	0010111	0100111	0001011
⑤	0111101	0011001	0010001	0101111	0011001	0111001

※ 다음은 청소 유형별 청소기 사용 방법 및 고장 유형별 확인 사항에 대한 자료이다. 이어지는 질문에 답하시오. [46~47]

〈청소 유형별 청소기 사용 방법〉

유형	사용 방법
일반 청소	1. 기본형 청소구를 장착해 주세요. 2. 작동 버튼을 눌러 주세요.
틈새 청소	1. 기본형 청소구의 입구 돌출부를 누르고 잡아당기면 좁은 흡입구를 꺼낼 수 있습니다. 반대로 돌출부를 누르면서 밀어 넣으면 좁은 흡입구를 안쪽으로 정리할 수 있습니다. 2. 1.의 좁은 흡입구를 꺼낸 상태에서 돌출부를 시계 방향으로 돌리면 돌출부를 고정할 수 있습니다. 3. 좁은 흡입구를 고정한 후 작동 버튼을 눌러 주세요. (좁은 흡입구에는 솔이 함께 들어 있습니다)
카펫 청소	1. 별도의 돌기 청소구로 교체해 주세요. (기본형으로도 카펫 청소를 할 수 있으나, 청소 효율이 떨어집니다) 2. 작동 버튼을 눌러 주세요.
스팀 청소	1. 별도의 스팀 청소구로 교체해 주세요. 2. 스팀 청소구의 물통에 물을 충분히 채운 후 뚜껑을 잠가 주세요. ※ 반드시 전원을 분리한 상태에서 진행해 주세요. 3. 걸레판에 걸레를 부착한 후 스팀 청소구의 노즐에 장착해 주세요. ※ 반드시 전원을 분리한 상태에서 진행해 주세요. 4. 스팀 청소 버튼을 누르고 안전 스위치를 눌러 주세요. ※ 안전을 위해 안전 스위치를 누르는 동안에만 스팀이 발생합니다. ※ 스팀 청소 작업 도중 및 완료 직후에 청소기를 거꾸로 세우거나 스팀 청소구를 눕히면 뜨거운 물이 새어 나와 화상을 입을 수 있습니다. 5. 스팀 청소 완료 후 물이 충분히 식은 후 물통 및 스팀 청소구를 분리해 주세요. ※ 충분히 식지 않은 상태에서 분리 시 뜨거운 물이 새어 나와 화상의 위험이 있습니다.

〈고장 유형별 확인 사항〉

유형	확인 사항
흡입력 약화	• 흡입구, 호스, 먼지통, 먼지분리기에 크기가 큰 이물질이 걸려 있는지 확인해 주세요. • 필터를 교체해 주세요. • 먼지통, 먼지분리기, 필터의 조립 상태를 확인해 주세요.
청소기 미작동	• 전원이 제대로 연결되어 있는지 확인해 주세요.
물 보충 램프 깜빡임	• 물통에 물이 충분한지 확인해 주세요. • 물이 충분히 채워졌어도 꺼질 때까지 시간이 다소 걸립니다. 잠시 기다려 주세요.
스팀 안 나옴	• 물통에 물이 충분한지 확인해 주세요. • 안전 스위치를 눌렀는지 확인해 주세요.
바닥에 물이 남음	• 스팀 청소구를 너무 자주 좌우로 기울이면 물이 소량 새어 나올 수 있습니다. • 걸레가 많이 젖었으므로 걸레를 교체해 주세요.
악취 발생	• 제품 기능상의 문제는 아니므로 고장이 아닙니다. • 먼지통 및 필터를 교체해 주세요. • 스팀 청소구의 물통 등 청결 상태를 확인해 주세요.
소음 발생	• 흡입구, 호스, 먼지통, 먼지분리기에 크기가 큰 이물질이 걸려 있는지 확인해 주세요. • 먼지통, 먼지분리기, 필터의 조립 상태를 확인해 주세요.

46 다음 중 청소 유형별 청소기 사용 방법에 대한 설명으로 옳지 않은 것은?

① 기본형 청소구로 카펫 청소가 가능하다.

② 스팀 청소 직후 통을 분리하면 화상의 위험이 있다.

③ 기본형 청소구를 이용하여 좁은 틈새를 청소할 수 있다.

④ 안전 스위치를 1회 누르면 별도의 외부 입력 없이 스팀을 지속하여 발생시킬 수 있다.

⑤ 스팀 청소 시 물 보충 및 걸레 부착 작업은 반드시 전원을 분리한 상태에서 진행해야 한다.

47 다음 중 고장 유형별 고객 확인 사항이 옳지 않은 것은?

① 물 보충 램프 깜빡임 : 잠시 기다리기

② 악취 발생 : 스팀 청소구의 청결 상태 확인하기

③ 흡입력 약화 : 먼지통, 먼지분리기, 필터 교체하기

④ 바닥에 물이 남음 : 물통에 물이 너무 많이 있는지 확인하기

⑤ 소음 발생 : 흡입구, 호스, 먼지통, 먼지분리기의 이물질 걸림 확인하기

48 다음 중 동료의 피드백을 장려하기 위한 방안으로 적절하지 않은 것은?

① 행동과 수행을 관찰한다.

② 즉각적인 피드백을 제공한다.

③ 뛰어난 수행성과에 대해서는 인정한다.

④ 간단하고 분명한 목표와 우선순위를 설정한다.

⑤ 긍정적인 상황에서는 피드백을 자제하는 것도 나쁘지 않다.

49 다음 중 내적 동기를 유발하는 방법으로 적절하지 않은 것은?

① 변화를 두려워하지 않는다.

② 업무 관련 교육을 생략한다.

③ 주어진 일에 책임감을 갖는다.

④ 창의적인 문제해결법을 찾는다.

⑤ 새로운 도전의 기회를 부여한다.

50 다음은 갈등 정도와 조직 성과의 관계에 대한 그래프이다. 이에 대한 설명으로 옳지 않은 것은?

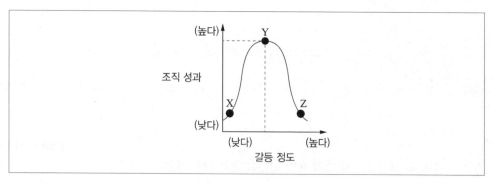

① 적절한 갈등이 있을 경우 가장 높은 조직 성과를 얻을 수 있다.

② 갈등이 없을수록 조직 내부가 결속되어 높은 조직 성과를 보인다.

③ Y점에서는 갈등의 순기능, Z점에서는 갈등의 역기능이 작용한다.

④ 갈등이 없을 경우 낮은 조직 성과를 얻을 수 있다.

⑤ 갈등이 잦을 경우 낮은 조직 성과를 얻을 수 있다.

PART 1

직업기초능력평가

CHAPTER 01 의사소통능력

CHAPTER 02 수리능력

CHAPTER 03 문제해결능력

CHAPTER 04 조직이해능력

의사소통능력

합격 Cheat Key

의사소통능력은 평가하지 않는 공사·공단이 없을 만큼 필기시험에서 중요도가 높은 영역으로, 세부 유형은 문서 이해, 문서 작성, 의사 표현, 경청, 기초 외국어로 나눌 수 있다. 문서 이해·문서 작성과 같은 지문에 대한 주제 찾기, 내용 일치 문제의 출제 비중이 높으며, 문서의 특성을 파악하는 문제도 출제되고 있다.

1 문제에서 요구하는 바를 먼저 파악하라!

의사소통능력에서 가장 중요한 것은 제한된 시간 안에 빠르고 정확하게 답을 찾아내는 것이다. 의사소통능력에서는 지문이 아니라 문제가 주인공이므로 지문을 보기 전에 문제를 먼저 파악해야 하며, 문제에 따라 전략적으로 빠르게 풀어내는 연습을 해야 한다.

2 잠재되어 있는 언어 능력을 발휘하라!

세상에 글은 많고 우리가 학습할 수 있는 시간은 한정적이다. 이를 극복할 수 있는 방법은 다양한 글을 접하는 것이다. 실제 시험장에서 어떤 내용의 지문이 나올지 아무도 예측할 수 없으므로 평소에 신문, 소설, 보고서 등 여러 글을 접하는 것이 필요하다.

3 상황을 가정하라!

업무 수행에 있어 상황에 따른 언어 표현은 중요하다. 같은 말이라도 상황에 따라 다르게 해석될 수 있기 때문이다. 그런 의미에서 자신의 의견을 효과적으로 전달할 수 있는 능력을 평가하는 것이다. 업무를 수행하면서 발생할 수 있는 여러 상황을 가정하고 그에 따른 올바른 언어표현을 정리하는 것이 필요하다.

4 말하는 이의 입장에서 생각하라!

잘 듣는 것 또한 하나의 능력이다. 상대방의 이야기에 귀 기울이고 공감하는 태도는 업무를 수행하는 관계 속에서 필요한 요소이다. 그런 의미에서 다양한 상황에서 듣는 능력을 평가하는 것이다. 말하는 이가 요구하는 듣는 이의 태도를 파악하고, 이에 따른 판단을 할 수 있도록 언제나 말하는 사람의 입장이 되는 연습이 필요하다.

01 | 문서 내용 이해

| 유형분석 |

- 주어진 지문을 읽고 선택지를 고르는 전형적인 독해 문제이다.
- 지문은 주로 신문기사(보도자료 등)나 업무 보고서, 시사 등이 제시된다.
- 공사공단에 따라 자사와 관련된 내용의 기사나 법조문, 보고서 등이 출제되기도 한다.

다음 글의 내용으로 적절하지 않은 것은?

> 수소와 산소는 H_2와 O_2의 분자 상태로 존재한다. 수소와 산소가 화합해서 물 분자가 되려면 이 두 분자가 충돌해야 하는데, 충돌하는 횟수가 많으면 많을수록 물 분자가 생기는 확률은 높아진다. 또한 반응하기 위해서는 분자가 원자로 분해되어야 한다. 좀 더 정확히 말한다면, 각각의 분자가 산소 원자끼리 그리고 수소 원자끼리의 결합력이 약해져야 한다. 높은 온도는 분자 간의 충돌 횟수를 증가시킬 뿐 아니라 분자를 강하게 진동시켜 분자의 결합력을 약하게 한다. 그리하여 수소와 산소는 이전까지 결합하고 있던 자신과 동일한 원자와 떨어져, 산소 원자 하나에 수소 원자 두 개가 결합한 물(H_2O)이라는 새로운 화합물이 되는 것이다.

① 수소 분자와 산소 분자가 충돌해야 물 분자가 생긴다.
② 수소 분자와 산소 분자가 원자로 분해되어야 반응을 할 수 있다.
③ 높은 온도는 분자를 강하게 진동시켜 결합력을 약하게 한다.
④ 산소 분자와 수소 분자가 각각 물(H_2O)이라는 새로운 화합물이 된다.
⑤ 산소 분자와 수소 분자의 충돌 횟수가 많아지면 물 분자가 될 확률이 높다.

정답 ④

제시문은 분자 상태의 수소와 산소가 결합하여 물이 되는 과정을 설명한 것으로, 수소 분자와 산소 분자가 원자로 분해되고, 분해된 산소 원자 하나와 수소 원자 두 개가 결합하여 물이라는 화합물이 생성된다고 했다. ④는 산소 분자와 수소 분자가 '각각' 물이 된다고 했으므로 이는 잘못된 해석이다.

풀이 전략!

주어진 선택지에서 키워드를 체크한 후, 지문의 내용과 비교해 가면서 내용의 일치 유무를 빠르게 판단한다.

※ 다음 글의 내용으로 가장 적절한 것을 고르시오. [1~2]

01

방사성 오염 물질은 크기가 초미세먼지(2.5마이크로미터)의 1만 분의 1 정도로 작은 원자들이다. 제논-125처럼 독립된 원자 상태로 존재하는 경우도 있지만, 대부분은 다른 원소들과 화학적으로 결합한 분자 상태로 존재한다. 전기적으로 중성인 경우도 있고, 양전하나 음전하를 가진 이온의 상태로 존재하기도 한다. 기체 상태로 공기 중에 날아다니기도 하고, 물에 녹아있기도 하고, 단단한 고체에 섞여있는 경우도 있다.

후쿠시마 원전 사고 부지에서 흘러나오는 '오염수'도 마찬가지다. 후쿠시마 원전 오염수는 2011년 3월 동일본 대지진으로 발생한 쓰나미(지진해일)로 파괴되어 땅속에 묻혀있는 원자로 3기의 노심(연료봉)에서 녹아나온 200여 종의 방사성 핵종이 들어있는 지하수다. 당초 섭씨 1,000도 이상으로 뜨거웠던 노심은 시간이 지나면서 천천히 차갑게 식어있는 상태가 되었다. 사고 직후에는 하루 470t씩 흘러나오던 오염수도 이제는 하루 140t으로 줄어들었다. 단단한 합금 상태의 노심에서 녹아나오는 방사성 핵종의 양도 시간이 지나면서 점점 줄어들고 있다. 현재 후쿠시마 사고 현장의 탱크에는 125만 t의 오염수가 수거되어 있다.

일본은 처리수를 충분히 희석시켜서 삼중수소의 농도가 방류 허용기준보다 훨씬 낮은 리터당 1,500베크렐로 저감시킬 계획이다. 125만 t의 오염수를 400배로 희석시켜서 5억 t으로 묽힌 후에 30년에 걸쳐서 느린 속도로 방류하겠다는 것이다. 파괴된 노심을 완전히 제거하는 2051년까지 흘러나오는 오염수도 같은 방법으로 정화·희석시켜서 방류한다는 것이 일본의 계획이다.

희석을 시키더라도 시간이 지나면 방사성 오염물질이 다시 모여들 수 있다는 주장은 엔트로피 증가의 법칙을 무시한 억지다. 물에 떨어뜨린 잉크는 시간이 지나면 균일하게 묽어진다. 묽어진 잉크는 아무리 시간이 지나도 다시 모여들어서 진해지지 않는다. 태평양으로 방류한 삼중수소도 마찬가지다. 시간이 지나면 태평양 전체로 퍼져버리게 된다. 태평양 전체에 퍼져버린 삼중수소가 방출하는 모든 방사선에 노출되는 일은 현실적으로 불가능하다.

① 방사성 오염 물질은 초미세먼지와 비슷한 크기이다.
② 방사성 오염 물질은 보통 독립된 원자 상태로 존재한다.
③ 방사성 물질이 이온 상태로 존재하는 경우는 거의 없다.
④ 대지진 당시 노심은 섭씨 1,000도까지 올랐다가 바로 차갑게 식었다.
⑤ 오염수를 희석시켜 방류하면 일정 시간 후 다시 오염물질이 모여들 걱정을 하지 않아도 된다.

개인의 소득을 결정하는 데에는 다양한 요인들이 작용한다. 가장 중요한 변수가 어떤 직업일 것이다. 일반적으로 전문직의 경우 고소득이 보장되며 단순노무직의 경우 저소득층의 분포가 많다. 직업의 선택에 영향을 미치는 요인 가운데 가장 중요한 것이 개인의 학력과 능력일 것이다. 그러나 개인의 학력과 능력을 결정하는 배경변수로 무수히 많은 요인들이 작용한다. 그 가운데에서는 개인의 노력이나 선택과 관련된 요인들이 있고 그것과 무관한 환경적 요인들이 있다. 상급학교에 진학하기 위해 얼마나 공부를 열심히 했는가, 어떤 전공을 선택했는가, 직장에서 요구하는 숙련과 지식을 습득하기 위해 얼마나 노력을 했는가 하는 것들이 전자에 해당된다. 반면 부모가 얼마나 자식의 교육을 위해 투자했는가, 어떤 환경에서 성장했는가, 개인의 성이나 연령은 무엇인가 등은 개인의 선택과 무관한 대표적인 환경적 요인일 것이다. 심지어 운(불운)도 개인의 직업과 소득을 결정하는 데 직·간접적으로 작용한다.

환경적 요인에 대한 국가의 개입이 정당화될 수 있는 근거는 그러한 요인들이 개인의 통제를 벗어난(Beyond One's Control) 요인이라는 것이다. 따라서 개인이 어찌할 수 없는 이유로 발생한 불리함(저소득)에 대해 전적으로 개인에게 책임을 묻는 것은 분배정의론의 관점에서 정당하다고 보기 힘들다. 부모의 학력은 전적으로 개인(자녀)이 선택할 수 없는 변수이다. 그런데 부모의 학력은 부모의 소득과 직결되기 쉽고 따라서 자녀에 대한 교육비지출 등 교육투자의 격차를 발생시키기 쉽다. 가난한 부모에게서 태어나고 성장한 자녀들은 동일한 능력을 가지고 부유한 부모에게서 태어나서 성장한 사람에 비해 본인의 학력과 직업적 능력을 취득할 기회를 상대적으로 박탈당했다고 볼 수 있다. 그 결과 저소득층 자녀들은 고소득층 자녀에 비해 상대적으로 낮은 소득을 얻을 확률이 높다. 이러한 현상이 극단적으로 심화된다면 이른바 빈부격차의 대물림 현상이 나타날 것이다. 이와 같이 부모의 학력이 자녀 세대의 소득에 영향을 미친다면, 자녀세대의 입장에서는 본인의 노력과 무관한 요인에 의해 경제적 불이익을 당하는 것이다. 기회의 균등 원칙은 이러한 분배적 부정의를 해소하기 위한 정책적 개입을 정당화한다.

외국의 경우와 비교하여 볼 때, 사회민주주의 국가의 경우에는 이미 현재의 조세정책으로도 충분히 기회균등화 효과를 거두고 있음을 확인하였다. 반면 미국, 이태리, 스페인 등 영미권이나 남유럽 국가의 경우 우리나라의 경우와 유사하거나 더 심한 기회의 불평등 양상을 보여주었다.

따라서 부모의 학력이 자녀의 소득에 영향을 미치는 효과를 차단하기 위해서는 더욱 적극적인 재정정책이 필요하다. 세율을 보다 높이고 대신 이전지출의 크기를 늘리는 것이 세율을 낮추고 이전지출을 줄이는 것에 비해 재분배효과가 더욱 있으리라는 것은 자명한 사실이다. 기회균등화란 관점에서 볼 때 우리나라의 재분배 정책은 훨씬 강화되어야 한다는 시사점을 얻을 수 있다.

① 개인의 학력과 능력은 오로지 개인의 노력이나 선택에 의해서 결정된다.

② 분배정의론의 관점에서 개인의 선택에 의한 불리함에 대해 개인에게 책임을 묻는 것은 정당하지 않다.

③ 부모의 학력이 자녀의 소득에 영향을 미치는 현상이 심화된다면 빈부격차의 대물림 현상이 나타날 것이다.

④ 사회민주주의 국가의 경우 더 심한 기회의 불평등 양상이 나타나는 것으로 확인된다.

⑤ 이전지출을 줄이는 것은 세율을 낮추는 것보다 재분배효과가 더욱 클 것으로 전망된다.

03 다음 글의 내용으로 적절하지 않은 것은?

> 경제학에서는 가격이 한계 비용과 일치할 때를 가장 이상적인 상태라고 본다. '한계 비용'이란 재화의 생산량을 한 단위 증가시킬 때 추가되는 비용을 말한다. 한계 비용 곡선과 수요 곡선이 만나는 점에서 가격이 정해지면 재화의 생산 과정에 들어가는 자원이 낭비 없이 효율적으로 배분되며, 이때 사회 전체의 만족도가 가장 커진다. 가격이 한계 비용보다 높아지면 상대적으로 높은 가격으로 인해 수요량이 줄면서 거래량이 따라 줄고, 결과적으로 생산량도 감소한다. 이는 사회 전체의 관점에서 볼 때 자원이 효율적으로 배분되지 못하는 상황이므로 사회 전체의 만족도가 떨어지는 결과를 낳는다.
>
> 위에서 설명한 일반 재화와 마찬가지로 수도, 전기, 철도와 같은 공익 서비스도 자원배분의 효율성을 생각하면 한계 비용 수준으로 가격(공공요금)을 결정하는 것이 바람직하다. 대부분의 공익 서비스는 초기 시설 투자비용은 막대한 반면 한계 비용은 매우 적다. 이러한 경우, 한계 비용으로 공공요금을 결정하면 공익 서비스를 제공하는 기업은 손실을 볼 수 있다.
>
> 예컨대 초기 시설 투자비용이 6억 달러이고, 톤당 1달러의 한계 비용으로 수돗물을 생산하는 상수도 서비스를 가정해 보자. 이때 수돗물 생산량을 '1톤, 2톤, 3톤, …'으로 늘리면 총비용은 '6억 1달러, 6억 2달러, 6억 3달러, …'로 늘어나고, 톤당 평균 비용은 '6억 1달러, 3억 1달러, 2억 1달러, …'로 지속적으로 줄어든다. 그렇지만 평균 비용이 계속 줄어들더라도 한계 비용 아래로는 결코 내려가지 않는다. 따라서 한계 비용으로 수도 요금을 결정하면 총비용보다 총수입이 적으므로 수도 사업자는 손실을 보게 된다.
>
> 이를 해결하는 방법에는 크게 두 가지가 있다. 하나는 정부가 공익 서비스 제공 기업에 손실분만큼 보조금을 주는 것이고, 다른 하나는 공공요금을 평균 비용 수준으로 정하는 것이다. 전자의 경우 보조금을 세금으로 충당한다면 다른 부문에 들어갈 재원이 줄어드는 문제가 있다. 평균 비용 곡선과 수요 곡선이 교차하는 점에서 요금을 정하는 후자의 경우에는 총수입과 총비용이 같아져 기업이 손실을 보지는 않는다. 그러나 요금이 한계 비용보다 높기 때문에 사회 전체의 관점에서 자원의 효율적 배분에 문제가 생긴다.

① 자원이 효율적으로 배분될 때 사회 전체의 만족도가 극대화된다.

② 가격이 한계 비용보다 높은 경우에는 한계 비용과 같은 경우에 비해 결국 그 재화의 생산량이 줄어든다.

③ 공익 서비스와 일반 재화의 생산 과정에서 자원을 효율적으로 배분하기 위한 조건은 서로 같다.

④ 정부는 공공요금을 한계 비용 수준으로 유지하기 위하여 보조금 정책을 펼 수 있다.

⑤ 평균 비용이 한계 비용보다 큰 경우, 공공요금을 평균 비용 수준에서 설정하면 자원의 낭비를 방지할 수 있다.

04 다음은 K공단의 보험재정국에 대한 글이다. 글의 내용으로 적절하지 않은 것은?

보험재정국의 주요 업무를 한마디로 요약하면 사업장을 대상으로 고용·산재보험을 가입·부과·징수하는 일이다. 일반적으로 K공단을 업무상 재해 시 보상을 담당하는 기관으로만 인식하고 있는 노동자들의 입장에서는 다소 생소한 업무일 수 있다.

사회보험 미가입 사업장을 발굴하여 가입시키는 것은 궁극적으로 노동자를 보호하기 위한 조치이며 보험료를 부과하고 징수하는 것 역시 원활한 보상과 급여를 위한 것이라는 의미이다. 그런 점에서 보험재정국의 업무는 노동자들의 보험사각지대를 해소하고 고용·산재보험의 재정 건전성을 확보하는 업무라고 설명할 수 있다.

보험재정국의 가입·부과·징수 업무는 적용계획부, 보험가입부, 보험재정부 등 3개의 팀에 의해 유기적으로 이루어지고 있다. 적용계획부는 산재보험법, 고용보험법, 보험료징수법 등과 관련된 제도 개선 업무와 함께 노동자와 유사한 지위에 있는 특수고용형태종사자, 중소기업사업주 등 사회적 보호의 필요성이 있는 사람들에 대한 고용·산재보험의 가입 업무를 수행하는 부서이다.

보험가입부에서는 여러 가지 사유로 보험가입이 안 된 사업장을 대상으로 보험가입을 유도함으로써 노동자들의 보험사각지대를 줄여나가고 있다. 보험재정부는 전국 25만여 개 건설업 사업장에 한해 보험료의 부과 및 징수 업무를 수행하는 부서이다. 또한 전국 3,000여 개의 보험 사무대행기관 지원·교육 업무도 병행하고 있다.

보험가입부의 미션이 모든 사업장을 고용·산재보험에 가입시켜 사회보험 사각지대를 해소함으로써 노동자를 보호하는 일이라면, 보험재정부의 미션은 보험료를 제대로 거둬들여 재정 건전성을 확보함으로써 노동자 보호의 기반을 마련하는 일이다. 이 두 가지는 보험재정국의 대표적인 미션이기도 하다.

① 소속된 사업장이 사회보험에 가입되어 있지 않다면 노동자들은 보호받을 수 없다.
② 적용계획부는 보험 사무대행기관의 지원·교육 업무를 돕는다.
③ 보험가입부는 노동자 보호를, 보험재정부는 노동자 보호의 기반을 마련하는 일을 한다.
④ 보험재정국은 산재보험법, 고용보험법, 보험료징수법 등과 관련된 제도 개선 업무를 한다.
⑤ 보험재정부는 재정 건전성을 확보하여 노동자 보호의 기반을 마련한다.

05 다음 글을 바탕으로 〈보기〉를 이해한 내용으로 적절하지 않은 것은?

K공단은 재취업이 어렵고, 담보나 신용이 부족한 산재장해인의 경제적 자립을 돕기 위해 창업점포를 임차하여 지원한다. 2000년부터 현재까지 1,535명에게 895억 원을 지원하여 산재근로자의 자립기반 마련에 크게 기여하였으며, 올해에는 총 28명에게 21억 4,000만 원을 지원할 예정이다. 전년도부터 이자율을 3%에서 2%로 낮추고, 전세보증금을 1억 원에서 1억 5,000만 원으로 상향하였으며 지원기간은 최장 6년까지이다. 지원 대상자가 월세를 부담하는 경우, 월세 200만 원 이하인 점포도 지원할 수 있다.

지원 대상은 산업재해보상보험법에 따라 장해등급을 받은 산재장해인 중 직업훈련 또는 창업훈련, 자격증 취득, 2년 이상 종사한 업종과 관련된 업종으로 창업을 희망하는 사람과 진폐재해자이다. 또한 산재장해인을 고용하고 있는 사회적 기업 또는 예비 사회적 기업 그리고 이를 준비 중인 법인도 해당된다. 다만 성인전용 유흥·사치·향락성 업종과 국민경제상 불요불급한 업종의 창업 희망자, 미성년자, 전국은행연합회의 금융기관 신용정보 관리규약에 따른 연체정보 등록자 등은 지원 대상에서 제외된다.

이밖에도 공단은 지원자의 창업 성공률을 높이기 위해 사업자금을 연리 2%(2년 거치 3년 상환)로 최대 1,500만 원까지 빌려주고, 지원 대상자에게는 전문가를 통한 창업컨설팅을 무료로 제공한다. 창업을 희망하는 산재장해인과 법인은 신청서(공단 양식)에 사업계획서를 첨부하여 창업예정지를 관할하는 공단의 각 지역본부 또는 지사 재활보상부에 제출하면 된다. 신청기간은 2월, 4월, 6월, 8월, 10월의 1 ~ 20일까지이다.

기타 자세한 내용은 창업 예정지를 관할하는 공단 각 지역본부 또는 지사 재활보상부로 문의하거나 공단 홈페이지에서 확인할 수 있다.

보기

2014년 1월 충남 천안의 음식점에서 3년간 주방장으로 일하던 P씨는 재료 준비 중 엄지손가락을 다치는 재해를 입어 장애 10급의 신체장애가 남았다. 갑작스러운 사고에 3 ~ 4개월 동안 슬럼프에 빠지며 좌절하였지만, K공단에서 지원하는 한식 조리과정 직업훈련을 받고 당당히 창업하기로 결심했다. 그동안의 경험과 공단에서 무료로 제공한 창업컨설팅을 통해 자신감을 회복한 P씨는 작은 식당을 개업했고, 이제는 구미 혁신도시 인근에서도 소문이 나기 시작하여 새로운 인생을 맞이하고 있다.

① P씨는 원래 음식점 주방장으로 일했기 때문에 K공단에서 지원하는 '한식조리과정직업훈련' 대상자가 될 수 있었다.

② P씨는 본인이 원래 종사했던 직종과 관련된 업종으로 창업을 희망했기 때문에 전문가를 통한 무료 창업컨설팅을 받을 수 있었다.

③ P씨가 약 4개월 정도 슬럼프에 빠졌다고 했으니까 신청서 접수는 재해를 입은 지 4개월 후인 2014년 5월에 했을 것이다.

④ 만약 P씨가 사치·향락성 업종과 관련된 창업을 하려고 했다면 지원 대상이 되지 못했을 것이다.

⑤ P씨는 K공단 홈페이지에서 관련 내용을 확인할 수 있었을 것이다.

06 '샛강을 어떻게 살릴 수 있을까?'라는 주제로 토의하고자 한다. ⊙과 ⓒ에 대한 설명으로 적절하지 않은 것은?

> 토의는 어떤 공통된 문제에 대해 최선의 해결안을 얻기 위하여 여러 사람이 의논하는 말하기 양식이다. 패널 토의, 심포지엄 등이 그 대표적인 예이다.
> ⊙ 패널 토의는 3 ~ 6인의 전문가들이 사회자의 진행에 따라, 일반 청중 앞에서 토의 문제에 대한 정보나 지식, 의견이나 견해 등을 자유롭게 주고받는 유형이다. 토의가 끝난 뒤에는 청중의 질문을 받고 그에 대해 토의자들이 답변하는 시간을 갖는다. 이 질의·응답 시간을 통해 청중들은 관련 문제를 보다 잘 이해하게 되고 점진적으로 해결 방안을 모색하게 된다.
> ⓒ 심포지엄은 전문가가 참여한다는 점, 청중과 질의·응답 시간을 갖는다는 점에서는 패널 토의와 그 형식이 비슷하다. 다만 전문가가 토의 문제의 하위 주제에 대해 서로 다른 관점에서 연설이나 강연의 형식으로 10분 정도 발표한다는 점에서는 차이가 있다.

① ⊙과 ⓒ은 모두 '샛강 살리기'와 관련하여 전문가의 의견을 들은 이후, 질의·응답 시간을 갖는다.

② ⊙과 ⓒ은 모두 '샛강을 어떻게 살릴 수 있을까'라는 문제에 대해 최선의 해결책을 얻기 위함이 목적이다.

③ ⓒ은 토의자가 샛강의 생태적 특성, 샛강 살리기의 경제적 효과 등의 하위 주제를 발표한다.

④ ⊙은 '샛강 살리기'에 대해 찬반 입장을 나누어 이야기한 후 절차에 따라 청중이 참여한다.

⑤ ⓒ은 하위 주제에 대해 서로 다른 관점에서 연설이나 강연의 형식으로 발표를 한다.

07 다음 글의 내용으로 적절하지 않은 것은?

현재 전해지는 조선시대의 목가구는 대부분 조선 후기의 것들로 단단한 소나무, 느티나무, 은행나무 등의 곧은결을 기둥이나 쇠목으로 이용하고, 오동나무, 느티나무, 먹감나무 등의 늘결을 판재로 사용하여 자연스런 나뭇결의 재질을 살렸다. 또한 대나무 혹은 엇갈리거나 소용돌이 무늬를 이룬 뿌리 부근의 목재 등을 활용하여 자연스러운 장식이 되도록 하였다.

조선시대의 목가구는 대부분 한옥의 온돌에서 사용되었기에 온도와 습도 변화에 따른 변형을 최대한 방지할 수 있는 방법이 필요하였다. 그래서 단단하고 가느다란 기둥재로 면을 나누고, 기둥재에 홈을 파서 판재를 끼워 넣는 특수한 짜임과 이음의 방법을 사용하였으며, 꼭 필요한 부위에만 접착제와 대나무 못을 사용하여 목재가 수축·팽창하더라도 뒤틀림과 휘어짐이 최소화될 수 있도록 하였다. 조선시대 목가구의 대표적 특징으로 언급되는 '간결한 선'과 '명확한 면 분할'은 이러한 짜임과 이음의 방법에 기초한 것이다. 짜임과 이음은 조선시대 목가구 제작에 필수적인 방법으로, 겉으로 드러나는 아름다움은 물론 보이지 않는 내부의 구조까지 고려한 격조 높은 기법이었다.

한편 물건을 편리하게 사용할 수 있게 해주며, 목재의 결합부위나 모서리에 힘을 보강하는 금속 장석은 장식의 역할도 했지만, 기능상 반드시 필요하거나 나무의 질감을 강조하려는 의도에서 사용되어 조선시대 목가구의 절제되고 간결한 특징을 잘 살리고 있다.

① 조선시대 목가구는 온도와 습도 변화에 따른 변형을 방지할 방법이 필요했다.
② 금속 장석은 장식의 역할도 했지만, 기능상 반드시 필요한 의도에서 사용되었다.
③ 나무의 곧은결을 기둥이나 쇠목으로 이용하고, 늘결을 판재로 사용하였다.
④ 접착제와 대나무 못을 사용하면 목재의 수축과 팽창이 발생하지 않게 된다.
⑤ 목재의 결합부위나 모서리에 힘을 보강하기 위해 금속 장석을 사용하였다.

08 다음 글의 내용으로 가장 적절한 것은?

예술과 도덕의 관계, 더 구체적으로는 예술작품의 미적 가치와 도덕적 가치의 관계는 동서양을 막론하고 사상사의 중요한 주제들 중 하나이다. 그 관계에 대한 입장으로는 '극단적 도덕주의', '온건한 도덕주의', '자율성주의'가 있다. 이 입장들은 예술작품이 도덕적 가치판단의 대상이 될 수 있느냐는 물음에 각기 다른 대답을 한다.

극단적 도덕주의 입장은 모든 예술작품을 도덕적 가치판단의 대상으로 본다. 이 입장은 도덕적 가치를 가장 우선적인 가치이자 가장 포괄적인 가치로 본다. 따라서 모든 예술작품은 도덕적 가치에 의해서 긍정적으로 또는 부정적으로 평가된다. 또한 도덕적 가치는 미적 가치를 비롯한 다른 가치들보다 우선한다. 이러한 입장을 대표하는 사람이 바로 톨스토이이다. 그는 인간의 형제애에 관한 정서를 전달함으로써 인류의 심정적 통합을 이루는 것이 예술의 핵심적 가치라고 보았다.

온건한 도덕주의는 오직 일부 예술작품만이 도덕적 판단의 대상이 된다고 보는 입장이다. 따라서 일부의 예술작품들에 대해서만 긍정적인 또는 부정적인 도덕적 가치판단이 가능하다고 본다. 이 입장에 따르면, 도덕적 판단의 대상이 되는 예술작품의 도덕적 가치와 미적 가치는 서로 독립적으로 성립하는 것이 아니다. 그것들은 서로 내적으로 연결되어 있기 때문에 어떤 예술작품이 가지는 도덕적 장점이 그 예술작품의 미적 강점이 된다. 또한 어떤 예술작품의 도덕적 결함은 그 예술작품의 미적 결함이 된다.

자율성주의는 어떠한 예술작품도 도덕적 가치판단의 대상이 될 수 없다고 보는 입장이다. 이 입장에 따르면, 도덕적 가치와 미적 가치는 서로 자율성을 유지한다. 즉, 도덕적 가치와 미적 가치는 각각 독립적인 영역에서 구현되고 서로 다른 기준에 의해 평가된다는 것이다. 결국 자율성주의는 예술작품에 대한 도덕적 가치판단을 범주착오에 해당하는 것으로 본다.

① 톨스토이는 극단적 도덕주의를 비판하면서 예술작품은 인류의 심정적 통합 정도에만 기여해야 한다고 주장했다.
② 온건한 도덕주의에서는 미적 가치와 도덕적 가치의 독립적인 지위를 인정해야 한다고 본다.
③ 자율성주의는 도덕적 가치판단은 작품을 감상하는 각자에게 맡겨야 한다고 주장한다.
④ 온건한 도덕주의에서 도덕적 판단의 대상이 되는 예술작품은 극단적 도덕주의에서도 도덕적 판단의 대상이 된다.
⑤ 자율성주의는 예술작품의 미적 가치를 도덕적 가치보다 우월한 것으로 본다.

09 다음 글을 근거로 판단할 때 가장 적절한 것은?

> 1896년 『독립신문』 창간을 계기로 여러 가지의 애국가 가사가 신문에 게재되기 시작했는데, 어떤 곡조에 따라 이 가사들을 노래로 불렀는지는 명확하지 않다. 다만 대한제국이 서구식 군악대를 조직해 1902년 '대한제국 애국가'라는 이름의 국가(國歌)를 만들어 나라의 주요 행사에 사용했다는 기록은 남아 있다. 오늘날 애국가의 노랫말은 외세의 침략으로 나라가 위기에 처해있던 1907년을 전후하여 조국애와 충성심을 북돋우기 위하여 만들어졌다.
>
> 1935년 해외에서 활동 중이던 안익태는 오늘날 우리가 부르고 있는 국가를 작곡하였다. 대한민국 임시정부는 이 곡을 애국가로 채택해 사용했으나 이는 해외에서만 퍼져나갔을 뿐, 국내에서는 광복 이후 정부수립 무렵까지 애국가 노랫말을 스코틀랜드 민요에 맞춰 부르고 있었다. 그러다가 1948년 대한민국 정부가 수립된 이후 현재의 노랫말과 함께 안익태가 작곡한 곡조의 애국가가 정부의 공식 행사에 사용되고 각급 학교 교과서에도 실리면서 전국적으로 애창되기 시작하였다.
>
> 애국가가 국가로 공식화되면서 1950년대에는 대한뉴스 등을 통해 적극적으로 홍보가 이루어졌다. 그리고 국기게양 및 애국가 제창 시의 예의에 관한 지시(1966) 등에 의해 점차 국가의례의 하나로 간주되었다.
>
> 1970년대 초에는 공연장에서 본공연 전에 애국가가 상영되기 시작하였다. 이후 1980년대 중반까지 주요 방송국에서 국기강하식에 맞춰 애국가를 방송하였다. 주요 방송국의 국기강하식 방송, 극장에서의 애국가 상영 등은 1980년대 후반 중지되었으며 음악회와 같은 공연 시 애국가 연주도 이때 자율화되었다.
>
> 오늘날 주요 행사 등에서 애국가를 제창하는 경우에는 부득이한 경우를 제외하고 4절까지 제창하여야 한다. 애국가는 모두 함께 부르는 경우에는 전주곡을 연주한다. 다만, 약식 절차로 국민의례를 행할 때, 애국가를 부르지 않고 연주만 하는 의전행사(외국에서 하는 경우 포함)나 시상식·공연 등에서는 전주곡을 연주해서는 안 된다.

① 1940년에 해외에서는 안익태가 만든 애국가 곡조를 들을 수 없었다.

② 1990년대 초반에는 국기강하식 방송과 극장에서의 애국가 상영이 의무화되었다.

③ 오늘날 우리가 부르는 애국가의 노랫말은 1896년 『독립신문』에 게재되지 않았다.

④ 시상식에서 애국가를 부르지 않고 연주만 하는 경우에는 전주곡을 연주할 수 있다.

⑤ 안익태가 애국가 곡조를 작곡한 해로부터 대한민국 정부 공식 행사에 사용될 때까지 10년이 채 걸리지 않았다.

02 │ 글의 주제·제목

| 유형분석 |

- 주어진 지문을 파악하여 전달하고자 하는 핵심 주제를 고르는 문제이다.
- 정보를 종합하고 중요한 내용을 구별하는 능력이 필요하다.
- 설명문부터 주장, 반박문까지 다양한 성격의 지문이 제시되므로 글의 성격별 특징을 알아 두는 것이 좋다.

다음 글의 제목으로 가장 적절한 것은?

구비문학에서는 기록문학과 같은 의미의 단일한 작품 또는 원본이라는 개념이 성립하기 어렵다. 윤선도의 '어부사시사'와 채만식의 『태평천하』는 엄밀하게 검증된 텍스트를 놓고 이것이 바로 그 작품이라 할 수 있지만, '오누이 장사 힘내기' 전설이라든가 '진주 낭군' 같은 민요는 서로 조금씩 다른 구연물이 다 그 나름의 개별적 작품이면서 동일 작품의 변이형으로 인정되기도 하는 것이다. 이야기꾼은 그의 개인적 취향이나 형편에 따라 설화의 어떤 내용을 좀 더 실감나게 손질하여 구연할 수 있으며, 때로는 그 일부를 생략 혹은 변경할 수 있다. 모내기할 때 부르는 '모노래'는 전승적 가사를 많이 이용하지만, 선창자의 재간과 그때그때의 분위기에 따라 새로운 노래 토막을 끼워 넣거나 일부를 즉흥적으로 개작 또는 창작하는 일도 흔하다.

① 구비문학의 현장성   ② 구비문학의 유동성

③ 구비문학의 전승성   ④ 구비문학의 구연성

⑤ 구비문학의 사실성

정답 ②

구비문학에서는 단일한 작품, 원본이라는 개념이 성립하기 어렵다. 선창자의 재간과 그때그때의 분위기에 따라 새롭게 변형되거나 창작되는 일이 흔하다. 다시 말해 정해진 틀이 있다기보다는 상황이나 분위기에 따라 바뀌는 것이 가능하다. 유동성이란 형편이나 때에 따라 변화될 수 있음을 뜻하는 말이다. 따라서 글의 제목은 '구비문학의 유동성'이라고 볼 수 있다.

풀이 전략!

'결국', '즉', '그런데', '그러나', '그러므로' 등의 접속어 뒤에 주제가 드러나는 경우가 많다는 것에 주의하면서 지문을 읽는다.

01   다음 글의 주제로 가장 적절한 것은?

> 최근에 사이버공동체를 중심으로 한 시민의 자발적 정치 참여 현상이 많은 관심을 끌고 있다. 이러한 현상과 관련하여 A의 연구가 새삼 주목 받고 있다. A의 연구에 따르면 공동체의 구성원이 됨으로써 얻게 되는 '사회적 자본'이 시민사회의 성숙과 민주주의 발전을 가져오는 원동력이다. A의 이론에서는 공동체에 대한 자발적 참여를 통해 사회 구성원 간의 상호 의무감과 신뢰, 구성원들이 공유하는 규칙과 관행, 사회적 유대 관계와 같은 사회적 자본이 늘어나면, 사회 구성원 간의 협조적인 행위가 가능하게 된다고 보았다. 더 나아가 A는 자원봉사자와 같이 공동체 참여도가 높은 사람이 투표할 가능성이 높고 정부 정책에 대한 의견 개진도 활발해지는 등 정치 참여도가 높아진다고 주장하였다.
>
> 몇몇 학자들은 A의 이론을 적용하여 면대면 접촉에 따른 인간관계의 산물인 사회적 자본이 사이버공동체에서도 충분히 형성될 수 있다고 보았다. 그리고 사이버공동체에서 사회적 자본의 증가는 곧 정치 참여도 활성화시킬 것으로 기대했다. 하지만 이러한 기대와는 달리 정치 참여가 활성화되지 않았다. 요즘 젊은이들을 보면 각종 사이버공동체에 자발적으로 참여하는 수준은 높지만 투표나 다른 정치 활동에는 무관심하거나 심지어 정치를 혐오하기도 한다. 이런 측면에서 A의 주장은 사이버공동체가 활성화된 오늘날에는 잘 맞지 않는다.
>
> 이러한 이유 때문에 오늘날 사이버공동체를 중심으로 한 정치 참여를 더 잘 이해하기 위해서 '정치적 자본' 개념의 도입이 필요하다. 정치적 자본은 사회적 자본의 구성 요소와는 달리 정치 정보의 습득과 이용, 정치적 토론과 대화, 정치적 효능감 등으로 구성된다. 정치적 자본은 사회적 자본과 마찬가지로 공동체 참여를 통해서 획득되지만, 정치 과정에의 관여를 촉진한다는 점에서 사회적 자본과는 구분될 필요가 있다. 사회적 자본만으로 정치 참여를 기대하기 어렵고, 사회적 자본과 정치 참여 사이를 정치적 자본이 매개할 때 비로소 정치 참여가 활성화된다.

① 사이버공동체에의 자발적 참여 증가는 정치 참여를 활성화시킨다.

② 사이버공동체의 특수성으로 인해 시민들의 정치 참여가 어렵게 되었다.

③ 사회적 자본이 많은 사회는 정치 참여가 활발하기 때문에 민주주의가 실현된다.

④ 사회적 자본은 정치적 자본을 포함하기 때문에 그 자체로 정치 참여의 활성화를 가져온다.

⑤ 사이버공동체를 통해 축적된 사회적 자본에 정치적 자본이 더해질 때 정치 참여가 활성화된다.

02

시장경제는 국민 모두가 잘살기 위한 목적을 달성하기 위한 수단으로서 선택한 나라 살림의 운영 방식이다. 그러나 최근에 재계, 정계, 그리고 경제 관료 사이에 벌어지고 있는 시장경제에 대한 논쟁은 마치 시장경제 그 자체가 목적인 것처럼 왜곡되고 있다. 국민들이 잘살기 위해서는 경제가 성장해야 한다. 그러나 경제가 성장했는데도 다수의 국민들이 잘사는 결과를 가져오지 못하고 경제적 강자들의 기득권을 확대 생산하는 결과만을 가져온다면 국민들은 시장경제를 버리고 대안적 경제 체제를 찾을 것이다. 그렇기 때문에 시장경제를 유지하기 위해서는 성장과 분배의 균형이 중요하다. 시장경제는 경쟁을 통해서 효율성을 높이고 성장을 달성한다. 경쟁의 동기는 사적인 이익을 추구하는 인간의 이기적 속성에 기인한다. 국민 각자는 모두가 함께 잘살기 위해서가 아니라 내가 잘살기 위해서 경쟁을 한다. 모두가 함께 잘살기 위한 공동의 목적을 달성하기 위한 수단으로 시장경제를 선택한 것이지만 개개인은 이기적인 동기로 시장에 참여하는 것이다. 이와 같이 시장경제는 개인과 공동의 목적이 서로 상반되는 모순을 갖는 것이 그 본질이다. 그래서 시장경제가 제대로 운영되기 위해서는 국가의 소임이 중요하다.

시장경제에서 국가가 할 일을 크게 세 가지로 나누어 볼 수 있다. 첫째는 경쟁을 유도하는 시장 체제를 만드는 것이고, 둘째는 공정한 경쟁이 이루어지도록 시장 질서를 세우는 것이며, 셋째는 경쟁의 결과로 얻은 성과가 모두에게 공평하게 분배되도록 조정하는 것이다. 최근에 벌어지고 있는 시장경제의 논쟁은 세 가지 국가의 역할 중에서 논쟁의 주체들이 자신의 이해관계에 따라서 선택적으로 시장경제를 왜곡하고 있다. 경쟁에서 강자의 위치를 확보한 재벌들은 경쟁 촉진을 주장하면서 공정 경쟁이나 분배를 말하는 것은 반시장적이라고 매도한다. 정치권은 인기 영합의 수단으로, 그리고 일부 노동계는 이기적 동기에서 분배를 주장하면서 분배의 전제가 되는 성장을 위해서 필요한 경쟁을 훼손하는 모순된 주장을 한다. 경제 관료들은 자신의 권력을 강화하기 위한 부처의 이기적인 관점에서 경쟁촉진과 공정 경쟁 사이에서 줄타기 곡예를 하며 분배에 대해서 말하는 것은 금기시한다. 모두가 자신들의 기득권을 위해서 선택적으로 왜곡하고 있다.

경쟁은 원천적으로 공정성을 보장하지 못한다. 서로 다른 능력이 주어진 천부적인 차이는 물론이고, 물려받는 재산과 환경의 차이로 인하여 출발선에서부터 불공정한 경쟁이 시작된다. 그럼에도 불구하고 경쟁은 창의력을 가지고 노력하는 사람에게 성공을 가져다주는 체제이다. 그래서 출발점이 다를지라도 노력과 능력에 따라서 성공의 기회가 제공되도록 보장하기 위해서 공정 경쟁이 중요하다. 경쟁은 또한 분배의 공평성을 보장하지 못한다. 경쟁의 결과는 경쟁에 참여한 모든 사람들의 노력의 결과로 이루어진 것이지, 승자만의 노력으로 이루어진 것은 아니다. 경쟁의 결과가 승자에 의해서 독점된다면 국민들은 경쟁의 참여를 거부할 수밖에 없다. 그래서 경쟁에 참여한 모두에게 공평한 분배가 이루어지는 것이 중요하다.

① 시장경제에서의 개인과 경쟁의 상호 관계
② 시장경제에서의 국가의 역할
③ 시장경제에서의 개인 상호 간의 경쟁
④ 시장경제에서의 경쟁의 양면성과 그 한계
⑤ 시장경제에서의 경쟁을 통한 개개인의 관계

03

우리 고유의 발효식품이자 한식 제1의 반찬인 김치는 천년이 넘는 역사를 함께해 온 우리 삶의 일부이다. 채소를 오래 보관하여 먹기 위한 절임 음식으로 시작된 김치는 양념을 버무리고 숙성시키는 우리만의 발효과학 식품으로 변신하였고, 김장은 우리 민족의 가장 중요한 행사 중 하나가 되었다. 다른 나라에도 소금 등에 채소를 절인 절임 음식이 존재하지만, 절임 후 양념으로 2차 발효시키는 음식으로는 우리 김치가 유일하다. 김치는 발효과정을 통해 원재료보다 영양이 한층 더 풍부하게 변신하며, 암과 노화, 비만 등의 예방과 억제에 효과적인 기능성을 보유한 슈퍼 발효 음식으로 탄생한다.

김치는 지역마다, 철마다, 또 특별한 의미를 담아 다양하게 변신하여 300가지가 넘는 종류로 탄생하는데, 기후와 지역 등에 따라서 다채로운 맛을 담은 김치들이 있으며, 주재료로 채소뿐만 아니라 수산물이나 육류를 이용한 독특한 김치도 있고, 같은 김치라도 사람에 따라 특별한 김치로 재탄생되기도 한다. 지역과 집안마다 저마다의 비법으로 담그기 때문에 유서 깊은 종가마다 비법으로 만든 특별한 김치가 전해오며, 김치를 담그고 먹는 일도 수행의 연속이라 여기는 사찰에서는 오신채를 사용하지 않은 김치가 존재한다.

우리 문화의 정수이자 자존심인 김치는 현대에 들어서는 문화와 전통이 결합한 복합 산업으로 펼쳐지고 있다. 김치에 들어가는 수많은 재료에 관련된 산업의 생산액은 3.3조 원이 넘으며, 주로 배추김치로 형성된 김치 생산은 약 2.3조 원의 시장을 형성하고 있고, 시판 김치의 경우 대기업의 시장 주도력이 증가하고 있다. 소비자 요구에 맞춘 다양한 포장 김치가 등장하고, 김치냉장고는 1.1조 원의 시장을 형성하고 있으며, 정성과 기다림을 상징하는 김치는 문화산업의 소재로 활용되며, 김치 문화는 관광 관련 산업으로 활성화되고 있다. 김치의 영양 기능성과 김치 유산균을 활용한 여러 기능성 제품이 개발되고, 부식뿐 아니라 새로운 요리의 식재료로서 김치는 39조 원의 외식산업 시장을 뒷받침하고 있다.

① 김치의 탄생
② 김치산업의 활성화 방안
③ 우리 민족의 축제, 김장
④ 지역마다 다양한 종류의 김치
⑤ 우리 민족의 전통이자 자존심, 김치

다음 글의 주제로 가장 적절한 것은?

2023년 6월부터 민법과 행정 분야에서 나이를 따질 때 기존 계산하는 방식에 따라 1～2살까지 차이가 났던 우리나라 특유의 나이 계산법이 국제적으로 통용되는 '만 나이'로 일원화된다. 이는 태어난 해를 0살로 보고 정확하게 1년이 지날 때마다 한 살씩 더하는 방식을 말한다.

이에 대해 여론은 대체적으로 긍정적이나, 다만 일각에서는 모두에게 익숙한 관습을 벗어나 새로운 방식에 적응해야 한다는 점을 우려하고 있다. 특히 지금 받고 있는 행정서비스에 급격한 변화가 일어나 혹시라도 손해를 보거나 미리 따져봐야 할 부분이 있는 건 아닌지, 또 다른 혼선이 야기되는 건 아닌지 하는 것들이 이에 해당한다.

이처럼 국회가 법적 나이 규정을 만 나이로 정비한 이유는 한국의 나이 기준이 우리가 관습적으로 쓰는 '세는 나이'와 민법 등에서 법적으로 규정한 '만 나이', 일부 법령이 적용하고 있는 '연 나이' 등 세 가지로 되어 있기 때문에 한 사람의 나이가 계산 방식에 따라 최대 2살이 달라져 이러한 '나이 불일치'로 각종 행정서비스 이용과 계약체결 과정에서 혼선과 법적 다툼이 발생했기 때문이다.

더군다나 법적 나이를 규정한 민법에서조차 표현상으로 만 나이와 일반 나이가 혼재되어 있어 문구를 통일해야 한다는 지적이 나왔다. 표현상 '만 ○○세'로 돼 있지 않아도 기본적으로 만 나이로 보는 게 관례이지만 법적 분쟁 발생 시 이는 해석의 여지를 줄 수 있기 때문이다. 다른 법에서 특별히 나이의 기준을 따로 두지 않았다면 민법의 나이 규정을 따르도록 되어 있는데 실상은 민법도 명확하지 않았던 것이다.

정부는 내년부터 개정된 법이 시행되면 우선 그동안 문제로 지적됐던 법적·사회적 분쟁이 크게 줄어들 것으로 기대하고 있지만 국민 전체가 일상적으로 체감하는 변화는 크지 않을 것으로 보고 있다. 이번 법 개정의 취지 자체가 나이 계산법 혼용에 따른 분쟁을 해소하는 데 맞춰져 있고, 오랜 세월 확립된 나이에 대한 사회적 인식이 법 개정으로 단번에 바뀔 수 있는 건 아니기 때문이다.

또한 여야와 정부는 연 나이를 채택해 또래 집단과 동일한 기준을 적용하는 것이 오히려 혼선을 막을 수 있고 법 집행의 효율성이 담보된다고 합의한 병역법, 청소년보호법, 민방위기본법 등 52개 법령에 대해서는 연 나이 규정 필요성이 크다면 굳이 만 나이 적용을 하지 않겠다고 밝혔다.

① 연 나이 계산법 유지의 필요성
② 우리나라 나이 계산법의 문제점
③ 기존 나이 계산법 개정의 필요성
④ 나이 계산법 혼용에 따른 분쟁 해소 방안
⑤ 나이 계산법의 변화로 달라지는 행정 서비스

05 다음 글에서 필자가 주장하는 핵심 내용으로 가장 적절한 것은?

> 현대 사회는 대중 매체의 영향을 많이 받는 사회이며, 그중에서도 텔레비전의 영향은 거의 절대적입니다. 언어 또한 텔레비전의 영향을 많이 받습니다. 그런데 텔레비전의 언어는 우리의 언어 습관을 부정적인 방향으로 흐르게 하고 있습니다.
>
> 텔레비전은 시청자들의 깊이 있는 사고보다는 감각적 자극에 호소하는 전달 방식을 사용하고 있습니다. 또 현대 자본주의 사회에서의 텔레비전 방송은 상업주의에 편승하여 대중을 붙잡기 위한 방편으로 쾌락과 흥미 위주의 언어를 무분별하게 사용합니다. 결국 텔레비전은 대중의 이성적 사고 과정을 마비시켜 오염된 언어 습관을 무비판적으로 수용하게 합니다. 그렇기 때문에 언어 사용을 통해 발전시킬 수 있는 상상적 사고를 기대하기 어렵게 하며, 창조적인 언어 습관보다는 단편적인 언어 습관을 갖게 만듭니다.
>
> 따라서 좋은 말 습관의 형성을 위해서는 또 다른 문화 매체가 필요합니다. 이러한 문제의 대안으로 문학 작품 독서를 제시하려고 합니다. 문학은 작가적 현실을 언어를 매개로 형상화한 예술입니다. 작가적 현실을 작품으로 형상화하기 위해서는 작가의 복잡한 사고 과정을 거치듯이, 작품을 바르게 이해·해석·평가하기 위해서는 독자의 상상적 사고를 거치게 됩니다. 또한 문학은 아름다움을 지향하는 언어 예술로서 정제된 언어를 사용하므로 문학 작품 감상을 통해 습득된 언어 습관은 아름답고 건전하리라 믿습니다.

① 쾌락과 흥미 위주의 언어 습관을 지양하고 사고 능력을 기를 수 있는 언어 습관을 길러야 한다.

② 사고 능력을 기르고 건전한 언어 습관을 길들이기 위해서 문학 작품 독서가 필요하다.

③ 바른 언어 습관의 형성과 건전하고 창의적인 사고를 위해 텔레비전을 멀리 해야 한다.

④ 언어는 자신의 사상을 표현하는 매체일 뿐만 아니라 그것을 사용하는 사람의 인격을 가늠하는 척도이므로 바른 언어 습관이 중요하다.

⑤ 대중 매체가 개인의 언어 습관과 사고 과정에 미치는 영향이 절대적이므로 대중 매체에서 문학작품을 다뤄야 한다.

03 | 내용 추론

| 유형분석 |

• 주어진 지문을 바탕으로 도출할 수 있는 내용을 찾는 문제이다.
• 선택지의 내용을 정확하게 확인하고 지문의 정보와 비교하여 추론하는 능력이 필요하다.

다음 글을 읽고 추론한 내용으로 적절하지 않은 것은?

1977년 개관한 퐁피두 센터의 정식명칭은 국립 조르주 퐁피두 예술문화 센터로, 공공정보기관(BPI), 공업창작센터(CCI), 음악·음향의 탐구와 조정연구소(IRCAM), 파리 국립 근현대 미술관(MNAM) 등이 있는 종합문화예술 공간이다. 퐁피두라는 이름은 이 센터의 창설에 힘을 기울인 조르주 퐁피두 대통령의 이름을 딴 것이다.

1969년 당시 대통령이었던 퐁피두는 파리의 중심지에 미술관이면서 동시에 조형예술과 음악, 영화, 서적 그리고 모든 창조적 활동의 중심이 될 수 있는 문화 복합센터를 지어 프랑스 미술을 더욱 발전시키고자 했다. 요즘 미술관들은 미술관의 이러한 복합적인 기능과 역할을 인식하고 변화를 시도하는 곳이 많다. 미술관은 더 이상 전시만 보는 곳이 아니라 식사도 하고 영화도 보고 강연도 들을 수 있는 곳으로, 대중과의 거리 좁히기를 시도하고 있는 것도 그리 특별한 일은 아니다. 그러나 이미 40년 전에 21세기 미술관의 기능과 역할을 미리 내다볼 줄 아는 혜안을 가지고 설립된 퐁피두 미술관은 프랑스가 왜 문화강국이라 불리는지를 알 수 있게 해준다.

① 퐁피두 미술관의 모습은 기존 미술관의 모습과 다를 것이다.
② 퐁피두 미술관을 찾는 사람들의 목적은 다양할 것이다.
③ 퐁피두 미술관은 전통적인 예술작품들을 선호할 것이다.
④ 퐁피두 미술관은 파격적인 예술작품들을 배척하지 않을 것이다.
⑤ 퐁피두 미술관은 현대 미술관의 선구자라는 자긍심을 가지고 있을 것이다.

정답 ③

제시문에 따르면 퐁피두 미술관은 모든 창조적 활동을 위한 공간이므로, 퐁피두가 전통적인 예술작품을 선호할 것이라는 내용은 추론할 수 없다.

풀이 전략!

주어진 지문이 어떠한 내용을 다루고 있는지 파악한 후 선택지의 키워드를 확실하게 체크하고, 지문의 정보에서 도출할 수 있는 내용을 찾는다.

01   다음 글을 읽고 추론한 내용으로 적절하지 않은 것은?

커피 찌꺼기를 일컫는 커피박이라는 단어는 우리에게 생소한 편이다. 하지만 외국에서는 커피 웨이스트(Coffee Waste), 커피 그라운드(Coffee Ground) 등 다양한 이름으로 불린다. 커피박은 커피 원두로부터 액을 추출한 후 남은 찌꺼기를 말하는데 이는 유기물뿐만 아니라 섬유소, 리그닌, 카페인 등 다양한 물질을 풍부하게 함유하고 있어 재활용 가치가 높은 유기물 자원으로 평가받고 있다. 특히 우리나라는 높은 커피 소비국으로 2007년부터 2010년까지의 관세청 자료에 의하면 매년 지속적으로 커피원두 및 생두 수입이 지속적으로 증가한 것으로 나타났다. 1인당 연간 커피 소비량은 2019년 기준 평균 328잔 정도에 달하며 커피 한잔에 사용되는 커피콩은 0.2%, 나머지는 99.8%로 커피박이 되어 생활폐기물 혹은 매립지에서 소각처리된다.

이렇게 커피 소비량이 증가하고 있는 가운데 커피를 마시고 난 후 생기는 부산물인 커피박도 연평균 12만 톤 이상 발생하고 있는 것으로 알려져 있다. 이렇듯 막대한 양의 커피박은 폐기물로 분류되며 폐기처리만 해도 큰 비용이 발생된다.

따라서 우리나라와 같이 농업분야의 유기성 자원이 절대적으로 부족한 곳에서는 비료 원자재 대부분을 수입산에 의존하고 있는데, 원재료 매입비용이 적은 반면 부가가치를 창출할 수 있는 수익성이 매우 높은 재료로 고가로 수입된 커피박 자원을 재활용할 수 있다면 자원절감과 비용절감 두 마리 토끼를 잡을 수 있을 것으로 기대된다.

또한 커피박은 부재료 선택에 신경을 쓴다면 분명 더 나은 품질의 퇴비가 가능하다고 전문가들은 지적한다. 그 가운데 톱밥, 볏짚, 버섯폐배지, 한약재 찌꺼기, 쌀겨, 스테비아분말, 채종유박, 깻묵 등의 부재료 화학성 pH는 4.9 ~ 6.4, 총탄소 4 ~ 54%, 총질소 0.08 ~ 10.4%, 탈질률 7.8 ~ 680으로 매우 다양했다. 그 중에서 한약재 찌꺼기의 질소함량이 가장 높았고, 유기물 함량은 톱밥이 가장 높았다.

유기물 퇴비를 만들기 위한 조건은 수분함량, 공기, 탄질비, 온도 등이 중요하다. 흔히 유기퇴비의 원료로는 농가에서 쉽게 찾아볼 수 있는 볏짚, 나무껍질, 깻묵, 쌀겨 등이 있다. 그밖에 낙엽이나 산야초를 베어 퇴비를 만들어도 되지만 일손과 노동력이 다소 소모된다는 단점이 있다. 무엇보다 양질의 퇴비를 만들기 위해서는 재료로 사용되는 자재가 지닌 기본적인 탄소와 질소의 비율이 중요한데 탄질률은 20 ~ 30 : 1 인 것이 가장 이상적이다. 농촌진흥청 관계자는 이에 대해 "탄질률은 퇴비의 분해 속도와 관련이 있어 지나치게 질소가 많거나 탄소성분이 많을 경우 양질의 퇴비를 얻을 수 없다. 또한 퇴비재료에 미생물이 첨가되면서 자연 분해되면 열이 발생하는데 이는 유해 미생물을 죽일 수 있어 양질의 퇴비를 얻기 위해서는 퇴비 더미의 온도를 50℃ 이상으로 유지하는 것이 바람직하다."고 밝혔다.

① 퇴비 재료에 있는 유해 미생물을 50℃ 이상의 고온을 통해 없앨 수 있다.

② 비료에서 중요한 성분인 질소가 많이 함유되어 있을수록 좋은 비료라고 할 수 있다.

③ 커피박을 이용하여 유기농 비료를 만드는 것은 환경 보호뿐만 아니라 경제적으로도 이득이다.

④ 커피박과 함께 비료에 들어갈 부재료를 고를 때에는 질소나 유기물이 얼마나 들어있는지가 중요한 기준이다.

⑤ 커피박을 이용하여 유기 비료를 만들 때, 질소 보충이 필요한 사람이라면 한약재 찌꺼기를 첨가하는 것이 좋다.

02 다음 글을 토대로 〈보기〉를 해석한 내용으로 가장 적절한 것은?

> 뇌가 받아들인 기억 정보는 그 유형에 따라 각각 다른 장소에 저장된다. 우리가 기억하는 것들은 크게 서술 정보와 비서술 정보로 나뉜다. 서술 정보란 학교 공부, 영화의 줄거리, 장소나 위치, 사람의 얼굴처럼 말로 표현할 수 있는 정보이다. 서술 정보를 처리하는 중요한 기능을 담당하는 것은 뇌의 내측두엽에 있는 해마로 알려져 있다. 교통사고를 당해 해마 부위가 손상된 이후 서술 기억 능력이 손상된 사람의 예가 그 사실을 뒷받침한다. 그렇지만 그는 교통사고 이전의 오래된 기억을 모두 회상해 냈다. 해마는 장기 기억을 저장하는 장소가 아닌 것이다.
>
> 많은 학자들은 서술 정보가 오랫동안 저장되는 곳으로 대뇌피질을 들고 있다. 내측두엽으로 들어온 서술 정보는 해마와 그 주변 조직들에서 일시적으로 머무는 동안 쪼개져 신경정보 신호로 바뀌고 어떻게 나누어 저장될 것인지가 결정된다. 내측두엽은 대뇌피질의 광범위한 영역과 신경망을 통해 연결되어 이런 기억 정보를 대뇌피질의 여러 부위로 전달한다. 다음 단계에서는 기억과 관련된 유전자가 발현되어 단백질이 만들어지면서 기억 내용이 공고해져 오랫동안 저장된 상태를 유지한다. 그렇다면 비서술 정보는 어디에 저장될까? 운동 기술은 대뇌의 선조체나 소뇌에 저장되며, 계속적인 자극에 둔감해지는 '습관화'나 한 번 자극을 받은 뒤 그와 비슷한 자극에 계속 반응하는 '민감화' 기억은 감각이나 운동 체계를 관장하는 신경망에 저장된다고 알려져 있다. 또한 감정이나 공포와 관련된 기억은 편도체에 저장된다.

보기

> 얼마 전 교통사고로 뇌가 손상된 김씨는 뇌의 내측두엽 절제 수술을 받았다. 수술을 받고 난 뒤 김씨는 새로 바뀐 휴대폰 번호를 기억하지 못하고 수술 전의 기존 휴대폰 번호만을 기억하는 등 금방 확인한 내용은 몇 분 동안밖에 기억하지 못했다. 그러나 수술 후 배운 김씨의 탁구 실력은 제법 괜찮았다. 비록 언제 어떻게 누가 가르쳐 주었는지 전혀 기억하지는 못했지만….

① 김씨는 어릴 적 놀이기구를 타면서 느꼈던 공포감이나 감정 등을 기억하지 못할 것이다.

② 김씨가 수술 후에도 기억하는 수술 전의 기존 휴대폰 번호는 서술 정보에 해당하지 않을 것이다.

③ 김씨는 교통사고로 내측두엽의 해마와 함께 대뇌의 선조체가 모두 손상되었을 것이다.

④ 탁구 기술은 비서술 정보이므로 김씨의 대뇌피질에 저장되었을 것이다.

⑤ 김씨에게 탁구를 가르쳐 준 사람에 대한 정보는 서술 정보이므로 내측두엽의 해마에 저장될 것이다.

03 다음 글에서 추론할 수 없는 것은?

> 언뜻 보아서는 살쾡이와 고양이를 구별하기 힘들다. 살쾡이가 고양잇과의 포유동물이어서 고양이와 흡사하기 때문이다. 그래서인지 '살쾡이'란 단어는 '고양이'와 연관이 있다. '살쾡이'의 '쾡이'가 '괭이'와 연관이 있는데, '괭이'는 '고양이'의 준말이기 때문이다.
>
> '살쾡이'는 원래 '삵'에 '괭이'가 붙어서 만들어진 단어이다. '삵'은 그 자체로 살쾡이를 뜻하는 단어였다. 살쾡이의 모습이 고양이와 비슷해도 단어 '삵'은 '고양이'와는 아무런 연관이 없다. 그런데도 '삵'에 고양이를 뜻하는 '괭이'가 덧붙게 되었다. 그렇다고 '살쾡이'가 '삵과 고양이', 즉 '살쾡이와 고양이'란 의미를 가지는 것은 아니다. 단지 '삵'에 비해 '살쾡이'가 후대에 생겨난 단어일 뿐이다. '호랑이'란 단어도 이런 식으로 생겨났다. '호랑이'는 '호(虎, 범)'와 '랑(狼, 이리)'으로 구성되어 있으면서도 '호랑이와 이리'란 뜻을 가진 것이 아니라 그 뜻은 역시 '범'인 것이다.
>
> '살쾡이'는 '삵'과 '괭이'가 합쳐져 만들어진 단어이기 때문에 '삵괭이' 또는 '삭괭이'로도 말하는 지역이 있으며, '삵'의 'ㄱ' 때문에 뒤의 '괭이'가 된소리인 '꽹이'가 되어 '삭꽹이' 또는 '살꽹이'로 말하는 지역도 있다. 그리고 '삵'에 거센소리가 발생하여 '살쾡이'로 발음하는 지역도 있다. 주로 서울 지역에서 '살쾡이'로 발음하기 때문에 '살쾡이'를 표준어로 삼았다. 반면에 북한의 사전에서는 '살쾡이'를 찾을 수 없고 '살괭이'만 찾을 수 있다. 남한에서 '살괭이'를 '살쾡이'의 방언으로 처리한 것과는 다르다.

① '호랑이'는 '호(虎, 범)'보다 나중에 형성되었다.
② 두 단어가 합쳐져 하나의 대상을 지시할 수 있다.
③ '살쾡이'가 남·북한 사전 모두에 실려 있는 것은 아니다.
④ '살쾡이'는 가장 광범위하게 사용되기 때문에 표준어로 정해졌다.
⑤ '살쾡이'의 방언이 다양하게 나타나는 것은 지역의 발음 차이 때문이다.

04 다음 글에서 지적한 정보화 사회의 문제점에 대한 반대 입장이 아닌 것은?

> 정보화 사회에서 지식과 정보는 부가가치의 원천이다. 지식과 정보에 접근할 수 없는 사람들은 소득을 얻는 데 불리할 수밖에 없다. 고급 정보에 대한 접근이 용이한 사람들은 부를 쉽게 축적하고, 그 부를 바탕으로 고급 정보 획득에 많은 비용을 투입할 수 있다. 이렇게 벌어진 정보 격차는 시간이 갈수록 심화될 가능성이 높아지고 있다. 정보나 지식이 독점되거나 진입 장벽을 통해 이용이 배제되는 경우도 문제이다. 특히 정보가 상품화됨에 따라 정보를 둘러싼 불평등은 더욱 심화될 것이다.

① 인터넷이나 컴퓨터 유지비 측면에서의 격차 발생
② 정보의 확산으로 기존의 자본주의에 의한 격차 완화 가능성
③ 정보 기기의 보편화로 인한 정보 격차 완화
④ 인터넷의 발달에 따라 전 계층의 고급 정보 접근 용이
⑤ 일방적 정보 전달에서 벗어나 상호작용의 의사소통 가능

04 | 빈칸 삽입

| 유형분석 |

- 주어진 지문을 바탕으로 빈칸에 들어갈 내용을 찾는 문제이다.
- 선택지의 내용을 정확하게 확인하고 빈칸 앞뒤 문맥을 파악하는 능력이 필요하다.

다음 글의 빈칸에 들어갈 내용으로 가장 적절한 것은?

힐링(Healing)은 사회적 압박과 스트레스 등으로 손상된 몸과 마음을 치유하는 방법을 포괄적으로 일컫는 말이다. 우리보다 먼저 힐링이 정착된 서구에서는 질병 치유의 대체 요법 또는 영적·심리적 치료 요법 등을 지칭하고 있다. 국내에서도 최근 힐링과 관련된 갖가지 상품이 유행하고 있다. 간단한 인터넷 검색을 통해 수천 가지의 상품을 확인할 수 있을 정도이다. 종교적 명상, 자연 요법, 운동 요법 등 다양한 형태의 힐링 상품이 존재한다. 심지어 고가의 힐링 여행이나 힐링 주택 등의 상품도 나오고 있다. 그러나 _____ _____ 우선 명상이나 기도 등을 통해 내면에 눈뜨고, 필라테스나 요가를 통해 육체적 건강을 회복하여 자신감을 얻는 것부터 출발할 수 있다.

① 힐링이 먼저 정착된 서구의 힐링 상품들을 참고해야 할 것이다.

② 많은 돈을 들이지 않고서도 쉽게 할 수 있는 일부터 찾는 것이 좋을 것이다.

③ 이러한 상품들의 값이 터무니없이 비싸다고 느껴지지는 않을 것이다.

④ 자신을 진정으로 사랑하는 법을 알아야 할 것이다.

⑤ 혼자만 할 수 있는 힐링 상품을 찾는 것보다는 다른 사람과 함께 하는 힐링 상품을 찾는 것이 좋을 것이다.

정답 ②

빈칸의 전후 문장을 통해 내용을 파악해야 한다. 우선 '그러나'를 통해 빈칸에는 앞의 내용에 상반되는 내용이 오는 것임을 알 수 있다. 따라서 수천 가지의 힐링 상품이나 고가의 상품들을 참고하는 것과는 상반된 내용을 찾으면 된다. 또한, 빈칸 뒤의 내용이 주위에서 쉽게 할 수 있는 힐링 방법을 통해 자신감을 얻는 것부터 출발해야 한다는 내용이므로, 빈칸에는 많은 돈을 들이지 않고도 쉽게 할 수 있는 일부터 찾아야 한다는 내용인 ②가 오는 것이 적절하다.

풀이 전략!

빈칸 앞뒤의 문맥을 파악한 후 선택지에서 가장 어울리는 내용을 찾는다. 빈칸 앞에 접속사가 있다면 이를 활용한다.

※ 다음 글의 빈칸에 들어갈 내용으로 가장 적절한 것을 고르시오. [1~5]

01

조선 시대의 금속활자는 제작 방법이나 비용의 문제로 민간에서 제작하기도 어려웠지만, 그의 제작 및 소유를 금지하였다. 때문에 금속활자는 왕실의 위엄과 권위를 상징하는 것이었고 조선의 왕들은 금속활자 제작에 각별한 관심을 가졌다. 태종이 1403년 최초의 금속활자인 계미자(癸未字)를 주조한 것을 시작으로 조선은 왕의 주도하에 수십 차례에 걸쳐 활자를 제작하였고, 특히 정조는 금속활자 제작에 많은 공을 들였다. 세손 시절 영조에게 건의하여 임진자(壬辰字) 15만 자를 제작하였고, 즉위 후에도 정유자(丁酉字), 한구자(韓構字), 생생자(生生字) 등을 만들었으며 이들 활자를 합하면 100만 자가 넘는다. 정조가 많은 활자를 만들고 관리하는 데 신경을 쓴 것 역시 권위와 관련이 있다. 정조가 만든 수많은 활자 중에서도 정리자(整理字)는 이러한 측면을 가장 잘 보여주는 활자라 할 수 있다. 정리(整理)라는 말은 조선 시대에 국왕이 바깥으로 행차할 때 호조에서 국왕이 머물 행궁을 정돈하고 수리해서 새롭게 만드는 일을 의미한다. 1795년 정조는 어머니인 혜경궁 홍씨의 회갑을 기념하기 위해 대대적인 화성 행차를 계획하였다. 행사를 마친 후 행사와 관련된 여러 사항을 기록한 의궤를 『원행을묘정리의궤(園幸乙卯整理儀軌)』라 이름하였고, 이를 인쇄하기 위해 제작한 활자가 바로 정리자이다. 왕실의 행사를 기록한 의궤를 금속활자로 간행했다는 것은 그만큼 이 책을 널리 보급하겠다는 뜻이며, 왕실의 위엄을 널리 알리겠다는 것으로 받아들여진다. 이후 정리자는 『화성성역의궤(華城城役儀軌)』, 『진작의궤(進爵儀軌)』, 『진찬의궤(進饌儀軌)』의 간행에 사용되어 왕실의 위엄과 권위를 널리 알리는 효과를 발휘하였다. 정리자가 주조된 이후에도 고종 이전에는 과거 합격자를 기록한 『사마방목(司馬榜目)』을 대부분 임진자로 간행하였는데, 화성 행차가 있었던 을묘년 식년시의 방목만은 유독 정리자로 간행하였다. 이 역시 화성 행차의 의미를 부각하고자 했던 것으로 생각된다. 정조가 세상을 떠난 후 출간된 그의 문집 『홍재전서(弘齋全書)』를 정리자로 간행한 것은 아마도 이 활자가 _____

① 희귀하였기 때문이 아닐까?
② 정조를 가장 잘 나타내기 때문이 아닐까?
③ 문집 제작에 널리 쓰였기 때문이 아닐까?
④ 문집 제작에 적절한 서체였기 때문이 아닐까?
⑤ 정조가 가장 중시한 활자이기 때문이 아닐까?

02

최근 범죄가 언론 보도의 주요 소재가 되고 있다. 그 이유는 언론이 범죄를 취잿감으로 찾아내기가 쉽고 편의에 따라 기사화할 수 있을 뿐만 아니라, 범죄 보도를 통하여 시청자의 관심을 끌 수 있기 때문이다. 이러한 보도는 범죄에 대한 국민의 알 권리를 충족시키는 공적 기능을 수행하기 때문에 사회적으로 용인되는 경향이 있다. 그러나 지나친 범죄 보도는 범죄자나 범죄 피의자의 초상권을 침해하여 법적·윤리적 문제를 일으키기도 한다.

일반적으로 초상권은 얼굴 및 기타 사회 통념상 특정인임을 식별할 수 있는 신체적 특징을 타인이 함부로 촬영하여 공표할 수 없다는 인격권과 이를 광고 등에 영리적으로 이용할 수 없다는 재산권을 포괄한다. 언론에 의한 초상권 침해의 유형으로는 본인의 동의를 구하지 않은 무단 촬영·보도, 승낙의 범위를 벗어난 촬영·보도, 몰래 카메라를 동원한 촬영·보도 등을 들 수 있다.

법원의 판결로 이어진 대표적인 사례로는 교내에서 불법으로 개인 지도를 하던 대학 교수를 현행범으로 체포하려는 현장을 방송 기자가 경찰과 동행하여 취재하던 중 초상권을 침해한 경우를 들 수 있다. 법원은 '원고의 동의를 구하지 않고, 연습실을 무단으로 출입하여 취재한 것은 원고의 사생활과 초상권을 침해하는 행위'라고 판시했다. 더불어 취재의 자유를 포함하는 언론의 자유는 다른 법익을 침해하지 않는 범위 내에서 인정되며, 비록 취재 당시 원고가 현행범으로 체포되는 상황이라 하더라도, 원고의 연습실과 같은 사적인 장소는 수사 관계자의 동의 없이는 출입이 금지되고, 이를 무시한 취재는 원칙적으로 불법이라고 판결했다.

이 사례는 법원이 언론의 자유와 초상권 침해의 갈등을 어떤 기준으로 판단하는지 보여 주고 있다. 또한 이 판결은 사적 공간에서의 취재 활동이 어디까지 허용되는가에 대한 법적 근거를 제시하고 있다. 언론 보도에 노출된 범죄 피의자는 경제적·직업적·가정적 불이익을 당할 뿐만 아니라, 인격이 심하게 훼손되거나 심지어는 생명을 버리기까지도 한다. 따라서 사회적 공기(公器)인 언론은 개인의 초상권을 존중하고 언론 윤리에 부합하는 범죄 보도가 될 수 있도록 신중을 기해야 한다. 범죄 보도가 초래하는 법적·윤리적 논란은 언론계 전체의 신뢰도에 치명적인 손상을 가져올 수도 있다. 이는 범죄가 언론에는 매혹적인 보도 소재이지만, 자칫 _____이/가 될 수도 있음을 의미한다.

① 시금석
② 부메랑
③ 아킬레스건
④ 악어의 눈물
⑤ 뜨거운 감자

03

스마트팩토리는 인공지능(AI), 사물인터넷(IoT) 등 다양한 기술이 융합된 자율화 공장으로, 제품 설계와 제조, 유통, 물류 등의 산업 현장에서 생산성 향상에 초점을 맞췄다. 이곳에서는 기계, 로봇, 부품 등의 상호 간 정보 교환을 통해 제조 활동을 하고, 모든 공정 이력이 기록되며, 빅데이터 분석으로 사고나 불량을 예측할 수 있다. 스마트팩토리에서는 컨베이어 생산 활동으로 대표되는 산업 현장의 모듈형 생산이 컨베이어를 대체하고 IoT가 신경망 역할을 한다. 센서와 기기 간 다양한 데이터를 수집하고, 이를 서버에 전송하면 서버는 데이터를 분석해 결과를 도출한다. 서버는 AI 기계학습 기술이 적용돼 빅데이터를 분석하고 생산성 향상을 위한 최적의 방법을 제시한다.

스마트팩토리의 대표 사례로는 고도화된 시뮬레이션 '디지털 트윈'을 들 수 있다. 디지털 트윈은 데이터를 기반으로 가상공간에서 미리 시뮬레이션하는 기술이다. 시뮬레이션을 위해 빅데이터를 수집하고 분석과 예측을 위한 통신·분석 기술에 가상현실(VR), 증강현실(AR)과 같은 기술을 더한다. 이를 통해 산업 현장에서 작업 프로세스를 미리 시뮬레이션하고, VR·AR로 검증함으로써 실제 시행에 따른 손실을 줄이고, 작업 효율성을 높일 수 있다.

한편 '에지 컴퓨팅'도 스마트팩토리의 주요 기술 중 하나이다. 에지 컴퓨팅은 산업 현장에서 발생하는 방대한 데이터를 클라우드로 한 번에 전송하지 않고, 에지에서 사전 처리한 후 데이터를 선별해서 전송한다. 서버와 에지가 연동해 데이터 분석 및 실시간 제어를 수행하여 산업 현장에서 생산되는 데이터가 기하급수로 늘어도 서버에 부하를 주지 않는다. 현재 클라우드 컴퓨팅이 중앙 데이터센터와 직접 소통하는 방식이라면 에지 컴퓨팅은 기기 가까이에 위치한 일명 '에지 데이터 센터'와 소통하며, 저장을 중앙 클라우드에 맡기는 형식이다. 이를 통해 데이터 처리 지연 시간을 줄이고 즉각적인 현장 대처를 가능하게 한다.

이러한 스마트팩토리의 발전은 _____ 최근 선진국에서 나타나는 주요 현상 중의 하나는 바로 '리쇼어링'의 가속화이다. 리쇼어링이란 인건비 등 각종 비용 절감을 이유로 해외에 나간 자국 기업들이 다시 본국으로 돌아오는 현상을 의미하는 용어이다. 2000년대 초반까지는 국가적 차원에서 세제 혜택 등의 회유책을 통해 추진되어 왔지만, 스마트팩토리의 등장으로 인해 자국 내 스마트팩토리에서의 제조 비용과 중국이나 멕시코와 같은 제3국에서 제조 후 수출 비용에 큰 차이가 없어 리쇼어링 현상은 더욱 가속화되고 있다.

① 공장의 제조 비용을 절감시키고 있다.
② 공장의 세제 혜택을 사라지게 하고 있다.
③ 공장의 위치를 변화시키고 있다.
④ 수출 비용을 줄이는 데 도움이 된다.
⑤ 공장의 생산성을 높이고 있다.

04

오늘날 인류가 왼손보다 오른손을 선호하는 경향은 어디서 비롯되었을까? 오른손을 귀하게 여기고 왼손을 천대하는 현상은 어쩌면 산업화 이전 사회에서 배변 후 사용할 휴지가 없었다는 사실과 관련이 있을 법하다. 맨손으로 배변 뒤처리를 하는 것은 불쾌할 뿐더러 병균을 옮길 위험을 수반하는 일이었다. 이런 위험성을 낮추는 간단한 방법은 음식을 먹거나 인사할 때 다른 손을 사용하는 것이었다. 기술 발달 이전의 사회는 대개 왼손을 배변 뒤처리에, 오른손을 먹고 인사하는 일에 사용했다. 나는 이런 배경이 인간 사회에 널리 나타나는 '오른쪽'에 대한 긍정과 '왼쪽'에 대한 반감을 어느 정도 설명해 줄 수 있으리라고 생각했다. 그러나 이 설명은 왜 애초에 오른손이 먹는 일에, 그리고 왼손이 배변 처리에 사용되었는지 설명해 주지 못한다. ＿＿＿＿＿＿＿＿＿＿＿＿＿ 따라서 근본적인 설명은 다른 곳에서 찾아야 할 것 같다.

한쪽 손을 주로 쓰는 경향은 뇌의 좌우반구의 기능 분화와 관련되어 있는 것으로 보인다. 보고된 증거에 따르면, 왼손잡이는 읽기와 쓰기, 개념적・논리적 사고 같은 좌반구 기능에서 오른손잡이보다 상대적으로 미약한 대신 상상력, 패턴 인식, 창의력 등 전형적인 우반구 기능에서는 상대적으로 기민한 경우가 많다.

나는 이성 대 직관의 힘겨루기, 뇌의 두 반구 사이의 힘겨루기가 오른손과 왼손의 힘겨루기로 표면화된 것이 아닐까 생각한다. 즉 원래 오른손이 왼손보다 더 능숙했기 때문이 아니라 뇌의 좌반구가 인간의 행동을 지배하는 권력을 갖게 되었기 때문에 오른손 선호에 이르렀다는 생각이다.

① 동서양을 막론하고 왼손잡이 사회는 확인된 바 없기 때문이다.
② 기능적으로 왼손이 오른손보다 섬세하기 때문이다.
③ 모든 사람들이 오른쪽을 선호하는 것이 아니기 때문이다.
④ 양손의 기능을 분담시키지 않는 사람이 존재할 수도 있기 때문이다.
⑤ 현대사회에 들어서 왼손잡이가 늘어나고 있기 때문이다.

탁월함은 어떻게 습득되는가, 그것을 가르칠 수 있는가? 이 물음에 대하여 아리스토텔레스는 지성의 탁월함은 가르칠 수 있지만, 성품의 탁월함은 비이성적인 것이어서 가르칠 수 없고, 훈련을 통해서 얻을 수 있다고 대답한다.

그는 좋은 성품을 얻는 것을 기술을 습득하는 것에 비유한다. 그에 따르면, 리라(Lyra)를 켬으로써 리라를 켜는 법을 배우며 말을 탐으로써 말을 타는 법을 배운다. 어떤 기술을 얻고자 할 때 처음에는 교사의 지시대로 행동한다. 그리고 반복 연습을 통하여 그 행동이 점점 더 하기 쉽게 되고 마침내 제2의 천성이 된다. 이와 마찬가지로 어린아이는 어떤 상황에서 어떻게 행동해야 진실되고 관대하며 예의를 차리게 되는지 일일이 배워야 한다. 훈련과 반복을 통하여 그런 행위들을 연마하다 보면 그것들을 점점 더 쉽게 하게 되고, 결국에는 스스로 판단할 수 있게 된다.

그는 올바른 훈련이란 강제가 아니고 그 자체가 즐거움이 되어야 한다고 지적한다. 또한 그렇게 훈련받은 사람은 일을 바르게 처리하는 것을 즐기게 되고, 일을 바르게 처리하고 싶어하게 되며, 올바른 일을 하는 것을 어려워하지 않게 된다. 이처럼 성품의 탁월함이란 사람들이 '하는 것'만이 아니라 사람들이 '하고 싶어 하는 것'과도 관련된다. 그리고 한두 번 관대한 행동을 한 것으로 충분하지 않으며, 늘 관대한 행동을 하고 그런 행동에 감정적으로 끌리는 성향을 갖고 있어야 비로소 관대함에 관하여 성품의 탁월함을 갖고 있다고 할 수 있다.

다음과 같은 예를 통해 아리스토텔레스의 견해를 생각해 보자. 갑돌이는 성품이 곧고 자신감이 충만하다. 그가 한 모임에 참석하였는데, 거기서 다수의 사람들이 옳지 않은 행동을 한다고 생각했을 때, 그는 다수의 행동에 대하여 비판의 목소리를 낼 것이며 그렇게 하는 데에 별 어려움을 느끼지 않을 것이다. 한편, 수줍어하고 우유부단한 병식이도 한 모임에 참석하였는데, 그 역시 다수의 행동이 잘못되었다는 판단을 했다고 하자. 이런 경우에 병식이는 일어나서 다수의 행동이 잘못되었다고 말할 수 있겠지만, 그렇게 하려면 엄청난 의지를 발휘해야 할 것이고 자신과 힘든 싸움도 해야 할 것이다. 그런데도 병식이가 그렇게 행동했다면 우리는 병식이가 용기 있게 행동하였다고 칭찬할 것이다. 그러나 아리스토텔레스의 입장에서 성품의 탁월함을 가진 사람은 갑돌이다. 왜냐하면 _____ 우리가 어떠한 사람을 존경할 것인가가 아니라, 우리 아이를 어떤 사람으로 키우고 싶은가라는 질문을 받는다면 우리는 아리스토텔레스의 견해에 가까워질 것이다. 왜냐하면 우리는 우리 아이들을 갑돌이와 같은 사람으로 키우고 싶어 할 것이기 때문이다.

① 그는 내적인 갈등 없이 옳은 일을 하기 때문이다.
② 그는 옳은 일을 하는 천성을 타고났기 때문이다.
③ 그는 주체적 판단에 따라 옳은 일을 하기 때문이다.
④ 그는 자신이 옳다는 확신을 가지고 옳은 일을 하기 때문이다.
⑤ 그는 다른 사람들의 칭찬을 의식하지 않고 옳은 일을 하기 때문이다.

06 다음 글로부터 〈보기〉와 같이 추론했을 때, 빈칸에 들어갈 말로 가장 적절한 것은?

사람은 이상(理想)을 위하여 산다고 말한 바 있다. 그와 거의 같은 내용으로 사람은 문화(文化)를 위하여 산다고 다시 말하고 싶다. 문화를 위한다는 것은 새로운 문화를 창조(創造)하기 위함이란 뜻이다. 그리고 문화를 창조한다는 것은 이상을 추구(追求)한다는 의미(意味)가 된다. 즉, 새 문화를 생산(生産)한다는 것은 자기의 이상을 실현(實現)하기 위하여 하는 일이기 때문이다.

그리하여 어떤 사람은, 인생의 목적은 기성 문화(旣成文化)에 얼마만큼 새 문화(文化)를 더하기 위하여 사는 것이라고 논술(論述)했다. 이상(理想)이나 문화나 다 같이 사람이 추구하는 대상(對象)이 되는 것이요. 또 인생의 목적이 거기에 있다는 점에서는 동일하다. 그러나 이 두 가지가 완전히 일치되는 것은 아니니, 그 차이점은 여기에 있다. 즉, 문화는 인간의 이상이 이미 현실화된 것이요, 이상은 현실 이전의 문화라 할 수 있을 것이다.

어쨌든, 문화와 이상을 추구하여 현실화시키는 데에는 지식이 필요하고, 이러한 지식의 공급원(供給源)으로는 다시 서적이란 것으로 돌아오지 않을 수가 없다. 문화인이면 문화인일수록 서적 이용의 비율이 높아지고, 이상이 높으면 높을수록 서적 의존도 또한 높아지는 것이다.

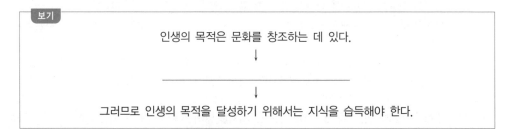

보기

인생의 목적은 문화를 창조하는 데 있다.

↓

_____

↓

그러므로 인생의 목적을 달성하기 위해서는 지식을 습득해야 한다.

① 인생의 목적은 이상을 실현하는 데 있다.
② 문화를 창조하기 위해서는 지식이 필요하다.
③ 문화 창조란 이상을 실현하는 것이다.
④ 인간만이 유일하게 문화를 창조할 수 있다.
⑤ 지식을 습득하기 위해서는 문화와 이상을 현실화시켜야 한다.

07 다음 글에서 〈보기〉가 들어갈 위치로 가장 적절한 곳은?

___(가)___ 자연계는 무기적인 환경과 생물적인 환경이 상호 연관되어 있으며 그것은 생태계로 불리는 한 시스템을 이루고 있음이 밝혀진 이래, 이 이론은 자연을 이해하기 위한 가장 기본이 되는 것으로 받아들여지고 있다. ___(나)___ 그동안 인류는 더 윤택한 삶을 누리기 위하여 산업을 일으키고 도시를 건설하며 문명을 이룩해왔다. ___(다)___ 이로써 우리의 삶은 매우 윤택해졌으나 우리의 생활환경은 오히려 훼손되고 있으며 환경오염으로 인한 공해가 누적되고 있고, 우리 생활에서 없어서는 안 될 각종 자원도 바닥이 날 위기에 놓이게 되었다. ___(라)___ 따라서 우리는 낭비되는 자원, 그리고 날로 황폐해져 가는 자연에 대하여 우리가 해야 할 시급한 임무가 무엇인지를 깨닫고, 이를 실천하기 위해 우리 모두의 지혜와 노력을 모아야만 한다. ___(마)___

> **보기**
> 만약 우리가 이 위기를 슬기롭게 극복해 내지 못한다면 인류는 머지않아 파멸에 이르게 될 것이다.

① (가)
② (나)
③ (다)
④ (라)
⑤ (마)

05 | 문서 작성 · 수정

| 유형분석 |

- 기본적인 어휘력과 어법에 대한 지식을 필요로 하는 문제이다.
- 글의 내용을 파악하고 문맥을 읽을 줄 알아야 한다.

다음 글에서 ㉠ ~ ㉤의 수정 방안으로 적절하지 않은 것은?

근대화는 전통 사회의 생활양식에 큰 변화를 가져온다. 특히 급속한 근대화로 인해 전통 사회의 해체 과정이 빨라진 만큼 ㉠ 급격한 변화를 일으킨다. 생활양식의 급격한 변화는 전통 사회 문화의 해체 과정이라고 보아도 ㉡ 무던할 정도이다.

전통문화의 해체는 새롭게 변화하는 사회 구조에 대해서 전통적인 문화가 당면하게 되는 적합성(適合性)의 위기에서 초래되는 현상이다. ㉢ 이처럼 근대화 과정에서 외래문화와 전통문화는 숱하게 갈등을 겪었다. ㉣ 오랫동안 생활양식으로 유지되었던 전통 사회의 문화가 사회 구조 변화의 속도에 맞먹을 정도로 신속하게 변화할 수는 없다.

㉤ 그러나 문화적 전통을 확립한다는 것은 과거의 전통문화가 고유성을 유지하면서도 현재의 변화된 사회에 적합성을 가지는 것이라 할 수 있다.

① ㉠ : 필요한 문장 성분이 생략되었으므로 '급격한' 앞에 '문화도'를 추가한다.
② ㉡ : 문맥에 어울리지 않으므로 '무방할'로 고친다.
③ ㉢ : 글의 흐름에 어긋나는 내용이므로 삭제한다.
④ ㉣ : 띄어쓰기가 올바르지 않으므로 '오랫 동안'으로 고친다.
⑤ ㉤ : 앞 문장과의 관계를 고려하여 '따라서'로 고친다.

정답 ④
'오랫동안'은 부사 '오래'와 명사 '동안'이 결합하면서 사이시옷이 들어간 합성어이다. 따라서 한 단어이므로 붙여 써야 한다.

풀이 전략!

문장에서 주어와 서술어의 호응 관계가 적절한지 주어와 서술어를 찾아 확인해 보는 연습을 하며, 문서 작성의 원칙과 주의사항은 미리 알아 두는 것이 좋다.

※ 다음 글의 밑줄 친 ㉠ ~ ㉤의 수정 방안으로 적절하지 않은 것을 고르시오. [1~3]

01

적혈구는 일정한 수명을 가지고 있어서 그 수와 관계없이 총 적혈구의 약 0.8% 정도는 매일 몸 안에서 파괴된다. 파괴된 적혈구로부터 빌리루빈이라는 물질이 유리되고, 이 빌리루빈은 여러 생화학적 대사 과정을 통해 간과 소장에서 다른 물질로 변환된 후에 대변과 소변을 통해 배설된다. ㉠ 소변의 색깔을 통해 건강상태를 확인할 수 있다.

적혈구로부터 유리된 빌리루빈이라는 액체는 강한 지용성 물질이어서 혈액의 주요 구성물질인 물에 ㉡ 용해되지 않는다. 이런 빌리루빈을 비결합 빌리루빈이라고 하며, 혈액 내에서 비결합 빌리루빈은 알부민이라는 혈액 단백질에 부착된 상태로 혈류를 따라 간으로 이동한다. 간에서 비결합 빌리루빈은 담즙을 만드는 간세포에 흡수되고 글루쿠론산과 결합하여 물에 잘 녹는 수용성 물질인 결합 빌리루빈으로 바뀌게 된다. 결합 빌리루빈의 대부분은 간세포에서 만들어져 담관을 통해 ㉢ 분비돼는 담즙에 포함되어 소장으로 배출되지만 일부는 다시 혈액으로 되돌려 보내져 혈액 내에서 알부민과 결합하지 않고 혈류를 따라 순환한다.

간세포에서 분비된 담즙을 통해 소장으로 들어온 결합 빌리루빈의 절반은 장세균의 작용에 의해 소장에서 흡수되어 혈액으로 이동하는 유로빌리노젠으로 전환된다. 나머지 절반의 결합 빌리루빈은 소장에서 흡수되지 않고 대변에 포함되어 배설된다. 혈액으로 이동한 유로빌리노젠의 일부분은 혈액이 신장을 통과할 때 혈액으로부터 여과되어 신장으로 이동한 후 소변으로 배설된다. 하지만 대부분의 혈액 내 유로빌리노젠은 간으로 이동하여 간세포에서 만든 담즙을 통해 소장으로 배출되어 대변을 통해 배설된다.

빌리루빈의 대사와 배설에 장애가 있을 때 여러 임상 증상이 나타날 수 있다. ㉣ 그러나 빌리루빈이나 빌리루빈 대사물의 양을 측정한 후, 그 값을 정상치와 비교하면 임상 증상을 일으키는 원인이 되는 질병이나 문제를 ㉤ 추측할수 있다.

① ㉠ : 글의 통일성을 해치고 있으므로 삭제한다.
② ㉡ : 문맥에 흐름을 고려하여 '용해되지'로 수정한다.
③ ㉢ : 맞춤법에 어긋나므로 '분비되는'으로 수정한다.
④ ㉣ : 문장을 자연스럽게 연결하기 위해 '따라서'로 고친다.
⑤ ㉤ : 띄어쓰기가 올바르지 않으므로 '추측할 수'로 수정한다.

02

동양의 산수화에는 자연의 다양한 모습을 대하는 화가의 개성 혹은 태도가 ㉠ <u>드러나</u> 있는데, 이를 표현하는 기법 중의 하나가 준법이다. 준법(皴法)이란 점과 선의 특성을 활용하여 산, 바위, 토파(土坡) 등의 입체감, 양감, 질감, 명암 등을 나타내는 기법으로 산수화 중 특히 수묵화에서 발달하였다. 수묵화는 선의 예술이다. 수묵화에서는 먹(墨)만을 사용하기 때문에 대상의 다양한 모습이나 질감을 ㉡ <u>표현하는데</u> 한계가 있다. ㉢ <u>거친 선, 부드러운 선, 곧은 선, 꺾은 선 등 다양한 선을 활용하여 대상에 대한 느낌, 분위기를 표현한다.</u> 이 과정에서 선들이 지닌 특성과 효과 등이 점차 유형화되어 발전된 것이 준법이다.

준법 가운데 보편적으로 쓰이는 것에는 피마준, 수직준, 절대준, 미점준 등이 있다. 일정한 방향과 간격으로 선을 여러 개 그어 산의 등선을 표현하여 부드럽고 차분한 느낌을 주는 것이 피마준이다. 반면 수직준은 선을 위에서 아래로 죽죽 내려 그어 강하고 힘찬 느낌을 주어 뾰족한 바위산을 표현할 때 주로 사용한다. 절대준은 수평으로 선을 긋다가 수직으로 꺾어 내리는 것을 반복하여 마치 'ㄱ'자 모양이 겹쳐진 듯 표현한 것이다. 이는 주로 모나고 거친 느낌을 주는 지층이나 바위산을 표현할 때 쓰인다. 미점준은 쌀알 같은 타원형의 작은 점을 연속적으로 ㉣ <u>찍혀</u> 주로 비 온 뒤의 습한 느낌이나 수풀을 표현할 때 사용한다.

㉤ <u>준법은 화가가 자연에 대해 인식하고 표현하는 수단이다.</u> 화가는 준법을 통해 단순히 대상의 외양뿐만 아니라 대상에 대한 자신의 느낌, 인식의 깊이까지 화폭에 그려내는 것이다.

① ㉠ : 문맥의 흐름을 고려하여 '들어나'로 고친다.
② ㉡ : 띄어쓰기가 올바르지 않으므로 '표현하는 데'로 고친다.
③ ㉢ : 문장을 자연스럽게 연결하기 위해 문장 앞에 '그래서'를 추가한다.
④ ㉣ : 목적어와 서술어의 호응 관계를 고려하여 '찍어'로 고친다.
⑤ ㉤ : 필요한 문장 성분이 생략되었으므로 '표현하는' 앞에 '인식의 결과를'을 추가한다.

03

선진국과 ⊙ 제3세계간의 빈부 양극화 문제를 해결하기 위해 등장했던 적정기술은 시대적 요구에 부응하면서 다양한 모습으로 발전하여 올해로 탄생 50주년을 맞았다. 이를 기념하기 위해 우리나라에서도 각종 행사가 열리고 있다. ⊙ 게다가 적정기술의 진정한 의미가 무엇인지, 왜 그것이 필요한지에 대한 인식은 아직 부족한 것이 현실이다.

그렇다면 적정기술이란 무엇인가? 적정기술은 '현지에서 구할 수 있는 재료를 이용해 도구를 직접 만들어 삶의 질을 향상시키는 기술'을 뜻한다. 기술의 독점과 집적으로 인해 개인의 접근이 어려운 첨단기술과 ⓒ 같이 적정기술은 누구나 쉽게 배우고 익혀 활용할 수 있다. 이런 이유로 소비 중심의 현대사회에서 적정기술은 자신의 삶에 필요한 것을 직접 생산하는 자립적인 삶의 방식을 유도한다는 점에서 시사하는 바가 크다.

적정기술이 우리나라에 도입된 것은 2000년대 중반부터이다. 당시 일어난 귀농 열풍과 환경문제에 대한 관심 등 다양한 사회·문화적 맥락 속에서 적정기술에 대한 고민이 싹트기 시작했다. 특히 귀농인들을 중심으로 농촌의 에너지 문제를 해결하기 위한 다양한 방법이 시도되면서 국내에서 활용되는 적정기술은 난방 에너지 문제에 ㉣ 초점이 모아져 있다. 에너지 자립형 주택, 태양열 온풍기·온수기, 생태 단열 등이 좋은 예이다.

우리나라의 적정기술이 에너지 문제에 집중된 이유는 시대적 상황 때문이다. 우리나라는 전력수요 1억 KW 시대 진입을 눈앞에 두고 있는 세계 10위권의 에너지 소비 대국이다. 게다가 에너지 소비량이 늘어나면서 2011년 이후 매년 대규모 정전 사태의 위험성을 경고하는 목소리가 커지고 있다. 이런 상황에서 에너지를 직접 생산하여 삶의 자립성을 추구하는 적정기술은 환경오염과 대형 재난의 위기를 극복하는 하나의 대안이 될 수 있다. 이뿐만 아니라 기술의 공유를 목적으로 하는 새로운 공동체 문화 형성에도 기여하기 때문에 ㉤ 그 어느 때만큼 적정기술의 발전 방향에 대한 진지한 논의가 필요하다.

① ⊙ : 띄어쓰기가 올바르지 않으므로 '제3세계 간의'로 고친다.
② ⊙ : 앞 문장과의 내용을 고려하여 '하지만'으로 고친다.
③ ⓒ : 문맥에 어울리지 않으므로 '달리'로 고친다.
④ ㉣ : 맞춤법에 어긋나므로 '촛점'으로 고친다.
⑤ ㉤ : 문맥의 흐름을 고려하여 '그 어느 때보다'로 수정한다.

04 행정기관의 기안문 작성방법이 다음과 같을 때, 적절하지 않은 것은?

<기안문 작성방법>

1. 행정기관명 : 그 문서를 기안한 부서가 속한 행정기관명을 기재한다. 행정기관명이 다른 행정기관명과 같은 경우에는 바로 위 상급 행정기관명을 함께 표시할 수 있다.
2. 수신 : 수신자명을 표시하고 그다음에 이어서 괄호 안에 업무를 처리할 보조·보좌 기관의 직위를 표시하되, 그 직위가 분명하지 않으면 ○○업무담당과장 등으로 쓸 수 있다. 다만, 수신자가 많은 경우에는 두문의 수신란에 '수신자 참조'라고 표시하고 결문의 발신명의 다음 줄의 왼쪽 기본선에 맞추어 수신란을 따로 설치하여 수신자명을 표시한다.
3. (경유) : 경유문서인 경우에 '이 문서의 경유기관의 장은 ○○○(또는 제1차 경유기관의 장은 ○○○○, 제2차 경유기관의 장은 ○○○)이고, 최종 수신기관의 장은 ○○○입니다.'라고 표시하고, 경유기관의 장은 제목란에 '경유문서의 이송'이라고 표시하여 순차적으로 이송하여야 한다.
4. 제목 : 그 문서의 내용을 쉽게 알 수 있도록 간단하고, 명확하게 기재한다.
5. 발신명의 : 합의제 또는 독임제 행정기관의 장의 명의를 기재하고, 보조기관 또는 보좌기관 상호 간에 발신하는 문서는 그 보조기관 또는 보좌기관의 명의를 기재한다. 시행할 필요가 없는 내부 결재문서는 발신명의를 표시하지 않는다.
6. 기안자·검토자·협조자·결재권자의 직위 / 직급 : 직위가 있는 경우에는 직위를, 직위가 없는 경우에는 직급(각급 행정기관이 6급 이하 공무원의 직급을 대신하여 사용할 수 있도록 정한 대외직명을 포함한다. 이하 이 서식에서 같다)을 온전하게 쓴다. 다만, 기관장과 부기관장의 직위는 간략하게 쓴다.
7. 시행 처리과명 – 연도별 일련번호(시행일), 접수 처리과명 – 연도별 일련번호(접수일) : 처리과명(처리과가 없는 행정기관은 10자 이내의 행정기관명 약칭)을 기재하고, 시행일과 접수일란에는 연월일을 각각 마침표(.)를 찍어 숫자로 기재한다. 다만, 민원문서인 경우로서 필요한 경우에는 시행일과 접수일란에 시·분까지 기재한다.
8. 우 도로명 주소 : 우편번호를 기재한 다음, 행정기관이 위치한 도로명 및 건물번호 등을 기재하고 괄호 안에 건물 명칭과 사무실이 위치한 층수와 호수를 기재한다.
9. 홈페이지 주소 : 행정기관의 홈페이지 주소를 기재한다.
10. 전화번호( ), 팩스번호( ) : 전화번호와 팩스번호를 각각 기재하되, ( ) 안에는 지역번호를 기재한다. 기관 내부문서의 경우는 구내 전화번호를 기재할 수 있다.
11. 공무원의 전자우편주소 : 행정기관에서 공무원에게 부여한 전자우편주소를 기재한다.
12. 공개구분 : 공개, 부분공개, 비공개로 구분하여 표시한다. 부분공개 또는 비공개인 경우에는 「공공기록물 관리에 관한 법률 시행규칙」 제18조에 따라 '부분공개( )' 또는 '비공개( )'로 표시하고, 「공공기관의 정보공개에 관한 법률」 제9조 제1항 각 호의 번호 중 해당 번호를 괄호 안에 표시한다.
13. 관인생략 등 표시 : 발신명의의 오른쪽에 관인생략 또는 서명생략을 표시한다.

---

① 기안자 또는 협조자의 직위가 없는 경우 직급을 기재한다.
② 연월일 날짜 뒤에는 각각 마침표(.)를 찍는다.
③ 도로명 주소를 먼저 기재한 후 우편번호를 기재한다.
④ 행정기관에서 부여한 전자우편주소를 기재해야 한다.
⑤ 전화번호를 적을 때 지역번호는 괄호 안에 기재해야 한다.

05 K공단의 신입사원 교육담당자인 귀하는 상사로부터 다음과 같은 메일을 받았다. 신입사원의 업무 역량을 향상시킬 수 있도록 교육할 내용으로 적절하지 않은 것은?

수신 : ○○○

발신 : △△△

제목 : 신입사원 교육프로그램을 구성할 때 참고해 주세요.

내용 :

○○○ 씨, 오늘 조간신문을 보다가 공감이 가는 내용이 있어서 보내드립니다.

신입사원 교육 때, 문서작성 능력을 향상시킬 수 있는 프로그램을 추가하면 좋을 것 같습니다.

기업체 인사담당자들을 대상으로 한 조사에서 '신입사원의 국어 능력 만족도'는 '그저 그렇다'가 65.4%, '불만족'이 23.1%나 됐는데, 특히 '기획안과 보고서 작성능력'에서 '그렇다'의 응답 비율 (53.2%)이 가장 높았다. 기업들이 대학에 개설되기를 희망하는 교과과정을 조사한 결과에서도 가장 많은 41.3%가 '기획문서 작성'을 꼽았다. 특히 인터넷 세대들은 '짜깁기' 기술엔 능해도 논리를 구축해 효과적으로 커뮤니케이션을 하고 상대를 설득하는 능력에선 크게 떨어진다.

---

① 문서의미를 전달하는 데 문제가 없다면 끊을 수 있는 부분은 가능한 한 끊어서 문장을 짧게 만들고, 실질적인 내용을 담을 수 있도록 한다.

② 상대방이 이해하기 어려운 글은 좋은 글이 아니므로, 우회적인 표현이나 현혹적인 문구는 지양한다.

③ 중요하지 않은 경우 한자의 사용을 자제하며 만약 사용할 경우 상용한자의 범위 내에서 사용하도록 한다.

④ 문서의 중요한 내용을 미괄식으로 작성하는 것은 문서작성에 중요한 부분이다.

⑤ 문서로 전달하고자 하는 핵심메시지가 잘 드러나도록 작성하며 논리적으로 의견을 전개하도록 한다.

06 다음 밑줄 친 ㉠ ~ ㉤의 쓰임이 적절하지 않은 것은?

> 현행 수입화물의 프로세스는 ㉠ <u>적하(積荷)</u> 목록 제출, 입항, 하선, 보세운송, 보세구역 반입, 수입신고, 수입신고 수리, ㉡ <u>반출(搬出)</u>의 절차를 이행하고 있다. 입항 전 수입신고는 5% 내외에 머무르고, 대부분의 수입신고가 보세구역 반입 후에 행해짐에 따라 보세운송 절차와 보세구역 반입 절차가 반드시 ㉢ <u>인도(引導)</u>되어야 했다. 하지만 새로운 제도가 도입되면 해상화물의 적하 목록 제출 시기가 ㉣ <u>적재(積載)</u> 24시간 전(근거리 출항 전)으로 앞당겨져 입항 전 수입신고가 일반화될 수 있는 여건이 조성될 것이다. 따라서 수입화물 프로세스가 적하 목록 제출, 수입신고, 수입신고 수리, 입항, 반출의 절차를 거침에 따라 화물반출을 위한 세관 절차가 입항 전에 종료되므로 보세운송, 보세구역 반입이 생략되어 수입화물을 신속하게 ㉤ <u>화주(貨主)</u>에게 인도할 수 있게 된다.

① ㉠ 적하(積荷)　　　　　　　　② ㉡ 반출(搬出)
③ ㉢ 인도(引導)　　　　　　　　④ ㉣ 적재(積載)
⑤ ㉤ 화주(貨主)

07 다음 중 문장의 수정 방안으로 옳은 것은?

> • 빨리 도착하려면 저 산을 ㉠ <u>넘어야</u> 한다.
> • 장터는 저 산 ㉡ <u>넘어</u>에 있소.
> • 나는 대장간 일을 ㉢ <u>어깨너머로</u> 배웠다.
> • 자동차는 수많은 작은 부품들로 ㉣ <u>나뉜다</u>.
> • 나는 일이 바빠 쉴 ㉤ <u>새</u>가 없었다.

① ㉠ : 목적지에 대해 설명하고 있으므로 '너머야'로 수정한다.
② ㉡ : 산으로 가로막힌 반대쪽 장소를 의미하기 때문에 '너머'로 수정한다.
③ ㉢ : 남몰래 보고 배운 것을 뜻하므로 '어깨넘어'로 수정한다.
④ ㉣ : 피동 표현을 사용해야 하므로 '나뉘어진다'로 수정한다.
⑤ ㉤ : '세'로 수정한다.

08 다음 글에서 ⊙ ~ ⑩의 수정 방안으로 적절하지 않은 것은?

요즘은 안심하고 야외 활동을 즐기기가 어려워졌다. 초미세먼지로 인한 우리나라의 대기 오염이 부쩍 ⊙ 심각해졌다. 공기의 질은 우리 삶의 질과 직결되어 있다. 그렇기 때문에 초미세먼지가 어떤 것이며 얼마나 위험한지를 알아야 한다. 또한 초미세먼지에 대응하는 방안을 알고 생활 속에서 그 방안을 실천할 수 있어야 한다.

초미세먼지란 입자의 크기가 매우 작은 먼지를 말한다. 입자가 큰 일반적인 먼지는 코나 기관지에서 걸러지지만, 초미세먼지는 걸러지지 않는다. 그래서 초미세먼지가 인체에 미치는 유해성은 매우 크다. ⓒ 초미세먼지는 호흡기의 가장 깊은 곳까지 침투해 혈관으로 들어간다.

우리나라의 초미세먼지는 중국에서 ⓒ 날라온 것들도 있지만 국내에서 발생한 것들도 많다. 화석 연료를 사용해 배출된 공장 매연이 초미세먼지의 주요한 국내 발생원이다. 현재 정부에서는 매연을 통한 오염 물질의 배출 총량을 규제하고 대체 에너지원 개발을 장려하는 등 초미세먼지를 줄이기 위한 노력을 하고 있다. 초미세먼지를 줄이기 위해서는 우리의 노력도 필요하다. 과도한 난방을 자제하고, ⓔ 주·정차시 불필요하게 자동차 시동을 걸어 놓는 공회전을 줄이기 위한 캠페인 활동에 참여하는 것 등이 우리가 할 수 있는 일이다.

생활 속에서 초미세먼지에 적절히 대응하기 위해서는 매일 알려 주는 초미세먼지에 대한 기상 예보를 확인하는 것을 습관화해야 한다. 특히 초미세먼지가 나쁨 단계 이상일 때는 외출을 삼가고 부득이 외출할 때는 특수 마스크를 착용해야 한다. ⑩ 그리고 초미세먼지로부터 우리 몸을 보호하기 위해 물을 충분히 마시고, 항산화 식품을 자주 섭취하는 것이 좋다. 항산화 식품으로는 과일과 채소가 대표적이다. 자신의 건강도 지키고 깨끗한 공기도 만들기 위한 실천을 시작해 보자.

① ⊙ : 호응 관계를 고려하여 '심각해졌기 때문이다'로 고친다.
② ⓒ : 문장의 연결 관계를 고려하여 앞의 문장과 위치를 바꾼다.
③ ⓒ : 맞춤법에 어긋나므로 '날아온'으로 고친다.
④ ⓔ : 띄어쓰기가 올바르지 않으므로 '주·정차 시'로 고친다.
⑤ ⑩ : 앞 문장과의 관계를 고려하여 '그러므로'로 고친다.

수리능력

합격 Cheat Key

수리능력은 사칙 연산·통계·확률의 의미를 정확하게 이해하고 이를 업무에 적용하는 능력으로, 기초 연산과 기초 통계, 도표 분석 및 작성의 문제 유형으로 출제된다. 수리능력 역시 채택하지 않는 공사·공단이 거의 없을 만큼 필기시험에서 중요도가 높은 영역이다.

특히, 난이도가 높은 공사·공단의 시험에서는 도표 분석, 즉 자료 해석 유형의 문제가 많이 출제되고 있고, 응용 수리 역시 꾸준히 출제하는 공사·공단이 많기 때문에 기초 연산과 기초 통계에 대한 공식의 암기와 자료 해석 능력을 기를 수 있는 꾸준한 연습이 필요하다.

1 응용 수리의 공식은 반드시 암기하라!

응용 수리는 공사·공단마다 출제되는 문제는 다르지만, 사용되는 공식은 비슷한 경우가 많으므로 자주 출제되는 공식을 반드시 암기하여야 한다. 문제에서 묻는 것을 정확하게 파악하여 그에 맞는 공식을 적절하게 적용하는 꾸준한 노력과 공식을 암기하는 연습이 필요하다.

2 자료의 해석은 자료에서 즉시 확인할 수 있는 지문부터 확인하라!

수리능력 중 도표 분석, 즉 자료 해석 능력은 많은 시간을 필요로 하는 문제가 출제되므로, 증가·감소 추이와 같이 눈으로 확인이 가능한 지문을 먼저 확인한 후 복잡한 계산이 필요한 지문을 확인하는 방법으로 문제를 풀이한다면 시간을 조금이라도 아낄 수 있다. 또한, 여러 가지 보기가 주어진 문제 역시 지문을 잘 확인하고 문제를 풀이한다면 불필요한 계산을 생략할 수 있으므로 항상 지문부터 확인하는 습관을 들여야 한다.

3 도표 작성에서 지문에 작성된 도표의 제목을 반드시 확인하라!

도표 작성은 하나의 자료 혹은 보고서와 같은 수치가 표현된 자료를 도표로 작성하는 형식으로 출제되는데, 대체로 표보다는 그래프를 작성하는 형태로 많이 출제된다. 지문을 살펴보면 각 지문에서 주어진 도표에도 소제목이 있는 경우가 대부분이다. 이때, 자료의 수치와 도표의 제목이 일치하지 않는 경우 함정이 존재하는 문제일 가능성이 높으므로 도표의 제목을 반드시 확인하는 것이 중요하다.

01 | 응용 수리

| 유형분석 |

- 문제에서 제공하는 정보를 파악한 뒤, 사칙연산을 활용하여 계산하는 전형적인 수리문제이다.
- 문제를 풀기 위한 정보가 산재되어 있는 경우가 많으므로 주어진 조건 등을 꼼꼼히 확인해야 한다.

K씨는 저가항공을 이용하여 비수기에 제주도 출장을 가려고 한다. 1인 기준으로 작년에 비해 비행기 왕복 요금은 20% 내렸고, 1박 숙박비는 15% 올라서 올해의 비행기 왕복 요금과 1박 숙박비 합계는 작년보다 10% 증가한 금액인 308,000원이라고 한다. 이때, 1인 기준으로 올해의 비행기 왕복 요금은?

① 31,000원
② 32,000원
③ 33,000원
④ 34,000원
⑤ 35,000원

정답 ②

작년 비행기 왕복 요금을 x원, 작년 1박 숙박비를 y원이라 하면

$$-\frac{20}{100}x+\frac{15}{100}y=\frac{10}{100}(x+y) \cdots \bigcirc$$

$$\left(1-\frac{20}{100}\right)x+\left(1+\frac{15}{100}\right)y=308,000 \cdots \bigcirc\!\!\!\bigcirc$$

$\bigcirc$, $\bigcirc\!\!\!\bigcirc$을 연립하면

$y=6x \cdots \bigcirc\!\!\!\bigcirc\!\!\!\bigcirc$

$16x+23y=6,160,000 \cdots$ ㉣

$\bigcirc\!\!\!\bigcirc\!\!\!\bigcirc$, ㉣을 연립하면

$16x+138x=6,160,000$

$x=40,000, \ y=240,000$

따라서 올해 비행기 왕복 요금은 $40,000-40,000\times\frac{20}{100}=32,000$원이다.

풀이 전략!

문제에서 묻는 바를 정확하게 확인한 후, 필요한 조건 또는 정보를 구분하여 신속하게 풀어 나간다. 단, 계산에 착오가 생기지 않도록 유의한다.

01 작년 기획팀 팀원 20명의 평균 나이는 35세였다. 올해 65세 팀원 A와 55세 팀원 B가 퇴직하고 새로운 직원 C가 입사하자 기획팀의 평균나이가 작년보다 3세 줄었다. C의 나이는 몇 살인가?

① 28세   ② 30세

③ 32세   ④ 34세

⑤ 35세

02 A는 마트에서 장을 보고 있다. 지금까지 고른 물건의 중간 계산을 해보니 버섯 한 봉지, 두부 두 모, 대파 한 묶음, 우유 두 팩, 달걀 한 판을 구매하여 총 12,500원이었다. 우유는 세일 제품으로 두 팩에 4,200원, 달걀은 한 판에 3,400원이며, 버섯 한 봉지와 두부 한 모의 가격은 대파 3묶음 가격보다 300원 저렴하다. 그리고 버섯 한 봉지는 두부 한 모보다 300원 비싸다고 할 때, 두부 한 모의 가격은 얼마인가?

① 1,000원   ② 1,100원

③ 1,200원   ④ 1,300원

⑤ 1,400원

03 민경이는 등산복과 등산화를 납품받아 판매한다. 등산복 한 벌을 판매했을 때 얻는 이익은 2,000원, 등산화 한 켤레를 판매했을 때 얻는 이익은 5,000원이다. 민경이는 총 40개의 제품을 판매했으며, 판매이익이 11만 원일 때 등산화 판매로 얻은 이익은?

① 3,500원   ② 5,000원

③ 25,000원   ④ 50,000원

⑤ 70,000원

04 P사원은 지하철을 타고 출근한다. 속력이 60km/h인 지하철에 이상이 생겨 평소 속력의 0.4배로 운행하게 되었다. 지하철이 평소보다 45분 늦게 도착하였다면, P사원이 출발하는 역부터 도착하는 역까지 지하철의 이동거리는 얼마인가?

① 20km   ② 25km

③ 30km   ④ 35km

⑤ 40km

05 수정이는 부서 사람들과 함께 놀이공원에 방문하려고 한다. 이 놀이공원의 입장료는 1인당 16,000원이며 정가에서 25% 할인된 금액에 10인 단체 티켓을 구매할 수 있다고 할 때, 부서원이 몇 명 이상일 때부터 20명분의 단체 티켓 2장을 구매하는 것이 더 유리한가?(단, 부서원은 10명보다 많다)

① 14명   ② 15명

③ 16명   ④ 17명

⑤ 18명

06 100만 원짜리 냉장고를 판매하는 K사는 가을을 맞이하여 9월 초에 일시불로 구입하면 할인해 주는 행사를 진행한다. 할부로 구입하면 9월 초에 20만 원은 우선 지불하고 나머지는 12개월 할부로 9월 말부터 내년 8월 말까지 매월 말에 8만 원씩 상환하게 할 때, 일시불로 구입한 사람이 할부로 구입한 사람보다 이익이 되려면 9월 초에 최소 몇 %를 할인해야 하는가?(단, 할인은 정수 단위로 할인하며, $1.04^{12} ≒ 1.6$이고, 월 이율 4%의 복리로 계산한다)

① 5%   ② 6%

③ 7%   ④ 8%

⑤ 9%

07 A비커에는 농도가 $x\%$인 설탕물 300g이 들어 있고 B비커에는 농도가 $y\%$인 설탕물 600g이 들어 있다. B비커에서 A비커로 100g를 부어 골고루 섞은 후 다시 B비커로 옮기고 골고루 섞어 농도를 측정해 보니 A비커의 설탕물과 B비커의 설탕물의 농도는 각각 5%, 9.5%였다. 이때 $10x + 10y$의 값은?

① 106   ② 116

③ 126   ④ 136

⑤ 146

08 다정이네 집에는 화분 2개가 있다. 두 화분에 있는 식물의 나이 합은 8세이고, 각 나이의 제곱의 합은 34세가 된다. 이때 두 식물의 나이의 차는?(단, 식물의 나이는 자연수이다)

① 2세   ② 3세

③ 4세   ④ 5세

⑤ 6세

09 상우는 사과와 감을 사려고 한다. 사과는 하나에 700원, 감은 400원일 때 10,000원을 가지고 과일을 총 20개 사려면 감은 최소 몇 개를 사야 하는가?

① 10개   ② 12개

③ 14개   ④ 16개

⑤ 17개

10 윤정이는 어떤 물건을 100개 구입하여, 구입 가격에 25%를 더한 가격으로 50개를 팔았다. 이 가격에서 할인하여 나머지 50개를 팔았더니 본전이 되었다면 할인율은 얼마인가?

① 32.5%　　　　　　　　　　　② 35%

③ 37.5%　　　　　　　　　　　④ 40%

⑤ 42.5%

11 접시에 과자가 담겨 있는데, 민우가 접시에 있는 과자의 반을 먹었다. 지우는 민우가 먹고 남은 과자의 반을 먹었고, 이어서 경태가 남아있는 과자의 $\frac{1}{4}$ 을 먹었다. 마지막으로 수인과 진형이가 남아있는 과자를 똑같이 나누어 먹었는데, 진형이가 3개의 과자를 먹었다면 민우가 먹기 전 처음 접시에 있었던 과자는 몇 개인가?

① 28개　　　　　　　　　　　② 30개

③ 32개　　　　　　　　　　　④ 34개

⑤ 36개

12 어느 고등학교의 2학년과 3학년 학생 수의 합은 350명이다. 2학년이 아닌 학생 수가 250명이고, 3학년이 아닌 학생 수가 260명이다. 1학년 학생은 총 몇 명인가?

① 80명　　　　　　　　　　　② 90명

③ 100명　　　　　　　　　　　④ 110명

⑤ 120명

13 학생회장을 포함한 학생 4명과 A∼H 교수 8명 중 위원회를 창설하기 위한 대표 5명을 뽑으려고 한다. 학생회장과 A교수가 동시에 위원회 대표가 될 수 없을 때, 위원회를 구성할 수 있는 경우의 수는?(단, 교수와 학생의 구성 비율은 신경 쓰지 않는다)

① 588가지   ② 602가지

③ 648가지   ④ 658가지

⑤ 672가지

14 다이어트를 결심한 철수는 월요일부터 일요일까지 하루에 한 가지씩 운동을 하는 계획을 세우려 한다. 다음 〈조건〉을 참고할 때, 철수가 세울 수 있는 일주일간 운동 계획의 수는?

> **조건**
> • 7일 중 4일은 수영을 한다.
> • 수영을 하지 않는 날 중 이틀은 농구, 야구, 테니스 중 매일 서로 다른 종목 하나씩을 선택하고 남은 하루는 배드민턴, 검도, 줄넘기 중 한 종목을 선택한다.

① 630가지   ② 840가지

③ 1,270가지   ④ 1,680가지

⑤ 1,890가지

15 빨간 공 4개, 하얀 공 6개가 들어있는 주머니에서 한 번에 2개를 꺼낼 때, 적어도 1개는 하얀 공을 꺼낼 확률은?

① $\dfrac{9}{15}$ ② $\dfrac{1}{4}$

③ $\dfrac{5}{12}$ ④ $\dfrac{13}{15}$

⑤ $\dfrac{14}{15}$

02 | 자료 이해

| 유형분석 |

- 제시된 표를 분석하여 선택지의 정답 유무를 판단하는 문제이다.
- 표의 수치 등을 통해 변화량이나 증감률, 비중 등을 비교하여 판단하는 문제가 자주 출제된다.
- 지원하고자 하는 공사공단이나 진행 산업과 관련된 자료 등이 문제의 자료로 많이 다뤄진다.

다음은 K시의 최근 10년간 교권침해 발생현황에 대한 그래프이다. 이에 대한 설명으로 옳은 것을 〈보기〉에서 모두 고르면?

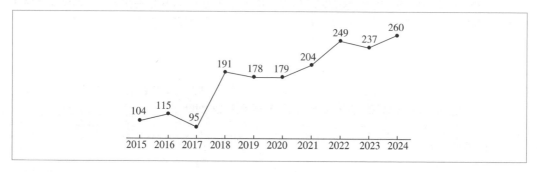

보기

㉠ 교권침해의 발생건수가 가장 급격하게 증가한 때는 2017년에서 2018년 사이이다.
㉡ 2024년 교권침해 발생건수는 2015년에 비해 156건 증가했다.
㉢ 2016년에서 2017년 사이에서만 교권침해 발생건수가 단기적으로 줄어들었다.
㉣ 교권침해의 발생건수가 200건을 초과한 것은 2021년부터이다.

① ㉠, ㉡
② ㉠, ㉡, ㉢
③ ㉠, ㉡, ㉣
④ ㉠, ㉢, ㉣

정답 ③

오답분석
㉢ 그래프를 보면 2016년에서 2017년 사이에서만 교권침해 발생건수가 단기적으로 줄어든 것이 아니라 2018년과 2019년, 2022년과 2023년 사이에도 교권침해 발생건수가 단기적으로 줄어들었음을 알 수 있다.

풀이 전략!
평소 변화량이나 증감률, 비중 등을 구하는 공식을 알아 두고 있어야 하며, 지원하는 기업이나 산업에 관한 자료 등을 확인하여 비교하는 연습 등을 한다.

01 김대리는 장거리 출장을 가기 전 주유와 세차를 할 예정이다. A주유소와 B주유소의 주유 가격 및 세차 가격이 다음과 같을 때, A주유소에서 얼마나 주유하는 것이 B주유소보다 저렴한가?(단, 주유는 리터 단위로만 한다)

구분	주유 가격	세차 가격
A주유소	1,550원/L	3천 원(5만 원 이상 주유 시 무료)
B주유소	1,500원/L	3천 원(7만 원 이상 주유 시 무료)

① 32L 이상 45L 이하　　　　　　　② 32L 이상 46L 이하

③ 33L 이상 45L 이하　　　　　　　④ 33L 이상 46L 이하

⑤ 33L 이상 47L 이하

02 다음은 K공단 신입사원 채용인원에 대한 자료이다. 2022년부터 2024년까지 여성 신입사원은 매년 30명씩 증가하였고 2024년의 신입사원 총원이 500명일 때, 남녀의 성비는?(단, 남녀 성비는 여성 100명당 남성의 수이고, 소수점 둘째 자리에서 반올림한다)

(단위 : 명)

구분	2022년	2023년	2024년
남성	210	200	( )
여성	230	260	( )
전체	440	460	500

① 71.0%　　　　　　　　　　　　② 72.4%

③ 72.8%　　　　　　　　　　　　④ 73.1%

⑤ 74.2%

03 다음은 2024년도 A지역 고등학교 학년별 도서 선호 분야 비율에 대한 자료이다. 취업 관련 도서를 선호하는 3학년 학생 수 대비 철학·종교 도서를 선호하는 1학년 학생 수의 비율로 옳은 것은?(단, 모든 계산 과정에서 구한 값은 소수점 첫째 자리에서 반올림한다)

〈A지역 고등학교 학년별 도서 선호 분야 비율〉

(단위 : 명, %)

학년	사례 수	장르 소설	문학	자기 계발	취업 관련	예술· 문화	역사· 지리	과학· 기술	정치· 사회	철학· 종교	경제· 경영	기타
소계	1,160	28.9	18.2	7.7	6.8	5.4	6.1	7.9	5.7	4.2	4.5	4.5
1학년	375	29.1	18.1	7.0	6.4	8.7	5.3	7.8	4.1	3.0	6.5	4.0
2학년	417	28.4	18.7	8.9	7.5	3.8	6.3	8.3	8.1	5.0	3.1	1.9
3학년	368	29.3	17.8	7.1	6.6	3.7	6.8	7.6	4.8	4.5	4.1	7.7

① 42% ② 46%

③ 54% ④ 58%

⑤ 72%

04 약사인 S씨는 개인약국을 개업하기 위해 부동산을 통하여 시세를 알아보았다. 리모델링이 필요할 경우 100평당 5백만 원의 추가 비용이 들며, 개업 후 한 달 동안 입점해있는 병원 1곳당 초기 입점 비용의 3%의 이윤이 기대된다. A ~ E 다섯 상가의 입점조건이 다음과 같을 때, 어느 곳에 입점하는 것이 가장 이득이겠는가?(단, 최종 비용은 초기 입점 비용과 한 달 간의 이윤을 고려하여 결정한다)

구분	매매가	중개 수수료율	평수	리모델링 필요	병원 입점 수
A상가	9억 2천만 원	0.6%	200평	×	2곳
B상가	8억 8천만 원	0.7%	200평	○	3곳
C상가	9억 원	0.5%	180평	×	1곳
D상가	9억 5천만 원	0.6%	210평	×	1곳
E상가	8억 7천만 원	0.7%	150평	○	2곳

※ 초기 입점 비용 : (매매가)+(중개 수수료)+(리모델링 비용)

① A상가 ② B상가

③ C상가 ④ D상가

⑤ E상가

05 다음은 월별 소양강댐의 수질정보에 관한 자료이다. 이에 대한 내용으로 옳지 않은 것은?

〈월별 소양강댐의 수질정보〉

(단위 : ℃, mg/L)

구분	수온	DO	BOD	COD
1월	5	12.0	1.4	4.1
2월	5	11.5	1.1	4.5
3월	8	11.3	1.3	5.0
4월	13	12.1	1.5	4.6
5월	21	9.4	1.5	6.1
6월	23	7.9	1.3	4.1
7월	27	7.3	2.2	8.9
8월	29	7.1	1.9	6.3
9월	23	6.4	1.7	6.6
10월	20	9.4	1.7	6.9
11월	14	11.0	1.5	5.2
12월	9	11.6	1.4	6.9

※ DO : 용존산소량
※ BOD : 생화학적 산소요구량
※ COD : 화학적 산소요구량

① 조사기간 중 8월의 수온이 가장 높았다.
② DO가 가장 많았을 때와 가장 적었을 때의 차는 5.7mg/L이다.
③ 소양강댐의 COD는 항상 DO보다 적었다.
④ 7월 대비 12월의 소양강댐의 BOD 감소율은 30% 이상이다.
⑤ DO는 대체로 여름철보다 겨울철에 더 높았다.

06 다음은 산업 및 가계별 대기배출량과 기체별 지구온난화 유발 확률에 대한 자료이다. 어느 부문의 온실가스 대기배출량을 줄여야 지구온난화 예방에 가장 효과적인가?

〈산업 및 가계별 온실가스 대기배출량〉

(단위 : 천 톤 CO_2eq)

구분		이산화탄소	아산화질소	메탄	수소불화탄소
산업부문	전체	45,950	3,723	17,164	0.03
	농업, 임업 및 어업	10,400	810	12,000	0
	석유, 화학 및 관련제품	6,350	600	4,800	0.03
	전기, 가스, 증기 및 수도사업	25,700	2,300	340	0
	건설업	3,500	13	24	0
가계부문		5,400	100	390	0

〈기체별 지구온난화 유발 확률〉

(단위 : %)

구분	이산화탄소	아산화질소	메탄	수소불화탄소
유발 확률	30	20	40	10

① 농업, 임업 및 어업

② 석유, 화학 및 관련제품

③ 전기, 가스, 증기 및 수도사업

④ 건설업

⑤ 가계부문

07 다음은 청년층 고용동향에 대한 자료이다. 이를 통해 판단한 내용으로 옳지 않은 것은?

〈청년층(15 ~ 26세) 고용률 및 실업률〉

- 실업률 : [(실업자수) ÷ (경제활동인구)] × 100
- 고용률 : [(취업자수) ÷ (생산가능인구)] × 100

〈청년층(15 ~ 26세) 고용동향〉

(단위 : %, 천 명)

구분	2017년	2018년	2019년	2020년	2021년	2022년	2023년	2024년
생산가능인구	9,920	9,843	9,855	9,822	9,780	9,705	9,589	9,517
경제활동인구	4,836	4,634	4,530	4,398	4,304	4,254	4,199	4,156
경제활동참가율	48.8	47.1	46.0	44.8	44.0	43.8	43.8	43.7

- 생산가능인구 : 만 15세 이상 인구
- 경제활동인구 : 만 15세 이상 인구 중 취업자와 실업자
- 경제활동참가율 : [(경제활동인구) ÷ (생산가능인구)] × 100

① 청년층 고용률과 실업률 사이에는 상관관계가 없다.
② 전년과 비교했을 때, 2018년에 경제활동인구가 가장 많이 감소했다.
③ 생산가능인구는 매년 감소하고 있다.
④ 고용률 대비 실업률 비율이 가장 높았던 해는 2021년이다.
⑤ 경제활동참가율은 전체적으로 감소하고 있다.

K기업에는 2024년도 하반기 신입사원 50명을 대상으로 보고서 작성 관련 교육을 진행하였다. 교육이 모두 끝난 후, 교육을 이수한 신입사원을 대상으로 설문조사를 실시하였다. 설문 문항은 총 5문항이며, 전반적인 강의 만족도, 교육 강사의 전문성, 강의 장소 및 시간에 대한 만족, 강의 내용의 도움 정도, 향후 타 강의 참여 의향에 대해 질문하였다. 각 문항은 '매우 그렇다', '그렇다', '보통이다', '그렇지 않다', '매우 그렇지 않다'로 답변할 수 있도록 설문지를 구성하였다.

아래의 표는 각 문항에 대하여 '매우 그렇다'와 '그렇다'라고 답변한 빈도와 백분율을 나타낸 것이다.

⟨2024년도 하반기 보고서 작성 세미나 만족도 조사 결과 − 긍정답변⟩

구분	빈도	백분율
1. 나는 전반적으로 교육에 대해 만족한다.	30	㉠
2. 교육 강사의 전문성에 대해 만족하였다.	25	㉡
3. 강의 공간과 강의 시간에 대해 만족하였다.	48	㉢
4. 강의 내용은 향후 업무 수행에 도움이 될 것이다.	41	㉣
5. 향후 비슷한 강의가 있다면 참여하고 싶다.	30	㉤

08 K기업 인사팀 A씨는 각 만족도 문항의 긍정 답변에 대해 백분율을 산출하려고 한다. 빈칸 ㉠ ~ ㉤에 들어갈 수치가 바르게 연결된 것은?(단, 소수점 둘째 자리에서 반올림한다)

	㉠	㉡	㉢	㉣	㉤
①	30%	25%	48%	41%	60%
②	15%	12.5%	24%	20.5%	15%
③	35%	30%	53%	46%	46%
④	60%	50%	96%	82%	60%
⑤	30%	35%	60%	41%	96%

09 K기업은 매년 신입사원 교육을 H교육 컨설팅에게 의뢰하여 진행하고 있는데, 매년 재계약 여부를 만족도 조사 점수를 통해 결정한다. K기업은 올해 만족도 조사 점수가 낮아 내년에도 H교육 컨설팅에게 교육을 맡겨야 하는지 고민 중이다. K기업이 만족도 점수 통계 결과를 활용한 내용에 대한 설명으로 옳은 것은?

① 관찰 가능한 자료를 통해 논리적으로 어떠한 결론을 추출 또는 검증한다.

② 의사결정의 보조적인 수단으로 활용하였다.

③ 표본을 통해 연구대상 집단의 특성을 유추한다.

④ 많은 수량적 자료를 처리가능하고 쉽게 이해할 수 있는 형태로 축소한다.

⑤ 불확실성을 제거해 일반화를 이루는 데 도움이 된다.

10 다음은 K나라의 최종에너지 소비량에 대한 자료이다. 이에 대한 설명으로 옳은 것을 〈보기〉에서 모두 고르면?

〈2022 ~ 2024년 유형별 최종에너지 소비량 비중〉

(단위 : %)

| 구분 | 석탄 | | 석유제품 | 도시가스 | 전력 | 기타 |
	무연탄	유연탄				
2022년	2.7	11.6	53.3	10.8	18.2	3.4
2023년	2.8	10.3	54.0	10.7	18.6	3.6
2024년	2.9	11.5	51.9	10.9	19.1	3.7

〈2024년 부문별·유형별 최종에너지 소비량〉

(단위 : 천 TOE)

| 구분 | 석탄 | | 석유제품 | 도시가스 | 전력 | 기타 | 합계 |
	무연탄	유연탄					
산업	4,750	15,317	57,451	9,129	23,093	5,415	115,155
가정·상업	901	4,636	6,450	11,105	12,489	1,675	37,256
수송	0	0	35,438	188	1,312	0	36,938
기타	0	2,321	1,299	669	152	42	4,483
합계	5,651	22,274	100,638	21,091	37,046	7,132	193,832

보기

ㄱ. 2022 ~ 2024년 동안 전력 소비량은 매년 증가한다.
ㄴ. 2024년 산업부문의 최종에너지 소비량은 전체 최종에너지 소비량의 50% 이상을 차지한다.
ㄷ. 2022 ~ 2024년 동안 석유제품 소비량 대비 전력 소비량의 비율은 매년 증가한다.
ㄹ. 2024년에 산업부문과 가정·상업부문에서 유연탄 소비량 대비 무연탄 소비량의 비율은 각각 25% 미만이다.

① ㄱ, ㄴ
② ㄱ, ㄹ
③ ㄴ, ㄷ
④ ㄴ, ㄹ
⑤ ㄷ, ㄹ

11 다음은 K공항의 2023년과 2024년 에너지 소비량 및 온실가스 배출량에 대한 자료이다. 이에 대한 설명으로 옳은 것을 〈보기〉에서 모두 고르면?

〈K공항 에너지 소비량〉

(단위 : TOE)

구분	에너지 소비량									
	합계	건설 부문				이동 부문				
		소계	경유	도시 가스	수전 전력	소계	휘발유	경유	도시 가스	천연 가스
2023년	11,658	11,234	17	1,808	9,409	424	25	196	13	190
2024년	17,298	16,885	58	2,796	14,031	413	28	179	15	191

〈K공항 온실가스 배출량〉

(단위 : 톤 CO_2eq)

구분	온실가스 배출량				
	합계	고정연소	이동연소	공정배출	간접배출
2023년	30,823	4,052	897	122	25,752
2024년	35,638	6,121	965	109	28,443

보기

ㄱ. 에너지 소비량 중 이동 부문에서 경유가 차지하는 비중은 2024년에 전년 대비 10%p 이상 감소하였다.

ㄴ. 건설 부문의 도시가스 소비량은 2023년에 전년 대비 30%p 이상 증가하였다.

ㄷ. 2024년 온실가스 배출량 중 간접배출이 차지하는 비중은 2023년 온실가스 배출량 중 고정연소가 차지하는 비중의 5배 이상이다.

① ㄱ
② ㄴ
③ ㄱ, ㄷ
④ ㄴ, ㄷ
⑤ ㄱ, ㄴ, ㄷ

12 다음은 K공단의 재화 생산량에 따른 총 생산비용의 변화를 나타낸 자료이다. 기업의 생산 활동과 관련하여 옳은 것을 〈보기〉에서 모두 고르면?(단, 재화 1개당 가격은 7만 원이다)

생산량(개)	0	1	2	3	4	5
총 생산비용(만 원)	5	9	12	17	24	33

보기

ㄱ. 2개와 5개를 생산할 때의 이윤은 동일하다.
ㄴ. 이윤을 극대화할 수 있는 최대 생산량은 4개이다.
ㄷ. 4개에서 5개로 생산량을 증가시킬 때 이윤은 증가한다.
ㄹ. 1개를 생산하는 것보다 생산을 하지 않는 것이 손해가 적다.

① ㄱ, ㄴ
② ㄱ, ㄷ
③ ㄴ, ㄷ
④ ㄷ, ㄹ
⑤ ㄴ, ㄷ, ㄹ

13 다음은 지방자치단체 여성공무원 현황에 대한 자료이다. 이에 대한 설명으로 옳지 않은 것은?

〈지방자치단체 여성공무원 현황〉

(단위 : 명, %)

구분	2019년	2020년	2021년	2022년	2023년	2024년
전체 공무원	266,176	272,584	275,484	275,231	278,303	279,636
여성공무원	70,568	75,608	78,855	80,666	82,178	83,282
여성공무원 비율	26.5	27.7	(가)	29.3	29.5	29.8

① 2019년 이후 여성공무원 수는 꾸준히 증가하고 있다.
② (가)에 들어갈 비율은 35% 이상이다.
③ 2024년도에 남성공무원이 차지하는 비율은 70% 이상이다.
④ 2024년 여성공무원의 비율은 2019년과 비교했을 때, 3.3%p 증가했다.
⑤ 2023년 남성공무원은 196,125명이다.

14 다음은 어느 국가의 A ~ C지역 가구 구성비를 나타낸 자료이다. 이에 대한 설명으로 옳은 것은?

〈A ~ C지역 가구 구성비〉

(단위 : %)

구분	부부 가구	2세대 가구		3세대 이상 가구	기타 가구	합계
		부모＋미혼자녀	부모＋기혼자녀			
A	5	65	16	2	12	100
B	16	55	10	6	13	100
C	12	40	25	20	3	100

※ 기타 가구 : 1인 가구, 형제 가구, 비친족 가구
※ 핵가족 : 부부 또는 (한)부모와 그들의 미혼 자녀로 이루어진 가족
※ 확대가족 : (한)부모와 그들의 기혼 자녀로 이루어진 2세대 이상의 가족

① 핵가족 가구의 비중이 가장 높은 지역은 A이다.
② 1인 가구의 비중이 가장 높은 지역은 B이다.
③ 확대가족 가구 수가 가장 많은 지역은 C이다.
④ A, B, C지역 모두 핵가족 가구 수가 확대가족 가구 수보다 많다.
⑤ 부부 가구의 구성비는 C지역이 가장 높다.

15 다음은 어느 나라의 2023년과 2024년의 노동 가능 인구구성의 변화를 나타낸 자료이다. 2023년도와 비교한 2024년도의 상황으로 옳은 것은?

〈노동 가능 인구구성의 변화〉

구분	취업자	실업자	비경제활동인구
2023년	55%	25%	20%
2024년	43%	27%	30%

① 이 자료에서 실업자의 수는 알 수 없다.
② 실업자의 비율은 감소하였다.
③ 경제활동인구는 증가하였다.
④ 취업자 비율의 증감폭이 실업자 비율의 증감폭보다 작다.
⑤ 비경제활동인구의 비율은 감소하였다.

16 다음은 K공장에서 근무하는 근로자들의 임금수준 분포를 나타낸 자료이다. 이번 달 근로자 전체에게 지급된 임금의 총액이 2억 원일 때, 〈보기〉 중 옳은 것을 모두 고르면?

〈공장 근로자의 임금수준 분포〉

임금수준(만 원)	근로자 수(명)
월 300 이상	4
월 270 이상 월 300 미만	8
월 240 이상 월 270 미만	12
월 210 이상 월 240 미만	26
월 180 이상 월 210 미만	30
월 150 이상 월 180 미만	6
월 150 미만	4
합계	90

보기

㉠ 근로자당 평균 월 급여액은 230만 원 이하이다.
㉡ 절반 이상의 근로자들이 월 210만 원 이상의 급여를 받고 있다.
㉢ 월 180만 원 미만의 급여를 받는 근로자의 비율은 약 14%이다.
㉣ 적어도 15명 이상의 근로자가 월 250만 원 이상의 급여를 받고 있다.

① ㉠
② ㉠, ㉡
③ ㉠, ㉡, ㉣
④ ㉡, ㉢, ㉣
⑤ ㉠, ㉡, ㉢, ㉣

17 다음은 K마트의 과자 종류에 따른 가격을 나타낸 표이다. K마트는 A ~ C과자에 기획 상품 할인을 적용하여 팔고 있다. A ~ C과자를 정상가로 각각 2봉지씩 구매할 수 있는 금액을 가지고 각각 2봉지씩 할인된 가격으로 구매 후 A과자를 더 산다고 할 때, A과자 몇 봉지를 더 살 수 있는가?

〈과자별 가격 및 할인율〉

구분	A	B	C
정상가	1,500원	1,200원	2,000원
할인율	20%		40%

① 5봉지
② 4봉지
③ 3봉지
④ 2봉지
⑤ 1봉지

※ 다음은 K타이어의 전국에 있는 가맹점의 연간 매출액을 나타낸 것이다. 이어지는 질문에 답하시오. [18~19]

〈K타이어 전국 가맹점 연간 매출액〉

(단위 : 억 원)

구분	2021년	2022년	2023년	2024년
서울 1호점	120	150	180	280
부산 2호점	150	140	135	110
대구 3호점	30	70	100	160

보기

㉠ 원 그래프 ㉡ 점 그래프
㉢ 띠 그래프 ㉣ 선 그래프
㉤ 꺾은선 그래프

18 다음 중 제시된 자료를 도표로 나타내고자 할 때, 옳은 유형을 〈보기〉에서 고르면?

① ㉠ ② ㉡
③ ㉢ ④ ㉣
⑤ ㉤

19 다음 중 2024년도 지점별 매출액 구성 비율을 도표로 나타내고자 할 때, 옳은 유형을 〈보기〉에서 고르면?

① ㉠ ② ㉡
③ ㉢ ④ ㉣
⑤ ㉤

20 다음은 K시 5개 구 주민의 돼지고기 소비량에 대한 자료이다. 〈조건〉을 이용하여 변동계수가 3번째로 큰 구를 바르게 구한 것은?

〈5개 구 주민의 돼지고기 소비량 통계〉

(단위 : kg)

구분	평균(1인당 소비량)	표준편차
A구	( )	5.0
B구	( )	4.0
C구	30.0	6.0
D구	12.0	4.0
E구	( )	8.0

※ (변동계수) $=\dfrac{(\text{표준편차})}{(\text{평균})}\times100$

조건
- A구의 1인당 소비량과 B구의 1인당 소비량을 합하면 C구의 1인당 소비량과 같다.
- A구의 1인당 소비량과 D구의 1인당 소비량을 합하면 E구 1인당 소비량의 2배와 같다.
- E구의 1인당 소비량은 B구의 1인당 소비량보다 6.0kg 더 많다.

① A구
② B구
③ C구
④ D구
⑤ E구

CHAPTER 03

문제해결능력

합격 Cheat Key

문제해결능력은 업무를 수행하면서 여러 가지 문제 상황이 발생하였을 때, 창의적이고 논리적인 사고를 통하여 이를 올바르게 인식하고 적절히 해결하는 능력으로, 하위 능력에는 사고력과 문제처리능력이 있다.

문제해결능력은 NCS 기반 채용을 진행하는 대다수의 공사·공단에서 채택하고 있으며, 다양한 자료와 함께 출제되는 경우가 많아 어렵게 느껴질 수 있다. 특히, 난이도가 높은 문제로 자주 출제되기 때문에 다른 영역보다 더 많은 노력이 필요할 수는 있지만 그렇기에 차별화를 할 수 있는 득점 영역이므로 포기하지 말고 꾸준하게 노력해야 한다.

1 질문의 의도를 정확하게 파악하라!

문제해결능력은 문제에서 무엇을 묻고 있는지 정확하게 파악하여 먼저 풀이 방향을 설정하는 것이 가장 효율적인 방법이다. 특히, 조건이 주어지고 답을 찾는 창의적·분석적인 문제가 주로 출제되고 있기 때문에 처음에 정확한 풀이 방향이 설정되지 않는다면 문제를 제대로 풀지 못하게 되므로 첫 번째로 출제 의도 파악에 집중해야 한다.

2 중요한 정보는 반드시 표시하라!

출제 의도를 정확히 파악하기 위해서는 문제의 중요한 정보를 반드시 표시하거나 메모하여 하나의 조건, 단서도 잊고 넘어가는 일이 없도록 해야 한다. 실제 시험에서는 시간의 압박과 긴장감으로 정보를 잘못 적용하거나 잊어버리는 실수가 많이 발생하므로 사전에 충분한 연습이 필요하다.

3 반복 풀이를 통해 취약 유형을 파악하라!

문제해결능력은 특히 시간관리가 중요한 영역이다. 따라서 정해진 시간 안에 고득점을 할 수 있는 효율적인 문제 풀이 방법을 찾아야 한다. 이때, 반복적인 문제 풀이를 통해 자신이 취약한 유형을 파악하는 것이 중요하다. 정확하게 풀 수 있는 문제부터 빠르게 풀고 취약한 유형은 나중에 푸는 효율적인 문제 풀이를 통해 최대한 고득점을 맞는 것이 중요하다.

01 | 명제 추론

| 유형분석 |

- 주어진 문장을 토대로 논리적으로 추론하여 참 또는 거짓을 구분하는 문제이다.
- 대체로 연역추론을 활용한 명제 문제가 출제된다.
- 자료를 제시하고 새로운 결과나 자료에 주어지지 않은 내용을 추론해 가는 형식의 문제가 출제된다.

다음 〈조건〉은 김사원이 체결한 A부터 G까지 7개 계약들의 체결 순서에 대한 정보이다. 김사원이 다섯 번째로 체결한 계약은?

조건

- B와의 계약은 F와의 계약에 선행한다.
- G와의 계약은 D와의 계약보다 먼저 이루어졌는데 E, F와의 계약보다는 나중에 이루어졌다.
- B와의 계약은 가장 먼저 맺어진 계약이 아니다.
- D와의 계약은 A와의 계약보다 먼저 이루어졌다.
- C와의 계약은 G와의 계약보다 나중에 이루어졌다.
- A와 D의 계약 시간은 인접하지 않는다.

① A ② B

③ C ④ D

⑤ G

정답 ④

제시된 조건을 정리하면 E → B → F → G → D → C → A의 순서로 계약이 체결됐다. 따라서 다섯 번째로 체결한 계약은 D이다.

풀이 전략!

명제와 관련한 기본적인 논법에 대해서는 미리 학습해 두며, 이를 바탕으로 각 문장에 있는 핵심단어 또는 문구를 기호화하여 정리한 후, 선택지와 비교하여 참 또는 거짓을 판단한다.

01 K기업의 A대리, B사원, C사원, D사원, E대리 중 1명이 어제 출근하지 않았다. 이들 중 2명만 거짓말을 한다고 할 때, 다음 중 출근하지 않은 사람은 누구인가?(단, 출근을 하였어도, 결근 사유를 듣지 못할 수도 있다)

> A대리 : 나는 출근했고, E대리도 출근했다. 누가 출근하지 않았는지는 알지 못한다.
> B사원 : C사원은 출근하였다. A대리님의 말은 모두 사실이다.
> C사원 : D사원은 출근하지 않았다.
> D사원 : B사원의 말은 모두 사실이다.
> E대리 : 출근하지 않은 사람은 D사원이다. D사원이 개인 사정으로 인해 출석하지 못한다고 A대리님에게 전했다.

① A대리 ② B사원
③ C사원 ④ D사원
⑤ E대리

02 K고등학교는 부정행위 방지를 위해 1 ~ 3학년이 한 교실에서 같이 시험을 본다. 다음 〈조건〉을 참고할 때, 항상 거짓인 것은?

> **조건**
> • 교실에는 책상이 여섯 줄로 되어 있다.
> • 같은 학년은 바로 옆줄에 앉지 못한다.
> • 첫 번째 줄과 다섯 번째 줄에는 3학년이 앉는다.
> • 3학년이 앉은 줄의 수는 1학년과 2학년이 앉은 줄의 합과 같다.

① 2학년은 네 번째 줄에 앉는다.
② 첫 번째 줄과 세 번째 줄은 같은 학년이 앉는다.
③ 3학년이 앉는 줄이 1학년이 앉는 줄보다 많다.
④ 여섯 번째 줄에는 1학년이 앉는다.
⑤ 1학년이 두 번째 줄에 앉으면 2학년은 세 번째 줄에 앉는다.

03 한국화학회는 다음 〈조건〉에 따라 학술상을 수여한다. 어느 해 같은 계절에 유기화학과 무기화학 분야에서 상을 수여할 때, 항상 거짓인 것은?

> **조건**
> - 매년 물리화학, 유기화학, 분석화학, 무기화학의 네 분야에 대해서만 수여한다.
> - 봄, 여름, 가을, 겨울에 수여하며 매 계절 적어도 한 분야에 수여한다.
> - 각각의 분야에 매년 적어도 한 번 상을 수여한다.
> - 매년 최대 여섯 개까지 상을 수여한다.
> - 한 계절에 같은 분야에 두 개 이상의 상을 수여하지 않는다.
> - 두 계절 연속으로 같은 분야에 상을 수여하지 않는다.
> - 물리화학 분야에는 매년 두 개의 상을 수여한다.
> - 여름에 유기화학 분야에 상을 수여한다.

① 봄에 분석화학 분야에 수여한다.
② 여름에 분석화학 분야에 수여한다.
③ 여름에 물리화학 분야에 수여한다.
④ 가을에 무기화학 분야에 수여한다.
⑤ 겨울에 유기화학 분야에 수여한다.

04 K대학교의 기숙사에 거주하는 A ~ D는 1층부터 4층에 매년 새롭게 방을 배정받고 있으며, 올해도 방을 배정받는다. 다음 〈조건〉을 참고할 때, 반드시 참인 것은?

> **조건**
> - 한 번 배정받은 층에는 다시 배정받지 않는다.
> - A와 D는 2층에 배정받은 적이 있다.
> - B와 C는 3층에 배정받은 적이 있다.
> - A와 B는 1층에 배정받은 적이 있다.
> - A, B, D는 4층에 배정받은 적이 있다.

① C는 4층에 배정될 것이다.
② D는 3층에 배정받은 적이 있을 것이다.
③ D는 1층에 배정받은 적이 있을 것이다.
④ C는 2층에 배정받은 적이 있을 것이다.
⑤ 기숙사에 3년 이상 산 사람은 A밖에 없다.

05 K공단의 건물에서는 엘리베이터 여섯 대(1 ~ 6호기)를 6시간에 걸쳐 검사하고자 한다. 한 시간에 한 대씩만 검사한다고 할 때, 다음 〈조건〉에 근거하여 바르게 추론한 것은?

> **조건**
> • 제일 먼저 검사하는 엘리베이터는 5호기이다.
> • 가장 마지막에 검사하는 엘리베이터는 6호기가 아니다.
> • 2호기는 6호기보다 먼저 검사한다.
> • 3호기는 두 번째로 먼저 검사하며, 그 다음으로 검사하는 엘리베이터는 1호기이다.

① 6호기는 4호기보다 늦게 검사한다.
② 마지막으로 검사하는 엘리베이터는 4호기가 아니다.
③ 4호기 다음으로 검사할 엘리베이터는 2호기이다.
④ 2호기는 세 번째로 1호기보다 먼저 검사한다.
⑤ 6호기는 1호기 다다음에 검사하며, 다섯 번째로 검사하게 된다.

06 이번 학기에 4개의 강좌 A ~ D가 새로 개설되는데, 강사 갑 ~ 무 중 4명이 한 강좌씩 맡으려 한다. 배정 결과를 궁금해하는 5명은 다음 〈조건〉과 같이 예측했다. 배정 결과를 보니 갑 ~ 무의 진술 중 한 명의 진술만이 거짓이고 나머지는 참임이 드러났을 때, 다음 중 바르게 추론한 것은?

> **조건**
> 갑 : 을이 A강좌를 담당하고 병은 강좌를 담당하지 않을 것이다.
> 을 : 병이 B강좌를 담당할 것이다.
> 병 : 정은 D강좌가 아닌 다른 강좌를 담당할 것이다.
> 정 : 무가 D강좌를 담당할 것이다.
> 무 : 을의 말은 거짓일 것이다.

① 갑은 A강좌를 담당한다.
② 을은 C강좌를 담당한다.
③ 병은 강좌를 담당하지 않는다.
④ 정은 D강좌를 담당한다.
⑤ 무는 B강좌를 담당한다.

07 A ~ E 다섯 명의 사람이 일렬로 나란히 자리에 앉으려고 한다. 다음 〈조건〉에 근거할 때, 바르게 추론한 것은?

조건
- A ~ E 다섯 명의 자리는 우리가 바라보는 방향을 기준으로 한다.
- 자리의 순서는 왼쪽을 기준으로 한다.
- D는 A의 바로 왼쪽에 있다.
- B와 D사이에 C가 있다.
- A는 마지막 자리가 아니다.
- A와 B사이에 C가 있다.
- B는 E의 바로 오른쪽에 앉는다.

① D는 두 번째 자리에 앉을 수 있다.
② E는 네 번째 자리에 앉을 수 있다.
③ C는 두 번째 자리에 앉을 수 있다.
④ C는 E의 오른쪽 자리에 앉을 수 있다.
⑤ C는 A의 왼쪽 자리에 앉을 수 있다.

08 K공단의 환경서비스처 직원 A ~ H가 원탁에 앉아서 회의를 하려고 한다. 다음 〈조건〉에 따라 앉았을 때, 항상 참인 것은?(단, 서로 이웃해 있는 직원 간의 거리는 모두 동일하다)

조건
- A와 C는 가장 멀리 떨어져 있다.
- A 옆에는 G가 앉는다.
- B와 F는 서로 마주보고 있다.
- D는 E 옆에 앉는다.
- H는 B 옆에 앉지 않는다.

① 총 경우의 수는 네 가지이다.
② A와 B 사이에는 항상 누군가 앉아 있다.
③ C 옆에는 항상 E가 있다.
④ E와 G는 항상 마주 본다.
⑤ G의 오른쪽 옆에는 항상 H가 있다.

09 K공단은 직원 A~G를 두 팀으로 나누어 사업 현장으로 출장을 가고자 한다. 다음 〈조건〉에 따라 직원들을 두 개의 팀으로 나눌 때, 한 팀을 구성하는 방법으로 옳지 않은 것을 모두 고르면?

> **조건**
> • 각 팀은 최소 3명 이상으로 구성한다.
> • C와 D는 서로 다른 팀이다.
> • F와 G는 같은 팀이 될 수 없다.
> • D가 속한 팀에는 A, B도 속한다.

① C, E, F
② C, E, G
③ A, B, D, F
④ A, B, D, G
⑤ A, B, E, G

10 세미나에 참석한 A사원, B사원, C주임, D주임, E대리는 각자 숙소를 배정받았다. A사원, D주임은 여자이고, B사원, C주임, E대리는 남자이다. 〈조건〉과 같이 숙소가 배정되었을 때, 다음 중 항상 옳지 않은 것은?

> **조건**
> • 숙소는 5층이며 층마다 1명씩 배정한다.
> • E대리의 숙소는 D주임의 숙소보다 위층이다.
> • 1층에는 주임을 배정한다.
> • 1층과 3층에는 남직원을 배정한다.
> • 5층에는 사원을 배정한다.

① D주임은 2층에 배정된다.
② 5층에 A사원이 배정되면 4층에 B사원이 배정된다.
③ 5층에 B사원이 배정되면 4층에 A사원이 배정된다.
④ C주임은 1층에 배정된다.
⑤ 5층에 B사원이 배정되면 3층에 E대리가 배정된다.

02 | 규칙 적용

| 유형분석 |

- 주어진 상황과 규칙을 종합적으로 활용하여 풀어 가는 문제이다.
- 일정, 비용, 순서 등 다양한 내용을 다루고 있어 유형을 한 가지로 단일화하기 어렵다.

갑은 다음 규칙을 참고하여 알파벳 단어를 숫자로 변환하고자 한다. 규칙을 적용한 〈보기〉의 ㉠ ~ ㉣ 단어에서 알파벳 Z에 해당하는 자연수들을 모두 더한 값은?

〈규칙〉

① 알파벳 'A'부터 'Z'까지 순서대로 자연수를 부여한다.

  예 A=2라고 하면 B=3, C=4, D=5이다.

② 단어의 음절에 같은 알파벳이 연속되는 경우 ①에서 부여한 숫자를 알파벳이 연속되는 횟수만큼 거듭제곱한다.

  예 A=2이고 단어가 'AABB'이면 AA는 '2^2'이고, BB는 '3^2'이므로 '49'로 적는다.

보기

㉠ AAABBCC는 100000010201110404로 변환된다.

㉡ CDFE는 3465로 변환된다.

㉢ PJJYZZ는 1712126729로 변환된다.

㉣ QQTSR은 625282726으로 변환된다.

① 154

② 176

③ 199

④ 212

⑤ 234

정답 ④

㉠ A=100, B=101, C=102이다. 따라서 Z=125이다.

㉡ C=3, D=4, E=5, F=6이다. 따라서 Z=26이다.

㉢ P가 17임을 볼 때, J=11, Y=26, Z=27이다.

㉣ Q=25, R=26, S=27, T=28이다. 따라서 Z=34이다.

따라서 해당하는 Z값을 모두 더하면 125+26+27+34=212이다.

풀이 전략!

문제에 제시된 조건이나 규칙을 정확히 파악한 후, 선택지나 상황에 적용하여 문제를 풀어 나간다.

01   다음은 우리나라 자동차 등록번호 부여방법과 한국환경공단 A부서 직원의 자동차 등록번호이다. 자동차 등록번호가 잘못 부여된 것은 모두 몇 개인가?(단, A부서 직원의 자동차는 모두 비사업용 승용차이다)

〈자동차 등록번호 부여방법〉

- 차량종류 – 차량용도 – 일련번호 순으로 부여한다.
- 차량종류별 등록번호

승용차	승합차	화물차	특수차	긴급차
100 ~ 699	700 ~ 799	800 ~ 979	980 ~ 997	998 ~ 999

- 차량용도별 등록번호

구분	문자열
비사업용 (32개)	가, 나, 다, 라, 마 거, 너, 더, 러, 머, 버, 서, 어, 저 고, 노, 도, 로, 모, 보, 소, 오, 조 구, 누, 두, 루, 무, 부, 수, 우, 주
운수사업용	바, 사, 아, 자
택배사업용	배
렌터카	하, 허, 호

- 일련번호
  1000 ~ 9999 숫자 중 임의 발급

〈한국환경공단 A부서 직원의 자동차 등록번호〉

- 680 더 3412
- 521 버 2124
- 431 사 3019
- 531 서 9898
- 501 라 4395
- 421 저 2031
- 241 가 0291
- 670 로 3502
- 702 나 2838
- 431 구 3050
- 600 루 1920
- 912 라 2034
- 321 우 3841
- 214 하 1800
- 450 무 8402
- 531 고 7123

① 3개   ② 4개
③ 5개   ④ 6개
⑤ 7개

02 A팀과 B팀은 보안등급 상에 해당하는 문서를 나누어 보관하고 있다. 이에 따라 두 팀은 보안을 위해 제시된 규칙에 따라 각 팀의 비밀번호를 지정하였다. 다음 중 A팀과 B팀에 들어갈 수 있는 암호배열은?

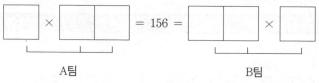

〈규칙〉

• 1 ~ 9까지의 숫자로 (한 자릿수)×(두 자릿수)=(세 자릿수)=(두 자릿수)×(한 자릿수) 형식의 비밀번호로 구성한다.
• 가운데에 들어갈 세 자릿수의 숫자는 156이며 숫자는 중복 사용할 수 없다. 즉, 각 팀의 비밀번호에 숫자 1, 5, 6은 들어가지 않는다.

$$\boxed{} \times \boxed{} = 156 = \boxed{} \times \boxed{}$$

A팀   B팀

① 23   ② 27
③ 29   ④ 37
⑤ 39

03 다음 〈조건〉을 근거로 〈보기〉를 계산한 값은?

조건

연산자 A, B, C, D는 다음과 같이 정의한다.
• A : 좌우에 있는 두 수를 더한다. 단, 더한 값이 10 미만이면 좌우에 있는 두 수를 곱한다.
• B : 좌우에 있는 두 수 가운데 큰 수에서 작은 수를 뺀다. 단, 두 수가 같거나 뺀 값이 10 미만이면 두 수를 곱한다.
• C : 좌우에 있는 두 수를 곱한다. 단, 곱한 값이 10 미만이면 좌우에 있는 두 수를 더한다.
• D : 좌우에 있는 두 수 가운데 큰 수를 작은 수로 나눈다. 단, 두 수가 같거나 나눈 값이 10 미만이면 두 수를 곱한다.
※ 연산은 '( )', '{ }'의 순으로 함

보기

$$\{(1\,A\,5)\,B\,(3\,C\,4)\}\,D\,6$$

① 10   ② 12
③ 90   ④ 210
⑤ 360

04 K제품을 운송하는 A씨는 업무상 편의를 위해 고객의 주문 내역을 임의의 기호로 기록하고 있다. 다음과 같은 주문전화가 왔을 때, A씨가 기록한 기호로 옳은 것은?

〈임의기호〉

재료	연강	고강도강	초고강도강	후열처리강
	MS	HSS	AHSS	PHTS
판매량	낱개	1묶음	1box	1set
	01	10	11	00
지역	서울	경기남부	경기북부	인천
	E	S	N	W
윤활유 사용	청정작용	냉각작용	윤활작용	밀폐작용
	P	C	I	S
용도	베어링	스프링	타이어코드	기계구조
	SB	SS	ST	SM

※ A씨는 [재료] – [판매량] – [지역] – [윤활유 사용] – [용도]의 순서로 기호를 기록함

〈주문전화〉

B씨 : 어이~ A씨. 나야, 나. 인천 지점에서 같이 일했던 B. 내가 필요한 것이 있어서 전화했어. 일단 서울 지점의 C씨가 스프링으로 사용할 제품이 필요하다고 하는데 한 박스 정도면 될 것 같아. 이전에 주문했던 대로 연강에 윤활용으로 윤활유를 사용한 제품으로 부탁하네. 나는 이번에 경기도 남쪽으로 가는데 거기에 있는 내 사무실 알지? 거기로 초고강도강 타이어 코드용으로 1세트 보내 줘. 튼실한 걸로 밀폐용 윤활유 사용해서 부탁해. 저번에 냉각용으로 사용한 제품은 생각보다 좋진 않았어.

① MS11EISB, AHSS00SSST
② MS11EISS, AHSS00SSST
③ MS11EISS, HSS00SSST
④ MS11WISS, AHSS10SSST
⑤ MS11EISS, AHSS00SCST

03 | 자료 해석

| 유형분석 |

- 주어진 자료를 해석하고 활용하여 풀어가는 문제이다.
- 꼼꼼하고 분석적인 접근이 필요한 다양한 자료들이 출제된다.

다음 중 정수장 수질검사 현황에 대해 바르게 설명한 사람은?

〈정수장 수질검사 현황〉

급수 지역	항목						검사결과	
	일반세균 100 이하 (CFU/mL)	대장균 불검출 (수/100mL)	NH3-N 0.5 이하 (mg/L)	잔류염소 4.0 이하 (mg/L)	구리 1 이하 (mg/L)	망간 0.05 이하 (mg/L)	적합	기준 초과
함평읍	0	불검출	불검출	0.14	0.045	불검출	적합	없음
이삼읍	0	불검출	불검출	0.27	불검출	불검출	적합	없음
학교면	0	불검출	불검출	0.13	0.028	불검출	적합	없음
엄다면	0	불검출	불검출	0.16	0.011	불검출	적합	없음
나산면	0	불검출	불검출	0.12	불검출	불검출	적합	없음

① A사원 : 함평읍의 잔류염소는 가장 낮은 수치를 보였고, 기준치에 적합하네.
② B사원 : 모든 급수지역에서 일반세균이 나오지 않았어.
③ C사원 : 기준치를 초과한 곳은 없었지만 적합하지 않은 지역은 있어.
④ D사원 : 대장균과 구리가 검출되면 부적합 판정을 받는구나.
⑤ E사원 : 구리가 검출되지 않은 지역은 세 곳이야.

정답 ②

오답분석
① 잔류염소에서 가장 낮은 수치를 보인 지역은 나산면(0.12mg/L)이고, 함평읍(0.14mg/L)은 세 번째로 낮다.
③ 기준치를 초과한 곳도 없고, 모두 적합 판정을 받았다.
④ 함평읍과 학교면, 엄다면은 구리가 검출되었지만 적합 판정을 받았다.
⑤ 구리가 검출되지 않은 지역은 이삼읍과 나산면으로 두 곳이다.

풀이 전략!

문제 해결을 위해 필요한 정보가 무엇인지 먼저 파악한 후, 제시된 자료를 분석적으로 읽고 해석한다.

01　한국환경공단의 A사원은 3박 4일 동안 대전으로 출장을 다녀오려고 한다. 출장 과정에서의 비용이 다음과 같을 때, A사원의 출장 경비 총액으로 옳은 것은?(단, A사원의 출장 세부내역 이외의 지출은 없다고 가정한다)

〈출장 경비〉

• 출장일부터 귀가할 때까지 소요되는 모든 교통비, 식비, 숙박비를 합산한 비용을 출장 경비로 지급한다.
• 교통비(서울 → 대전 / 대전 → 서울)

교통수단	기차	비행기	버스
비용(편도)	39,500원	43,250원	38,150원

※ 서울 및 대전 내에서의 시내이동에 소요되는 비용은 출장경비로 인정하지 않음

• 식비

식당	P식당	S식당	Y식당
식비(끼니당)	8,500원	8,700원	9,100원

• 숙박비

숙소	가	나	다
숙박비(1박)	75,200원	81,100원	67,000원
비고	연박 시 1박당 5% 할인	연박 시 1박당 10% 할인	–

〈A사원의 출장 세부내역〉

• A사원은 대전행은 기차를, 서울행은 버스를 이용하였다.
• A사원은 2일간 P식당을, 나머지 기간은 Y식당을 이용하였으며 출장을 시작한 날부터 마지막 날까지 하루 3끼를 먹었다.
• A사원은 출장기간 동안 숙소는 할인을 포함하여 가장 저렴한 숙소를 계속 이용한다.

① 359,100원　　　　　　　② 374,620원
③ 384,250원　　　　　　　④ 396,500원
⑤ 410,740원

02 다음은 국가별 와인 상품과 세트 상품에 대한 자료이다. 세트 가격을 한도로 하여 구입할 수 있는 와인 세트의 국가로 옳은 것은?

〈국가별 와인 상품〉

구분	생산지	인지도	풍미	당도	가격(원)
A	이탈리아	5	4	3	50,000
B	프랑스	5	2	4	60,000
C	포르투갈	4	3	5	45,000
D	독일	4	4	4	70,000
E	벨기에	2	2	1	80,000
F	네덜란드	3	1	2	55,000
G	영국	5	5	4	65,000
H	스위스	4	3	3	40,000
I	스웨덴	3	2	1	75,000

※ 인지도 및 풍미와 당도는 5가 가장 높고, 1이 가장 낮음

〈와인 세트〉

1 Set	2 Set
프랑스 와인 1병 외 다른 국가 와인 1병	이탈리아 와인 1병 외 다른 국가 와인 1병
인지도가 높고 풍미가 좋은 와인 구성	당도가 높은 와인 구성
포장비 : 10,000원	포장비 : 20,000원
세트 가격 : 130,000원	세트 가격 : 160,000원

※ 세트 포장은 필수이며, 세트 가격에는 포장비가 포함되어 있지 않음
※ 같은 조건이면 인지도와 풍미, 당도가 더 높은 와인으로 세트를 구성함

① 1 Set : 프랑스, 독일
② 1 Set : 프랑스, 영국
③ 2 Set : 이탈리아, 벨기에
④ 2 Set : 이탈리아, 포르투갈
⑤ 2 Set : 이탈리아, 스위스

03 김사원은 필요한 사무용품을 A문구사에서 구입하려고 한다. 품목별로 A문구사에서 진행 중인 사무용품 할인행사의 내용은 다음과 같다. 사무용품 구입 예산이 20,000원일 때, 효용의 합이 가장 높은 사무용품의 조합은?

〈사무용품 품목별 가격 및 효용〉

품목	결재판	스테이플러	볼펜 세트	멀티탭	A4용지(박스)
가격(원)	5,000	1,200	2,500	8,200	5,500
효용	40	20	35	70	50

〈A문구사의 사무용품 할인행사 내용〉

요건	내용
결재판 3개 이상 구매	결재판 1개 추가 증정
스테이플러 4개 이상 구매	멀티탭 1개 추가 증정
볼펜 세트 3개 이상 구매	볼펜 세트 1개 추가 증정
총 상품가격 18,000원 초과	총 결제금액에서 10% 할인

※ 각 할인은 서로 다른 할인요건에 대하여 중복적용이 가능함

① 결재판 2개, 볼펜 세트 1개, 멀티탭 1개
② 스테이플러 6개, 볼펜 세트 2개, A4용지 2박스
③ 결재판 3개, 스테이플러 1개, 볼펜 세트 1개, A4용지 1박스
④ 결재판 1개, 스테이플러 2개, 볼펜 세트 4개
⑤ 스테이플러 3개, 멀티탭 2개, A4용지 1박스

04 다음은 K손해보험 보험금 청구 절차 안내문이다. 이를 토대로 고객들의 질문에 답변하려고 할 때, 적절하지 않은 것은?

〈보험금 청구 절차 안내문〉

단계	구분	내용
Step 1	사고 접수 및 보험금 청구	피보험자, 가해자, 피해자가 사고발생 통보 및 보험금 청구를 합니다. 접수는 가까운 영업점에 관련 서류를 제출합니다.
Step 2	보상팀 및 보상담당자 지정	보상처리 담당자가 지정되어 고객님께 담당자의 성명, 연락처를 SMS로 전송해 드립니다. 자세한 보상 관련 문의사항은 보상처리 담당자에게 문의하시면 됩니다.
Step 3	손해사정법인 (현장확인자)	보험금 지급여부 결정을 위해 사고현장조사를 합니다. (병원 공인된 손해사정법인에게 조사업무를 위탁할 수 있음)
Step 4	보험금 심사 (심사자)	보험금 지급 여부를 심사합니다.
Step 5	보험금 심사팀	보험금 지급 여부가 결정되면 피보험자 예금통장에 보험금이 입금됩니다.

※ 3만 원 초과 10만 원 이하 소액통원의료비를 청구할 경우 보험금 청구서와 병원영수증, 질병분류기호(질병명)가 기재된 처방전만으로 접수가 가능함
※ 의료기관에서는 환자가 요구할 경우 처방전 발급 시 질병분류기호(질병명)가 기재된 처방전 2부 발급이 가능함
※ 온라인 접수 절차는 K손해보험 홈페이지에서 확인하실 수 있음

① Q : 자전거를 타다가 팔을 다쳐서 병원비가 56,000원이 나왔습니다. 보험금을 청구하려고 하는데 제출할 서류는 어떻게 되나요?
   A : 고객님의 의료비는 10만 원이 넘지 않는 관계로 보험금 청구서와 병원영수증, 진단서가 필요합니다.
② Q : 사고를 낸 당사자도 보험금을 청구할 수 있나요?
   A : 네, 고객님. 사고의 가해자와 피해자 모두 보험금을 청구하실 수 있습니다.
③ Q : 사고 접수는 인터넷으로 접수가 가능한가요?
   A : 네, 가능합니다. 자세한 접수 절차는 K손해보험 홈페이지에서 확인하실 수 있습니다.
④ Q : 질병분류기호가 기재된 처방전은 어떻게 발급하나요?
   A : 처방전 발급 시 해당 의료기관에 질병분류기호를 포함해달라고 요청하시면 됩니다.
⑤ Q : 보험금은 언제쯤 지급받을 수 있을까요?
   A : 보험금은 사고가 접수된 후에 사고현장을 조사하여 보험금 지급 여부를 심사한 다음 지급됩니다. 고객님마다 개인차가 있을 수 있으니 보다 정확한 사항은 보상처리 담당자에게 문의 바랍니다.

PART 1

※ 다음 글을 읽고 이어지는 질문에 답하시오. [5~6]

정부기관 K는 최근 본사의 내부 수리를 위해 관련 규정에 따라 입찰에 참가할 업체를 모집하여, 공사를 진행할 업체를 최종적으로 선정하고 있다. 총 7개 업체가 해당 입찰에 참가하였고, 각 업체 간의 협력 가능성 등을 고려하여 다수의 업체를 선정하고자 한다. 본 제안의 평가위원의 조건은 아래와 같다.

조건

- A업체는 선정하지 않는다.
- B업체를 선정하면 G업체는 선정하지 않는다.
- A업체가 선정되지 않으면 C업체가 선정된다.
- C업체가 선정되면 E업체는 선정되지 않는다.
- D업체가 선정되면 F업체도 선정된다.
- E업체가 선정되지 않으면 B업체가 선정된다.

05 다음 중 〈조건〉에 따라 선정이 확실한 업체는 총 몇 개인가?

① 1개   ② 2개

③ 3개   ④ 4개

⑤ 5개

06 평가위원 중 한 명이 다음과 같은 조건을 추가하였을 때, 최종 선정된 업체를 모두 고르면?

대규모 공사가 될 것이기 때문에 최소한 3개의 업체가 선정되었으면 합니다. 기존 평가의견에 따라 선정된 업체가 3개 미만일 경우, D업체도 포함시키도록 합시다.

① B, C, D   ② B, D, E

③ B, C, D, F   ④ B, D, E, F

⑤ C, G, D, F

07 다음은 자동출입국 심사대 이용에 대한 안내문이다. 사전 등록 절차 없이 자동출입국 심사대 이용이 가능한 사람은?

〈더욱 편리해진 자동출입국 심사대 이용 안내〉

19세 이상의 국민과 17세 이상의 등록 외국인은 사전 등록 절차 없이 자동출입국 심사대를 바로 이용할 수 있습니다.

다만, 출입국 규제, 형사범, 체류만료일이 1개월 이내인 외국인 등 출입국관리 공무원의 대면심사가 필요한 외국인은 이용이 제한됩니다.

■ 사전 등록 절차 없이 이용 가능한 자
- 19세 이상 대한민국 국민
- 외국인 등록 또는 거소신고를 한 17세 이상 등록외국인

■ 사전 등록 후 이용 가능자

사전 등록 대상	7세 이상 19세 미만 국민, 인적사항(성명, 주민등록번호)이 변경된 경우, 17세 미만 외국인 등
사전 등록 장소	제1여객터미널 3층 G카운터 자동출입국심사 등록센터 / 제2여객터미널 2층 출입국서비스센터

---

① 인적사항 변경이 없는 35세 A씨와 A씨의 아들 7세 B군
② 한 달 전 개명하여 인적사항이 변경된 50세 C씨
③ 외국인 등록이 되어있는 15세 미국인 D씨
④ 인적사항 변경이 없는 19세 E씨
⑤ 체류만료일이 10일 남은 24세 영국인 F씨

08 투자정보팀에서는 문제기업을 미리 알아볼 수 있는 이상 징후로 다음과 같이 다섯 개의 조건을 바탕으로 투자 여부를 판단한다. 투자 여부 판단 대상기업은 A ~ E이다. 다음과 같은 〈조건〉이 주어질 때 투자 부적격 기업은?

〈투자 여부 판단 조건〉

㉠ 기업문화의 종교화　　　　　　　㉡ 정책에 대한 지나친 의존
㉢ 인수 합병 의존도의 증가　　　　㉣ 견제 기능의 부재
㉤ CEO의 법정 출입

이 5개의 징후는 다음과 같은 관계가 성립한다.

〈이상 징후별 인과 및 상관관계〉

1) '기업문화의 종교화(㉠)'와 '인수 합병 의존도의 증가(㉢)'는 동시에 나타난다.
2) '견제 기능의 부재(㉣)'가 나타나면 '정책에 대한 지나친 의존(㉡)'이 나타난다.
3) 'CEO의 법정 출입(㉤)'이 나타나면 '정책에 대한 지나친 의존(㉡)'과 '인수 합병의존도의 증가(㉢)'가 나타난다.

투자정보팀은 ㉠ ~ ㉤ 중 4개 이상의 이상 징후가 발견될 경우 투자를 하지 않기로 결정한다.

> **조건**
>
> 1. ㉠은 A, B, C기업에서만 나타났다.
> 2. ㉡은 D기업에서 나타났고, C와 E기업에서는 나타나지 않았다.
> 3. ㉣은 B기업에서 나타났고, A기업에서는 나타나지 않았다.
> 4. ㉤은 A기업에서 나타나지 않았다.
> 5. 각각의 이상 징후 ㉠ ~ ㉤ 중 모든 기업에서 동시에 나타나는 이상 징후는 없었다.

① A　　　　　　　　　　　　　　② B
③ B, C　　　　　　　　　　　　④ D, E
⑤ C, D, E

09 귀하는 점심식사 중 식당에 있는 TV에서 정부의 정책에 대한 뉴스가 나오는 것을 보았다. 함께 점심을 먹는 동료들과 뉴스를 보고 나눈 대화의 내용으로 적절하지 않은 것은?

〈뉴스〉

앵커 : 저소득층에게 법률서비스를 제공하는 정책을 구상 중입니다. 정부는 무료로 법률자문을 하겠다고 자원하는 변호사를 활용하는 자원봉사제도, 정부에서 법률 구조공단 등의 기관을 신설하고 변호사를 유급으로 고용하여 법률서비스를 제공하는 유급법률구조제도, 정부가 법률서비스의 비용을 대신 지불하는 법률보호제도 등의 세 가지 정책대안 중 하나를 선택할 계획입니다.

이 정책대안을 비교하는 데 고려해야 할 정책목표는 비용저렴성, 접근용이성, 정치적 실현가능성, 법률서비스의 전문성입니다. 정책대안과 정책목표의 관계는 화면으로 보여드립니다. 각 대안이 정책목표를 달성하는 데 유리한 경우는 (+)로, 불리한 경우는 (−)로 표시하였으며, 유·불리 정도는 같습니다. 정책목표에 대한 가중치의 경우, '0'은 해당 정책목표를 무시하는 것을, '1'은 해당 정책목표를 고려하는 것을 의미합니다.

〈정책대안과 정책목표의 상관관계〉

정책목표	가중치		정책대안		
	A안	B안	자원봉사제도	유급법률구조제도	법률보호제도
비용저렴성	0	0	+	−	−
접근용이성	1	0	−	+	−
정치적 실현가능성	0	0	+	−	+
전문성	1	1	−	+	−

---

① 아마도 전문성 면에서는 유급법률구조제도가 자원봉사제도보다 더 좋은 정책 대안으로 평가받게 되겠군.
② A안에 가중치를 적용할 경우 유급법률구조제도가 가장 적절한 정책대안으로 평가받게 되지 않을까?
③ 반대로 B안에 가중치를 적용할 경우 자원봉사제도가 가장 적절한 정책대안으로 평가받게 될 것 같아.
④ A안과 B안 중 어떤 것을 적용하더라도 정책대안 비교의 결과는 달라지지 않을 것으로 보여.
⑤ 비용저렴성을 달성하기에 가장 유리한 정책대안은 자원봉사제도로군.

10 K회사는 최근 새로운 건물로 이사하면서 팀별 층 배치를 변경하기로 하였다. 층 배치 변경 사항과 현재 층 배치가 다음과 같을 때 이사 후 층 배치에 대한 설명으로 적절하지 않은 것은?

〈층 배치 변경 사항〉

- 인사팀과 생산팀이 위치한 층 사이에 한 팀을 배치합니다.
- 연구팀과 영업팀은 기존 층보다 아래층으로 배치합니다.
- 총무팀은 6층에 배치합니다.
- 탕비실은 4층에 배치합니다.
- 생산팀은 연구팀보다 높은 층에 배치합니다.
- 전산팀은 2층에 배치합니다.

〈현재 층 배치도〉

층수	부서
7층	전산팀
6층	영업팀
5층	연구팀
4층	탕비실
3층	생산팀
2층	인사팀
1층	총무팀

① 생산팀은 7층에 배치될 수 있다.
② 인사팀은 5층에 배치될 수 있다.
③ 영업팀은 3층에 배치될 수 있다.
④ 생산팀은 3층에 배치될 수 있다.
⑤ 연구팀은 1층에 배치될 수 있다.

CHAPTER 04

조직이해능력

합격 Cheat Key

조직이해능력은 업무를 원활하게 수행하기 위해 조직의 체제와 경영을 이해하고 국제적인 추세를 이해하는 능력이다. 현재 많은 공사·공단에서 출제 비중을 높이고 있는 영역이기 때문에 미리 대비하는 것이 중요하다.

세부 유형은 조직 체제 이해, 경영 이해, 업무 이해, 국제 감각으로 나눌 수 있다. 조직도를 제시하는 문제가 출제되거나 조직의 체계를 파악해 경영의 방향성을 예측하고, 업무의 우선순위를 파악하는 문제가 주로 출제된다.

1 문제를 먼저 파악하라!

경력이 없는 경우 조직에 대한 이해가 낮을 수밖에 없다. 그러나 문제 자체가 실무적인 내용을 담고 있어도 문제 안에는 해결의 단서가 주어진다. 부담을 갖지 않고 접근하는 것이 중요하다.

2 경영·경제학원론 정도의 수준은 갖추어라!

지원한 직군마다 차이는 있을 수 있으나, 경영·경제 이론을 접목시킨 문제가 꾸준히 출제되고 있다. 따라서 기본적인 경영·경제 이론은 익혀 둘 필요가 있다.

3 지원하는 공사·공단의 조직도를 파악하라!

출제되는 문제는 각 공사·공단의 세부 내용일 경우가 많기 때문에 지원하는 공사·공단의 조직도를 파악해 두어야 한다. 조직이 운영되는 방법과 전략을 이해하고, 조직을 구성하는 체제를 파악하고 간다면 조직이해능력에서 조직도가 나올 때 단시간에 문제를 풀 수 있을 것이다.

4 실제 업무에서도 요구되므로 이론을 익혀라!

각 공사·공단의 직무 특성상 일부 영역에 중요도가 가중되는 경우가 있어서 많은 취업준비생들이 일부 영역에만 집중하지만, 실제 업무 능력에서 직업기초능력 10개 영역이 골고루 요구되는 경우가 많다. 현재는 필기시험에서도 조직이해능력을 출제하는 기관의 비중이 늘어나고 있기 때문에 미리 이론을 익혀 둔다면 모듈형 문제에서도 고득점을 노릴 수 있다.

01 | 경영 전략

| 유형분석 |

- 경영전략에서 대표적으로 출제되는 문제는 마이클 포터(Michael Porter)의 본원적 경쟁전략이다.
- 경쟁전략의 기본적인 이해와 구조를 물어보는 문제가 자주 출제되므로 전략별 특징 및 개념에 대한 이론 학습이 요구된다.

다음 중 마이클 포터(Michael E. Porter)의 본원적 경쟁전략에 대한 설명으로 가장 적절한 것은?

① 해당 사업에서 경쟁우위를 확보하기 위한 전략이다.

② 집중화 전략에서는 대량생산을 통해 단위 원가를 낮추거나 새로운 생산기술을 개발할 필요가 있다고 본다.

③ 원가우위 전략에서는 연구개발이나 광고를 통하여 기술, 품질, 서비스 등을 개선할 필요가 있다고 본다.

④ 차별화 전략은 특정 산업을 대상으로 한다.

정답 ①

마이클 포터(Michael E. Porter)의 본원적 경쟁전략

- 원가우위 전략 : 원가절감을 통해 해당 산업에서 우위를 점하는 전략으로, 이를 위해서는 대량생산을 통해 단위 원가를 낮추거나 새로운 생산기술을 개발할 필요가 있다. 1970년대 우리나라의 섬유업체나 신발업체, 가발업체 등이 미국시장에 진출할 때 취한 전략이 여기에 해당한다.
- 차별화 전략 : 조직이 생산품이나 서비스를 차별화하여 고객에게 가치가 있고 독특하게 인식되도록 하는 전략이다. 이를 위해서는 연구개발이나 광고를 통하여 기술, 품질, 서비스, 브랜드 이미지를 개선할 필요가 있다.
- 집중화 전략 : 특정 시장이나 고객에게 한정된 전략으로, 원가우위나 차별화 전략이 산업 전체를 대상으로 하는 데 비해 집중화 전략은 특정 산업을 대상으로 한다. 즉, 경쟁조직들이 소홀히 하고 있는 한정된 시장을 원가우위나 차별화 전략을 써서 집중적으로 공략하는 방법이다.

풀이 전략!

대부분의 기업들은 마이클 포터의 본원적 경쟁전략을 사용하고 있다. 각 전략에 해당하는 대표적인 기업을 연결하고, 그들의 경영전략을 상기하며 문제를 풀어보도록 한다.

01 조직의 유지와 발전에 책임을 지는 조직의 경영자는 다양한 역할을 수행해야 한다. 다음 중 조직 경영자의 역할로 적절하지 않은 것은?

① 대외적으로 조직을 대표한다.

② 대외적 협상을 주도한다.

③ 조직 내에서 발생하는 분쟁을 조정한다.

④ 외부 변화에 대한 정보를 기밀로 한다.

⑤ 제한된 자원을 적재적소에 배분한다.

02 다음 〈보기〉의 맥킨지 7S 모델을 소프트웨어적 요소와 하드웨어적 요소로 바르게 구분한 것은?

> **보기**
>
> ㉠ 스타일(Style)   ㉡ 구성원(Staff)
> ㉢ 전략(Strategy)   ㉣ 스킬(3kllls)
> ㉤ 구조(Structure)   ㉥ 공유가치(Shared Values)
> ㉦ 시스템(Systems)

	소프트웨어	하드웨어
①	㉠, ㉡, ㉢, ㉥	㉣, ㉤, ㉦
②	㉠, ㉡, ㉣, ㉥	㉢, ㉤, ㉦
③	㉡, ㉢, ㉥, ㉦	㉠, ㉣, ㉤
④	㉡, ㉣, ㉤, ㉦	㉠, ㉢, ㉥
⑤	㉢, ㉤, ㉥, ㉦	㉠, ㉡, ㉣

03 K기업의 상황을 고려할 때, 다음 중 경영활동과 활동의 사례로 적절하지 않은 것은?

- K기업은 국내 자동차 제조업체이다.
- K기업은 최근 인도네시아의 자동차 판매업체와 계약을 하여, 내년부터 인도네시아로 차량을 수출할 계획이다.
- K기업은 중국의 자동차 부품 제조업체와 협력하고 있는데, 최근 중국 내 전염병 확산으로 현지 업체들의 가동률이 급락하였다.
- K기업은 최근 내부 설문조사를 실시한 결과, 사내 유연근무제 도입을 희망하는 직원의 비율은 72%, 희망하지 않는 직원의 비율이 20%, 무응답이 8%였다.
- K기업의 1분기 생산라인 피드백 결과, 엔진 조립 공정에서 진행속도를 20% 개선할 경우 생산성이 12% 증가하는 것으로 나타났다.

	경영활동	사례
①	외부경영활동	인도네시아 시장의 자동차 구매성향 파악
②	내부경영활동	국내 자동차 부품 제조업체와의 협력안 검토
③	내부경영활동	인도네시아 현지 자동차 법규 및 제도 조사
④	내부경영활동	엔진 조립 공정 개선을 위한 공정 기술 연구개발
⑤	내부경영활동	생산라인에 부분적 탄력근무제 도입

※ 다음 글을 읽고 이어지는 질문에 답하시오. [4~6]

오토바이용 헬멧 제조업체인 K사는 국내 시장의 한계를 느끼고 미국 시장에 진출해 안전과 가격, 디자인 면에서 호평을 받으며 시장의 최강자가 되었다. 외환위기와 키코사태*로 위기 상황에 놓인 적도 있었지만 비상장 및 내실 있는 경영으로 은행에 출자 전환하도록 설득하여 오히려 기사회생하였다.

미국시장 진출 시 OEM 방식을 활용할 수 있었지만 자기 브랜드를 고집한 대표이사의 선택으로 해외에서 개별 도매상들을 상대로 직접 물건을 판매했다. 또한 평판이 좋은 중소규모 도매상을 선정해 유대관계를 강화했다. 한번 계약을 맺은 도매상과는 의리를 지켰고 그 결과 단단한 유통망을 갖출 수 있었다.

유럽 진출 시에는 미국과는 다른 소비자의 특성에 맞춰 고급스런 디자인의 고가 제품을 포지셔닝하여 모토 그랑프리를 후원하고 우승자와 광고 전속 계약을 맺었다. 여기에 신제품인 스피드와 레저를 동시에 즐길 수 있는 실용적인 변신 헬멧으로 유럽 소비자들을 공략해 시장 점유율을 높였다.

*키코사태(KIKO; Knock In Knock Out) : 환율 변동으로 인한 위험을 줄이기 위해 만들어진 파생상품에 가입한 수출 중소기업들이 2008년 미국발 글로벌 금융위기 여파로 환율이 급등하자 막대한 손실을 보게 된 사건

04 다음 중 K사가 미국시장에 성공적으로 진출할 수 있었던 요인으로 적절하지 않은 것은?

① OEM 방식을 효율적으로 활용했다.

② 자사 브랜드를 알리는데 주력했다.

③ 평판이 좋은 유통망을 찾아 계약을 맺었다.

④ 안전과 가격, 디자인 모두에 심혈을 기울였다.

⑤ 한번 계약을 맺은 도매상과는 의리를 지켰다.

05 다음 중 K사가 유럽시장 진출에서 성공을 거둔 요인으로 적절하지 않은 것은?

① 소비자 특성에 맞춘 고가 제품 포지셔닝

② 모토그랑프리 후원 등 전략적 마케팅 실행

③ 중소규모 도매상과 유대관계 강화

④ 하이브리드가 가능한 실용적 제품 개발

⑤ 고급스런 디자인 제품으로 소비자들을 공략

06 다음 〈보기〉 중 K사가 해외 진출 시 분석을 위해 활용한 요소들을 모두 고르면?

보기

ㄱ 현지 시장의 경쟁상황　　　　ㄴ 경쟁업체
ㄷ 시장점유율　　　　　　　　　ㄹ 제품 가격 및 품질
ㅁ 공급 능력

① ㄱ, ㄴ, ㄷ

② ㄴ, ㄷ, ㄹ

③ ㄷ, ㄹ, ㅁ

④ ㄱ, ㄴ, ㄷ, ㄹ

⑤ ㄱ, ㄴ, ㄷ, ㄹ, ㅁ

02 | 조직 구조

| 유형분석 |

- 조직 구조 유형에 대한 특징을 물어보는 문제가 자주 출제된다.
- 기계적 조직과 유기적 조직의 차이점과 사례 등을 숙지하고 있어야 한다.
- 조직 구조 형태에 따라 기능적 조직, 사업별 조직으로 구분하여 출제되기도 한다.

다음 중 기계적 조직의 특징으로 옳은 것을 〈보기〉에서 모두 고르면?

보기

ㄱ 변화에 맞춰 쉽게 변할 수 있다.
ㄴ 상하 간 의사소통이 공식적인 경로를 통해 이루어진다.
ㄷ 대표적으로 사내 벤처팀, 프로젝트팀이 있다.
ㄹ 구성원의 업무가 분명하게 규정되어 있다.
ㅁ 다양한 규칙과 규제가 있다.

① ㄱ, ㄴ, ㄷ
② ㄱ, ㄹ, ㅁ
③ ㄴ, ㄷ, ㄹ
④ ㄴ, ㄹ, ㅁ
⑤ ㄷ, ㄹ, ㅁ

정답 ④

오답분석
ㄱ · ㄷ 유기적 조직에 대한 설명이다.

- 기계적 조직
  - 구성원의 업무가 분명하게 규정되어 있고, 많은 규칙과 규제가 있다.
  - 상하 간 의사소통이 공식적인 경로를 통해 이루어진다.
  - 대표적으로 군대, 정부, 공공기관 등이 있다.
- 유기적 조직
  - 업무가 고전되지 않아 업무 공유가 가능하다.
  - 규제나 통제의 정도가 낮아 변화에 맞춰 쉽게 변할 수 있다.
  - 대표적으로 권한위임을 받아 독자적으로 활동하는 사내 벤처팀, 특정한 과제 수행을 위해 조직된 프로젝트팀이 있다.

풀이 전략!

조직 구조는 유형에 따라 기계적 조직과 유기적 조직으로 나눌 수 있다. 기계적 조직과 유기적 조직은 서로 상반된 특징을 가지고 있으며, 기계적 조직이 관료제의 특징과 비슷함을 파악하고 있다면, 이와 상반된 유기적 조직의 특징도 수월하게 파악할 수 있다.

01 조직문화는 조직구성원들에게 일체감과 정체성을 부여하고 조직구성원들의 행동지침을 제공하는 등의 기능을 가지고 있다. 다음 중 조직문화의 구성요소에 대한 설명으로 적절하지 않은 것은?

① 공유가치는 가치관과 이념, 조직관, 전통가치, 기본목적 등을 포함한다.

② 조직구성원은 인력구성뿐만 아니라 그들의 가치관과 신념, 동기, 태도 등을 포함한다.

③ 관리기술은 조직경영에 적용되는 목표관리, 예산관리, 갈등관리 등을 포함한다.

④ 관리시스템으로는 리더와 부하 간 상호관계를 볼 수 있다.

⑤ 조직의 전략은 조직운영에 필요한 장기적인 틀을 제공한다.

02 다음 중 조직목표에 대한 설명으로 적절하지 않은 것은?

① 조직이 달성하려는 장래의 상태로, 미래지향적이지만 현재의 조직행동의 방향을 결정해주는 역할을 한다.

② 조직의 단합을 위해 공식적 목표와 실제적 목표는 항상 일치해야 하며, 하나의 조직목표만을 추구해야 한다.

③ 조직목표들은 한번 수립되면 달성될 때까지 지속되는 것이 아니라 환경이나 조직 내의 다양한 원인들에 의하여 변동되거나 없어지고 새로운 목표로 대체되기도 한다.

④ 조직구성원들이 공통된 조직목표 아래서 소속감과 일체감을 느끼고 행동수행의 동기를 가지게 하며, 조직구성원들의 수행을 평가할 수 있는 기준이 된다.

⑤ 조직목표들은 위계적 상호관계가 있어 서로 영향을 주고받는다.

03 다음 중 대학생인 지수의 일과를 통해 알 수 있는 사실로 가장 적절한 것은?

> 지수는 화요일에 학교 수업, 아르바이트, 스터디, 봉사활동 등을 한다.
> 다음은 지수의 화요일 일과이다.
> • 지수는 오전 11시부터 오후 4시까지 수업이 있다.
> • 수업이 끝나고 학교 앞 프랜차이즈 카페에서 아르바이트를 3시간 동안 한다.
> • 아르바이트를 마친 후 NCS 공부를 하기 위해 스터디를 2시간 동안 한다.

① 비공식적이면서 소규모조직에서 3시간 있었다.

② 하루 중 공식조직에서 9시간 있었다.

③ 비영리조직이면서 대규모조직에서 5시간 있었다.

④ 영리조직에서 2시간 있었다.

⑤ 비공식적이면서 비영리조직에서 3시간 있었다.

04 다음 중 조직변화의 과정을 순서대로 바르게 나열한 것은?

ㄱ. 환경변화 인지	ㄴ. 변화결과 평가
ㄷ. 조직변화 방향 수립	ㄹ. 조직변화 실행

① ㄱ - ㄷ - ㄹ - ㄴ   ② ㄱ - ㄹ - ㄷ - ㄴ
③ ㄴ - ㄷ - ㄹ - ㄱ   ④ ㄹ - ㄱ - ㄷ - ㄴ
⑤ ㄹ - ㄷ - ㄱ - ㄴ

05 다음 중 조직 구조의 결정요인에 대한 설명으로 적절하지 않은 것은?

① 급변하는 환경하에서는 유기적 조직보다 원칙이 확립된 기계적 조직이 더 적합하다.
② 대규모 조직은 소규모 조직에 비해 업무의 전문화 정도가 높다.
③ 일반적으로 소량생산기술을 가진 조직은 유기적 조직 구조를, 대량생산기술을 가진 조직은 기계적 조직 구조를 가진다.
④ 조직 활동의 결과에 대한 만족은 조직의 문화적 특성에 따라 상이하다.
⑤ 조직 구조의 주요 결정요인은 4가지로 전략, 규모, 기술, 환경이다.

06 다음 조직도에 대한 A ∼ D의 대화 중 옳은 것을 〈보기〉에서 모두 고르면?

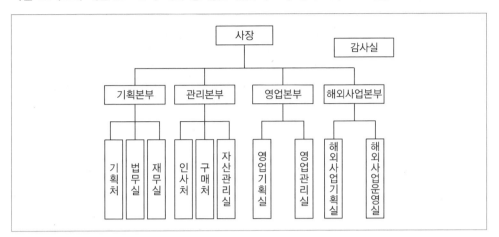

> **보기**
>
> A : 조직도를 보면 4개 본부, 3개의 처, 8개의 실로 구성되어 있어.
> B : 사장 직속으로 4개의 본부가 있고, 그중 한 본부에서는 인사업무만을 전담하고 있네.
> C : 감사실은 사장 직속이지만 별도로 분리되어 있구나.
> D : 해외사업기획실과 해외사업운영실은 둘 다 해외사업과 관련이 있으니까 해외사업본부에 소속되어 있는 것이 맞아.

① A, B ② A, C
③ A, D ④ B, C
⑤ B, D

07 다음 〈보기〉 중 조직과 기업에 대한 설명으로 옳은 것을 모두 고르면?

> **보기**
>
> ㄱ. 조직은 두 사람 이상이 공동목표 달성을 위해 의식적 혹은 우연히 구성된 집합체이다.
> ㄴ. 기업은 최소의 비용으로 최대의 효과를 얻음으로써 차액인 이윤을 극대화하기 위해 만들어진 조직이다.
> ㄷ. 개인은 조직에 속되어 있면서 경제적 성취뿐 아니라 심리적 자아성취를 경험하기도 한다.
> ㄹ. 기업은 이윤창출만을 목적으로 하므로 잠재적 고객보다는 현재 고객을 만족시키기 위해 노력하여야 한다.

① ㄱ, ㄴ ② ㄱ, ㄷ
③ ㄴ, ㄷ ④ ㄴ, ㄹ
⑤ ㄷ, ㄹ

08 다음 기사에서 볼 수 있는 조직의 특성으로 가장 적절한 것은?

> K공단의 사내 봉사 동아리에 소속된 70여명의 임직원이 연탄 나르기 봉사 활동을 펼쳤다. 이날 임직원들은 지역 주민들이 보다 따뜻하게 겨울을 날 수 있도록 연탄 총 3,000장과 담요를 직접 전달했다. 사내 봉사 동아리에 소속된 K공단 ○○○대리는 "매년 진행하는 연말 연탄 나눔 봉사활동을 통해 지역사회에 도움의 손길을 전할 수 있어 기쁘다."며, "오늘의 작은 손길이 큰 불씨가 되어 많은 분들이 따뜻한 겨울을 보내길 바란다."라고 말했다.

① 인간관계에 따라 형성된 자발적인 조직
② 이윤을 목적으로 하는 조직
③ 규모와 기능 그리고 규정이 조직화되어 있는 조직
④ 조직 구성원들의 행동을 통제할 장치가 마련되어 있는 조직
⑤ 공익을 요구하지 않는 조직

09 다음 중 조직문화에 대한 설명으로 적절하지 않은 것은?
① 조직구성원들에게 일체감과 정체성을 부여하고, 결속력을 강화시켜 준다.
② 조직구성원들의 조직몰입을 높여준다.
③ 조직구성원의 사고방식과 행동양식을 규정한다.
④ 조직구성원들의 생활양식이나 가치를 의미한다.
⑤ 대부분의 조직들은 서로 비슷한 조직 문화를 만들기 위해 노력한다.

10 다음 〈보기〉 중 비영리조직으로 적절한 것을 모두 고르면?

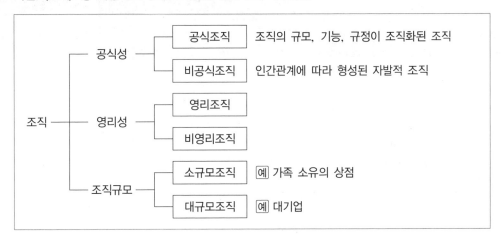

보기

ㄱ 사기업
ㄴ 정부조직
ㄷ 병원
ㄹ 대학
ㅁ 시민단체

① ㄱ, ㄷ
② ㄱ, ㄷ, ㄹ
③ ㄴ, ㅁ
④ ㄴ, ㄹ, ㅁ
⑤ ㄴ, ㄷ, ㄹ, ㅁ

03 | 업무 종류

| 유형분석 |

- 부서별 주요 업무에 대해 묻는 문제이다.
- 부서별 특징과 담당 업무에 대한 이해가 필요하다.

다음 상황에서 팀장의 지시를 적절히 수행하기 위하여 오대리가 거쳐야 할 부서명을 순서대로 바르게 나열한 것은?

오대리, 내가 내일 출장 준비 때문에 무척 바빠서 그러는데 자네가 좀 도와줘야 할 것 같군. 우선 박비서한테 가서 오후 사장님 회의 자료를 좀 가져다 주게나. 오는 길에 지난주 기자단 간담회 자료 정리가 되었는지 확인해 보고 완료됐으면 한 부 챙겨 오고. 다음 주에 승진자 발표가 있을 것 같은데 우리 팀 승진 대상자 서류가 잘 전달되었는지 그것도 확인 좀 해 줘야겠어. 참, 오후에 바이어가 내방하기로 되어 있는데 공항 픽업 준비는 잘 해 두었지? 배차 예약 상황도 다시 한 번 점검해 봐야 할 거야. 그럼 수고 좀 해 주게.

① 기획팀 - 홍보팀 - 총무팀 - 경영관리팀

② 비서실 - 홍보팀 - 인사팀 - 총무팀

③ 인사팀 - 법무팀 - 총무팀 - 기획팀

④ 경영관리팀 - 법무팀 - 총무팀 - 인사팀

⑤ 회계팀 - 경영관리팀 - 인사팀 - 총무팀

정답 ②

우선 박비서에게 회의 자료를 받아와야 하므로 비서실을 들러야 한다. 다음으로 기자단 간담회는 대회 홍보 및 기자단 상대 업무를 맡은 홍보팀에서 자료를 정리할 것이므로 홍보팀을 거쳐야 한다. 또한, 승진자 인사 발표 소관 업무는 인사팀이 담당한다고 볼 수 있으며, 회사의 차량 배차에 대한 업무는 총무팀과 같은 지원부서의 업무로 보는 것이 적절하다.

풀이 전략!

조직은 목적의 달성을 위해 업무를 효과적으로 분배하고 처리할 수 있는 구조를 확립해야 한다. 조직의 목적이나 규모에 따라 업무의 종류는 다양하지만, 대부분의 조직에서는 총무, 인사, 기획, 회계, 영업으로 부서를 나누어 업무를 담당하고 있다. 따라서 5가지 업무 종류에 대해서는 미리 숙지해야 한다.

01 다음 상황에서 K주임이 처리해야 할 업무 순서로 가장 적절한 것은?

> 안녕하세요, K주임님. 언론홍보팀 L대리입니다. 다름이 아니라 이번에 공단에서 진행하는 '소셜벤처 성장지원사업'에 관한 보도 자료를 작성하려고 하는데, 디지털소통팀의 업무 협조가 필요하여 연락드렸습니다. 디지털소통팀 P팀장님께 K주임님이 협조해주신다는 이야기를 전해 들었습니다. 자세한 요청 사항은 회의를 통해서 말씀드리도록 하겠습니다. 혹시 내일 오전 10시에 회의를 진행해도 괜찮을까요? 일정 확인하시고 오늘 내로 답변 주시면 감사하겠습니다. 일단 회의 전에 알아두시면 좋을 것 같은 자료는 메일로 발송하였습니다. 회의 전에 미리 확인하셔서 관련 사항 숙지하시고 회의에 참석해주시면 좋을 것 같습니다. 아! 그리고 오늘 오후 2시에 홍보실 각 팀 팀장 회의가 있다고 하니, P팀장님께 꼭 전해주세요.

① 팀장 회의 참석 – 익일 업무 일정 확인 – 메일 확인 – 회의 일정 답변 전달
② 팀장 회의 참석 – 메일 확인 – 익일 업무 일정 확인 – 회의 일정 답변 전달
③ 팀장 회의 일정 전달 – 메일 확인 – 회의 일정 답변 전달 – 익일 업무 일정 확인
④ 팀장 회의 일정 전달 – 익일 업무 일정 확인 – 회의 일정 답변 전달 – 메일 확인
⑤ 팀장 회의 일정 전달 – 익일 업무 일정 확인 – 메일 확인 – 회의 일정 답변 전달

02 다음은 K공단의 직무전결표의 일부분이다. 이에 따라 문서를 처리하였을 경우 적절하지 않은 것은?

직무 내용	대표이사	위임 전결권자		
		전무	이사	부서장
정기 월례 보고				○
각 부서장급 인수인계		○		
3천만 원 초과 예산 집행	○			
3천만 원 이하 예산 집행		○		
각종 위원회 위원 위촉	○			
해외 출장			○	

① 인사부장의 인수인계에 관하여 전무에게 결재받은 후 시행하였다.
② 인사징계위원회 위원을 위촉하기 위하여 대표이사 부재중에 부서장이 전결하였다.
③ 영업팀장의 해외 출장을 위하여 이사에게 사인을 받았다.
④ 3천만 원에 해당하는 물품 구매를 위하여 전무 전결로 처리하였다.
⑤ 정기 월례 보고서를 작성한 후 부서장의 결재를 받았다.

※ 다음은 K공단 조직도의 일부이다. 이어지는 질문에 답하시오. [3~4]

03 다음 중 K공단의 각 부서와 업무가 바르게 연결되지 않은 것은?

① ㉠ : 수입·지출 예산 편성 및 배정 관리
② ㉡ : 공단사업 관련 연구과제 개발 및 추진
③ ㉢ : 복무관리 및 보건·복리 후생
④ ㉣ : 임직원 인사, 상훈, 징계
⑤ ㉤ : 예산집행 조정, 통제 및 결산 총괄

04 다음 중 정보보안전담반의 업무로 적절하지 않은 것은?

① 정보보안기본지침 및 개인정보보호지침 제·개정 관리
② 직원 개인정보보호 의식 향상 교육
③ 개인정보종합관리시스템 구축·운영
④ 정보보안 및 개인정보보호 계획 수립
⑤ 전문자격 시험 출제정보시스템 구축·운영

※ 다음은 K공단 연구소의 주요 사업별 연락처이다. 이어지는 질문에 답하시오. [5~6]

〈주요 사업별 연락처〉

주요 사업	담당부서	연락처
고객지원	고객지원팀	044-410-7001
감사, 부패방지 및 지도점검	감사실	044-410-7011
국제협력, 경영평가, 예산기획, 규정, 이사회	전략기획팀	044-410-7023
인재개발, 성과평가, 교육, 인사, ODA사업	인재개발팀	044-410-7031
복무노무, 회계관리, 계약 및 시설	경영지원팀	044-410-7048
품질평가관리, 품질평가 관련 민원	평가관리팀	044-410-7062
가공품 유통 전반(실태조사, 유통정보), 컨설팅	유통정보팀	044-410-7072
대국민 교육, 기관 마케팅, 홍보관리, CS, 브랜드인증	고객홍보팀	044-410-7082
이력관리, 역학조사지원	이력관리팀	044-410-7102
유전자분석, 동일성검사	유전자분석팀	044-410-7111
연구사업 관리, 기준개발 및 보완, 시장조사	연구개발팀	044-410-7133
정부3.0, 홈페이지 운영, 대외자료제공, 정보보호	정보사업팀	044-410-7000

05 다음 중 K공단 연구소의 주요 사업별 연락처를 본 채용 지원자의 반응으로 적절하지 않은 것은?

① K공단 연구소는 1개 실과 11개 팀으로 이루어져 있구나.

② 예산기획과 경영평가는 같은 팀에서 종합적으로 관리하겠구나.

③ 평가업무라 하더라도 평가 특성에 따라 담당하는 팀이 달라지겠구나.

④ 홈페이지 운영은 고객홍보팀에서 마케팅과 함께 하겠구나.

⑤ 부패방지를 위해 부서를 따로 두었구나.

06 다음 민원인의 요청을 듣고 난 후 민원을 해결하기 위해 연결할 부서로 가장 적절한 것은?

> 민원인 : 얼마 전 신제품 관련 등급 신청을 했습니다. 신제품 품질에 대한 등급에 대해 이의가 있습니다. 관련 건으로 담당자분과 통화하고 싶습니다.
>
> 상담원 : 불편을 드려서 죄송합니다. ＿＿＿＿＿＿＿＿＿＿ 연결해 드리겠습니다. 잠시만 기다려 주십시오.

① 지도점검 업무를 담당하고 있는 감사실로

② 연구사업을 관리하고 있는 연구개발팀으로

③ 기관의 홈페이지 운영을 전담하고 있는 정보사업팀으로

④ 이력관리 업무를 담당하고 있는 이력관리팀으로

⑤ 품질평가를 관리하는 평가관리팀으로

※ 다음은 K기업의 회의록이다. 이어지는 질문에 답하시오. [7~8]

〈회의록〉

회의일시	2025년 2월 12일	부서	생산팀, 연구팀, 마케팅팀	작성자	이〇〇
참석자	생산팀 팀장·차장, 연구팀 팀장·차장, 마케팅팀 팀장·차장				
회의안건	제품에서 악취가 난다는 고객 불만에 따른 원인 조사 및 대책방안				
회의내용	주문폭주로 인한 물량증가로 잉크가 덜 마른 포장상자를 사용해 냄새가 제품에 스며든 것으로 추측				
결정사항	[생산팀] 내부 비닐 포장, 외부 종이상자 포장이었던 기존방식에서 내부 2중 비닐 포장, 외부 종이상자 포장으로 교체 [마케팅팀] 1. 주문량이 급격히 증가했던 일주일 동안 생산된 제품 전격 회수 2. 제품을 공급한 매장에 사과문 발송 및 100% 환불·보상 공지 [연구팀] 포장 재질 및 인쇄된 잉크의 유해성분 조사				

07 다음 중 회의록을 통해 알 수 있는 내용으로 가장 적절한 것은?

① 이 조직은 6명으로 이루어져 있다.
② 회의 참석자는 총 3명이다.
③ 연구팀에서 제품을 전격 회수해 포장 재질 및 인쇄된 잉크의 유해성분을 조사하기로 했다.
④ 주문량이 많아 잉크가 덜 마른 포장상자를 사용한 것이 문제 발생의 원인으로 추측된다.
⑤ 포장 재질 및 인쇄된 잉크 유해성분을 조사한 결과 인체에는 무해한 것으로 밝혀졌다.

08 위의 회의록을 참고할 때, 회의 후 가장 먼저 해야 할 일로 가장 적절한 것은?

① 해당 브랜드의 전 제품 회수
② 포장 재질 및 인쇄된 잉크 유해성분 조사
③ 새로 도입하는 포장방식 홍보
④ 주문량이 급격히 증가한 일주일 동안 생산된 제품 파악
⑤ 제품을 공급한 매장에 사과문 발송

09 다음 중 이사원이 처리해야 할 업무를 순서대로 바르게 나열한 것은?

현재 시각은 오전 10시 30분. 이사원은 30분 후 거래처 직원과의 미팅이 예정되어 있다. 거래처 직원에게는 회사의 제1회의실에서 미팅을 진행하기로 미리 안내하였으나, 오늘 오전 현재 제1회의실 예약이 모두 완료되어 금일 사용이 불가능하다는 연락을 받았다. 또한 이사원은 오후 2시에 김팀장과 면담 예정이었으나, 오늘까지 문서 작업을 완료해달라는 부서장의 요청을 받았다. 이사원은 면담 시간을 미뤄보려 했지만 김팀장은 이사원과의 면담 이후 부서 회의에 참여해야 하므로 면담 시간을 미룰 수 없다고 답변했다.

ⓐ 거래처 직원과의 미팅
ⓑ 오전 11시에 사용 가능한 회의실 사용 예약
ⓒ 거래처 직원에게 미팅 장소 변경 안내
ⓓ 김팀장과의 면담
ⓔ 부서장이 요청한 문서 작업 완료

① ⓐ-ⓒ-ⓑ-ⓓ-ⓔ   ② ⓑ-ⓐ-ⓒ-ⓔ-ⓓ

③ ⓑ-ⓒ-ⓐ-ⓓ-ⓔ   ④ ⓒ-ⓑ-ⓐ-ⓔ-ⓓ

⑤ ⓓ-ⓑ-ⓐ-ⓒ-ⓔ

합 격 의
공 식
시대에듀

S D E D U

무언가를 위해 목숨을 버릴 각오가 되어 있지 않는 한
그것이 삶의 목표라는 어떤 확신도 가질 수 없다.

- 체 게바라 -

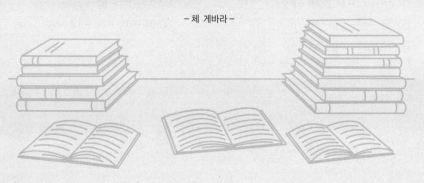

PART **2**

최종점검 모의고사

제1회	최종점검 모의고사
제2회	최종점검 모의고사
제3회	최종점검 모의고사

제1회
최종점검 모의고사

※ 한국환경공단 최종점검 모의고사는 채용공고를 기준으로 구성한 것으로 실제 시험과 다를 수
있습니다.

■ 취약영역 분석

번호	O/×	영역	번호	O/×	영역	번호	O/×	영역
1		의사소통능력	21		의사소통능력	41		문제해결능력
2			22		수리능력	42		
3		문제해결능력	23		의사소통능력	43		조직이해능력
4			24		수리능력	44		수리능력
5		의사소통능력	25		문제해결능력	45		문제해결능력
6		문제해결능력	26			46		
7			27		의사소통능력	47		
8		수리능력	28		문제해결능력	48		의사소통능력
9		의사소통능력	29		조직이해능력	49		문제해결능력
10		문제해결능력	30		의사소통능력	50		
11		조직이해능력	31		수리능력			
12			32		조직이해능력			
13		의사소통능력	33					
14			34		의사소통능력			
15		조직이해능력	35					
16			36					
17		문제해결능력	37		문제해결능력			
18		수리능력	38					
19			39		조직이해능력			
20			40					

평가문항	50문항	평가시간	60분
시작시간	:	종료시간	:
취약영역			

※ 다음 글을 읽고 이어지는 질문에 답하시오. [1~2]

SF 영화나 드라마에서만 나오던 3D 푸드 프린터를 통해 음식을 인쇄하여 소비하는 모습은 더 이상 먼 미래의 모습이 아니게 되었다. 2023년 3월 21일 미국의 컬럼비아 대학교에서는 3D 푸드 프린터와 땅콩버터, 누텔라, 딸기잼 등 7가지의 반죽형 식용 카트리지로 7겹 치즈케이크를 만들었다고 국제학술지 'NPJ 식품과학'에 소개하였다. (가) 특히 이 치즈케이크는 베이킹 기능이 있는 레이저와 식물성 원료를 사용한 비건식 식용 카트리지를 통해 만들어졌다. 그래서 이번 발표는 대체육과 같은 다른 관련 산업에서도 많은 주목을 받게 되었다.

3D 푸드 프린터는 산업 현장에서 사용되는 일반적인 3D 프린터가 사용자가 원하는 대로 3차원의 물체를 만드는 것처럼 사람이 섭취할 수 있는 페이스트, 반죽, 분말 등을 카트리지로 사용하여 사용자가 원하는 디자인으로 압출·성형하여 음식을 만들어 내는 것이다. (나) 현재 3D 푸드 프린터는 산업용 3D 프린터처럼 페이스트를 층층이 쌓아서 만드는 FDM(Fused Deposition Modeling) 방식, 분말형태로 된 재료를 접착제로 굳혀 찍어내는 PBF(Powder Bed Fusion), 레이저로 굳혀 찍어내는 SLS(Selective Laser Sintering) 방식이 주로 사용된다.

(다) 3D 푸드 프린터는 아직 대중화되지 않았지만, 많은 장점을 가지고 있어 미래에 활용 가치가 아주 높을 것으로 예상되고 있다. 예를 들어 증가하는 노령인구에 맞춰 쉽고 삼키는 것이 어려운 사람을 위해 질감과 맛을 조정하거나, 개인별로 필요한 영양소를 첨가하는 등 사용자의 건강관리를 수월하게 해 준다. 또한 우주와 같이 음식을 조리하기 어려운 곳에서 평소 먹던 음식을 섭취할 수 있게 하는 등 활용도가 무궁무진하다. 특히 대체육 부분에서 주목받고 있는데, 3D 푸트 프린터로 육류를 제작하게 된다면 동물을 키우고 도살하여 고기를 얻는 것보다 환경오염을 줄일 수 있다. (라) 대체육은 식물성 원료를 소재로 하는 것이므로 일반적인 고기보다는 맛은 떨어지게 된다. 실제로 대체육 전문 기업인 리디파인 미트(Redefine Meat)에서는 대체육이 축산업에서 발생하는 일반 고기보다 환경오염을 95% 줄일 수 있다고 밝히고 있다.

그러나 3D 푸드 프린터는 개발 초기 단계이므로 아직 개선해야 할 점이 많다. 가장 중요한 것은 맛이다. 3D 푸드 프린터에 들어가는 식용 카트리지의 주원료는 식물성 재료이므로 실제 음식의 맛을 내기까지는 아직 많은 노력이 필요하다. (마) 디자인의 영역도 간과할 수 없는데, 길쭉한 필라멘트(3D 프린터에 사용되는 플라스틱 줄) 모양으로 성형된 음식이 '인쇄'라는 인식과 함께 음식을 섭취하는 데 심리적인 거부감을 주는 것도 해결해야 하는 문제이다. 게다가 현재 주로 사용하는 방식은 페이스트, 분말을 레이저나 압출로 성형하는 것이므로 만들 수 있는 요리의 종류가 매우 제한적이며, 전력 소모 또한 많다는 것도 해결해야 하는 문제이다.

01 다음 중 윗글의 내용에 대한 추론으로 적절하지 않은 것은?

① 설탕 케이크 장식 제작은 SLS 방식의 3D 푸드 프린터가 적절하다.

② 3D 푸드 프린터는 식감 등으로 발생하는 편식을 줄일 수 있다.

③ 3D 푸드 프린터는 사용자 맞춤 식단을 제공할 수 있다.

④ 현재 3D 푸드 프린터로 제작된 음식은 거부감을 일으킬 수 있다.

⑤ 컬럼비아 대학교에서 만들어 낸 치즈케이크는 PBF 방식으로 제작되었다.

02 윗글의 (가) ~ (마) 중 삭제해야 할 문장으로 가장 적절한 것은?

① (가)

② (나)

③ (다)

④ (라)

⑤ (마)

※ 다음은 K스포츠의류회사가 축구 유니폼 신제품 출시를 위해서 제품공임 협력업체 후보를 조사한 결과이다. 이어지는 질문에 답하시오. [3~4]

1) 종류 : 축구 유니폼
2) 수량 : 4,500개
3) 소재(유니폼 1벌당 기준)
  - 겉감(쿨맥스)
  - 안감(쿨에버)
  (방수기능, 열 방출 용이)

〈협력업체 1벌당 공임비 비교〉

업체	기본 공임비	추가 공임비	충전재	제작단위
가	13,000원	쿨에버 원단 추가 시 3,000원	가능 (추가비 1,000원 발생)	1,000장
나	15,000원	쿨에버 원단 추가 시 3,000원	가능 (추가비 없음)	700장
다	16,000원	쿨에버 원단 추가비용 없음	가능 (추가비 없음)	1,000장
라	18,000원	쿨에버 원단 추가비용 없음	가능 (추가비 없음)	500장

03 다음 중 4,500개를 만들 수 있는 공임비가 저렴한 순서대로 업체를 나열한 것은?

① 가 – 나 – 다 – 라
② 나 – 가 – 라 – 다
③ 다 – 나 – 라 – 가
④ 다 – 라 – 가 – 나
⑤ 라 – 다 – 나 – 가

04 다음 중 K스포츠의류회사에서 제품공임 협력업체 선정 조건과 제품 공임비를 고려할 때, 이에 대해 가장 잘 이해하고 있는 사람은?

① 김씨 : 가 업체는 단위당 19,250원이겠군.
② 이씨 : 나 업체는 단위당 19,750원이겠군.
③ 박씨 : 다 업체는 단위당 17,780원이겠군.
④ 최씨 : 라 업체는 단위당 18,920원이겠군.
⑤ 조씨 : 라 업체는 단위당 19,500원이겠군.

05 다음 글의 내용으로 적절한 것은 〈보기〉에서 모두 몇 개인가?

반려동물 동거인 1천만 시대. 다섯 명 가운데 한 명이 키울 정도로 반려동물은 이미 우리 생활의 일부가 됐다. 그런데 가정 안에서 빈번하게 문제가 되는 것이 바로 임신했을 때 반려동물을 격리할 것인가, 말 것인가에 대한 분분한 의견들이다. 떠도는 속설, 기우 때문에 주인의 임신과 함께 버려지는 반려동물이 많은 것도 사실이다. 반려동물은 과연 태아에게 치명적인 영향을 미치는 존재일까? 그 속설들에 대해 하나하나 따져보기로 하자.

최근 아이들을 낳지 않고 반려동물만 키우는 딩크족들이 늘고 있다. 이 때문일까? 항간에는 반려동물과의 동거가 불임의 원인이 된다는 속설이 돌고 있다. 그러나 결론적으로 말하면 이것은 과학적 근거가 없는 허구이다. 반려동물을 키우면 모성 호르몬이 여성 호르몬을 억제해 임신이 잘 되지 않는다고 하는데, 애초에 모성 호르몬이라는 것은 존재하지 않는 것일뿐더러 반려동물을 키운다고 해서 여성 호르몬이 영향을 받는다는 것도 증명된 적이 없다.

임신을 안 순간 반려동물은 고민거리가 되기도 한다. 임신부의 건강에 문제가 생길 수도 있다고 여겨지기 때문이다. 특히 반려동물의 털은 태아에게 나쁜 영향을 미친다고도 알려져 있어 임신부들을 불안하게 한다. 그러나 태아는 자궁경부와 양막의 보호를 받으므로 임신 중 반려동물의 털이 태아에게 들어갈 수 없다. 물론 털에 의한 알레르기 반응이나 천식, 두드러기 등에는 쉽게 노출될 수도 있으므로 평소 알레르기에 민감한 임신부는 당분간 떨어져 지내면서 증상을 완화시키는 것이 좋다. 고양이를 키우기 때문에 기형아를 낳는다는 속설도 있지만, 그렇지 않다. 다만 고양이와 임신부에게 톡소플라즈마(기생충) 항체가 없을 경우에는 문제가 될 수 있다. 확률이 작기는 하지만 급성으로 감염된 고양이가 알을 배출하는 2주 동안 그 알을 임신부가 섭취하게 되면 기형아 발생의 위험이 있기 때문이다. 따라서 고양이를 키우고 있다면 이를 숙지하여 임신 초기 톡소플라즈마 감염을 예방할 수 있도록 해야 한다.

임신부들은 아무래도 임신 초기 입덧 때문에 냄새에 민감해진다. 때문에 입덧이 심할 때는 반려동물의 몸이나 배설물 냄새가 더 역하게 느껴지기도 한다. 그러나 반려동물 때문에 없던 입덧이 생기거나 입덧이 더 심해지는 것은 아니다. 임신부가 있는 집이라면 가족들이 평소보다 더 청결하게 반려동물을 관리하는 것이 좋다. 특히 반려동물의 목욕과 깨끗한 배설물 처리는 다른 가족들의 건강을 위해서라도 꼭 필요한 일임을 명심해야 한다.

임신 초기는 유산의 위험이 높고 안정이 필요한 시기이다. 특히 유산 병력이 있거나 출혈, 복통이 있다면 안정기까지 최대한 주의를 해야 한다. 평소 알레르기 질환에 노출되어 있는 임신부라면 면역력이 약해서 호흡기증상이나 임신소양증 등을 일으킬 수 있으므로 미리 반려동물에 대한 면역이 있는지도 검사를 받아야 한다. 한편 반려동물은 임신 중 우울감이나 스트레스를 감소시키는 역할도 하므로 키울 것인지, 아닌지는 개개인의 특성과 처한 상황에 따라 신중하게 선택하는 것이 좋다.

보기
• 반려동물은 불임의 원인이 된다.
• 반려동물의 털은 태아에게 나쁜 영향을 미친다.
• 반려동물을 키우면 입덧이 심해진다.
• 유산의 위험이 있다면 안정기까지 주의가 필요하다.

① 1개   ② 2개
③ 3개   ④ 4개
⑤ 없음

06 K공단은 사옥 내에 구내식당을 운영하고 있는데, 구내식당의 공간이 부족하여 부서별로 순서를 정하여 이용하고 있다. 올해는 A~E부서 순서로 식사를 했으나, 내년에는 모든 부서가 새로운 순서로 식사하기로 했다. 내년에 C부서가 E부서 바로 다음에 식사하기로 하였다면, 다음 중 옳은 것은?

① 총 4가지 방법이 있다.
② B부서는 맨 마지막에 식사할 수 없다.
③ E부서는 맨 마지막 순서를 제외한 나머지 모든 순서에 위치할 수 있다.
④ D부서가 가장 먼저 식사한다면, 바로 그다음에는 반드시 A부서가 식사한다.
⑤ A부서가 맨 마지막에 식사하는 경우는 한 가지 방법뿐이다.

07 K공단은 2025년 신입사원 채용을 진행하고 있다. 최종 관문인 면접평가는 다대다 면접으로, A~E면접자를 포함하여 총 8명이 입장하여 의자에 앉았다. 〈조건〉에 따라 D면접자가 2번 의자에 앉았다면, 다음 중 항상 옳은 것은?(단, 면접실 의자는 순서대로 1번부터 8번까지 번호가 매겨져 있다)

> **조건**
> • C면접자와 D면접자는 이웃해 앉지 않고, D면접자와 E면접자는 이웃해 앉는다.
> • A면접자와 C면접자 사이에는 2명이 앉는다.
> • A면접자는 양 끝(1번, 8번)에 앉지 않는다.
> • B면접자는 6번 또는 7번 의자에 앉고, E면접자는 3번 의자에 앉는다.

① A면접자는 4번 의자에 앉는다.
② C면접자는 1번 의자에 앉는다.
③ A면접자와 B면접자가 서로 이웃해 앉는다면, C면접자는 4번 또는 8번 의자에 앉는다.
④ B면접자가 7번 의자에 앉으면, A면접자와 B면접자 사이에 2명이 앉는다.
⑤ C면접자가 8번 의자에 앉으면, B면접자는 6번 의자에 앉는다.

08 직원 A～P 16명이 야유회에 가서 4명씩 4개의 조로 행사를 한다. 첫 번째 이벤트에서 같은 조였던 사람은 두 번째 이벤트에서 같은 조가 될 수 없다. 두 번째 이벤트에서 1, 4조가 〈보기〉처럼 주어졌을 때, 두 번째 이벤트에서 나머지 두 개 조의 가능한 경우의 수는?

> **보기**
> • 1조 : I, J, K, L
> • 4조 : M, N, O, P

① 8가지   ② 10가지

③ 12가지   ④ 14가지

⑤ 16가지

09 다음 글과 가장 관련 있는 한자성어는?

> 서로 다른 산업 분야의 기업 간 협업이 그 어느 때보다 절실해진 상황에서 기업은 '협업'과 '소통'을 고민하지 않을 수 없다. 협업과 소통의 중요성은 기업의 경쟁력 강화를 위해 항상 강조되어 왔지만, 한 기업 내에서조차 성공적으로 운영하기가 쉽지 않았다. 그런데 이제는 서로 다른 산업 분야에서 기업 간의 원활한 협업과 소통까지 이뤄내야 하니, 기업의 고민은 깊어질 수밖에 없다.
> 협업과 소통의 문화·환경을 성공적으로 정착시키는 길은 결코 쉽게 갈 수 없다. 하지만 그 길을 가기 위해 첫걸음을 내디딜 수만 있다면 절반의 성공은 담보할 수 있다. 우선 직원 개인에게 '혼자서 큰일을 할 수 있는 시대는 끝이 났음'을 명확하게 인지시키고, 협업과 소통을 통한 실질적 성공 사례들을 탐구하여 그 가치를 직접 깨닫게 해야 한다.
> 그런 다음에는 협업과 소통을 위한 시스템을 갖추는 데 힘을 쏟아야 한다. 당장 협업 시스템을 전사 차원에서 적용하라는 것은 결코 아니다. 작은 변화를 통해 직원들 간 또는 협력업체 간, 고객들 간의 협업과 소통을 조금이나마 도울 수 있는 노력을 시작하라는 것이다. 동시에 시스템을 십분 활용할 수 있도록 독려하는 노력도 간과하지 말아야 한다.

① 장삼이사   ② 하석상대

③ 등고자비   ④ 주야장천

⑤ 내유외강

10 다음 〈조건〉을 보고 K은행의 대기자 중 업무를 보는 순서를 바르게 나열한 것은?

> **조건**
>
> • 예금 대기 순번과 공과금 대기 순번은 별개로 카운트된다.
> • 1인당 업무 처리 시간은 모두 동일하게 주어진다.
> • 예금 창구에서는 2번 대기자가 업무를 보고 있다.
> • 공과금 창구에서는 3번 대기자가 업무를 보고 있다.
> • A는 예금 업무를 보려고 한다.
> • A보다 B, D가 늦게 발권하였다.
> • B의 다음 대기자는 C이다.
> • D는 예금 업무를 보려고 한다.
> • A가 발권한 대기번호는 6번이다.
> • B가 발권한 대기번호는 4번이다.
> • E가 발권한 대기번호는 5번이다.

① A - B - C - D - E
② B - C - E - A - D
③ B - E - A - C - D
④ E - A - B - C - D
⑤ E - A - D - B - C

11 다음 중 경영 전략 추진과정을 바르게 나열한 것은?

① 경영 전략 도출 → 환경분석 → 전략목표 설정 → 경영 전략 실행 → 평가 및 피드백
② 경영 전략 도출 → 경영 전략 실행 → 전략목표 설정 → 환경분석 → 평가 및 피드백
③ 전략목표 설정 → 환경분석 → 경영 전략 도출 → 경영 전략 실행 → 평가 및 피드백
④ 전략목표 설정 → 경영 전략 도출 → 경영 전략 실행 → 환경분석 → 평가 및 피드백
⑤ 환경분석 → 전략목표 설정 → 경영 전략 도출 → 경영 전략 실행 → 평가 및 피드백

12 다음 중 경영의 대표적인 구성요소인 4요소로 가장 적절한 것은?

① 경영목적, 인적자원, 자금, 마케팅
② 자금, 전략, 마케팅, 회계
③ 인적자원, 마케팅, 회계, 자금
④ 경영목적, 인적자원, 자금, 전략
⑤ 마케팅, 인적자원, 자금, 전략

13 다음 중 밑줄 친 ㉠과 바꾸어 쓸 수 있는 말은?

> '명명덕'은 '밝은 덕을 밝힌다.'는 뜻이다. 밝은 덕이란 사람이 태어날 때부터 갖추고 있는 도덕적 이성을 말한다. 주희는 사람의 이같은 이성을 최대한 발휘해서 온 세상으로 그 범위를 넓혀야 한다고 말한다. '신민'은 '백성을 새롭게 한다.'는 뜻이다.
> 세상을 다스리는 통치자들이 끝없이 도덕적 수련을 통해 스스로 덕을 밝히면, 백성들이 그 영향을 받아 구태의연한 삶에서 벗어날 수 있다는 것이다. 구태의연한 삶에서 벗어날 때까지 백성들은 계몽의 대상이 된다. 이때의 계몽은 강제적인 것이 아니라 자발적인 것이다. 그런데 문제는 통치자가 덕을 밝힌다고 해서 반드시 백성들이 새로운 생활을 하는 것은 아니므로 통치자가 스스로 모범이 되어야만 한다는 것이다. 즉 통치자가 ㉠ 모범을 보이면 백성들이 자연히 따라온다는 것이다. 이처럼 자신의 도덕적 이성을 밝히는 일과 백성을 교화하는 일이 완전히 하나가 될 때 가장 완성된 형태의 도덕에 이르는데 그것이 '지어지선', 즉 지극한 선(올바름)에 머무는 것이다.

① 결자해지하면   ② 박람강기하면

③ 솔선수범하면   ④ 일취월장하면

⑤ 자화자찬하면

14 다음 글과 가장 관련 있는 한자성어는?

> 중국에 거주하는 J씨는 최근 신고를 받고 출동한 공안에 의해 체포·구금되는 신세로 전락했다. J씨를 신고한 인물은 그의 친어머니로, J씨는 아버지가 구매한 수입 자동차를 훔쳐 타고 달아난 혐의를 받고 있다.
> 어머니의 진술에 의하면 호화로운 사치 생활을 즐기던 J씨는 사회생활을 위해 반드시 고가의 자동차가 필요하다고 요구해왔다. 부모가 요구를 들어주지 않자, 그는 최근 들어 약 8억 원에 달하는 사채를 지는 방식으로 무리한 사치 생활을 이어왔던 것으로 확인됐다. 특히 J씨는 최근 아버지의 주민등록등본과 회사 사업자 등록증 등을 훔쳐 달아난 뒤, 이를 이용해 약 17억 원의 사채를 추가로 대출하려 한 혐의도 받고 있다.
> 어머니는 경찰 진술을 통해 "우리 부부는 원래부터 돈이 많은 사람이 아니다."라면서 "농민 출신의 우리 부부가 한두 푼씩을 아껴가면서 지금의 부유한 상황에까지 이른 것이기 때문에 돈을 버는 것이 얼마나 어려운 것인지 잘 알고 있다."라고 했다. "큰돈을 한 번에 쥐여 주기보다는 바닥에서부터 고생하며 돈의 가치를 배우기를 원했다."면서 "이제는 아들을 내가 자제할 수 없다."고 덧붙였다.
> 한편, 신고를 받고 J씨를 체포·구금한 공안국은 "고가의 자동차를 훔쳐 타고 도주한 뒤 이후 사채업자 등에 되팔았다."면서 "이 행위는 현지법상 최소 징역 10년 형을 받는 중형"이라고 설명했다. 하지만 어머니는 이 같은 상황에 대해 "아들이 정신을 차리고 남은 인생을 올곧게 살아가기 위해서는 이 방법밖에는 달리 도리가 없다."라며 정당한 처벌을 요구했다.

① 반포지효   ② 지록위마

③ 불구대천   ④ 대의멸친

⑤ 권토중래

※ 다음은 조직의 유형을 나타낸 것이다. 이어지는 질문에 답하시오. [15~16]

15 다음 조직의 유형에 대해 이해한 내용으로 옳지 않은 것은?

① 기업과 같이 이윤을 목적으로 하는 조직은 영리조직이다.
② 조직 규모를 기준으로 보면, 가족 소유의 상점은 소규모조직, 대기업은 대규모조직의 사례로 볼 수 있다.
③ 공식조직 내에서 인간관계를 지향하면서 비공식조직이 새롭게 생성되기도 한다.
④ 비공식조직은 조직의 구조, 기능, 규정 등이 조직화되어 있다.
⑤ 비영리조직은 공익을 목적으로 하는 단체이다.

16 다음 중 밑줄 친 비영리조직의 사례로 보기 어려운 것은?

① 정부조직   ② 병원
③ 대학   ④ 시민단체
⑤ 기업

17 광수, 원태, 수덕이는 임의의 순서로 빨간색·파란색·노란색 지붕을 가진 집에 나란히 이웃하여 살고, 개·고양이·원숭이 중 서로 다른 애완동물을 기르며, 광부·농부·의사라는 서로 다른 직업을 갖고 있다. 이들에 대해 알려진 정보가 다음 〈조건〉과 같을 때, 반드시 참인 것을 〈보기〉에서 모두 고르면?

조건

- 광수는 광부이다.
- 가운데 집에 사는 사람은 개를 키우지 않는다.
- 농부와 의사의 집은 서로 이웃해 있지 않다.
- 노란 지붕 집은 의사의 집과 이웃해 있다.
- 파란 지붕 집에 사는 사람은 고양이를 키운다.
- 원태는 빨간 지붕 집에 산다.

보기

ㄱ. 수덕이는 빨간 지붕 집에 살지 않고, 원태는 개를 키우지 않는다.
ㄴ. 노란 지붕 집에 사는 사람은 원숭이를 키우지 않는다.
ㄷ. 수덕이가 파란 지붕 집에 살거나, 원태는 고양이를 키운다.
ㄹ. 수덕이는 개를 키우지 않는다.
ㅁ. 원태는 농부이다.

① ㄱ, ㄴ
② ㄴ, ㄷ
③ ㄷ, ㄹ
④ ㄹ, ㅁ
⑤ ㄱ, ㄴ, ㄷ, ㄹ

18 비가 온 다음 날 비가 올 확률은 $\dfrac{1}{3}$, 비가 안 온 다음 날 비가 올 확률은 $\dfrac{1}{8}$이다. 내일 비가 올 확률이 $\dfrac{1}{5}$일 때, 모레 비가 안 올 확률은?

① $\dfrac{1}{4}$

② $\dfrac{5}{6}$

③ $\dfrac{5}{7}$

④ $\dfrac{6}{11}$

⑤ $\dfrac{7}{11}$

19 민우, 현호, 용재, 경섭, 진수가 일렬로 줄을 설 때 양 끝에 현호와 진수가 서게 될 확률은 $\dfrac{b}{a}$이다. $a+b$는?(단, a와 b는 서로소이다)

① 9

② 10

③ 11

④ 12

⑤ 13

20 K공단에서는 사회 나눔 사업의 일환으로 마케팅부에서 5팀, 총무부에서 2팀을 구성해 어느 요양 시설에서 7팀 모두가 하루에 한 팀씩 7일 동안 봉사활동을 하려고 한다. 7팀의 봉사활동 순번을 임의로 정할 때, 첫 번째 날 또는 일곱 번째 날에 총무부 소속 팀이 봉사활동을 하게 될 확률은 $\dfrac{b}{a}$이다. $a-b$의 값은?(단, a와 b는 서로소이다)

① 4

② 6

③ 8

④ 10

⑤ 12

21 K적성 연구소에서는 매주 1편씩 다큐멘터리를 보는 시간을 갖는다. 다음 글은 이번 주 다큐멘터리의 내용이다. 이에 대한 이해로 가장 적절한 반응은?

> 인간의 특성은 유전자와 환경에 의해 결정된다. 이 두 가지 가운데 어느 쪽의 영향을 더 많이 받느냐하는 것은 생물학계의 오랜 논쟁거리였다. 복제인간의 경우 유전자에 관심이 집중될 수밖에 없다. 그렇다면 복제인간은 체세포 제공자를 어느 정도나 닮게 될까? 우리는 그 실마리를 일종의 복제인간이라고 할 만한 일란성 쌍둥이에서 찾을 수 있다. 쌍둥이를 연구하는 학자들에 따르면, 일란성 쌍둥이의 경우 키나 몸무게 같은 생물학적 특징뿐 아니라 심지어 이혼 패턴과 같은 비생물학적 행동까지도 유사하다고 한다.
>
> 그렇다면 아인슈타인을 복제하면 복제인간도 아인슈타인과 똑같은 천재가 될까? 과학자들은 이 질문에 대부분 '아니다'라고 말한다. 일란성 쌍둥이는 비슷한 환경에 놓이는 반면 복제인간과 체세포 제공자는 완전히 다른 환경에 놓일 확률이 높기 때문에, 복제인간의 경우 환경의 영향이 일란성 쌍둥이에 비해 훨씬 크게 작용하기 때문이다. 물론 그 경우에도 복제인간은 다른 사람보다는 체세포 제공자를 많이 닮을 것이다. 그러나 과학자들은 설사 환경이 동일하더라도 복제인간이 체세포 제공자와 똑같지는 않을 것이라고 예측한다.
>
> 어쩌면 복제인간은 외모마저 체세포 제공자와 다를지 모른다. 최근 국내 연구팀은 복제동물이 체세포 제공자와 다른 외모를 보일 수 있다는 사례를 보고하였다. 흑갈색 돼지를 체세포 복제방식으로 복제하였는데, 다섯 마리 가운데 한 마리가 흰색으로 태어난 것이다. 연구팀은 미토콘드리아 유전자의 차이 때문에 복제돼지가 흰색이 되었다고 추정하고 있다.
>
> 유전자는 핵 속의 DNA에 있는 것 말고도 미토콘드리아 DNA에 있는 것이 있고, 이 '미토콘드리아 유전자'는 전체 유전자의 약 1%를 차지한다. 연구팀이 미토콘드리아 유전자를 원인으로 지목하는 이유는 이 유전자가 세포질 속에만 존재하는 것으로서 수정 과정에서 난자를 통해 어미로부터만 유전되기 때문이다. 다섯 마리의 복제돼지는 각각 다른 난자를 이용해 복제됐고, 따라서 다른 미토콘드리아의 영향을 받았을 것으로 추측하고 있다.
>
> 흔히 복제인간이 DNA 제공자와 100% 같은 유전정보를 갖는다는 말을 하는데, 이는 엄밀히 말하면 잘못된 표현이다. 과학자들은 "복제인간도 복제동물처럼 체세포 제공자와는 다른 사람의 난자, 즉 다른 미토콘드리아 유전자를 물려받기 때문에 유전정보가 100% 같지는 않고 외모도 체세포 제공자와는 차이가 날 가능성이 크다."라고 말한다.

① DNA 구조만을 고려한다고 할 때, 일란성 쌍둥이는 복제인간과 같아.

② 복제인간과 난자 제공자는 동일한 미토콘드리아 DNA를 가지고 있어.

③ 체세포 제공자와 복제인간의 유전자는 일란성 쌍둥이 간의 유전자보다 서로 더 유사하지.

④ 체세포와 난자를 한 사람으로부터 제공받더라도 복제인간은 체세포 제공자와 다른 DNA를 가져.

⑤ 복제인간이 환경의 영향으로 체세포 제공자와 여러 가지 면에서 다른 특성을 보이며 성장할 가능성은 없어.

22 A ~ C 세 사람이 동시에 같은 문제를 풀려고 한다. A가 문제를 풀 확률은 $\frac{1}{4}$, B가 문제를 풀 확률은 $\frac{1}{3}$, C가 문제를 풀 확률은 $\frac{1}{2}$일 때, 한 사람만 문제를 풀 확률은?

① $\frac{2}{9}$

② $\frac{1}{4}$

③ $\frac{5}{12}$

④ $\frac{11}{24}$

⑤ $\frac{6}{7}$

23 다음 글과 가장 관련 있는 한자성어는?

> 사우디아라비아와 러시아는 지정학적 문제 등에서 정반대의 입장을 취하고 있음에도 불구하고 에너지 분야에서는 지난 18개월 동안 같은 목소리를 내고 있다. 세계 전체 산유량의 약 5분의 1을 담당하는 양국이 이처럼 손을 맞잡은 것은 수년 전만 해도 전혀 예상할 수 없는 일이었다. 그 계기는 사우디의 전통적 우방국인 미국이 제공했다.
>
> 미국이 본격적으로 셰일 석유를 생산하면서 유가가 떨어지자 산유국들은 당혹했고 협력을 모색하기 시작했다. 특히 1위와 2위의 산유국 러시아와 사우디가 석유의 생산량과 재고를 줄이기 위한 노력을 선도했다. 내년에 미국의 산유량은 사상 최고치에 도달하여 2위인 사우디를 추월하고 1위인 러시아에 필적할 것으로 예상된다. 사우디는 이에 맞서기 위해 러시아를 끌어들임으로써 글로벌 석유 시장의 옛 질서를 되찾는 데 활용하고 있다.
>
> 그러나 일부 전문가들은 사우디와 러시아의 전략적 이해가 상이한 만큼 에너지 동맹이 견고하다고 보지 않는다. 무엇보다도 러시아가 중동 전체에 대한 영향력 확대를 모색하고 있기 때문이다. 러시아는 시리아 내전에서 아사드 대통령의 정권을 지원하고 있어 사우디와는 반대편에 서 있고, 사우디의 앙숙인 이란과도 에너지·금융 협정을 맺고 있다.

① 면백

② 천재일우

③ 비분강개

④ 수어지교

⑤ 오월동주

24 귤 상자 2개에 각각 귤이 들어있다고 한다. 한 상자당 귤이 안 익었을 확률이 10%, 썩었을 확률이 15%이고 나머지는 잘 익은 귤일 때, 두 사람이 각각 다른 상자에서 귤을 꺼낼 때 한 사람은 잘 익은 귤을 꺼내고, 다른 한 사람은 썩거나 안 익은 귤을 꺼낼 확률은 몇 %인가?

① 31.5% ② 33.5%

③ 35.5% ④ 37.5%

⑤ 39.5%

25 이벤트에 당첨된 A ~ C에게 〈조건〉에 따라 경품을 지급하였다. 옳은 진술을 〈보기〉에서 모두 고르면?

조건
- 지급된 경품은 냉장고, 세탁기, 에어컨, 청소기가 각각 프리미엄형과 일반형 1대씩이었고, 전자레인지는 1대였다.
- 당첨자 중 1등은 A, 2등은 B, 3등은 C였으며, 이 순서대로 경품을 각각 3개씩 가져갔다.
- A는 프리미엄형 경품을 총 2개 골랐는데, 청소기 프리미엄형은 가져가지 않았다.
- B는 청소기를 고르지 않았다.
- C가 가져간 경품 중 A와 겹치는 종류가 1개 있다.
- B와 C가 가져간 경품 중 겹치는 종류가 1개 있다.
- 한 사람이 같은 종류의 경품을 2개 이상 가져가지 않았다.

보기
⊙ C는 반드시 전자레인지를 가져갔을 것이다.
ⓒ A는 청소기를 가져갔을 수도, 그렇지 않을 수도 있다.
ⓒ B가 가져간 프리미엄형 가전은 최대 1개이다.
ⓒ C는 프리미엄형 가전을 가져가지 못했을 것이다.

① ⊙ ② ⊙, ⓒ

③ ⊙, ⓒ ④ ⓒ, ⓒ

⑤ ⓒ, ⓒ

26 K공단 총무팀 7명이 중국집에 점심식사를 하러 가서 짜장면 2개, 짬뽕 3개, 볶음밥 2개를 주문했다. 직원들이 〈조건〉과 같이 주문하였을 때, 다음 중 옳지 않은 것은?

조건

- 팀원은 A팀장, K과장, S과장, N대리, J대리, D사원, P사원이다.
- 1인 1메뉴를 시켰는데, 좋아하는 메뉴는 반드시 시키고, 싫어하는 메뉴는 반드시 시키지 않았으며, 같은 직급끼리는 같은 메뉴를 시키지 않았다.
- A팀장은 볶음밥을 좋아한다.
- J대리는 짜장면을 싫어한다.
- D사원은 대리와 같은 메뉴를 시키지 않았다.
- S과장은 짬뽕을 싫어한다.
- K과장은 사원과 같은 메뉴를 시켰다.
- N대리는 볶음밥을 싫어한다.

① S과장은 반드시 짜장면을 시킨다.
② K과장은 반드시 짬뽕을 시킨다.
③ J대리가 볶음밥을 시키면 N대리는 짬뽕을 시킨다.
④ A팀장은 모든 직급의 팀원들과 같은 메뉴를 시킬 수 있다.
⑤ D사원은 짬뽕을 시킬 수 없다.

27 다음 글에서 경청을 방해하는 C씨의 습관으로 옳은 것은?

C씨는 상대방이 상담을 요청하면 상담자의 말에 빠르게 대답한다. 상대방이 "나 요즘 너무 힘들어."라고 하면, 바로 "그래. 네 말이 맞아." 또는 "미안해요. 앞으로 안 그럴게요."라고 바로 대답하는 등 상대방이 걱정이나 불안을 말하자마자 지지하고 동의하는 데 치중해서 상대방에게 자신의 생각이나 감정을 충분히 표현할 시간을 주지 않는다.

① 걸러내기   ② 다른 생각하기
③ 조언하기   ④ 옳아야만 하기
⑤ 비위 맞추기

28 다음 〈조건〉에 따라 A팀과 B팀이 팔씨름 시합을 한다. 경기 시작 전에 B팀에서는 A팀이 첫 번째 경기에 장사를 출전시킨다는 확실한 정보를 입수했다고 할 때, 옳지 않은 것은?

> **조건**
> - A팀과 B팀은 각각 장사 1명, 왼손잡이 1명, 오른손잡이 2명(총 4명)으로 구성되어 있다.
> - 한 사람당 한 경기에만 출전할 수 있으며, 총 네 번의 경기를 치러 승점의 합이 많은 팀이 우승을 차지한다. 이때 이길 경우 3점, 비길 경우 1점, 질 경우는 0점의 승점이 주어진다.
> - 양 팀은 첫 번째 경기 시작 전에 경기별 출전선수 명단을 심판에게 제출해야 하며 제출한 선수명단을 바꿀 수 없다.
> - 각 팀에 속하는 팀원의 특징은 다음과 같다.
>   - 장사 : 왼손잡이, 오른손잡이 모두에게 이긴다.
>   - 왼손잡이 : 장사에게는 지고, 오른손잡이에게는 이긴다.
>   - 오른손잡이 : 장사, 왼손잡이 모두에게 진다.
> - 누구든 같은 특징의 상대를 만나면 비긴다.

① B팀도 첫 번째 경기에 장사를 출전시키면 최대 승점 5점을 얻을 수 있다.
② B팀이 첫 번째 경기에 왼손잡이를 출전시키면 최대 승점 4점을 얻을 수 있다.
③ B팀이 첫 번째 경기에 오른손잡이를 출전시키면 최대 승점 7점을 얻을 수 있다.
④ A팀이 두 번째 경기에 왼손잡이를 출전시킨다는 확실한 정보를 B팀이 입수한다면, B팀이 우승할 수 있으며 이때의 승점은 7점이다.
⑤ B팀이 얻을 수 있는 최소 승점은 4점이다.

29 다음 사례를 통해 P전자가 TV 시장에서 경쟁력을 잃게 된 주요 원인으로 가장 적절한 것은?

> 평판 TV 시장에서 PDP TV가 주력이 되리라 판단한 P전자는 2007년에 세계 최대 규모의 PDP 생산설비를 건설하기 위해 3조 원 수준의 막대한 투자를 결정한다. 당시 L전자와 S전자는 LCD와 PDP 사업을 동시에 수행하면서도 성장성이 높은 LCD TV로 전략을 수정하는 상황이었지만 P전자는 익숙한 PDP 사업에 더욱 몰입한 것이다. 하지만 주요 기업들의 투자가 LCD에 집중되면서, 새로운 PDP 공장이 본격 가동될 시점에 PDP의 경쟁력은 이미 LCD에 뒤처지게 됐다.
>
> 결국, 활용가치가 현저하게 떨어진 PDP 생산설비는 조기에 상각함을 고민할 정도의 골칫거리로 전락했다. P전자는 2011년에만 11조 원의 적자를 기록했으며, 2012년에도 10조 원 수준의 적자가 발생되었다. 연이은 적자는 P전자의 신용등급을 투기 등급으로 급락시켰고, P전자의 CEO는 '디지털 가전에서 패배자가 되었음'을 인정하며 고개를 숙였다. TV를 포함한 가전제품 사업에서 P전자가 경쟁력을 회복하기 어려워졌음은 말할 것도 없다.

① 사업 환경의 변화 속도가 너무나 빨라졌고, 변화의 속성도 예측이 어려워져 따라가지 못하였다.
② 차별성을 지닌 새로운 제품을 기획하고 개발하는 것에 대한 성공 가능성이 낮아져 주저했다.
③ 기존 사업영역에 대한 강한 애착으로 신사업이나 신제품에 대해 낮은 몰입도를 보였다.
④ 실패가 두려워 새로운 도전보다 안정적이며 실패 확률이 낮은 제품을 위주로 미래를 준비하였다.
⑤ 외부 환경이 어려워짐에 따라 잠재적 실패를 감내할 수 있는 자금을 확보하지 못하였다.

30 다음 중 일반적인 비언어적 의사 표현에 대한 설명으로 적절하지 않은 것은?

① 눈살을 찌푸리는 표정은 불만족과 불쾌를 나타낸다.
② 상대방의 눈을 쳐다보는 것은 흥미와 관심이 있음을 나타낸다.
③ 어조가 높으면 적대감이나 대립감을 나타낸다.
④ 말의 속도와 리듬에 있어서 매우 빠르거나 짧게 얘기하면 흥분, 즐거움을 나타낸다.
⑤ 말을 자주 중지하면 결정적인 의견이 없음 또는 긴장·저항을 나타낸다.

31 다음은 K국 6개 수종의 기건비중 및 강도에 대한 자료이다. 〈조건〉에 따라 A와 C에 해당하는 수종을 바르게 나열한 것은?

〈6개 수종의 기건비중 및 강도〉

수종	기건비중 (ton/m³)	강도(N/mm²)			
		압축강도	인장강도	휨강도	전단강도
A	0.53	48	52	88	10
B	0.89	64	125	118	12
C	0.61	63	69	82	9
삼나무	0.37	41	45	72	7
D	0.31	24	21	39	6
E	0.43	51	59	80	7

조건

- 전단강도 대비 압축강도 비가 큰 상위 2개 수종은 낙엽송과 전나무이다.
- 휨강도와 압축강도 차가 큰 상위 2개 수종은 소나무와 참나무이다.
- 참나무의 기건비중은 오동나무 기건비중의 2.5배 이상이다.
- 인장강도와 압축강도의 차가 두 번째로 큰 수종은 전나무이다.

	A	C
①	소나무	낙엽송
②	소나무	전나무
③	오동나무	낙엽송
④	참나무	소나무
⑤	참나무	전나무

32 다음 (가)와 (나)의 조직 구조의 형태를 이해한 내용으로 적절하지 않은 것은?

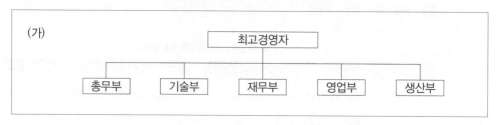

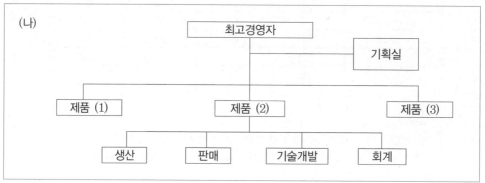

① (가)의 경우는 업무의 내용이 유사하고 관련성이 있는 것들이 결합되어 형태를 이루고 있다.

② (가)는 (나)보다 분권화된 의사결정이 가능한 사업별 조직 구조이다.

③ (나)는 (가)보다 제품별 차이에 신속하게 적용하기 위한 조직 구조이다.

④ (나)는 (가)보다 급변하는 환경변화에 효과적으로 대응할 수 있는 조직 구조이다.

⑤ (가)와 (나) 모두 조직의 CEO가 최상층에 있음을 확인할 수 있다.

33 다음은 일반적인 조직의 부서별 업무를 나타낸 자료이다. 부서별 업무에 맞춰 (가) ~ (마)에 들어갈 부서명을 순서대로 바르게 나열한 것은?

부서	업무
(가)	주주총회 및 이사회개최 관련 업무, 의전 및 비서업무, 집기비품 및 소모품의 구입과 관리, 사무실 임차 및 관리, 차량 및 통신시설의 운영, 국내외 출장 업무 협조, 복리후생 업무, 법률자문과 소송관리, 사내외 홍보 광고업무
(나)	조직기구의 개편 및 조정, 업무분장 및 조정, 인력수급계획 및 관리, 직무 및 정원의 조정 종합, 노사관리, 평가관리, 상벌관리, 인사발령, 교육체계 수립 및 관리, 임금제도, 복리후생제도 및 지원업무, 복무관리, 퇴직관리
(다)	경영계획 및 전략 수립, 전사기획업무 종합 및 조정, 중장기 사업계획의 종합 및 조정, 경영정보 조사 및 기획보고, 경영진단업무, 종합예산수립 및 실적관리, 단기사업계획 종합 및 조정, 사업계획, 손익추정, 실적관리 및 분석
(라)	재무상태 및 경영실적 보고, 결산 관련 업무, 재무제표 분석 및 보고, 법인세, 부가가치세, 국세 지방세 업무자문 및 지원, 보험가입 및 보상업무, 고정자산 관련 업무
(마)	판매 계획, 판매예산의 편성, 시장조사, 광고 선전, 견적 및 계약, 제조지시서의 발행, 외상 매출금의 청구 및 회수, 제품의 재고 조절, 거래처로부터의 불만처리, 제품의 애프터서비스, 판매원가 및 판매가격의 조사 검토

	(가)	(나)	(다)	(라)	(마)
①	총무부	인사부	기획부	회계부	영업부
②	총무부	기획부	인사부	영업부	회계부
③	총무부	인사부	회계부	기획부	영업부
④	기획부	총무부	영업부	인사부	회계부
⑤	기획부	인사부	회계부	영업부	총무부

※ 다음 글을 읽고 이어지는 질문에 답하시오. [34~36]

강재열 대리는 한 고객사를 설득해야 하는 미팅을 앞두고 있다. 그런데 고객사의 대표가 깐깐하기로 유명하여, 어떻게 미팅을 진행해야 할지 걱정이다. 따라서 강재열 대리는 고객 관리 능력이 뛰어난 같은 회사 최미영 팀장에게 설득에 관한 방법에 대해 조언을 구하기로 하였다. 최미영 팀장은 아래와 같이 강재열 대리에게 설득 방법에 대해 설명하였다.

To. jykang@company.com
From. mychoi@company.com

제목 고객사 설득을 위한 전략

강대리, 지난번에 물어봤던 고객사 설득 방법에 대해 내 나름대로 노하우를 정리해서 보낸다. 그럼 성공하길!

ⓐ 우선 우리가 먼저 필요 이상의 요구를 한 후에 겉치레 양보와 같은 방법으로 고객사의 기선을 제압하도록 해.
ⓑ 네가 만나게 될 고객사의 대표는 우쭐거리는 걸 좋아하는 스타일이야. 의식적으로 존경어를 사용하거나, 네 약점을 밝혀서 상대방이 우월감을 갖도록 해봐.
ⓒ 수시로 상대의 반응을 체크해야 해. 그래야 미팅을 어떻게 진행할지 전략을 바꿀 수 있으니까. 이야기 중 하던 말을 멈추거나 목소리의 강약을 통해서 상대방의 반응을 확인해 봐.
ⓓ 아마 고객사의 박재환 차장도 미팅에 참석할 텐데, 영향력이 센 편이야. 그런데 그 사람은 말이 없어서 네가 그 사람이 의견을 표출할 수 있도록 유도해야 해.
ⓔ 그리고 처음 하고 싶은 요청이 50이라면 100을 먼저 요청해서 거절을 유도하는 것도 좋아.

34 다음 중 최미영 팀장이 보낸 메일의 ⓐ~ⓔ에 대한 설명으로 옳지 않은 것은?

① ⓐ은 기선제압에 해당한다.
② ⓑ은 심리적 거리 좁히기에 해당한다.
③ ⓒ은 여지 남기기에 해당한다.
④ ⓓ은 침묵을 지키는 사람의 참여도를 높이는 방법에 해당한다.
⑤ ⓔ은 문 안에 한 발 들여놓기 기법에 해당한다.

35 강재열 대리는 최미영 팀장이 보낸 메일의 ㉣에 대해 보다 자세한 조언을 구하고자 한다. 조언의 내용으로 가장 적절한 것은?

① '박차장님 의견은 어떠십니까?' 하면서 직접적으로 물어보도록 해.

② 고객사의 구성원 한 명 한 명 의견을 모두 물어보면서 그 때 박재환 차장의 의견도 들어봐.

③ 박재환 차장을 직접 지명하지 않고 일부러 그 좌우에 앉아 있는 사람에게 집중적으로 의견을 묻는 방법을 써봐.

④ 미팅이 끝난 후 박재환 차장과 개인적으로 이야기를 나누도록 해.

⑤ 미팅이 시작되기 전에 미리 박재환 차장에게 적극적인 참여를 부탁해 봐.

PART 2

36 최미영 팀장의 조언 외에 강재열 대리가 활용할 수 있는 설득력을 높이는 전략으로 적절하지 않은 것은?

① 자신의 주장을 양보하는 식으로 설득을 이끌어낸다.

② 설득에 있어 권위를 최대한 배제한다.

③ 상대방의 불평이 가져올 결과를 강조한다.

④ 공동의 목표 추구를 통해 일체감을 형성한다.

⑤ 지금까지의 노고를 치하한 뒤 새로운 요구를 한다.

A협회에서는 지난 달 1일 대한민국 퍼실리테이션 / 퍼실리테이터 협의회를 개최하였다. 퍼실리테이션이란 ㉠ 리더가 전권을 행사하는 기존의 조직과는 달리 그룹 구성원들이 심도 높은 의사소통 등 효과적인 기법과 절차에 따라 문제해결 과정에 적극적으로 참여하고 상호 작용을 촉진해 문제를 해결하고 목적을 달성하는 활동을 의미한다. 퍼실리테이터란 이러한 퍼실리테이션 활동을 능숙하게 해내는 사람, 또는 ㉡ 퍼실리테이션을 수행하는 조직의 리더라고 정의할 수 있다. 이번 협의회에서는 4차 산업혁명의 기술을 활용한 디지털 혁신이 산업 생태계 및 공공 부분 등 사회 전반의 패러다임을 바꾸고 있는 상황에서, 퍼실리테이션의 중요성을 강조하는 자리를 마련하였다. 개최사를 맡은 한국대학교 최선아 교수는 지금까지의 조직변화와 사회변화를 위한 퍼실리테이션의 역할을 다시 한 번 생각하고, 시대 변화에 따른 역할과 기능을 탐색하는 노력을 통해 퍼실리테이션의 방향성을 제시하는 것이 필요하다고 언급하였다. 또한 퍼실리테이션을 통한 성공적인 문제해결 사례로 K기업의 워크숍 사례를 소개하였다. 이 워크숍에서는 미래 조직관점에서 퍼실리테이터의 역할과 요구, 조직 내 갈등 해결, 협력적 의사결정, 변화 촉진 등의 다양한 문제해결을 위한 내용이 포함되어 있다고 밝혔다.

37 다음 중 윗글에서 말하는 퍼실리테이션에 대한 설명으로 가장 적절한 것은?

① 직접적인 표현이 바람직하지 않다고 여기며, 무언가를 시사하거나 암시를 통하여 의사를 전달하고 서로를 이해하게 함으로써 문제해결을 도모한다.

② 서로의 생각을 직설적으로 주장하고 논쟁이나 협상을 통해 서로의 의견을 조정해 가는 방법이다.

③ 깊이 있는 커뮤니케이션을 통해 서로의 문제점을 이해하고 공감함으로써 창조적인 문제해결을 도모하여, 초기에 생각하지 못했던 창조적인 해결 방법이 도출된다.

④ 문제해결방법의 종류인 소프트 어프로치와 하드 어프로치를 혼합한 방법이라 할 수 있다.

⑤ 주관적 관점에서 사물을 보는 관찰력과 추상적인 사고능력으로 문제를 해결한다.

38 기존 전통적인 조직의 리더(㉠)와 윗글에서 설명하고 있는 퍼실리테이터(㉡)를 비교한 내용으로 옳지 않은 것은?

구분	㉠	㉡
① 조직형태	피라미드형 조직	네트워크형 조직
② 조직참가	강제적	자발적
③ 구성원 역할	유동적	고정적
④ 조직문화	권위적	자발적
⑤ 의사소통 구조	수직적	수평적

39 다음 중 ⓛ과 같은 리더가 발휘할 만한 리더십에 대한 설명으로 가장 적절한 것은?

① 리더가 스스로 의사결정을 내리고 의견을 독점한다.

② 구성원이 스스로 결정할 수 있도록 권한을 위임하고 결정 과정에 중립을 유지한다.

③ 결정 과정에 수동적인 침묵 자세를 유지함으로써 구성원들이 자유롭게 의사결정을 할 수 있도록 한다.

④ 구성원들의 활발한 논의가 이루어지도록 유도하되 모든 의사결정권은 리더가 갖는다.

⑤ 합의점을 미리 준비해 두고 예정대로 결론이 도출되도록 유도한다.

PART 2

40 다음 글에서 설명하고 있는 조직의 경영 기법은 무엇인가?

> 모든 조직은 경영의 기본 활동인 계획 – 실행 – 평가를 통해 조직이 원하는 성과를 창출해 낸다. 해당 기법은 이러한 조직의 경영 활동을 체계적으로 지원하는 관리 도구로, 경영자 및 관리자들이 시간 관리를 통해서 개인 자기 자신을 관리하듯 목표를 통해서 개인 및 조직성과를 관리한다. 성과 향상을 위해서는 목표를 설정하고, 이를 지속적으로 관리하는 것이 중요하다. 평가 결과는 과정의 산물이며, 성과 개선에 영향을 미치는 부수적인 요인이다. 따라서 기업들은 해당 기법을 활용할 경우 평가나 그 결과의 활용보다는 목표 설정, 중간 점검 등의 단계에 더욱 많은 관심을 기울여야 한다.

① 과업평가계획(PERT)

② 목표관리(MBO)

③ 조직개발(OD)

④ 종합적 품질관리(TQM)

⑤ 전사적 자원관리(ERP)

※ 다음은 K공단의 파견팀장 선발에 대한 자료이다. 이어지는 질문에 답하시오. [41~42]

〈파견팀장 선발방식〉

- 지원자 중 선발점수가 가장 높은 1인을 파견팀장으로 선발한다.
- 기준에 따라 산정한 학위 점수(30점), 파견근무 점수(30점), 관련분야 근무경력 점수(30점)에 가점(최대 10점)을 합산하여 선발점수(100점)를 산정한다.
- 선발점수 최고점자가 2인 이상인 경우, 관련분야 근무경력이 더 오래된 지원자를 선발한다.
- 학위 점수(30점)

학사	석사	박사
20	25	30

- 파견근무 점수(30점)

없음	1회	2회	3회	4회 이상
16	21	24	27	30

- 관련분야 근무경력 점수(30점)

6개월 미만	6개월 이상 1년 미만	1년 이상 3년 미만	3년 이상 5년 미만	5년 이상
10	18	24	28	30

- 가점 사항(최대 10점)

연구실적분야 수상실적	업무실적분야 수상실적	청렴분야 수상실적	공학계열 석사학위 이상
1개당 2점	1개당 2점	1개당 1점	1점

〈파견팀장 지원자 현황〉

지원자	학위	파견근무 횟수	관련분야 근무경력	수상경력
A	컴퓨터공학 학사	3회	4년 10개월	연구우수 1회
B	경영학 박사	–	7년 2개월	업무우수 1회
C	철학 석사	6회	1년 1개월	–
D	생명과학 박사	2회	2년 7개월	–
E	전자공학 석사	1회	5년 9개월	청렴 2회

41 파견팀장 선발방식을 따를 때, 다음 중 파견팀장으로 선발될 지원자는?

① A지원자
② B지원자
③ C지원자
④ D지원자
⑤ E지원자

42 인사위원회의 권고에 따라 관련분야 근무경력 점수 산정기준이 다음과 같이 변경되었다. 변경된 기준에 따를 때, 파견팀장으로 선발될 지원자는?

〈관련분야 근무경력 점수 변경사항〉					
12개월 미만	12개월 이상 18개월 미만	18개월 이상 32개월 미만	32개월 이상 50개월 미만	50개월 이상 70개월 미만	70개월 이상
18	22	24	26	28	30

① A지원자   ② B지원자

③ C지원자   ④ D지원자

⑤ E지원자

43 다음 중 조직목표의 특징에 대한 설명으로 옳은 것은?

① 다수의 조직목표들은 수평적 관계로 상호 영향을 주고받는다.

② 조직자원의 변화에 따라 조직목표가 수정 혹은 신설되는 경우도 있다.

③ 한 번 수립된 조직목표는 달성할 때까지 지속된다.

④ 한 조직이 복수의 조직목표를 갖고 있는 것보다 단일 조직목표를 갖고 있는 것이 바람직하다.

⑤ 조직목표의 변화를 야기하는 조직 내적 요인으로는 리더의 결단, 조직 내 권력구조 변화, 경쟁업체의 변화 등이 있다.

44 다음은 자동차 변속기의 부문별 경쟁력 점수를 국가별로 비교한 자료이다. 이에 대해 바르지 않게 설명한 사원을 〈보기〉에서 모두 고르면?

〈자동차 변속기 경쟁력 점수의 국가별 비교〉

부문 \ 국가	A	B	C	D	E
변속감	98	93	102	80	79
내구성	103	109	98	95	93
소음	107	96	106	97	93
경량화	106	94	105	85	95
연비	105	96	103	102	100

※ 각국의 전체 경쟁력 점수는 각 부문 경쟁력 점수의 총합으로 구함

보기

김사원 : 전체 경쟁력 점수는 E국보다 D국이 더 높습니다.
박과장 : 경쟁력 점수가 가장 높은 부문과 가장 낮은 부문의 차이가 가장 큰 국가는 D이고, 가장 작은 국가는 C입니다.
최대리 : C국을 제외한다면 각 부문에서 경쟁력 점수가 가장 높은 국가와 가장 낮은 국가의 차이가 가장 큰 부문은 내구성이고, 가장 작은 부문은 변속감입니다.
오사원 : 내구성 부문에서 경쟁력 점수가 가장 높은 국가와 경량화 부문에서 경쟁력 점수가 가장 낮은 국가는 동일합니다.
정과장 : 전체 경쟁력 점수는 A국이 가장 높습니다.

① 김사원, 박과장, 최대리
② 김사원, 최대리, 오사원
③ 김사원, 최대리, 정과장
④ 박과장, 오사원, 정과장
⑤ 박과장, 최대리, 오사원

※ 다음은 올해 인턴에 대한 정보이다. 이어지는 질문에 답하시오. [45~46]

- 인턴 김씨, 이씨, 박씨, 최씨, 안씨의 배치 부서는 각각 영업팀, 인사팀, 감사팀, 기획팀, 품질팀이다.
- 이들은 회사가 규정하는 관련 자격증(정보처리기사, 재무 설계사, 품질경영기사) 1개씩을 가지고 있으며, 3개의 자격증 모두 최소 1명 이상이 가지고 있다.
- 품질경영기사 자격증을 보유하고 있는 신입사원은 2명이다.
- 김씨와 박씨는 같은 자격증을 갖고 있다.
- 이씨는 품질팀에 배정되었다.
- 최씨와 안씨는 영업팀과 기획팀에 배정되지 않았다.
- 인사팀에 배정된 신입사원은 품질경영기사 자격증을 가지고 있지 않다.
- 감사팀에 배정된 신입사원은 재무 설계사 자격증을 가지고 있지 않다.
- 정보처리기사를 보유한 신입사원은 영업팀과 기획팀에 배정되었다.

45 다음 중 정보를 토대로 할 때, 항상 거짓인 것은?

① 김씨는 감사팀에 배정되지 않았다.
② 이씨는 재무 설계사 자격증을 가지고 있다.
③ 박씨는 기획팀에 배정되었다.
④ 최씨는 품질경영기사 자격증을 가지고 있다.
⑤ 안씨는 정보처리기사 자격증을 가지고 있지 않다.

46 다음 중 정보를 토대로 할 때, 정보처리기사 자격증을 보유하고 있는 인턴은 누구인가?

① 김씨과 이씨   ② 김씨과 박씨
③ 이씨와 최씨   ④ 이씨와 안씨
⑤ 박씨와 최씨

47 K공단에 근무하는 B사원은 국내 원자력 산업에 대한 SWOT 분석결과 자료를 토대로 〈보기〉와 같이 분석하였다. 다음 〈보기〉 중 SWOT 분석에 의한 경영전략에 맞춘 분석으로 적절하지 않은 것은?

〈국내 원자력 산업에 대한 SWOT 분석결과〉

구분	분석결과
강점(Strength)	• 우수한 원전 운영 기술력 • 축적된 풍부한 수주 실적
약점(Weakness)	• 낮은 원전해체 기술 수준 • 안전에 대한 우려
기회(Opportunity)	• 해외 원전수출 시장의 지속적 확대 • 폭염으로 인한 원전 효율성 및 필요성 부각
위협(Threat)	• 현 정부의 강한 탈원전 정책 기조

〈SWOT 분석에 의한 경영전략〉

• SO전략 : 강점을 살려 기회를 포착하는 전략
• ST전략 : 강점을 살려 위협을 회피하는 전략
• WO전략 : 약점을 보완하여 기회를 포착하는 전략
• WT전략 : 약점을 보완하여 위협을 회피하는 전략

보기

㉠ 뛰어난 원전 기술력을 바탕으로 동유럽 원전수출 시장에서 우위를 점하는 것은 SO전략으로 적절하겠어.
㉡ 안전성을 제고하여 원전 운영 기술력을 향상시키는 것은 WO전략으로 적절하겠어.
㉢ 우수한 기술력과 수주 실적을 바탕으로 국내 원전 사업을 확장하는 것은 ST전략으로 적절하겠어.
㉣ 안전에 대한 우려가 있는 만큼, 안전점검을 강화하고 당분간 정부의 탈원전 정책 기조에 협조하는 것은 WT전략으로 적절하겠어.

① ㉠, ㉡
② ㉠, ㉢
③ ㉡, ㉢
④ ㉡, ㉣
⑤ ㉢, ㉣

48 다음 글의 '패시브 하우스'에 대한 설명으로 적절하지 않은 것은?

'패시브 하우스(Passive House)'는 단열을 강화하여 에너지 손실을 최대한 줄인 건축물이다. 이 건축물은 실내의 에너지 손실을 최소화하면서도 햇빛과 신선한 공기를 공급받을 수 있고, 습도 조절을 잘 할 수 있도록 설계된 것이다.

패시브 하우스는 특히 겨울철에 건물 안으로 들어온 에너지와 안에서 발생한 에너지가 오랫동안 건물 안에 머물러 있도록 만들어졌다. 에너지 손실을 최소화하기 위해서는 열이 빠져 나가지 않게 전체 단열 계획을 잘 짠 다음, 까다로운 기준에 부합하는 특수 단열재로 시공해야 한다.

건물의 실내에는 신선한 공기가 공급되어야 한다. 일반적인 건물은 창문을 열거나 환풍기를 돌려서 신선한 공기를 공급받지만, 패시브 하우스에서는 그렇게 할 수 없다. 왜냐하면 외부 공기가 공급되면 실내 에너지가 빠져 나가기 때문이다. 이러한 문제는 나가는 공기가 품고 있는 에너지를 들어오는 공기가 회수해 올 수만 있으면 해결할 수 있다. 패시브 하우스에서 이 일을 가능하게 해 주는 것이 열 교환 환기 장치이다. 이 장치는 주로 실내 바닥이나 벽면에 설치하는데, 실내의 각 방과 실외로 연결되는 배관을 따로 시공하여 실내외 공기를 교환한다. 구성 요소는 팬, 열 교환 소자, 공기 정화 필터, 외부 후드 등이다.

그중 핵심 요소인 열 교환 소자는 열과 수분의 투과율을 높이기 위해 열전도율이 뛰어나도록 만든다. 실내외의 공기가 나가고 들어올 때 이 열 교환 소자를 통과하는데, 그 과정에서 실내 공기의 주 오염원인 CO_2는 통과시켜 배출한다. 하지만 열 교환 소자는 나가는 공기가 지니고 있던 80% 내외의 열과 수분을 배출하지 않고 투과시켜 들어오는 공기와 함께 실내로 되돌아오게 한다. 이러한 장치 덕분에 창을 열지 않아도 환기가 가능하다. 실외의 황사나 꽃가루 등은 공기 정화 필터로 걸러지므로 외부로부터 신선한 공기를 공급 받을 수 있다.

햇빛을 통한 에너지 공급도 건물에서는 중요하다. 햇빛은 창호를 통해 들어오는데, 여기서 에너지의 손실 방지와 햇빛의 공급 사이에 모순이 생긴다. 일반적으로 실내에 햇빛을 많이 공급하기 위해서는 두께가 얇은 유리나 창호지를 사용해야 한다. 그러나 두께가 얇을수록 에너지의 손실이 더 커질 수밖에 없다. 패시브 하우스에서는 이 문제를 해결하기 위해서 3중 로이유리(Low-E Glass)를 사용한다. 이것에는 두께가 얇고 투명한 유리 세 장에 에너지 흐름을 줄이는 금속 막이 씌워져 있고, 이들 유리 사이에는 무거운 기체가 채워져 있다. 투명한 유리는 햇빛을 많이 통과시키고, 금속 막과 무거운 기체는 실내 에너지가 빠져나가는 것을 막는다.

습도 조절도 중요한 요소이다. 일반 건물에서 습도 조절이 제대로 이루어지지 않아 곰팡이가 피는 것은 외부 공기가 스며들어 벽체 표면의 습도를 높이기 때문이다. 또, 곰팡이는 집 안 전체의 습도가 아주 높거나, 전체 습도는 낮고 벽체 표면이나 벽체 속의 습도가 높아도 생긴다. 그러나 패시브 하우스는 밀폐성과 단열성이 뛰어나 겨울철 벽체의 온도와 실내 온도가 거의 비슷하기 때문에 이슬 맺힘이나 곰팡이가 생기지 않는다.

① 외부 후드를 설치하여 실내 습도를 조절한다.
② 황사나 꽃가루가 실내로 유입되는 것을 차단한다.
③ 특수 단열재를 사용해 내부의 열 손실을 최소화한다.
④ 두께가 얇은 3중 로이유리를 활용하여 에너지 손실을 막는다.
⑤ 단열성과 밀폐성이 뛰어나서 이슬 맺힘이나 곰팡이가 생기지 않는다.

49 A ~ E 5명이 순서대로 퀴즈게임을 해서 벌칙 받을 사람 1명을 선정하고자 한다. 게임 규칙과 결과에 근거할 때, 항상 옳은 것을 〈보기〉에서 모두 고르면?

- 규칙
  - A→B→C→D→E 순서대로 퀴즈를 1개씩 풀고, 모두 한 번씩 퀴즈를 풀고 나면 한 라운드가 끝난다.
  - 퀴즈 2개를 맞힌 사람은 벌칙에서 제외되고, 다음 라운드부터는 게임에 참여하지 않는다.
  - 라운드를 반복하여 맨 마지막까지 남는 한 사람이 벌칙을 받는다.
  - 벌칙에서 제외되는 4명이 확정되면 라운드 중이라도 더 이상 퀴즈를 출제하지 않으며, 이 외에는 라운드 끝까지 퀴즈를 출제한다.
  - 게임 중 동일한 문제는 출제하지 않는다.
- 결과
  3라운드에서 A는 참가자 중 처음으로 벌칙에서 제외되었고, 4라운드에서는 오직 B만 벌칙에서 제외되었으며, 벌칙을 받을 사람은 5라운드에서 결정되었다.

> **보기**
>
> ㄱ. 5라운드까지 참가자들이 정답을 맞힌 퀴즈는 총 9개이다.
> ㄴ. 게임이 종료될 때까지 총 22개의 퀴즈가 출제되었다면, E는 5라운드에서 퀴즈의 정답을 맞혔다.
> ㄷ. 게임이 종료될 때까지 총 21개의 퀴즈가 출제되었다면, 퀴즈를 푸는 순서가 벌칙을 받을 사람 선정에 영향을 미친 것으로 볼 수 있다.

① ㄱ
② ㄴ
③ ㄱ, ㄷ
④ ㄴ, ㄷ
⑤ ㄱ, ㄴ, ㄷ

50 다음 〈조건〉에 따라 노래대회 예선이 진행된다. 甲이 심사위원장을 알아내고자 할 때, 〈보기〉에서 옳은 것을 모두 고르면?

조건

- 예선의 심사위원은 심사위원장 1인을 포함하여 총 4인이며, 그중 누가 심사위원장인지 참가자에게 공개되지 않는다.
- 심사위원은 참가자의 노래를 들은 후 동시에 ○ 또는 ×의 결정을 내리며, 다수결에 의해 예선 통과 여부가 결정된다.
- 만약 ○와 ×를 결정한 심사위원의 수가 같다면, 심사위원장이 ○ 결정을 한 경우 통과, × 결정을 한 경우 탈락한다.
- 4명의 참가자들은 어떤 심사위원이 자신에게 ○ 또는 × 결정을 내렸는지와 통과 또는 탈락 여부를 정확히 기억하여 甲에게 알려 주었다.

보기

ㄱ. 4명의 참가자가 모두 심사위원 3인의 ○ 결정으로 통과했다면, 甲은 심사위원장을 알아낼 수 없다.
ㄴ. 4명의 참가자가 모두 같은 2인의 심사위원에게만 ○ 결정을 받아 탈락했다면, 甲은 심사위원장을 알아낼 수 있다.
ㄷ. 4명의 참가자가 모두 2인의 심사위원에게만 ○ 결정을 받았고, ○ 결정을 한 심사위원의 구성이 모두 다르다면, 甲은 심사위원장을 알아낼 수 있다.

① ㄱ
② ㄴ
③ ㄱ, ㄷ
④ ㄴ, ㄷ
⑤ ㄱ, ㄴ, ㄷ

제2회
최종점검 모의고사

※ 한국환경공단 최종점검 모의고사는 채용공고를 기준으로 구성한 것으로 실제 시험과 다를 수 있습니다.

■ 취약영역 분석

번호	O/×	영역	번호	O/×	영역	번호	O/×	영역
01		의사소통능력	21		의사소통능력	41		의사소통능력
02			22		문제해결능력	42		
03			23		의사소통능력	43		수리능력
04			24		수리능력	44		
05		수리능력	25		의사소통능력	45		문제해결능력
06			26			46		수리능력
07			27		조직이해능력	47		문제해결능력
08		문제해결능력	28			48		의사소통능력
09			29			49		수리능력
10			30		문제해결능력	50		의사소통능력
11			31					
12			32					
13		조직이해능력	33		의사소통능력			
14			34		수리능력			
15		수리능력	35					
16			36					
17			37		문제해결능력			
18		문제해결능력	38					
19		조직이해능력	39		조직이해능력			
20		의사소통능력	40		의사소통능력			

평가문항	50문항	평가시간	60분
시작시간	:	종료시간	:
취약영역			

최종점검 모의고사

🕐 응시시간 : 60분 　📝 문항 수 : 50문항

정답 및 해설 p.060

※ 다음 글을 읽고 이어지는 질문에 답하시오. **[1~2]**

지구 궤도를 도는 인공위성은 지구 중력의 변화, 태양에서 오는 작은 미립자와의 충돌 등으로 궤도도 변하고 자세도 변한다. 힘이 작용하여 운동 방향과 상태가 변하는 것이다. 뉴턴은 이를 작용 반작용 법칙으로 설명하였다.

한 물체가 다른 물체에 힘을 작용하면 그 힘을 작용한 물체에도 크기가 같고 방향은 반대인 힘이 동시에 작용한다는 것이 작용 반작용 법칙이다. 예를 들어, 바퀴가 달린 의자에 앉아 벽을 손으로 밀면 의자가 뒤로 밀리는데, 사람이 벽을 미는 작용과 동시에 벽도 사람을 미는 반작용이 있기 때문이다. 이 법칙은 물체가 정지하고 있을 때나 운동하고 있을 때 모두 성립하며, 두 물체가 접촉하여 힘을 줄 때뿐만 아니라 서로 떨어져 힘이 작용할 때에도 항상 성립한다.

인공위성의 상태가 변하면 본연의 임무를 달성하기 위해 궤도와 자세를 바로잡아야 한다. 지구표면을 관측하는 위성은 탐사 장비를 지구 쪽을 향하도록 자세를 고쳐야 하고, 인공위성에 전력을 제공하는 태양 전지를 태양 방향으로 끊임없이 조절해야 한다. 이때 위성의 궤도와 자세를 조절하는 방법도 모두 작용 반작용을 이용한다.

먼저 가장 간단한 방법은 로켓 엔진과 같은 추력기를 외부에 달아 이용하는 것이다. 추력기는 질량이 있는 물질인 연료를 뿜어내며 발생하는 작용과 반작용을 이용하여 위성을 움직인다. 위성에는 궤도를 수정하기 위한 주 추력기 이외에 ⊙ 소형의 추력기가 각기 다른 세 방향(x, y, z축)으로 여러 개 설치되어 있는데, 이를 이용해 자세를 수정하는 것이다. 문제는 10년이 넘게 사용할 위성에 자세 제어용 추력기가 사용할 연료를 충분히 실을 수 없다는 것이다.

최근에는 ⊙ 반작용 휠을 이용한 방법도 사용되고 있다. 위성에는 추력기처럼 세 방향으로 설치된 3개의 반작용 휠이 있어 회전수를 조절하면 위성의 자세를 원하는 방향으로 맞출 수 있다. 위성 내부에 부착된 반작용 휠은 전기 모터에 휠을 달고, 돌리는 속도를 높여주거나 낮춰주어서 위성을 회전시켜 자세를 바꾼다. 일반적으로 물체가 한 방향으로 돌 때 그 반대 방향으로 똑같은 힘이 발생한다. 반작용 휠이 돌면 위성에는 반대 방향으로 도는 힘이 발생하는데, 이 힘을 이용하는 것이다. 다만 궤도 수정과 같은 위성의 위치 변경은 할 수 없다.

하지만 반작용 휠은 자세 제어용 추력기를 이용하는 것보다 훨씬 유리하다. 추력기를 이용하면 연료가 있어야 하고, 그만큼 쏘아 올려야 할 위성의 무게도 증가한다. 반작용 휠을 이용하면 필요한 것은 전기이며 태양 전지를 이용해 얼마든지 얻을 수 있다. 원리는 유사하지만 보다 경제적인 방식이 인공위성에서 사용되고 있다.

01 다음 중 윗글의 내용으로 적절하지 않은 것은?

① 정지하고 있는 물체에도 작용이 존재한다.

② 반작용은 위성이 지구와 인접해 있어야 나타난다.

③ 중력의 변화는 위성의 자세나 궤도를 변하게 한다.

④ 위성의 추력기는 방출되는 물질의 반작용을 이용한다.

⑤ 미립자가 위성과 충돌하면 반대 방향의 힘이 작용한다.

02 다음 중 ㉠과 ㉡에 대한 설명으로 적절하지 않은 것은?

① ㉠은 위성의 외부에, ㉡은 내부에 설치된다.

② ㉠과 달리 ㉡은 물체의 회전 운동을 이용하고 있다.

③ ㉡과 달리 ㉠은 x, y, z축의 세 방향으로 설치되어 있다.

④ ㉡과 달리 ㉠을 작동하면 위성 전체의 질량이 변화한다.

⑤ ㉠과 ㉡은 모두 반작용을 이용해 위성의 자세를 제어한다.

03 다음 글의 주제로 가장 적절한 것은?

> 표준화된 언어는 의사소통을 효과적으로 하기 위하여 의도적으로 선택해야 할 공용어로서의 가치가 있다. 반면에 방언은 지역이나 계층의 언어와 문화를 보존하고 드러냄으로써 국가 전체의 언어와 문화를 다양하게 발전시키는 토대로서의 가치가 있다. 이러한 의미에서 표준화된 언어와 방언은 상호 보완적인 관계에 있다. 표준화된 언어가 있기에 정확한 의사소통이 가능하며, 방언이 있기에 개인의 언어생활에서나 언어 예술 활동에서 자유롭고 창의적인 표현이 가능하다. 결국 우리는 표준화된 언어와 방언 둘 다의 가치를 인정해야 하며, 발화(發話) 상황(狀況)을 잘 고려해서 표준화된 언어와 방언을 잘 가려서 사용할 줄 아는 능력을 길러야 한다.

① 창의적인 예술 활동에서는 방언의 기능이 중요하다.

② 표준화된 언어와 방언에는 각각 독자적인 가치와 역할이 있다.

③ 정확한 의사소통을 위해서는 표준화된 언어가 꼭 필요하다.

④ 표준화된 언어와 방언을 구분할 줄 아는 능력을 길러야 한다.

⑤ 표준화된 언어는 방언보다 효용가치가 있다.

04 다음 글을 읽고 추론한 내용으로 적절하지 않은 것은?

태양 빛은 흰색으로 보이지만 실제로는 다양한 파장의 가시광선이 혼합되어 나타난 것이다. 프리즘을 통과시키면 흰색 가시광선은 파장에 따라 붉은빛부터 보랏빛까지의 무지갯빛으로 분해된다. 가시광선의 파장 범위는 390 ~ 780nm* 정도인데 보랏빛이 가장 짧고 붉은빛이 가장 길다. 빛의 진동수는 파장과 반비례하므로 진동수는 보랏빛이 가장 크고 붉은빛이 가장 작다. 태양 빛이 대기층에 입사하여 산소나 질소 분자와 같은 공기 입자(직경 0.1 ~ 1nm 정도), 먼지 미립자, 에어로졸**(직경 1 ~ 100,000nm 정도) 등과 부딪치면 여러 방향으로 흩어지는데 이러한 현상을 산란이라 한다. 산란은 입자의 직경과 빛의 파장에 따라 '레일리(Rayleigh) 산란'과 '미(Mie) 산란'으로 구분된다. 레일리 산란은 입자의 직경이 파장의 1/10보다 작을 경우에 일어나는 산란을 말하는데 그 세기는 파장의 네제곱에 반비례한다. 대기의 공기 입자는 직경이 매우 작아 가시광선 중 파장이 짧은 빛을 주로 산란시키며, 파장이 짧을수록 산란의 세기가 강하다. 따라서 맑은 날에는 주로 공기 입자에 의한 레일리 산란이 일어나서 보랏빛이나 파란빛이 강하게 산란되는 반면 붉은빛이나 노란빛은 약하게 산란된다. 산란되는 세기로는 보랏빛이 가장 강하겠지만, 우리 눈은 보랏빛보다 파란빛을 더 잘 감지하기 때문에 하늘은 파랗게 보이는 것이다. 만약 태양 빛이 공기 입자보다 큰 입자에 의해 레일리 산란이 일어나면 공기 입자만으로는 산란이 잘되지 않던 긴 파장의 빛까지 산란되어 하늘의 파란빛은 상대적으로 옅어진다.

미 산란은 입자의 직경이 파장의 1/10보다 큰 경우에 일어나는 산란을 말하는데 주로 에어로졸이나 구름 입자 등에 의해 일어난다. 이때 산란의 세기는 파장이나 입자 크기에 따른 차이가 거의 없다. 구름이 흰색으로 보이는 것은 미 산란으로 설명된다. 구름 입자(직경 20,000nm 정도)처럼 입자의 직경이 가시광선의 파장보다 매우 큰 경우에는 모든 파장의 빛이 고루 산란된다. 이 산란된 빛이 동시에 우리 눈에 들어오면 모든 무지갯빛이 혼합되어 구름이 하얗게 보인다. 이처럼 대기가 없는 달과 달리 지구는 산란 효과에 의해 파란 하늘과 흰 구름을 볼 수 있다.

*나노미터 : 물리학적 계량 단위(1nm＝10^{-9}m)
**에어로졸 : 대기에 분산된 고체 또는 액체 입자

① 가시광선의 파란빛은 보랏빛보다 진동수가 작다.
② 프리즘으로 분해한 태양 빛을 다시 모으면 흰색이 된다.
③ 파란빛은 가시광선 중에서 레일리 산란의 세기가 가장 크다.
④ 빛의 진동수가 2배가 되면 레일리 산란의 세기는 16배가 된다.
⑤ 달의 하늘에서는 공기 입자에 의한 태양 빛의 산란이 일어나지 않는다.

※ 다음은 K공단에 지원한 지원자들의 인적성검사 결과 영역별 상위 5명에 관한 자료이다. 이어지는 질문에 답하시오(단, 과목별 성적에 동점자는 없으며 점수는 1점 단위이다). [5~6]

(단위 : 점)

순위	언어		수리		인성	
	이름	점수	이름	점수	이름	점수
1	하정은	94	신민경	91	양현아	97
2	성수민	93	하정은	90	박지호	95
3	김진원	90	성수민	88	황아영	90
4	양현아	88	황아영	82	신민경	88
5	황아영	85	양현아	76	하정은	84

05 성수민이 황아영보다 높은 총점을 기록하기 위해서는 인성영역에서 최소 몇 점을 맞아야 하는가?

① 76점

② 77점

③ 78점

④ 79점

⑤ 80점

06 다음 중 자료에 대한 설명으로 옳지 않은 것은?

① 언어와 수리영역 점수의 합이 가장 높은 지원자는 하정은이다.

② 양현아는 하정은 총점의 95% 이상을 획득했다.

③ 신민경이 획득 가능한 총점은 260점을 초과한다.

④ K공단 인적성검사 합격 최저점이 총점기준 251점이라면 김진원은 불합격이다.

⑤ 박지호보다 김진원의 총점이 더 높다.

07 지혜와 주헌이가 함께 기숙사에서 나와 회사를 향해 분당 150m의 속력으로 출근하고 있다. 30분 정도 걸었을 때, 지혜는 집에 두고 온 중요한 서류를 가지러 분당 300m의 속력으로 집에 갔다가 같은 속력으로 다시 회사를 향해 뛰어간다고 한다. 주헌이는 그 속력 그대로 20분 뒤에 회사에 도착했을 때, 지혜는 주헌이가 회사에 도착하고 나서 몇 분 후에 회사에 도착하는가?(단, 걷거나 뛴 시간 이외의 시간은 계산하지 않는다)

① 20분   ② 25분

③ 30분   ④ 35분

⑤ 40분

08 K공단은 직원 휴게실을 리모델링하기 위해 A ~ F 6개 업체 중 3곳을 시공업체로 선정하고자 한다. 〈조건〉을 근거로 B업체가 선정되지 않는다고 할 때, 다음 중 시공업체로 선정될 수 있는 업체를 모두 고르면?

> **조건**
> • A업체가 선정되면, B업체도 선정된다.
> • A업체가 선정되지 않으면, D업체가 선정된다.
> • B업체가 선정되지 않으면, C업체가 선정된다.
> • E업체가 선정되면, D업체는 선정되지 않는다.
> • D업체나 E업체가 선정되면, F업체도 선정된다.

① A, C, D   ② A, C, F

③ C, D, F   ④ C, E, F

⑤ D, E, F

09 경영학과에 재학 중인 A ~ E는 계절학기 시간표에 따라 요일별로 하나의 강의만 수강한다. 전공 수업을 신청한 C는 D보다 앞선 요일에 수강하고, E는 교양 수업을 신청한 A보다 나중에 수강한다고 할 때, 다음 중 항상 참이 되는 것은?

월	화	수	목	금
전공1	전공2	교양1	교양2	교양3

① A가 수요일에 강의를 듣는다면 E는 교양2 강의를 듣는다.

② B가 전공 수업을 듣는다면 C는 화요일에 강의를 듣는다.

③ C가 화요일에 강의를 듣는다면 E는 교양3 강의를 듣는다.

④ D는 반드시 전공 수업을 듣는다.

⑤ E는 반드시 교양 수업을 듣는다.

※ K외식업체에 근무하는 A사원은 최근 개점한 한식 뷔페 S지점의 고객현황을 분석하였다. 다음 분석결과를 보고 이어지는 질문에 답하시오. [10~12]

<한식 뷔페 S지점 고객현황>

■ 일반현황
- 운영시간 : 런치 11:00 ~ 15:00, 디너 16:00 ~ 20:00
- 장소 : 서울 서초구 서초대로 ○○길
- 직원 수 : 30명
- 좌석 수 : ___석

■ 주요 시간대별 고객출입현황
- 런치

11:00 ~ 11:30	11:30 ~ 12:30	12:30 ~ 13:30	13:30 ~ 14:30
20명	2분당 +3명, 5분당 −1명	1분당 +2명, 6분당 −5명	5분당 +6명, 3분당 −2명

- 디너

16:00 ~ 16:30	16:30 ~ 17:30	17:30 ~ 18:30	18:30 ~ 19:30
20명	2분당 +7명, 3분당 −7명	1분당 +3명, 5분당 −6명	5분당 +4명, 3분당 −3명

※ 주요 시간대별 개장 후 30분 동안은 고객의 추가 출입이 없음
※ 주요 시간대별 마감 전 30분 동안은 고객을 받지 않음

10 A사원이 12:00에 매장에서 식사하고 있는 고객 수를 세어 보았다면 총 몇 명인가?

① 58명   ② 59명
③ 60명   ④ 61명
⑤ 62명

11 런치가격이 10,000원이고, 디너가격이 15,000원이라면 하루 동안 벌어들이는 매출액은?

① 6,850,000원   ② 7,700,000원
③ 9,210,000원   ④ 9,890,000원
⑤ 10,210,000원

12 조사 당일에 만석이었던 적이 한 번 있었다고 한다면, 매장의 좌석은 모두 몇 석인가?

① 200석   ② 208석
③ 220석   ④ 236석
⑤ 240석

13 K공단에서 근무하는 A씨는 팀장의 업무지시를 받고 업무스케줄을 작성하였다. 다음 중 적절하지 않은 것은?

> 팀장 : A씨, 제가 한 시간 뒤에 출장을 가야 하니까 금일 업무에 대해서 미리 전달할게요. 우선 제가 10시에 나가기 전에 거래처에게 보여줄 샘플 상품을 준비해 주세요. 그리고 제가 출장 간 후에 작성한 업무보고서는 점심시간 전까지 부서장님께 전달해 주세요. 오후에는 3시에 있을 프로젝트 회의를 준비해 주세요. 마이크, 노트북 등 프레젠테이션을 할 수 있도록 세팅을 부탁해요. 참! 점심 때 인사부 박부장님께서 오시기로 했어요. 만약 제가 늦는다면 약속장소에 대해 안내해 드리고 저에게 연락해 줘요. 바로 약속장소로 갈 테니까요. 그리고 오늘까지 지난 출장 때 사용했던 경비에 대해 지출결의서를 총무부에 제출해야 돼요. 업무처리를 위해서 퇴근하기 1시간 전까지는 직접 전달해 주세요. 그리고 관리부에 들러서 프로젝트 회의에 사용할 노트북도 대여해 주세요.

①	09:00 ~ 10:00	• 팀장님 업무지시 수령 • 거래처 샘플 상품 준비	업무 시간
②	10:00 ~ 11:00	• 부서장님께 업무보고서 전달	
	11:00 ~ 12:00	–	
③	12:00 ~ 13:00	• 인사부 박부장님 마중 (팀장님 부재 시 연락 및 약속장소 안내)	점심 시간
	13:00 ~ 14:00	–	
④	14:00 ~ 15:00	• 노트북 대여(관리부) • 프로젝트 회의 준비(마이크, 노트북 등 세팅)	업무 시간
	15:00 ~ 16:00	–	
	16:00 ~ 17:00	–	
⑤	17:00 ~ 18:00	• 지출결의서 제출(총무부)	
	–	–	퇴근

14 다음은 개인화 마케팅에 대한 글이다. 개인화 마케팅의 사례로 적절하지 않은 것은?

> 소비자들의 요구가 점차 다양해지고 복잡해짐에 따라 개인별로 맞춤형 제품과 서비스를 제공하며 '개인화 마케팅'을 펼치는 기업이 늘어나고 있다. 개인화 마케팅이란 각 소비자의 이름, 관심사, 구매이력 등의 데이터를 기반으로 특정 고객에 대한 개인화 서비스를 제공하는 활동을 의미한다. 이러한 개인화 마케팅은 개별적 커뮤니케이션 실현을 통한 효율성 증대 및 기업 이윤 창출을 목적으로 하고 있다.
>
> 이러한 개인화 마케팅은 기업들의 지속적인 투자를 통해 다양한 방식으로 계속되고 있다. 빠르게 변화하고 있는 마케팅 시장에서 개인화된 서비스 제공을 통해 소비자 만족도를 끌어낼 수 있다는 점은 충분히 매력적일 수 있기 때문이다.

① 고객들의 사연을 받아 지하철역 에스컬레이터 벽면에 광고판을 만든 A배달업체는 고객들로 하여금 자신의 사연이 뽑히지 않았는지 관심을 갖도록 유도하여 광고 효과를 톡톡히 보고 있다.

② 최근 B전시관은 시각적인 시원한 민트색 벽지와 그에 어울리는 시원한 음향, 상쾌한 민트 향기, 민트맛 사탕을 나눠주며 민트에 대한 다섯 가지 감각을 이용한 미술관 전시로 화제가 되었다.

③ C위생용품회사는 자사의 인기 상품에 대한 단종으로 사과의 뜻을 담은 뮤직비디오를 제작했다. 고객들은 뮤직비디오를 보기 전에 자신의 이름을 입력하면, 뮤직비디오에 자신의 이름이 노출되어 자신이 직접 사과를 받는 듯한 효과를 느낄 수 있다.

④ 참치캔을 생산하는 D사는 최근 소외계층에게 힘이 되는 응원 메시지를 댓글로 받아 77명을 추첨하여 댓글 작성자의 이름으로 소외계층들에게 참치캔을 전달하는 이벤트를 진행하였다.

⑤ 커피전문점 E사는 고객이 자사 홈페이지에서 회원 가입 후 이름을 등록한 경우, 음료 주문 시 "○○○ 고객님, 주문하신 아메리카노 나왔습니다."와 같이 고객의 이름을 불러주는 서비스를 제공하고 있다.

※ 다음은 K공단의 워크숍 준비를 위해 김재희 사원이 준비해야 하는 사항이다. 이어지는 질문에 답하시오. [15~17]

제과점에서 쿠키 140개를, 식당에서 도시락 100개를, 카페에서 커피 160개를 주문하였다. 한 명당 쿠키 2개, 도시락 1개, 커피 2개씩을 나눠주기로 하였다.

• 교통편

기업 본사가 위치한 @에서 버스를 대여하여 이동한다. 총 세 대의 버스를 운행하며, 각 직원들의 도착시간을 고려하여 8시 30분에 1호차가 출발하며, 이후 15분 간격으로 2, 3호차가 출발한다. 워크숍 장소까지 1시간 20분이 소요된다.

• 숙소

워크숍에 참여하는 직원은 총 75명으로, 남성 30명, 여성 45명이다. 남성과 여성은 같은 방을 쓸 수 없다. 임원과 일반 직원도 같은 방을 쓸 수 없다. 임원은 최대 2명까지 한 방을, 일반 직원은 최대 3명까지 한 방을 쓰도록 한다.

워크숍에 참여하는 임원은 한송이 이사(여성)와 최한주 이사(남성), 김명환 상무(남성)이며, 나머지는 모두 일반 직원이다.

15 다음 중 간식은 최대 몇 명의 직원에게 같은 양을 나눠줄 수 있는가?

① 50명　　　　　　　　　　　② 70명
③ 80명　　　　　　　　　　　④ 90명
⑤ 100명

16 K공단 기획팀이 @에 도착하였을 때는 8시 55분이었다. 바로 다음에 출발하는 버스를 탄다고 했을 때, 기획팀이 워크샵 장소에 도착하는 시간은?

① 9시 50분　　　　　　　　　② 10시 5분
③ 10시 20분　　　　　　　　　④ 10시 25분
⑤ 10시 30분

17 다음 중 김재희 사원은 최소 총 몇 개의 방을 준비해야 하는가?

① 24개　　　　　　　　　　　② 25개
③ 26개　　　　　　　　　　　④ 27개
⑤ 28개

18 정주, 경순, 민경이는 여름휴가를 맞이하여 제주도, 일본, 대만 중 각각 한 곳으로 여행을 가는데, 게스트하우스 혹은 호텔에서 숙박할 수 있다. 다음 〈조건〉을 참고했을 때, 민경이의 여름휴가 장소와 숙박 장소를 바르게 연결한 것은?(단, 세 사람 모두 이미 한번 다녀온 곳으로는 휴가를 가지 않는다)

조건

- 제주도의 호텔은 예약이 불가하여, 게스트하우스에서만 숙박할 수 있다.
- 호텔이 아니면 잠을 못 자는 경순이는 호텔을 가장 먼저 예약했다.
- 여행 갈 때마다 호텔에 숙박했던 정주는 이번 여행은 게스트하우스를 예약했다.
- 대만으로 여행 가는 사람은 앱 할인으로 호텔에 숙박한다.
- 작년에 정주는 제주도와 대만을 다녀왔다.

① 제주도 – 게스트하우스 ② 제주도 – 호텔
③ 일본 – 호텔 ④ 대만 – 게스트하우스
⑤ 대만 – 호텔

19 다음 〈보기〉에서 경영참가제도의 목적으로 옳지 않은 것을 모두 고르면?

보기

ㄱ. 사내 문제의 공동 해결
ㄴ. 노사 간 세력 균형 해소
ㄷ. 의견 공유를 통한 경영효율성 제고 가능성 확보
ㄹ. 노사 간 상호 신뢰 증진

① ㄱ ② ㄴ
③ ㄱ, ㄷ ④ ㄴ, ㄹ
⑤ ㄴ, ㄷ, ㄹ

※ 다음은 비점오염원에 대한 내용이다. 이어지는 질문에 답하시오. [20~21]

---

1. 비점오염원이란?

수질오염원은 도시나 공장에서와 같이 지속해서 항상 발생하는 점오염원(Point Source)과, 주로 비가 올 때 도시 및 농촌지역에서 쓸려 나오는 오염된 빗물유출수와 같이 수시로 임의 장소에서 발생하는 비점오염원(Nonpoint Source)으로 구분할 수 있다. 즉, 비점오염원이란 "공장, 하수처리장 등과 같이 일정한 지점에서 오염물질을 배출하는 점오염원 이외에 불특정하게 오염물질을 배출하는 도시, 도로, 농지, 산지 등"의 오염물질 발생원을 가리킨다.

2. 비점오염원이 발생하는 곳

비점오염원의 종류를 토지이용 형태별로 도시, 도로, 농업, 산림·하천지역으로 구분해 볼 수 있다. 도시지역은 도시 내 건축물, 지표면 및 공업지역 등의 불투수면 퇴적물, 하수관거월류수가 있고, 도로지역은 자동차 배출가스 등 대기오염 강하물질이 노면에 축적되는 중금속을 포함한 오염물질, 공사 시 발생하는 토사 등이 있다. 농업지역은 농지에 살포된 농약, 비료, 퇴·액비, 축사 및 주변의 가축분뇨, 고랭지 토양 침식 및 객토된 토사 등의 유출로 발생한다. 마지막으로 산림·하천지역은 임도, 절·성토 사면, 산불, 및 벌목, 간벌에 따른 토사와 잔재물 등의 유출, 하천변 영농행위, 골재 채취, 호안 정비, 상류지역의 개발 등에 의한 유출로 기인한다.

3. 비점오염물질의 종류 및 영향

대지·도로·농지·공사장·임야 등의 비점오염원에서 고농도 오염물질이 하천으로 직접 유출 되어 하천수질 및 수생태계에 악영향을 끼친다. 주요 비점오염물질로는 토사, 영양물질, 유기물질, 박테리아와 바이러스, 중금속, 농약, 유류, 각종 협잡물 등이 있다. 비점오염원은 토지표면에 축적된 오염물, 토양의 침식, 대기 중 오염물질, 부유물질, 용존성 오염물질 등이 강우에 의해 유출되어 수생환경에 큰 영향을 미치고 있다.

토사는 대표적인 비점오염물질로 수생생물의 광합성, 호흡, 성장, 생식에 장애를 일으켜 생존에 큰 영향을 미친다. 기름과 그리스는 적은 양으로도 수생생물에 치명적일 수 있다. 납, 카드뮴 등의 중금속은 하천으로 유입되는 총금속물질량 중 50% 이상이 비점오염원으로 배출된다. 제초제, 살충제, 항곰팡이제와 같은 농약은 플랑크톤과 같은 수생생물에 축적되고, 먹이사슬을 통한 생물농축으로 어류와 조류 등에 치명적인 결과를 초래할 수 있다.

---

20 다음 중 점오염원과 비점오염원을 바르게 짝지은 것은?

(가) : 폭우에 C축사에서 흘러나온 오수

(나) : 벌목 현장에서 유입된 토사

(다) : 매주 수요일에 하수처리장으로 폐수를 보내는 A공장

(라) : 밭에서 장마철 빗물에 섞여 하천으로 유입된 농약

	점오염원	비점오염원		점오염원	비점오염원
①	(가)	(나), (라)	②	(다)	(가), (나), (라)
③	(라)	(가), (다)	④	(나), (다)	(가), (라)
⑤	(가), (나), (라)	(다)			

21 다음은 생활 속 비점오염물질 줄이기에 대한 내용이다. 이를 잘 이행하고 있는 사람은?

〈비 오기 전〉

• 공사장이나 하천주변, 폐기물 처리장 등에서는 비점오염물질이 비에 휩쓸려 가지 않도록 사전 점검을 합니다.
• 비 오기 전에는 우리 집 앞, 우리 가게 앞 거리를 청소합니다.

〈깨끗한 물을 위한 생활 속 행동요령〉

• 애완동물과 산책 시에는 꼭 비닐봉지를 준비하여 배변을 수거해 주세요.
• 포장마차나 노점상에서 나오는 하수는 길거리 빗물받이에 바로 버리면 안 됩니다.
• 아파트에서 세탁기 설치 시 앞 베란다가 아닌 뒤 베란다나 다용도실에 설치해 주세요.
• 음식물 쓰레기나 약품, 기름찌꺼기, 페인트 등은 땅에 묻지 않으며 물에 흘러들지 않도록 조심합니다.
• 거리변 빗물받이에 담배꽁초, 껌, 휴지 등을 버리지 마세요.

〈야외에서 지켜야 할 행동〉

• 라면이나 찌개국물, 음료수, 술 등을 하천(계곡)에 버리지 마세요.
• 트럭으로 짐 운반 시 덮개가 잘 덮여 있는지 꼼꼼히 확인해 주세요.
• 야외에서 쓰레기는 지정된 장소에만 버려 주세요(특히 물가 주변에 버리거나 땅속에 묻기, 태우는 행위를 하시면 안 됩니다).
• 낚시할 때 많은 미끼 사용은 자제해 주세요. 그리고 낚시 후에 낚싯줄, 낚싯바늘은 수거해 주세요.
• 가꾸는 텃밭이 있다면 과한 비료사용은 자제하고 유기농 퇴비를 사용합니다.

---

① A는 포장마차를 운영하면서 설거지에 사용한 물을 길거리 빗물받이에 버렸다.
② B는 이사한 아파트의 뒤 베란다에 자리가 없어 앞 베란다에 세탁기를 설치했다.
③ 캠핑을 간 C는 플라스틱은 분리수거를 하고 불에 타는 쓰레기는 태웠다.
④ D는 낚시하러 가서 다음 사람을 위해 낚싯바늘과 낚싯줄을 놔두고 왔다.
⑤ 주말농장에서 배추를 키우는 E는 텃밭에 유기농 퇴비를 챙겨가 뿌려 주었다.

22 다음은 트리즈의 3가지 분리 원칙이다. 자료를 참고할 때, 〈보기〉와 같은 원칙을 적용한 것은?

〈트리즈의 3가지 분리 원칙〉

트리즈는 하나의 특성이 서로 상충되는 상태를 요구받는 물리적 모순이 발생할 경우 이를 극복하기 위한 방법으로 다음의 3가지 분리 원칙을 개발하였다.
1) 시간에 의한 분리
2) 공간에 의한 분리
3) 전체와 부분에 의한 분리
즉, 트리즈는 모순되는 요구를 시간, 공간, 전체와 부분에 따라 분리함으로써 상반되는 요구를 모두 만족시키고자 하였다.

> 보기
>
> 군사용 레이더 장치를 제작하는 K사는 수신전용 안테나를 납품하기 위해 정부의 입찰에 참여했다. 안테나를 설치할 지역은 기온이 영하 20도 이하로 내려가는 추운 지역인 데다가 바람도 거센 곳이었다. 따라서 안테나는 별도의 사후 노력 없이도 강풍과 추위에 견딜 수 있을 만큼 단단해야 했다. 또한, 전략적 요충지에 설치되어야 하기에 도보로 운반할 수 있을 정도의 가벼운 무게를 지녀야 했다.
>
> K사는 정부의 입찰 계약을 따내는 데 성공했는데, 이는 회사의 엔지니어들이 기존과 다른 새로운 해결 방법을 고안했기에 가능한 것이었다. 이들은 안테나 전체가 아닌 안테나 기둥을 단단하게 만들고자 안테나 기둥의 표면을 거칠게 만들어 눈이 내리면 기둥에 눈이 쉽게 달라붙도록 하였고, 추운 날씨에 눈이 기둥에 얼어붙어 자동적으로 지지대를 보강하게 한 것이다. 이러한 방법은 별도의 장치를 추가할 필요가 없었으므로 안테나의 무게를 늘리지 않고도 지지대를 강화할 수 있었다.

① 튼튼하면서도 유연함을 유지해야 하는 자전거 체인
② 이·착륙 시 사용했다가 이륙 이후 접어 넣는 비행기 바퀴
③ 고층 건물 내 일정한 층을 분리하여 설치한 엘리베이터
④ 배가 지나갈 때, 다리의 한쪽이나 양쪽을 들어 올려 배의 통행을 가능하게 한 다리
⑤ 가까운 거리나 먼 거리에 있는 물체 모두를 잘 볼 수 있는 다초점 안경

23 다음 글의 주된 전개 방식으로 가장 적절한 것은?

> 녹차와 홍차는 모두 카멜리아 시넨시스(Camellia Sinensis)라는 식물에서 나오는 찻잎으로 만든다. 공정과정에 따라 녹차와 홍차로 나뉘며, 재배지 품종에 따라서도 종류가 달라진다. 이처럼 같은 잎에서 만든 차일지라도 녹차와 홍차가 가지고 있는 특성에는 차이가 있다.
>
> 녹차와 홍차는 발효 방법에 따라 구분된다. 녹차는 발효 과정을 거치지 않은 것이며, 반쯤 발효시킨 것은 우롱차, 완전히 발효시킨 것은 홍차가 된다. 녹차는 찻잎을 따서 바로 솥에 넣거나 증기로 쪄서 만드는 반면, 홍차는 찻잎을 먼저 햇볕이나 그늘에서 시들게 한 후 천천히 발효시켜 만든다. 녹차가 녹색을 유지하는 반면에 홍차가 붉은색을 띠는 것은 녹차와 달리 높은 발효 과정을 거치기 때문이다.
>
> 이러한 녹차와 홍차에는 긴장감을 풀어주고 마음을 진정시키는 L-테아닌(L-theanine)이라는 아미노산이 들어있는데, 이는 커피에 들어있지 않은 성분으로 진정효과와 더불어 가슴 두근거림 등의 카페인(Caffeine) 각성 증상을 완화하는 역할을 한다. 또한 항산화 효과가 강력한 폴리페놀(Polyphenol)이 들어있어 심장 질환 위험을 줄일 수 있다는 장점도 있다. 한 연구에 따르면, 녹차는 콜레스테롤 수치를 낮춰 심장병과 뇌졸중으로 사망할 위험을 줄이는 것으로 나타났다. 홍차 역시 연구 결과, 하루 두 잔 이상 마실 경우 심장발작 위험을 44% 정도 낮추는 효과를 보였다.
>
> 한편, 홍차와 녹차 모두에 폴리페놀 성분이 들어있지만, 그 종류는 다르다. 녹차는 카테킨(Catechin)이 많이 들어있는 것으로 유명하지만 홍차는 발효 과정에서 카테킨의 함량이 어느 정도 감소한다. 이 카테킨에는 EGCG(Epigallo-catechin-3-gallate)가 많이 들어있어 혈중 콜레스테롤 수치를 낮춰 동맥경화 예방을 돕고, 신진대사의 활성화와 지방 배출에 효과적이다. 홍차는 발효 과정에서 생성된 테아플라빈(Theaflavins)을 가지고 있는데, 이 역시 혈관 기능을 개선하며, 혈당 수치를 감소시키는 것으로 알려져 있다. 연구에 따르면 홍차에 든 테아플라빈 성분이 인슐린과 유사작용을 보여 당뇨병을 예방하는 효과를 보이는 것으로 나타났다.
>
> 만약 카페인에 민감한 경우라면 홍차보다 녹차를 선택하는 것이 좋다. 카페인의 각성효과를 완화해주는 L-테아닌이 녹차에 더 많기 때문이다. 녹차에도 카페인이 들어있지만, 커피와 달리 심신의 안정 효과와 스트레스 해소에 도움을 줄 수 있는 것은 이 때문이다. 또한 녹차의 떫은맛을 내는 카테킨 성분은 카페인을 해독하고 흡수량을 억제하기 때문에 실제 카페인의 섭취량보다 흡수되는 양이 적다.

① 대상의 장단점을 분석하고 있다.

② 대상을 하위 항목으로 구분하여 항목별로 설명하고 있다.

③ 대상에 대한 여러 가지 견해를 소개하고 이를 비교·평가하고 있다.

④ 두 대상을 비교하여 공통점과 차이점을 부각하고 있다.

⑤ 연구 결과에 따른 구체적인 수치를 제시하며 내용을 전개하고 있다.

24 다음은 주요 자영업 10가지 업종에 대한 자료이다. 이에 대한 설명으로 옳은 것은?(단, 변화율은 증감률의 절대값으로 비교한다)

〈주요 자영업 업종별 지표〉

(단위 : 명, %)

구분	창업자 수	폐업자 수	월평균 매출액 증감률	월평균 대출액 증감률	월평균 고용인원
병원 및 의료서비스	1,828	556	6.5	12.8	15
변호사	284	123	1.8	1.2	4
학원	682	402	−3.7	5.8	8
음식점	3,784	1,902	1.3	11.2	6
PC방	335	183	−8.4	1.1	2
여행사	243	184	−6.6	0.4	3
카페	5,740	3,820	2.4	15.4	5
숙박업	1,254	886	−0.7	7.8	2
소매업	2,592	1,384	0.5	4.8	3
농사	562	122	4.1	2.4	1
합계	17,304	9,562	−	−	−

① 창업자 수 상위 세 업종의 창업자 수의 합은 전체 창업자 수의 절반 이상이다.
② 월평균 매출액 증가율이 가장 높은 업종은 월평균 대출액 증가율 또한 가장 높다.
③ 월평균 고용인원이 가장 적은 업종은 창업자 수와 폐업자 수도 가장 적다.
④ 월평균 매출액 변화율이 가장 높은 업종과 가장 낮은 업종의 변화율의 차이는 6.0%p이다.
⑤ 자영업 업종 중 카페는 모든 영역에서 상위 3위 안에 든다.

여러 가지 센서 정보를 이용해 사람의 심리상태를 파악할 수 있는 기술을 '감정인식(Emotion Reading)'이라고 한다. 음성인식 기술에 이 기술을 더할 경우 인간과 기계, 기계와 기계 간의 자연스러운 대화가 가능해진다. 사람의 감정 상태를 기계가 진단해 보고 기초적인 진단 자료를 내놓을 수도 있다. 경찰 등 수사기관에서도 활용이 가능하다. 최근 실제로 상상을 넘어서는 수준의 놀라운 감정인식 기술이 등장하고 있다. 러시아 모스크바에 본사를 두고 있는 벤처기업 '엔테크랩(NTechLab)'은 뛰어난 안면인식 센서를 활용해 사람의 감정 상태를 상세히 읽어낼 수 있는 기술을 개발했다. 그리고 이 기술을 모스크바시 경찰 당국에 공급할 계획이다.

현재 모스크바시 경찰은 엔테크랩과 이 기술을 수사현장에 어떻게 도입할지 효과적인 방법을 모색하고 있다. 도입이 완료될 경우 감정인식 기술을 수사 현장에 활용하는 세계 최초 사례가 된다. 이 기술을 활용하면 수백만 명이 모여 있는 사람들 가운데서 특정 인상착의가 있는 사람을 찾아낼 수 있다. 또한 찾아낸 사람의 성과 나이 등을 모니터한 뒤 그 사람이 화가 났는지, 스트레스를 받았는지 혹은 불안해하는지 등을 판별할 수 있다.

엔테크랩의 공동창업자인 알렉산드르 카바코프(Alexander Kabakov)는 "번화가에서 단 몇 초만에 테러리스트나 범죄자, 살인자 등을 찾아낼 수 있는 기술"이라며, "경찰 등 수사기관에서 이 기술을 도입할 경우 새로운 차원의 수사가 가능하다."라고 말했다. _____ 그는 이 기술이 러시아 경찰 어느 부서에 어떻게 활용될 것인지에 대해 밝히지 않았다. 카바코프는 "현재 CCTV 카메라에 접속하는 방안 등을 협의하고 있지만 아직까지 결정된 내용은 없다."라고 말했다.

이 기술이 처음 세상에 알려진 것은 2016년 미국 워싱턴 대학에서 열린 얼굴인식 경연대회에서다. 이 대회에서 엔테크랩의 안면인식 기술은 100만 장의 사진 속에 들어있는 특정인의 사진을 73.3%까지 식별해 냈다. 이는 대회에 함께 참여한 구글의 안면인식 알고리즘을 훨씬 앞서는 기록이었다. 여기서 용기를 얻은 카바코프는 아르템 쿠크하렌코(Artem Kukharenko)와 함께 SNS상에서 연결된 사람이라면 누구든 추적할 수 있도록 만든 앱 '파인드페이스(Find-Face)'를 만들었다.

25 다음 중 윗글을 이해한 내용으로 적절하지 않은 것은?

① 엔테크랩의 감정인식 기술은 모스크바시 경찰이 범죄 용의자를 찾는 데 큰 기여를 하고 있다.

② 음성인식 기술과 감정인식 기술이 결합되면 기계가 사람의 감정을 진단할 수도 있다.

③ 감정인식 기술을 이용하면 군중 속에서 특정인을 쉽게 찾을 수 있다.

④ 엔테크랩의 안면인식 기술은 구글의 것보다 뛰어나다.

⑤ 카바코프는 쿠크하렌코와 함께 SNS 상에서 연결된 사람이라면 누구든 찾아낼 수 있는 앱을 개발하였다.

26 다음 중 윗글의 빈칸에 들어갈 접속어로 가장 적절한 것은?

① 또한   ② 게다가

③ 그래서   ④ 그러나

⑤ 말하자면

※ 다음은 K공단 교육 홍보물의 내용 중 일부이다. 홍보물을 참고하여 김사원의 업무를 유추한 후 이어지는 질문에 답하시오. **[27~29]**

… 상략 …

▶ **신청 자격** : 중소기업 재직자, 중소기업 관련 협회・단체 재직자
　 – 성공적인 기술 연구개발을 통해 기술 경쟁력을 강화하고자 하는 중소기업
　 – 정부의 중소기업 지원 정책을 파악하고 국가 연구개발 사업에 신청하고자 하는 중소기업
▶ **교육비용** : 100% 무료교육(교재 및 중식 제공)
▶ **교육일자** : 모든 교육과정은 2일 16시간 과정, 선착순 60명 마감

과정명	교육내용	교육일자	교육장소	접수마감
정규(일반)	연구개발의 성공을 보장하는 R&D 기획서 작성	5.19(목) ~ 20(금)	B대학교	5.18(수)
정규(종합)	R&D 기획서 작성 및 사업화 연계	5.28(토) ~ 29(일)	○○센터	5.23(월)

※ 선착순 모집으로 접수마감일 전 정원 초과 시 조기 마감될 수 있음

본 교육과 관련하여 보다 자세한 정보를 원하시면 김사원(123-4567)에게 문의하여 주시기 바랍니다.

---

27 다음 중 김사원이 속한 부서에서 수행하고 있을 업무로 적절하지 않은 것은?

① 중소기업 R&D 지원 사업 기획 및 평가・관리
② R&D 교육 관련 전문 강사진 관리
③ 연구개발 기획 역량 개발 지원 사업 기획・평가・관리
④ R&D 관련 장비 활용 지원 사업 기획 및 평가・관리
⑤ R&D 사업화 연계・지원 관리

28 다음 교육 홍보물에 공지한 교육과 관련된 고객의 질문 중 김사원이 대답하기 가장 어려운 질문은?

① 교육과정을 신청할 때 한 기업에서 참여할 수 있는 인원 수 제한이 있습니까?
② 본 교육의 내용을 바탕으로 기획서를 작성한다면 저희 기업도 개발 지원이 가능합니까?
③ 접수마감일인 18일 현재 신청이 마감되었습니까? 혹시 추가 접수도 가능합니까?
④ 이전 차수에서 동일한 교육과정을 이수했을 경우 이번 교육은 참여가 불가능합니까?
⑤ 일반과 종합과정을 모두 신청하는 것도 가능합니까?

29 김사원은 상사로부터 교육 사업을 발전시키기 위해 세울 수 있는 목표와 그에 해당하는 과제를 발표하라는 과업을 받았다. 다음 중 교육 사업과 직접적인 관련성이 가장 낮은 발언은?

① 중소기업의 혁신 수준별 기술경쟁력을 강화하자는 목표를 바탕으로 R&D를 기획하고 개발하는 역량을 강화할 수 있도록 돕고, 지속적으로 성과를 창출할 수 있는 능력을 향상해 주어야 합니다. 또한 국내뿐만이 아닌 국외로도 진출할 수 있는 글로벌 기술혁신 역량을 제고할 수 있도록 지원해야 합니다.

② 중소기업의 기술사업화 성과를 높이자는 목표를 바탕으로 중소기업들이 보유하고 있는 창의적 아이디어를 꾸준히 발굴해야 합니다. 또한 시장지향적인 R&D 지원 확대를 통해 중소기업이 자체적인 R&D에서 끝나지 않고 사업화에 연계할 수 있도록 하여 중소기업의 직접적인 성장을 도와야 합니다.

③ 중소기업의 지속적인 발전을 위한 성장 동력 강화를 목표로 잡고, 혁신과 성장을 도울 수 있는 우리 조직의 역량을 강화해야 합니다. 또한 사회적 책임을 항상 생각하고 고객에게는 신뢰를 주는 조직이 될 수 있도록 소통과 협업을 통해 창조적인 조직문화를 구축해야 합니다.

④ 중소기업의 기술 혁신을 위한 교육 지원 체계를 혁신화하기 위해 중소기업 R&D와 관련 있는 정책연구를 강화하고, 중소기업을 위한 맞춤형 평가체계도 구축해야 할 것입니다. 또한 기술 혁신을 필요로 하는 대상을 중심으로 하는 기술 혁신 지원 서비스의 강화도 필요할 것입니다.

⑤ 중소기업이 R&D를 효과적으로 하기 위한 성공사례와 이에 대한 보상 등을 조사하고 체계화하여 중소기업의 동기를 강화하고 단발성이 아닌 지속적 연구가 이루어지기 위한 지원과 정보를 제공해야 합니다.

〈상황〉

K회사에서는 냉동핫도그를 주력으로 판매하고 있다. 현재까지 높은 판매율을 보이고 있으나, 제품개발팀에서는 새로운 제품을 만들겠다고 아이디어를 제시한다. 하지만 K회사 경영진의 반응은 차갑기만 하다.

〈회의 내용〉

제품개발팀장 : 저희 팀에서는 새로운 제품을 개발하자는 의견이 계속해서 나오고 있습니다. 현재의 상품에 좋은 반응이 이어지고 있지만, 이 제품만으로는 안주할 수 없습니다. 신제품 개발에 대해 서로의 상황을 인지하고 문제 상황을 해결해 보자는 의미로 이 회의 자리를 마련했습니다. 각 팀 내에서 거론되었던 의견들을 제시해 주십시오.

　기획팀장 : 저희는 찬성하는 입장입니다. 요즘처럼 고객의 요구가 빠르게 변화하는 사회에선 끊임없는 새로운 제품 개발과 출시가 당연한 듯합니다.

　마케팅팀장 : 최근 냉동핫도그 고급화 전략을 내세우는 곳이 많던데요. 혹시 제품개발팀에서는 어떤 방향으로 제품 개발을 생각하고 있으신가요?

제품개발팀장 : 네, 저희도 고급화로 접근하고자 합니다. 단순히 간단하게 먹는 음식이 아닌 간단하지만 유명 맛집이나 호텔에서 즐길 수 있는 그런 퀄리티가 높은 음식으로 말이죠. 기존엔 조리법도 너무 간단하게 안내가 되었는데, 이제는 더욱 색다르고 제대로 된 맛을 느낄 수 있는 조리법도 함께 담았으면 합니다. 특히 핫도그에 감자나 혹은 고구마를 이용하여 여러 종류의 냉동 핫도그를 출시하고자 합니다.

　마케팅팀장 : 그런데 냉동핫도그 보관이 길고 간편한 것이 장점인데, 고급화로 하게 되면 보관 기간이 줄 어들거나 조리법이 어려워지는 건 아닐까요?

제품개발팀장 : 저희도 그 부분들에 대해 고민 중입니다. 다양한 재료를 생각해 보았으나, 냉동과 해동 과정에서 맛이 바뀌는 경우들이 있어서 아직 다양한 재료들을 더 고민해 봐야 할 것 같습니다.

　기획팀장 : 보관 기간은 정말 중요합니다. 재고관리에도 도움이 되고요.

　마케팅팀장 : 퀄리티는 높이되 간편함과 보관 기간은 유지하자는 말씀이시죠?

제품개발부장 : 네, 그렇습니다. 우선 다양한 종류의 제품을 만들게 되었을 때, 물량 차이가 얼마나 있는지도 확인이 필요할 것 같습니다.

　연구팀장 : 네, 그 부분에 대해서는 조금 더 논의가 필요할 것 같습니다. 검토해 보겠습니다.

　마케팅팀장 : 좋은 의견들이 많이 나온 것 같습니다. 고급화 신제품뿐 아니라 또 다른 제품이나 브랜딩에 대한 의견이 있으시다면 자유롭게 말씀해 주세요.

30　다음 중 윗글의 내용은 문제해결 과정에서 어느 단계에 해당하는가?

① 문제인식　　　　　　　　　② 원인분석

③ 문제도출　　　　　　　　　④ 해결안 개발

⑤ 해결안 실행 및 평가

31 다음 중 윗글을 통해 알 수 있는 문제해결을 위한 사고로 가장 적절한 것은?

① 전략적 사고
② 분석적 사고
③ 발상의 전환
④ 내외부자원의 효과적 활용
⑤ 사실 지향적 사고

32 다음 중 회의 내용에서 마케팅팀장이 취하는 문제해결 방법에 대한 설명으로 옳은 것은?

① 무언가를 시사하거나 암시를 통하여 의사를 전달하고 서로의 감정을 공유하여 원만하게 문제해결을 한다.
② 서로의 생각을 직설적으로 주장하고 논쟁이나 협상을 통해 서로의 의견을 조정해 간다.
③ 커뮤니케이션을 통해 서로의 문제점을 이해하고 공감함으로써 창조적인 문제해결을 한다.
④ 제3자는 구성원을 지도하고 설득하여 전원이 합의하는 일치점을 찾아내려고 한다.
⑤ 사실과 원칙에 근거한 토론을 중심으로 하고 있다.

33 다음 글에 나타난 필자의 의도로 가장 적절한 것은?

> 세상은 수많은 뉴스로 넘쳐난다. 어떤 뉴스는 사람들에게 유용한 지식과 정보를 제공하고, 살아가는 데 힘이 된다. 하지만 또 어떤 뉴스는 사람들에게 거짓 정보를 흘려 현실을 왜곡하거나 잘못된 정보와 의도로 우리를 현혹하기도 한다. 우리는 흔히 뉴스를 볼 때 우리가 선택하고 이용한다고 생각하지만, 사실은 뉴스가 보여 주거나 알려 주는 것만을 볼 수밖에 없다. 더구나 뉴스로 선택된 것들은 기자와 언론사의 판단을 통해 해석되고 재구성되는 과정을 거치기 마련이다. 아무리 객관적인 보도라 할지라도 해당 매체의 가치 판단을 거친 결과라는 말이다. 더군다나 스마트폰과 소셜미디어로 대표되는 인터넷을 통한 뉴스 이용은 언론사라는 뉴스 유통 단계를 거치지 않고 곧바로 독자에게 선날뇌어 가짜 뉴스와 같은 분세를 일느키기노 한나.
> 2017년 미국 대통령 선거에서 떠늘썩했넌 가짜 뉴스 사례는 가짜 뉴스의 영향력과 심삭싱이 일바나 대단한지를 보여 준다. 당시 가짜 뉴스는 소셜미디어를 통해 확산되었다. 소셜 미디어를 통한 뉴스 이용은 개인적인 차원에서 이루어져 뉴스가 제공하는 정보의 형태와 출처가 뒤섞이거나, 지인의 영향력에 의해 뉴스의 신뢰도가 결정되는 등의 부작용을 낳는다.

① 뉴스의 가치는 다양성에 있다.
② 뉴스는 생산자에 따라 다양하게 구성된다.
③ 뉴스는 이용자의 특성에 따라 다양하게 구성된다.
④ 뉴스는 생산자의 특성과 가치를 포함한다.
⑤ 뉴스 이용자의 올바른 이해와 판단이 필요하다.

34 다음은 우편매출액에 대한 자료이다. 이에 대한 설명으로 옳지 않은 것은?

〈우편매출액〉

(단위 : 만 원)

구분	2020년	2021년	2022년	2023년	2024년				
					소계	1분기	2분기	3분기	4분기
일반통상	11,373	11,152	10,793	11,107	10,899	2,665	2,581	2,641	3,012
특수통상	5,418	5,766	6,081	6,023	5,946	1,406	1,556	1,461	1,523
소포우편	3,390	3,869	4,254	4,592	5,017	1,283	1,070	1,292	1,372
합계	20,181	20,787	21,128	21,722	21,862	5,354	5,207	5,394	5,907

① 매년 매출액이 가장 높은 분야는 일반통상 분야이다.

② 1년 집계를 기준으로 매년 매출액이 꾸준히 증가하고 있는 분야는 소포우편 분야뿐이다.

③ 2024년 1분기 특수통상 분야의 매출액이 차지하고 있는 비율은 20% 이상이다.

④ 2024년 소포우편 분야의 2020년 대비 매출액 증가율은 70%p 이상이다.

⑤ 2023년에는 일반통상 분야의 매출액이 전체의 50% 이상을 차지하고 있다.

35 다음은 2020 ~ 2024년 4종목의 스포츠 경기에 대한 경기 수를 나타낸 자료이다. 이에 대한 설명으로 옳지 않은 것은?

〈국내 연도별 스포츠 경기 수〉

(단위 : 회)

구분	2020년	2021년	2022년	2023년	2024년
농구	413	403	403	403	410
야구	432	442	425	433	432
배구	226	226	227	230	230
축구	228	230	231	233	233

① 농구의 경기 수는 2021년 전년 대비 감소율이 2024년 전년 대비 증가율보다 높다.

② 2020년 농구와 배구 경기 수 차이는 야구와 축구 경기 수 차이의 90% 이상이다.

③ 2020년부터 2024년까지 야구 평균 경기 수는 축구 평균 경기 수의 2배 이하이다.

④ 2021년부터 2023년까지 경기 수가 증가하는 스포츠는 1종목이다.

⑤ 2024년 경기 수가 5년 동안의 종목별 평균 경기 수보다 적은 스포츠는 1종목이다.

36 다음은 주요 10개국의 2023년과 2024년 부채 현황을 나타낸 자료이다. 이에 대한 설명으로 옳은 것은?

〈국가별 최근 2년간 부채 현황〉

(단위 : %)

구분	2024년			2023년		
	GDP 대비 가계부채	GDP 대비 기업부채	GDP 대비 국가부채	GDP 대비 가계부채	GDP 대비 기업부채	GDP 대비 국가부채
한국	96.8	106.8	44.1	92.8	99.8	38.8
영국	85.4	81.2	97.9	82.1	78.8	110.2
홍콩	82.5	94.9	60.2	80.9	105.3	63.1
미국	75.8	72.8	98.8	70.2	73.9	108.2
중국	73.1	150.2	58.1	70.5	152.9	50.8
일본	70.2	119.8	120.2	66.1	101.2	115.9
필리핀	68.1	38.1	42.2	64.0	35.5	37.7
브라질	65.4	45.2	88.8	62.1	46.8	81.2
멕시코	58.7	26.7	37.3	55.8	27.7	33.5
인도	55.5	25.2	28.8	52.3	25.8	30.8

① GDP 대비 가계부채 순위는 2023년과 2024년 동일하다.

② 2023년과 2024년의 GDP 대비 기업부채 비율이 100% 이상인 국가는 동일하다.

③ 2023년 대비 2024년에 GDP 대비 기업부채 비율이 증가한 나라의 수와 감소한 나라의 수는 같다.

④ GDP 대비 국가부채 상위 3개 국가는 2023년과 2024년이 동일하다.

⑤ 2024년 GDP 대비 국가부채가 50% 이하인 국가는 GDP 대비 기업부채도 50% 이하이다.

※ 다음은 A ~ E회사의 방향제에 대한 일반인 설문조사를 정리한 자료이다. 이어지는 질문에 답하시오.
[37~38]

구분	가격	브랜드가치	향	분위기	지속성
A	2점	5점	2점	3점	3점
B	2점	2점	2점	2점	3점
C	4점	1점	3점	3점	4점
D	5점	4점	4점	4점	2점
E	1점	5점	4점	3점	4점

※ 5점 매우 좋음, 4점 좋음, 3점 : 보통, 2점 : 나쁨, 1점 : 매우 나쁨

37 향과 분위기가 좋은 방향제를 선호하는 소비자들은 어느 회사의 방향제를 구매하겠는가?

① A   ② B
③ C   ④ D
⑤ E

38 김씨는 방향제를 구매할 때 가격과 지속성을 가장 중시한다. 김씨는 E회사의 에센스를 구매했는데, E회사 제품을 구매하는 것보다 더 좋은 선택이 있다면?

① A   ② B
③ C   ④ D
⑤ 없음

39 다음 〈보기〉에서 조직 구조에 대한 설명으로 옳지 않은 것을 모두 고르면?

> 보기
> ㄱ. 기계적 조직은 구성원들의 업무분장이 명확하게 이루어져 있는 편이다.
> ㄴ. 기계적 조직은 조직 내 의사소통이 비공식적 경로를 통해 활발히 이루어진다.
> ㄷ. 유기적 조직은 의사결정권한이 조직 하부구성원들에게 많이 위임되어 있으며, 업무내용이 명확히 규정되어 있는 것이 특징이다.
> ㄹ. 유기적 조직은 기계적 조직에 비해 조직의 형태가 가변적이다.

① ㄱ, ㄴ   ② ㄱ, ㄷ
③ ㄴ, ㄷ   ④ ㄴ, ㄹ
⑤ ㄷ, ㄹ

40 다음 〈보기〉의 문장이 들어갈 위치로 가장 적절한 곳은?

카셰어링이란 차를 빌려 쓰는 방법의 하나로, 기존의 방식과는 다르게 시간 또는 분 단위로 필요한 만큼만 자동차를 빌려 사용할 수 있다. ___(가)___ 이러한 카셰어링은 비용 절감 효과와 더불어 환경적·사회적 측면에서 현재 세계적으로 주목받고 있는 사업 모델이다.

호주 멜버른시의 조사 자료에 따르면, 카셰어링 차 한 대당 도로상의 개인 소유 차량 9대를 줄이는 효과가 있으며, 실제 카셰어링을 이용하는 사람은 해당 서비스 가입 이후 자동차 사용을 50%까지 줄였다고 한다. 또한 자동차 이용량이 줄어들면 주차 문제를 해결할 수 있으며, 카셰어링 업체에서 제공하는 친환경 차량을 통해 온실가스의 배출을 감소시키는 효과도 기대할 수 있다. ___(나)___ 호주 카셰어링 업체 차량의 60% 정도는 경차 또는 하이브리드 차량인 것으로 조사되었다.

호주의 카셰어링 시장규모는 8,360만 호주 달러로, 지난 5년간 연평균 21.7%의 급격한 성장률을 보이고 있다. ___(다)___ 전문가들은 호주 카셰어링 시장이 앞으로도 가파르게 성장해 5년 후에는 현재보다 약 2.5배 증가한 2억 1,920만 호주 달러에 이를 것이며, 이용자 수도 10년 안에 150만 명까지 폭발적으로 늘어날 것이라고 예측한다. ___(라)___ 호주에서 차량을 소유할 경우 주유비, 서비스비, 보험료, 주차비 등의 부담이 크기 때문이다. 발표 자료에 의하면 차량 2대를 소유한 가족이 구매금액을 비롯하여 차량 유지비에만 쓰는 비용은 연간 12,000 호주 달러에서 18,000 호주 달러에 이른다고 한다.

호주 자동차 산업에서 경제적·환경적·사회적인 변화에 따라 호주 카셰어링 시장이 폭발적인 성장세를 보이는 것에 주목할 필요가 있다. ___(마)___ 전문가들은 카셰어링으로 인해 자동차 산업에 나타나는 변화의 정도를 '위험한 속도'로까지 비유하기도 한다. 카셰어링 차량의 주차공간을 마련하기 위해서 정부의 역할이 매우 중요한 만큼 호주는 정부 차원에서도 카셰어링 서비스를 지원하는 데 적극적으로 움직이고 있다. 호주는 카셰어링 서비스가 발달한 미국, 캐나다, 유럽 대도시에 비하면 아직 뒤처져 있지만, 성장 가능성이 높아 국내기업에서도 차별화된 서비스와 플랫폼을 개발한다면 진출을 시도해 볼 수 있다.

> **보기**
>
> 이처럼 호주에서 카셰어링 서비스가 많은 회원을 확보하며 급격한 성장세를 나타내는 데는 비용 측면의 이유가 가장 크다고 볼 수 있다.

① (가)　　　　　　　　　② (나)

③ (다)　　　　　　　　　④ (라)

⑤ (마)

우리나라의 지명은 역사적으로 많은 우여곡절을 겪으면서 변천해 왔다. 그러나 자세히 관찰하면 우리나라 지명만이 갖는 특징이 있는데, 이는 우리 지명의 대부분이 지형, 기후, 정치, 군사 등에서 유래되었다는 점이다.

우리나라의 지명에는 山(산), 谷(곡), 峴(현), 川(천), 新(신), 大(대), 松(송) 등의 한자가 들어 있는 것이 많다. 이 중 山, 谷, 峴, 川 등은 산악 지형이 대부분인 한반도의 산과 골짜기를 넘는 고개, 그 사이를 굽이치는 하천을 반영한 것이다. 그런가 하면 新, 大 등은 인구 증가와 개척・간척에 따라 형성된 새로운 마을과 관련되는 지명이며, 松은 어딜 가나 흔한 나무가 소나무였으므로 이를 반영한 것이다. 그다음으로 上(상), 内(내), 南(남), 東(동), 下(하) 등의 한자와 石(석), 岩(암), 水(수), 浦(포), 井(정), 村(촌), 長(장), 龍(용), 月(월) 등의 한자가 지명에 많이 들어 있다. 이러한 한자들은 마을의 위치나 방위를 뜻하는 것으로서, 우리 민족이 전통적으로 남(南), 동(東) 방향을 선호했다는 증거이다. 또한 큰 바위(石, 岩)가 이정표 역할을 했으며, 물(水, 井)을 중심으로 생활했다는 것을 반영하고 있다. 한편, 평지나 큰 들이 있는 곳에는 坪(평), 平(평), 野(야), 原(원) 등의 한자가 많이 쓰였는데, 가평, 청평, 양평, 부평, 수원, 철원, 남원 등이 그 예이다.

한자로 된 지명은 보통 우리말 지명의 차음(借音)과 차훈(借訓)을 따랐기 때문에 어느 정도는 원래의 뜻을 유추할 수 있었다. 그런데 우리말 지명을 한자어로 바꿀 때 잘못 바꾸면 그 의미가 매우 동떨어지게 된다. 특히 일제 강점기 때는 우리말 지명의 뜻을 제대로 몰랐던 일제에 의해 잘못 바뀐 지명이 많다. 그 사례를 들어 보면, 경기도 안산시의 고잔동은 원래 우리말로 '곶 안'이라는 뜻이었다. 우리말 의미를 제대로 살렸다면 한자 지명이 곶내(串内)나 갑내(岬内)가 되었어야 하나, 일제에 의해 고잔(古棧)으로 바뀌었다. 한편 서울의 삼각지도 이와 같은 사례에 해당한다. 이곳의 원래 지명은 새벌(억새 벌판)인데, 경기 방언으로 새뿔이라고 불렸다. 이를 새(세)를 삼(三)으로, 뿔(벌)을 각(角)으로 해석하여 삼각지로 바꾼 것이다. 이렇게 잘못 바뀐 지명은 전국에 분포되어 있다. 현재 우리가 이 '고잔(古棧)'과 '삼각지(三角地)'에서 원래의 의미를 찾아내기란 결코 쉽지 않다.

조선 시대에는 촌락의 특수한 기능이 지명에 반영되는 경우가 많았는데, 특히 교통 및 방어와 관련된 촌락이 그러하였다. 하천 교통이 발달한 곳에는 도진취락(渡津聚落)이 발달했는데, 이러한 촌락의 지명에는 ~도(渡), ~진(津), ~포(浦) 등의 한자가 들어간다. 한편, 주요 역로를 따라서는 역원취락(驛院聚落)이 발달했다. 역은 공문서의 전달과 관리의 내왕(來往), 관물(官物)의 수송 등을 주로 담당했고, 원은 관리나 일반 여행자에게 숙박 편의를 제공했다. 따라서 역(驛)~, ~원(院) 등의 한자가 들어가는 지명은 ＿＿＿＿＿＿＿＿＿＿＿＿＿＿＿＿＿＿＿＿ 곳이다.

해방 후 국토 공간의 변화에 따라 지명에도 큰 변화가 있었다. 국토 개발에 따라 새로운 지명이 생겨났는가 하면, 고유의 지명이 소멸하거나 변질되기도 했다. 서울의 경우 인구 증가로 인해 새로운 동(洞)이 만들어지면서 공항동, 본동과 같은 낯선 지명이 생겨났다. 반면에 굴레방다리, 말죽거리, 장승배기, 모래내, 뚝섬과 같은 고유 지명은 행정구역 명칭으로 채택되지 않은 채 잊혀 가고 있다.

41 다음 중 윗글의 내용을 잘못 이해하고 있는 사람은?

① 서울 율현동(栗峴洞)의 지명은 마을이 위치한 고개 지형에서 유래되었군.

② 강원도의 원주시(原州市)는 주로 넓은 평지로 이루어져 있겠군.

③ 서울의 삼각지(三角紙)는 뿔 모양의 지형에서 유래된 지명이군.

④ 서울의 노량진동(露梁津洞)은 조선 시대 하천 교통의 요지였겠군.

⑤ 서울 공항동(空港洞) 지명의 역사는 안산 고잔동(古棧洞) 지명의 역사보다 짧겠군.

42 다음 중 빈칸에 들어갈 내용으로 가장 적절한 것은?

① 과거에 경치가 뛰어났던

② 과거에 상공업이 발달했던

③ 과거에 왕이 자주 행차했던

④ 과거에 육상 교통이 발달했던

⑤ 과거에 해상 교통이 발달했던

※ 다음은 국내 기업의 업종별 수출국가 및 수출비중과 향후 진출 희망 1순위 국가에 대한 자료이다. 이어지는 질문에 답하시오. [43~44]

〈업종별 수출국가 및 수출비중〉

(단위 : %)

구분	사례수 (개)	일본	중국	미국	동남아	독일	유럽 (독일 제외)	기타	무응답
주조	127	64.1	39.3	54.5	45.6	52.7	37.1	39.6	-
금형	830	74.2	59.3	45.1	52.8	32.7	32.7	36.6	-
소성가공	625	52.6	51.3	48.1	45.0	27.1	34.0	46.5	10.0
용접	594	59.8	60.7	54.9	47.8	75.8	29.5	50.0	-
표면처리	298	45.1	61.5	59.3	44.5	-	23.9	53.2	-
열처리	60	43.5	64.0	56.9	43.0	23.1	29.2	40.9	-
소계	2,534	65.0	57.8	50.1	50.0	35.7	33.8	46.3	10.0

〈업종별 향후 진출 희망 1순위 국가〉

(단위 : %)

구분	사례수 (개)	중국	동남아	미국	유럽 (독일 제외)	일본	독일	기타
주조	106	15.1	24.0	27.2	7.4	22.6	1.2	2.5
금형	111	5.9	14.5	20.9	22.4	14.8	21.5	-
소성가공	588	21.9	21.9	23.8	4.8	16.4	1.4	9.8
용접	746	39.6	21.7	12.3	16.0	2.1	1.8	6.5
표면처리	86	37.3	22.5	7.8	15.0	5.7	-	11.7
열처리	26	62.3	25.3	6.2	-	-	-	6.2
소계	1,663	29.8	21.5	17.5	11.6	9.5	2.8	7.3

43 다음 중 업종별 수출국가 및 수출비중에 대한 설명으로 옳지 않은 것은?

① 열처리 분야 기업 중 중국에 수출하는 기업은 30개 이상이다.

② 금형 분야 기업의 수는 전체 기업 수의 40% 미만이다.

③ 용접 분야 기업의 수는 표면처리 분야 기업의 수의 2배 이상이다.

④ 소성가공 분야 기업 중 미국에 수출하는 기업의 수가 동남아에 수출하는 기업의 수보다 많다.

⑤ 주조 분야 기업 중 가장 많은 기업이 수출하는 국가는 일본이다.

44 다음 대화를 참고할 때, 옳은 설명을 한 사람을 〈보기〉에서 모두 고르면?

> **보기**
>
> 지현 : 금형 분야 기업들 중 가장 많은 기업이 1순위로 진출하고 싶어 하는 국가는 독일이야.
> 준엽 : 국내 열처리 분야 기업들이 가장 많이 수출하는 국가는 열처리 분야 기업들 중 가장 많은 기업이 1순위로 진출하고 싶어 하는 국가와 동일해.
> 찬영 : 표면처리 분야 기업들 중 유럽(독일 제외)에 진출하고 싶어 하는 기업들은 미국에 진출하고 싶어 하는 기업들의 2배 이상이다.
> 진경 : 용접 분야 기업들 중 기타 국가에 수출하는 기업의 수는 용접 분야 기업 중 독일을 제외한 유럽에 1순위로 진출하고 싶어 하는 기업의 수보다 많다.

① 지현, 준엽　　　　　　　　　　② 지현, 찬영
③ 준엽, 찬영　　　　　　　　　　④ 준엽, 진경
⑤ 찬영, 진경

45 다음은 자동차부품 제조업종인 K사의 SWOT 분석에 대한 내용이다. 대응 전략으로 적절하지 않은 것을 모두 고르면?

〈SWOT 분석〉

Strength(강점요인)	Weakness(약점요인)
• 현재 가동 가능한 해외 공장 다수 보유 • 다양한 해외 거래처와 장기간 거래	• 전염병 예방 차원에서의 국내 공장 가동률 저조 • 노조의 복지 확대요구 지속으로 인한 파업 위기
Opportunities(기회요인)	Threats(위협요인)
• 일부 국내 자동차부품 제조업체들의 폐업 • 국책은행의 부채 만기 연장 승인	• 전염병으로 인해 중국으로의 부품 수출 통제 • 필리핀 제조사들의 국내 진출

〈대응 전략〉

외부환경 ＼ 내부환경	Strength(강점)	Weakness(약점)
Opportunities (기회요인)	㉠ 국내 자동차부품 제조업체 폐업으로 인한 내수공급량 부족분을 해외 공장에서 공급	㉡ 노조의 복지 확대 요구를 수용하여 생산성을 증대시킴
Threats (위협요인)	㉢ 해외 공장 가동률 확대를 통한 국내 공장 생산량 감소분 상쇄	㉣ 국내 공장 가동률을 향상시키며 전염병을 예방할 수 있는 방안을 탐색하여, 국내생산을 늘려 필리핀 제조사의 국내 진출 견제

① ㉠, ㉡　　　　　　　　　　② ㉠, ㉢
③ ㉡, ㉢　　　　　　　　　　④ ㉡, ㉣
⑤ ㉢, ㉣

46 다음은 K공단의 2020 ~ 2024년 부채현황에 대한 자료이다. 〈보기〉의 직원 중 다음 부채현황에 대해 옳은 설명을 한 사람을 모두 고르면?

〈K공단 부채현황〉

(단위 : 백만 원)

구분	2020년	2021년	2022년	2023년	2024년
자산	40,544	41,968	44,167	44,326	45,646
자본	36,642	38,005	39,295	40,549	41,800
부채	3,902	3,963	4,072	3,777	3,846
금융부채	–	–	–	–	–
연간이자	–	–	–	–	–
부채비율	10.7%	10.4%	10.4%	9.3%	9.2%
당기순이익	1,286	1,735	1,874	1,902	1,898

보기

김대리 : 2021년부터 2023년까지 당기순이익과 부채의 전년 대비 증감 추이는 동일해.
이주임 : 2023년 부채의 전년 대비 감소율은 10% 미만이야.
최주임 : 2022년부터 2024년까지 부채비율은 전년 대비 매년 감소하였어.
박사원 : 자산 대비 자본의 비율은 2023년에 전년 대비 증가하였어.

① 김대리, 이주임
② 김대리, 최주임
③ 최주임, 박사원
④ 이주임, 박사원
⑤ 김대리, 최주임, 박사원

47 K공단 직원들은 회의를 통해 가 ~ 라 4가지 사항 중에서 어떤 사항을 채택할지 고려하고 있다. 결정 과정에서 아래와 같은 〈조건〉이 모두 충족되어야 할 때, 다음 중 항상 옳지 않은 것은?

조건

(1) '가'사항을 채택하려면, '나'사항과 '다'사항 중 적어도 하나를 채택하지 않아야 한다.
(2) '다'사항과 '라'사항을 동시에 채택하면, '나'사항을 채택하지 않아야 한다.
(3) '가'사항이나 '나'사항을 채택하면, '라'사항도 채택해야 한다.

① '나'사항이 채택되지 않고 '다'사항이 채택되면, '가'사항이 채택될 수 있다.
② '가'사항이 채택되면, '다'사항도 같이 채택될 수 있다.
③ '가'사항과 '나'사항이 모두 채택되지 않으면, '라'사항은 채택될 수 있다.
④ '나'사항이 채택되면, '다'사항도 같이 채택될 수 있다.
⑤ '라'사항이 채택되지 않으면, '가'사항과 '나'사항 모두 채택할 수 없다.

48 다음 글을 통해 추론할 수 있는 내용으로 가장 적절한 것은?

바다 속에 서식했던 척추동물의 조상형 동물들은 체와 같은 구조를 이용하여 물속의 미생물을 걸러 먹었다. 이들은 몸집이 아주 작아서 물속에 녹아 있는 산소가 몸 깊숙한 곳까지 자유로이 넘나들 수 있었기 때문에 별도의 호흡계가 필요하지 않았다. 그런데 몸집이 커지면서 먹이를 거르던 체와 같은 구조가 호흡 기능까지 갖게 되어 마침내 아가미 형태로 변형되었다. 즉, 소화계의 일부가 호흡 기능을 담당하게 된 것이다. 그 후 호흡계의 일부가 변형되어 허파로 발달하고, 그 허파는 위장으로 이어지는 식도 아래쪽으로 뻗어 나갔다. 한편, 공기가 드나드는 통로는 콧구멍에서 입천장을 뚫고 들어가 입과 아가미 사이에 자리 잡게 되었다. 이러한 진화 과정을 보여 주는 것이 폐어(肺魚) 단계의 호흡계 구조이다.

이후 진화 과정이 거듭되면서 호흡계와 소화계가 접하는 지점이 콧구멍 바로 아래로부터 목 깊숙한 곳으로 이동하였다. 그 결과 머리와 목구멍의 구조가 변형되지 않는 범위 내에서 호흡계와 소화계가 점차 분리되었다. 즉, 처음에는 길게 이어져 있던 호흡계와 소화계의 겹친 부위가 점차 짧아졌고, 마침내 하나의 교차점으로만 남게 된 것이다. 이것이 인간을 포함한 고등 척추동물에서 볼 수 있는 호흡계의 기본 구조이다. 따라서 음식물로 인한 인간의 질식 현상은 척추동물 조상형 단계를 지나 자리 잡게 된 허파의 위치(당시에는 최선의 선택이었을) 때문에 생겨난 진화의 결과라 할 수 있다.

① 진화는 순간순간에 필요한 대응일 뿐 최상의 결과를 내는 과정이 아니다.
② 조상형 동물은 몸집이 커지면서 호흡기능의 중요성이 줄어드는 대신 소화기능이 중요해졌다.
③ 폐어 단계의 호흡계 구조에서 갖고 있던 아가미는 척추동물의 허파로 진화하였다.
④ 지금의 척추동물과는 달리 조상형 동물들은 산소를 필요로 하지 않았다.
⑤ 척추동물로 진화해 오면서 호흡계와 소화계는 완전히 분리되었다.

49 다음은 2020 ~ 2024년 국가공무원 및 지방자치단체공무원 현황에 대한 자료이다. 이에 대한 설명으로 옳지 않은 것은?

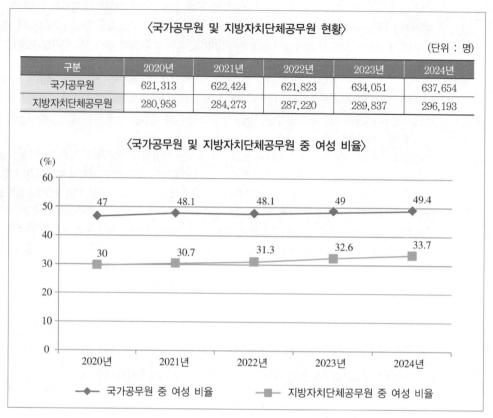

〈국가공무원 및 지방자치단체공무원 현황〉

(단위 : 명)

구분	2020년	2021년	2022년	2023년	2024년
국가공무원	621,313	622,424	621,823	634,051	637,654
지방자치단체공무원	280,958	284,273	287,220	289,837	296,193

〈국가공무원 및 지방자치단체공무원 중 여성 비율〉

① 매년 국가공무원 중 여성 수는 지방자치단체공무원 중 여성 수의 3배 이상이다.
② 지방자치단체공무원 중 여성 수는 매년 증가하였다.
③ 매년 국가공무원 중 여성 수는 지방자치단체공무원 수보다 많다.
④ 국가공무원 중 남성 수는 2022년이 2021년보다 적다.
⑤ 국가공무원 중 여성 비율과 지방자치단체공무원 중 여성 비율의 차이는 매년 감소한다.

50 다음 글을 읽고 추론할 수 있는 내용으로 가장 적절한 것은?

최근 환경에 대한 관심이 증가하면서 상표에도 '에코, 녹색' 등 '친환경'을 표방하는 상표 출원이 꾸준히 증가하는 것으로 나타났다. 특허청에 따르면, '친환경' 관련 상표 출원은 최근 10여 년간 연평균 1,200여 건이 출원돼 꾸준한 관심을 받아온 것으로 나타났다. '친환경' 관련 상표는 제품의 '친환경'을 나타내는 대표적인 문구인 '친환경, 에코, ECO, 녹색, 그린, 생태' 등의 문자를 포함하고 있는 상표이며 출원건수는 상품류를 기준으로 한다. 즉, 단류 출원은 1건, 2개류에 출원된 경우 2건으로 계산한다.

작년 한 해 친환경 상표가 가장 많이 출원된 제품은 화장품(79건)이었으며, 그다음으로 세제(50건), 치약(48건), 샴푸(47건) 순으로 조사됐다. 특히, 출원건수 상위 10개 제품 중 7개가 일상생활에서 흔히 사용하는 미용, 위생 등 피부와 관련된 상품인 것으로 나타나 깨끗하고 순수한 환경에 대한 관심이 친환경 제품으로 확대되고 있는 것으로 분석됐다.

2007년부터 2017년까지의 '친환경' 관련 상표의 출원실적을 보면 영문자 'ECO'가 4,820건으로 가장 많이 사용되어 기업이나 개인은 제품의 '친환경'을 나타내는 상표 문구로 'ECO'를 가장 선호하는 것으로 드러났다. 다음으로는 '그린'이 3,862건, 한글 '에코'가 3,156건 사용됐고 '초록', '친환경', '녹색', '생태'가 각각 766건, 687건, 536건, 184건으로 그 뒤를 이었다. 특히, '저탄소·녹색성장'이 국가 주요 정책으로 추진되던 2010년에는 '녹색'을 사용한 상표출원이 매우 증가한 것으로 나타났고, 친환경·유기농 먹거리 등에 대한 수요가 늘어나면서 2015년에는 '초록'이 포함된 상표 출원이 상대적으로 증가한 것으로 조사됐다.

최근 환경과 건강에 대한 관심이 증가하면서 이러한 '친환경' 관련 상표를 출원하여 등록받는 것이 소비자들의 안전한 구매를 촉진하는 길이 될 수 있다.

① 환경과 건강에 대한 관심이 증가하지만 '친환경'을 강조하는 상표출원의 증가세가 주춤할 것으로 전망된다.

② 국가 주요 정책이나 환경에 대한 관심이 상표 출원에 많은 영향을 미친다.

③ 친환경 상표가 가장 많이 출원된 제품인 화장품의 경우 대부분 안전하다고 믿고 사용해도 된다.

④ 영문 'ECO'와 한글 '에코'의 의미가 동일하므로 한글 '에코'의 상표 문구 출원이 높아져 영문 'ECO'를 역전할 가능성이 높다.

⑤ 친환경 세제를 개발한 P사는 ECO 달세제, ECO 별세제 2개의 상품을 모두 '표백제 및 기타 세탁용 제제'의 상품류로 등록하여 출원건수는 2건으로 계산될 수 있다.

제3회
최종점검 모의고사

※ 한국환경공단 최종점검 모의고사는 채용공고를 기준으로 구성한 것으로 실제 시험과 다를 수 있습니다.

■ 취약영역 분석

번호	O/×	영역	번호	O/×	영역	번호	O/×	영역
01		의사소통능력	21		수리능력	41		수리능력
02		수리능력	22		의사소통능력	42		문제해결능력
03		문제해결능력	23			43		
04		조직이해능력	24		조직이해능력	44		
05		문제해결능력	25			45		
06			26		의사소통능력	46		의사소통능력
07			27			47		
08		수리능력	28		문제해결능력	48		조직이해능력
09			29			49		수리능력
10		문제해결능력	30			50		의사소통능력
11			31		수리능력			
12		수리능력	32					
13		의사소통능력	33					
14			34		의사소통능력			
15		문제해결능력	35					
16			36					
17			37		문제해결능력			
18		조직이해능력	38					
19		수리능력	39		조직이해능력			
20			40					

평가문항	50문항	평가시간	60분
시작시간	:	종료시간	:
취약영역			

최종점검 모의고사

제 **3** 회

🕐 응시시간 : 60분 📋 문항 수 : 50문항

정답 및 해설 p.071

01 다음 글을 읽고 확인할 수 있는 내용으로 적절하지 않은 것은?

> 온실가스를 배출하지 않는 진정한 수소경제를 구축하기 위해 그린수소 생산은 수전해 설비 없이는 불가능하다. 따라서 우리나라뿐만 아니라 세계 주요국들이 수전해 설비 개발과 확충에 총력을 기울이고 있다. 특히 재생에너지의 증가와 이에 따른 잉여전력의 대용량, 장기간 저장 방식으로 수전해 기술혁신이 더욱 요구되고 있다. 즉, 수전해와 연료전지 응용 분야, 장기간 에너지 저장장치는 상호 연관성이 큰 기술들로 부가가치 창출효과가 크기 때문에 미래 유망 기술들에 대한 선제적 대응이 필요하다.
>
> 정부와 기업은 차세대 그린수소 분야의 국산 수전해 설비 기술 경쟁력을 높이고 관련 시장을 확대하여 비용 절감에 더욱 힘써야 할 것이다. 현재 우리나라는 수전해 기술 관련 연구개발 역사가 짧고 아직 관련시장이 크지 않기 때문에 국산 수전해 설비의 효율이 경쟁국에 비해 낮고 핵심 소재 기술도 부족한 실정이다. 이에 국가 주도의 기술개발 및 육성을 위한 지원이 필요한 상황으로 과학기술정보통신부는 수전해 기술을 포함해 친환경적인 방법으로 수소를 생산하고 효과적으로 저장하는 기술에 2021년 33억 원을 포함하여, 향후 6년간 총 253억 원을 투입하고 연료전지 핵심기술 개발에도 예산을 지원할 방침이다.
>
> 국내 연구기관들은 수전해 셀 구성 재료의 저가화와 고효율, 고내구성 등 기계적 안정적 측면에서 실용화 연구 중심으로 적극 검토가 필요하며 기업들은 MW급 대용량 전해조 시스템 개발과 투자비를 현저히 낮출 수 있는 기술 개발에 박차를 가해야 할 것이다.
>
> 또한 국제표준 선점을 위한 수소기술 관련 핵심 가스산업기술 표준화와 같이 재생에너지원을 이용한 그린수소 제조 기술 등의 표준화 프로세스와 안전 기준 등의 체계적 구축이 필요하다.
>
> 그리고 국내 그린수소 생산을 위한 지리적인 제약 요인으로 2030년부터는 해외 그린수소 수입이 불가피한 상황이기 때문에 해외 기술교류 및 해외 공동 사업 등을 적극 추진할 필요가 있다. 수소시장 참여자 간 전략적 제휴 모색과 해외 수전해 사업 참여, 국제협력 네트워크 구축 강화 노력이 결합될 때 더 저렴한 그린수소 생산이 가능할 것이다.

① 수소를 생산하기 위해서는 수전해 설비의 구축이 필요하다.

② 우리나라는 다른 나라에 비해 수전해와 관련된 기술이 부족하고 경쟁력을 갖추지 못했다.

③ 과학기술정보통신부는 수전해 기술 발전을 위해 2021년에만 253억 원을 지원했다.

④ 수전해 기술의 상용화를 위해서는 비용을 낮추는 것이 핵심이다.

⑤ 우리나라는 지리적으로 제약 요건이 많기 때문에 필연적으로 다른 나라와 협업을 통해 문제를 해결해야 한다.

02 철수와 영희가 5 : 3 비율의 속력으로 A지점에서 출발하여 B지점으로 향했다. 영희가 30분 먼저 출발했을 때 철수가 영희를 따라잡은 시간은 철수가 출발하고 나서 몇 분만인가?

① 30분   ② 35분

③ 40분   ④ 45분

⑤ 50분

PART 2

03 다음은 기후변화협약에 대한 국가군과 특정의무에 대한 자료이다. 이에 대한 내용으로 옳지 않은 것은?

〈국가군과 특정의무〉

구분	부속서 Ⅰ 국가	부속서 Ⅱ 국가	비부속서 Ⅰ 국가
국가	협약체결 당시 OECD 24개국, EU와 동구권 국가 등 40개국	부속서 Ⅰ 국가에서 동구권 국가가 제외된 OECD 24개국 및 EU	우리나라 등
의무	온실가스 배출량을 1990년 수준으로 감축 노력, 강제성을 부여하지 않음	개발도상국에 재정지원 및 기술이전 의무를 가짐	국가 보고서 제출 등의 협약상 일반적 의무만 수행
부속서 Ⅰ	오스트레일리아, 오스트리아, 벨라루스, 벨기에, 불가리아, 캐나다, 크로아티아, 덴마크, 에스토니아, 핀란드, 프랑스, 독일, 그리스, 헝가리, 아이슬란드, 아일랜드, 일본, 라트비아, 리투아니아, 룩셈부르크, 네덜란드, 뉴질랜드, 노르웨이, 폴란드, 포르투갈, 루마니아, 러시아, 슬로바키아, 슬로베니아, 스페인, 스웨덴, 터키, 우크라이나, 영국, 미국, 모나코, 리히텐슈타인 등		
부속서 Ⅱ	오스트레일리아, 오스트리아, 벨기에, 캐나다, 덴마크, 핀란드, 프랑스, 독일, 그리스, 아이슬란드, 아일랜드, 이탈리아, 일본, 룩셈부르크, 네덜란드, 뉴질랜드, 노르웨이, 포르투갈, 스페인, 스웨덴, 스위스, 영국, 미국 등		

① 우리나라는 비부속서 Ⅰ 국가에 속해 협약상 일반적 의무만 수행하면 된다.

② 아일랜드와 노르웨이는 개발도상국에 재정지원 및 기술이전 의무가 있다.

③ 리투아니아와 모나코는 온실가스 배출량을 1990년 수준으로 감축하도록 노력해야 한다.

④ 부속서 Ⅰ에 속하는 국가가 의무를 지키지 않을 시 그에 상응하는 벌금을 내야 한다.

⑤ 비부속서 Ⅰ 국가가 자발적으로 온실가스 배출량을 감축할 수 있다.

04 다음은 집단 간 관계에 대한 직원들의 대화 내용이다. 집단 간 관계에 대하여 옳은 설명을 한 직원을 모두 고르면?

> A대리 : 영업팀 간 경쟁이 치열해지고 있네요. 이런 집단 간 경쟁의 원인은 주로 조직 내 한정된 자원을 더 많이 가져가려고 해서 발생하는 것 같아요.
>
> B차장 : 맞아. 조직 내 집단들이 서로 상반되는 목표를 추구할 때도 경쟁이 발생하기도 하지.
>
> C주임 : 그런데 오히려 각 영업팀들이 내부적으로는 더 결속되는 것 같아요. 역시 경쟁은 치열할수록 조직에 이로운 것 같습니다.
>
> D주임 : 그래도 너무 치열해지면 오히려 조직 전반에 비능률을 초래해.

① A대리
② C주임
③ A대리, B차장, C주임
④ A대리, B차장, D주임
⑤ B차장, C주임, D주임

05 다음 〈조건〉에 따라 문항출제위원을 위촉하고자 할 때, 항상 참인 것은?

> 위촉하고자 하는 문항출제위원은 총 6명이다. 후보자는 논리학자 4명, 수학자 6명, 과학자 5명으로 추려졌다. 논리학자 2명은 형식논리를 전공했고 다른 2명은 비형식논리를 전공했다. 수학자 2명은 통계학을 전공했고 3명은 기하학을 전공했으며 나머지 1명은 대수학을 전공했다. 과학자들은 각각 물리학, 생명과학, 화학, 천문학, 기계공학을 전공했다.

조건

- 형식논리 전공자가 선정되면 비형식논리 전공자도 최소한 같은 인원만큼 선정된다.
- 수학자 중에서 통계학자만 선정되는 경우는 없다.
- 과학자는 최소 2명은 선정되어야 한다.
- 논리학자, 수학자는 최소 1명씩은 선정되어야 한다.
- 기하학 전공자는 천문학 전공자와 함께 선정되고, 기계공학 전공자는 통계학 전공자와 함께 선정된다.

① 형식논리 전공자와 비형식논리 전공자가 1명씩 선정된다.
② 서로 다른 전공을 가진 수학자가 2명 선정된다.
③ 과학자는 최대 4명까지 선정될 수 있다.
④ 통계학 전공자를 포함하면 수학자는 3명이 선정될 수 없다.
⑤ 논리학자가 3명이 선정되는 경우는 없다.

※ 다음은 S카페의 음료의 메뉴별 성분 자료와 甲이 요일별로 마실 음료를 선택하는 기준이다. 이어지는 질문에 답하시오(단, 甲은 요일별로 1잔의 음료를 마신다). [6~7]

<메뉴별 성분>

구분	우유	시럽	기타	구분	우유	시럽	기타
아메리카노	×	×		카페모카	○	초콜릿	크림
카페라테	○	×		시나몬모카	○	초콜릿	시나몬
바닐라라테	○	바닐라		비엔나커피	×	×	크림
메이플라테	○	메이플		홍차라테	○	×	홍차

※ ○(함유), ×(미함유)

<甲의 음료 선택 기준>

• 월요일과 화요일에는 크림이 들어간 음료를 마신다.
• 화요일과 목요일에는 우유가 들어간 음료를 마시지 않는다.
• 수요일에는 바닐라 시럽이 들어간 음료를 마신다.
• 금요일에는 홍차라테를 마신다.
• 주말에는 시럽이 들어가지 않고, 우유가 들어간 음료를 마신다.
• 비엔나커피는 일주일에 2번 이상 마시지 않는다.
• 바로 전날 마신 음료와 동일한 음료는 마시지 않는다.

06 甲이 오늘 아메리카노를 마셨다면, 오늘은 무슨 요일인가?

① 수요일 ② 목요일
③ 금요일 ④ 토요일
⑤ 일요일

07 甲이 금요일에 홍차라테가 아닌 카페라테를 마신다면, 토요일과 일요일에 마실 음료를 올바르게 짝지은 것은?

	토요일	일요일		토요일	일요일
①	아메리카노	카페라테	②	카페라테	홍차라테
③	아메리카노	카페모카	④	홍차라테	카페라테
⑤	홍차라테	아메리카노			

※ 다음은 K공단의 주요경영지표를 나타낸 자료이다. 이어지는 질문에 답하시오. [8~9]

〈경영지표〉

(단위 : 십억 원)

구분	공정자산총액	부채총액	자본총액	자본금	매출액	당기순이익
2019년	2,610	1,658	952	464	1,139	170
2020년	2,794	1,727	1,067	481	2,178	227
2021년	5,383	4,000	1,383	660	2,666	108
2022년	5,200	4,073	1,127	700	4,456	−266
2023년	5,242	3,378	1,864	592	3,764	117
2024년	5,542	3,634	1,908	417	4,427	65

08 K공단의 투자자 A씨는 당해년도 당기순이익을 매출액으로 나눈 수치를 평가하여 다음 해 투자규모를 결정한다고 한다. 투자자 A씨의 투자규모가 가장 큰 해는?

① 2019년   ② 2020년

③ 2021년   ④ 2022년

⑤ 2023년

09 다음 중 위의 자료에 대한 설명으로 옳은 것은?

① 자본총액은 전년 대비 꾸준히 증가하고 있다.

② 전년 대비 당기순이익이 가장 많이 증가한 해는 2020년이다.

③ 공정자산총액과 부채총액의 차가 가장 큰 해는 2024년이다.

④ 각 지표 중 총액 규모가 가장 큰 것은 매출액이다.

⑤ 2019 ~ 2024년간 자본총액 중 자본금이 차지하는 비중은 계속 증가하고 있다.

※ 하반기에 연수를 마친 A ~ E 5명은 다음 〈조건〉에 따라 세계 각국에 있는 해외사업본부로 배치될 예정이다. 이어지는 질문에 답하시오. [10~11]

조건

- A, B, C, D, E는 인도네시아, 미국 서부, 미국 남부, 칠레, 노르웨이에 있는 서로 다른 해외사업본부로 배치된다.
- C와 D 중 한 명은 미국 서부에 배치된다.
- B는 칠레에 배치되지 않는다.
- E는 노르웨이로 배치된다.
- 미국 서부에는 회계직이 배치된다.
- C가 인도네시아에 배치되면 A는 칠레에 배치된다.
- A가 미국 남부에 배치되면 B는 인도네시아에 배치된다.
- A, D, E는 회계직이고, B, C는 기술직이다.

PART 2

10 다음 중 D가 배치될 해외사업본부는 어디인가?

① 인도네시아   ② 미국 서부

③ 미국 남부   ④ 칠레

⑤ 알 수 없음

11 위의 〈조건〉을 바탕으로 할 때, 다음 〈보기〉 중 적절한 것을 모두 고르면?

보기

㉠ C가 인도네시아에 배치되면 B는 미국 남부에 배치된다.
㉡ A가 미국 남부에 배치되면 C는 인도네시아에 배치된다.
㉢ A는 반드시 칠레에 배치된다.
㉣ 노르웨이에는 회계직이 배치된다.

① ㉠, ㉡   ② ㉠, ㉣

③ ㉡, ㉢   ④ ㉡, ㉣

⑤ ㉢, ㉣

12 A, B 두 팀이 축구 경기를 했는데 동점으로 끝나 승부차기를 하고 있다. 현재 어느 팀이든 한 골만 넣으면 경기가 바로 끝나는 상황일 때, 양 팀이 한 번씩 승부차기를 한 후에도 경기가 끝나지 않을 확률은 얼마인가?(단, A팀과 B팀의 승부차기 성공률은 각각 70%, 40%이다)

① 0.11

② 0.28

③ 0.36

④ 0.46

⑤ 0.51

※ 다음 글을 읽고 이어지는 질문에 답하시오. [13~14]

세계적으로 저명한 미국의 신경과학자들은 '의식에 관한 케임브리지 선언'을 통해 동물에게도 의식이 있다고 선언했다. 이들은 포유류와 조류 그리고 문어를 포함한 다른 많은 생물도 인간처럼 의식을 생성하는 신경학적 기질을 갖고 있다고 주장하였다. 즉, 동물도 인간과 같이 의식이 있는 만큼 합당한 대우를 받아야 한다는 이야기이다. 그러나 이들과 달리 아직도 동물에게 의식이 있다는 데 회의적인 과학자가 많다.

인간의 동물관은 고대부터 두 가지로 나뉘어 왔다. 그리스의 철학자 피타고라스는 윤회설에 입각하여 동물에게 경의를 표해야 한다는 것을 주장했으나, 아리스토텔레스는 '동물에게는 이성이 없으므로 동물은 인간의 이익을 위해서만 존재한다.'라고 주장했다. 이러한 동물관의 대립은 근세에도 이어졌다. 17세기 철학자 데카르트는 '동물은 정신을 갖고 있지 않으며, 고통을 느끼지 못하므로 심한 취급을 해도 좋다.'라고 주장한 반면, 18세기 계몽철학자 루소는 '인간불평등 기원론'을 통해 인간과 동물은 동등한 자연의 일부라는 주장을 처음으로 제기했다.

그러나 인간은 오랫동안 동물의 본성이나 동물답게 살 권리를 무시한 채로 소와 돼지, 닭 등을 사육해왔다. 오로지 더 많은 고기와 달걀을 얻기 위해 '공장식 축산' 방식을 도입한 것이다. 공장식 축산이란 가축 사육 과정이 공장에서 규격화된 제품을 생산하는 것과 같은 방식으로 이루어지는 것을 말하며, 이러한 환경에서는 소와 돼지, 닭 등이 몸조차 자유롭게 움직일 수 없는 좁은 공간에 갇혀 자라게 된다. 가축은 스트레스를 받아 면역력이 ⊙ 떨어지게 되고, 이는 결국 항생제 대량 투입으로 이어질 수밖에 없다. 우리는 그렇게 생산된 고기와 달걀을 맛있다고 먹고 있는 것이다.

이와 같은 공장식 축산의 문제를 인식하고, 이를 개선하려는 동물 복지 운동은 1960년대 영국을 중심으로 유럽에서 처음 시작되었다. 인간이 가축의 고기 등을 먹더라도 최소한의 배려를 함으로써 항생제 사용을 줄이고, 고품질의 고기와 달걀을 생산하자는 것이다. 한국도 산란계를 시작으로 '동물 복지 축산농장 인증제'를 시행하고 있다. 배고픔·영양 불량·갈증으로부터의 자유, 두려움·고통으로부터의 자유 등의 5대 자유를 보장하는 농장만이 동물 복지 축산농장 인증을 받을 수 있다.

동물 복지는 가축뿐만이 아니라 인간의 건강을 위한 것이기도 하다. 따라서 정부와 소비자 모두 동물 복지에 좀 더 많은 관심을 가져야 한다.

13 다음 중 인간의 동물관과 관련하여 성격이 다른 하나는?

① 데카르트

② 피타고라스

③ 인간불평등 기원론

④ 동물 복지 축산농장 인증제

⑤ 의식에 관한 케임브리지 선언

14 다음 중 밑줄 친 ㉠과 같은 의미로 사용된 것은?

① 생산비와 운송비 등을 제외하면 농민들 손에 떨어지는 돈이 거의 없다.

② 주하병은 더위로 인해 기력이 없어지며 입맛이 떨어지는 여름의 대표 질환이다.

③ 아침을 자주 먹지 않으면 학교에서 시험 성적이 떨어질 수 있다는 연구 결과가 나왔다.

④ 추운 날씨 탓에 한 달째 감기가 떨어지지 않고 있다.

⑤ 만성질환자의 경우 먹던 약이 떨어져 약 복용을 중단하면 증상이 더욱 악화될 수 있다.

15 각 지역본부 대표 8명이 다음 〈조건〉에 따라 원탁에 앉아 회의를 진행한다고 할 때, 경인 지역본부 대표의 맞은편에 앉은 사람을 바르게 추론한 것은?

> **조건**
> • 서울, 부산, 대구, 광주, 대전, 경인, 춘천, 속초 대표가 참여하였다.
> • 서울 대표는 12시 방향에 앉아 있다.
> • 서울 대표의 오른쪽 두 번째 자리에는 대전 대표가 앉아 있다.
> • 부산 대표는 경인 대표의 왼쪽에 앉는다.
> • 광주 대표의 양 옆자리는 대전 대표와 부산 대표이다.
> • 광주 대표와 대구 대표는 마주 보고 있다.
> • 속초 대표의 양 옆자리는 서울 대표와 대전 대표이다.

① 대전 대표   ② 부산 대표

③ 대구 대표   ④ 속초 대표

⑤ 서울 대표

16 다음은 업무 수행 과정에서 발생하는 문제의 유형 3가지를 소개한 자료이다. 문제의 유형에 대하여 〈보기〉의 사례가 바르게 연결된 것은?

〈문제의 유형〉	
발생형 문제	현재 직면한 문제로, 어떤 기준에 대하여 일탈 또는 미달함으로써 발생하는 문제이다.
탐색형 문제	탐색하지 않으면 나타나지 않는 문제로, 현재 상황을 개선하거나 효율을 더 높이기 위해 발생하는 문제이다.
설정형 문제	미래지향적인 새로운 과제 또는 목표를 설정하면서 발생하는 문제이다.

보기

(가) A회사는 초콜릿 과자에서 애벌레로 보이는 곤충 사체가 발견되어 과자 제조과정에 대해 고민하고 있다.

(나) B회사는 점차 다가오는 초고령사회에 대비하여 노인들을 위한 애플리케이션을 개발하기로 했다.

(다) C회사는 현재의 충전지보다 더 많은 전압을 회복시킬 수 있는 충전지를 연구하고 있다.

(라) D회사는 발전하고 있는 드론시대를 위해 드론센터를 건립하기로 결정했다.

(마) E회사는 업무 효율을 높이기 위해 근로시간을 단축하기로 결정했다.

(바) F회사는 올해 개발한 침대에 방사능이 검출되어 안전기준에 부적합 판정을 받았다.

	발생형 문제	탐색형 문제	설정형 문제
①	(가), (바)	(다), (마)	(나), (라)
②	(가), (마)	(나), (라)	(다), (바)
③	(가), (나)	(다), (바)	(라), (마)
④	(가), (나)	(마), (바)	(다), (라)
⑤	(가), (바)	(나), (다)	(라), (마)

17 자동차 회사에 근무하는 D씨는 올해 새로 출시될 예정인 수소전기차 '럭스'에 대해 SWOT 분석을 진행하기로 하였다. 다음 중 〈보기〉의 (가) ~ (마) 중 SWOT 분석에 들어갈 내용으로 적절하지 않은 것은?

〈수소전기차 '럭스' 분석 내용〉

▶ 럭스는 서울에서 부산을 달리고도 절반 가까이 남는 609km에 달하는 긴 주행거리와 5분에 불과한 짧은 충전시간을 볼 수 있다.

▶ 수소전기차의 정부 보조금 지급 대상은 총 240대로, 생산량에 비해 보조금이 부족한 실정이다.

▶ 전기차의 경우 전기의 가격은 약 10 ~ 30원/km이며, 수소차의 경우 수소의 가격은 약 72.8원/km 이다.

▶ 럭스의 가격은 정부와 지자체의 보조금을 통해 3천여 만 원에 구입이 가능하며, 이는 첨단 기술이 집약된 친환경차를 중형 SUV 가격에 구매한다는 점에서 매력적이지 않을 수 없다.

▶ 화석연료로 만든 전기를 충전해서 움직이는 전기차보다 물로 전기를 만들어서 움직이는 수소전기차가 더 친환경적이다.

▶ 수소를 충전할 수 있는 충전소는 전국 12개소에 불과하며, 올해 안에 10개소를 더 설치한다고 계획되었으나 모두 완공될지는 미지수이다.

▶ 현재 전 세계에서 친환경차의 인기는 뜨거우며, 저유가와 레저 문화의 확산으로 앞으로도 인기가 지속될 전망이다.

보기

강점(Strength)	약점(Weakness)
• (가) 보조금을 통한 저렴한 가격 • 일반 전기차보다 친환경적인 수소전기차 • (나) 짧은 충전시간과 긴 주행거리	• (다) 수소보다 비싼 전기 가격
기회(Opportunity)	위협(Threat)
• (라) 친환경차에 대한 인기	• 생산량에 비해 부족한 보조금 • (마) 충전 인프라 부족

① (가)
② (나)
③ (다)
④ (라)
⑤ (마)

18 다음은 K공단의 보안업무취급 규칙에 따른 보안업무 책임자 및 담당자와 임무에 대한 자료이다. 이에 대한 내용으로 적절하지 않은 것은?

〈보안업무 책임자 및 담당자〉

구분	이사장	총무국장	비서실장	팀장
보안책임관	○			
보안담당관		○		
비밀보관책임자				○
시설방호책임자	○			
시설방호부책임자		○		
보호구역관리책임자			○ (이사장실)	○ (지정보호구역)

〈보안업무 책임자 및 담당자의 임무〉

구분	수행임무
보안책임관	• 공단의 보안업무 전반에 대한 지휘, 감독총괄
보안담당관	• 자체 보안업무 수행에 대한 계획, 조정 및 감독 • 보안교육 및 비밀관리, 서약서 집행 • 통신보안에 관한 사항 • 비밀의 복제, 복사 및 발간에 대한 통제 및 승인 • 기타 보안업무 수행에 필요하다고 인정하는 사항 • 비밀취급인가
비밀보관책임자	• 비밀의 보관 및 안전관리 • 비밀관계부철의 기록 유지
시설방호책임자	• 자체 시설 방호계획 수립 및 안전관리 • 자위소방대 편성, 운영 • 시설방호 부책임자에 대한 지휘, 감독
시설방호부책임자	• 시설방호책임자의 보좌 • 자체 시설 방호계획 및 안전관리에 대한 실무처리 • 자위소방대 편성, 운영
보호구역관리책임자	• 지정된 보호구역의 시설안전관리 및 보안유지 • 보호구역내의 출입자 통제

① 비밀문서를 복제하고자 할 때에는 총무국장의 승인을 받아야 한다.
② 비밀관리기록부를 갱신할 때에는 담당부서 팀장의 확인을 받아야 한다.
③ 비서실장은 이사장실을 수시로 관리하고, 외부인의 출입을 통제해야 한다.
④ 이사장과 총무국장은 화재 예방을 위해 자위소방대를 편성·운영해야 한다.
⑤ 비밀취급인가를 신청할 때 필요한 서약서는 이사장에게 제출해야 한다.

19 다음은 지역별 전기차 보급대수 및 한 대당 지급되는 보조금을 정리한 자료이다. 이에 대한 설명으로 옳은 것은?

<표>

〈지역별 전기차 보급대수 및 보조금〉

구분	보급대수(대)	지자체 부서명	지방보조금(만 원)
서울	11,254	기후대기과	450
부산	2,000	기후대기과	500
대구	6,500	미래형자동차과	500
인천	2,200	에너지정책과	500
광주	1,200	기후대기과	600
대전	1,500	미세먼지대응과	700
울산	645	환경보전과	600
세종	530	환경정책과	400
경기	6,000	미세먼지대책과	550
강원	1,819	에너지과	650
충북	908	기후대기과	800
충남	2,820	미세먼지대책과	800
전북	921	자연생태과	900
전남	1,832	기후생태과	700
경북	2,481	환경정책과	800
경남	2,390	기후대기과	700
제주	20,000	탄소없는제주정책과	500
합계	65,000	-	-

① 서울지역의 지자체 부서명과 같은 곳은 다섯 개 지역이다.

② 지방보조금이 700만 원 이상인 곳은 전체 지역에서 40% 미만이다.

③ 전기차 보급대수가 두 번째로 많은 지역과 다섯 번째로 적은 지역의 차이는 9,054대이다.

④ 지자체 부서명이 미세먼지대책과인 지역의 총 보급대수는 8,820대이다.

⑤ 지자체 부서명이 환경정책과인 지역의 총 보급대수는 전 지역 보급대수의 5% 이상이다.

※ 다음은 K공단의 2022 ~ 2024년 지식재산권 현황에 대한 자료이다. 이어지는 질문에 답하시오.
[20~21]

〈2024년 지식재산권 현황(누적)〉

(단위 : 건)

구분	계	산업재산권					SW권 (컴퓨터 프로그램)	저작권
		소계	특허권 (PCT 포함)	실용신안권	디자인권	상표권		
총계	385	100	66	0	24	10	71	214
출원	21	21	16	0	0	5	0	0
등록	364	79	50	0	24	5	71	214

〈2023년 지식재산권 현황(누적)〉

(단위 : 건)

구분	계	산업재산권					SW권 (컴퓨터 프로그램)	저작권
		소계	특허권 (PCT 포함)	실용신안권	디자인권	상표권		
총계	386	104	70	0	24	10	68	214
출원	32	32	27	0	0	5	0	0
등록	354	72	43	0	24	5	68	214

〈2022년 지식재산권 현황(누적)〉

(단위 : 건)

구분	계	산업재산권					SW권 (컴퓨터 프로그램)	저작권
		소계	특허권 (PCT 포함)	실용신안권	디자인권	상표권		
총계	386	90	52	0	28	10	57	214
출원	32	24	19	0	0	5	0	0
등록	354	66	33	0	28	5	57	214

20 다음 〈보기〉 중 자료에 대한 설명으로 옳은 것을 모두 고르면?

보기

ㄱ. 2024년까지 등록 및 출원된 산업재산권 수는 등록 및 출원된 SW권보다 40% 이상 많다.
ㄴ. 2024년까지 출원된 특허권 수는 산업재산권 전체 출원 수의 80% 이상을 차지한다.
ㄷ. 2024년까지 등록된 저작권 수는 등록된 SW권의 3배를 초과한다.
ㄹ. 2024년까지 출원된 특허권 수는 등록 및 출원된 특허권의 50% 이상이다.

① ㄱ, ㄴ
② ㄱ, ㄷ
③ ㄴ, ㄷ
④ ㄴ, ㄹ
⑤ ㄷ, ㄹ

PART 2

21 다음 중 2022 ～ 2024년 지식재산권 현황에 대한 설명으로 옳지 않은 것은?

① 등록된 누적 특허권 수는 2023년과 2024년 모두 전년 대비 증가하였다.
② 총 디자인권 수는 2022년 대비 2024년에 5% 이상 감소하였다.
③ 매년 모든 산업재산권에서 등록된 건수가 출원된 건수 이상이다.
④ 등록된 SW권 수는 2022년 대비 2024년에 20% 이상 증가하였다.
⑤ 등록된 지식재산 중 2022년부터 2024년까지 건수에 변동이 없는 것은 2가지이다.

※ 다음 글을 읽고 이어지는 질문에 답하시오. [22~23]

과학과 종교의 관계를 들여다보면 과학의 이름으로 종교를 비판하는 과학자들이 있는가 하면, 신의 뜻을 알기 위해 혹은 신의 세계를 이해하기 위해 연구하는 과학자들이 있다. 왜 종교라는 하나의 대상에 대해 이렇게 나뉘는 것일까?

영적 측면은 종교와 과학이 통할 수 있는 부분이자 종교의 진정한 가치를 유지할 수 있는 부분이다. 과학자가 무언가를 발견할 때 '영감(Inspiration)'이라는 표현을 사용하는 것을 생각해 보면 이를 이해할 수 있다. 예술에서 '영감'을 받았다는 표현과 과학에서 '영감'을 받았다는 표현은 결국 같은 것이라고 할 수 있다. 이는 곧 종교에서 말하는 '영감'과도 다르지 않다. '영감'은 '믿음'과 관련이 있기 때문이다. "이렇게 행동하면 어떤 결과가 나올까?"에 대한 질문에 "이렇게 되어야 한다."라는 예상이 곧 '믿음'에 해당한다.

실험이라는 것은 증명되지 않은 것을 밝히기 위한 과정이다. 즉, 자신이 세운 가설이 맞는지 확인하는 과정으로 과학자는 예상된 결과가 나올 것이라는 '믿음' 때문에 실험을 진행한다. 실험이 실패하더라도 계속해서 실험을 진행하는 것은 바로 '믿음' 때문이다. 이 '믿음'이 새로운 실험을 하게 하는 원동력이자 과학을 발전시키는 또 다른 힘이라고 할 수 있다. 물론 종교적 '믿음'과 과학적 '믿음'은 다르다. 과학자의 믿음은 자연의 법칙이나 우주의 원리를 알아내겠다는 '믿음'인 반면, 종교인들의 믿음은 신이라는 존재에 대한 '믿음'으로 믿음의 대상이 다르다고 할 수 있다. ＿＿＿＿＿＿ '믿음'이라는 말 외에는 그 어떤 단어로도 대체하기 어려운 것이 사실이다.

아인슈타인이 종교성을 말한 것도 이런 맥락이라고 할 수 있다. 과학자들이 말하는 '우주에 대한 이해 가능성'은 증명되고 실험된 것은 아니다. 단지 이해 가능할 것이라는 '믿음'과 '영감' 때문에 연구하는 것이다. 그래서 아인슈타인은 "과학은 종교에 의존하여 우주를 이해할 수 있는 '믿음'을 소유하고, 종교는 과학에 의존하여 경이로운 우주의 질서를 발견한다."라고 주장했다.

그렇다면 두 영역이 서로 상생하기 위해서는 어떻게 해야 할까. 우선 편견으로부터 자유로워지는 것이 중요하다. 편견에서 벗어나야만 종교인 본연의 자세, 과학자 본래의 마음으로 돌아갈 수 있기 때문이다. 편견에서 자유로워지기 위해 과학자에게는 지성의 겸허함이, 종교인에게는 영혼의 겸허함이 필요하고, 문제를 해결하기까지의 인내도 있어야 한다. 이 두 가지만 있다면 우리가 지동설을 인정하는 것 같이 진화론의 문제도 해결될 것이고, 다른 기타의 문제들도 원만하게 풀어나갈 수 있을 것이다. 하지만 '겸허함과 인내'를 가지기 위해서는 무엇보다 서로의 영역을 인정해 주려는 노력이 우선시되어야 한다. 그래야만 함부로 서로 영역을 침범하면서 비난하는 일이 생겨나지 않을 수 있기 때문이다.

22 다음 중 빈칸에 들어갈 접속어로 가장 적절한 것은?

① 그러므로
② 그리고
③ 그래서
④ 그러나
⑤ 이와 같이

23 다음 중 글쓴이의 주장으로 가장 적절한 것은?

① 과학과 종교 두 영역이 상생하기 위해서는 각 영역에 대한 비판적인 평가가 필요하다.
② 과학과 종교를 하나의 영역으로 통합하려는 노력이 필요하다.
③ 과학자와 종교인은 서로의 믿음에 대한 대상이 같음을 인정해야 한다.
④ 과학자와 종교인은 전체의 관점에서 서로의 영역을 파악해야 한다.
⑤ 과학자와 종교인은 편견에서 벗어나 서로의 영역을 존중해야 한다.

24 다음 〈보기〉 중 조직의 의사결정에 대한 설명으로 적절한 것을 모두 고르면?

> **보기**
> ㄱ. 조직 내부 문제에 대한 진단은 비공식적으로 이루어지기도 한다.
> ㄴ. 조직 문제에 대한 대안은 기존 방법을 벗어나는 방법에서 새롭게 설계하는 것이 가장 바람직하다.
> ㄷ. 조직의 의사결정은 기존 결정에 대한 점진적 수정보다는 급진적인 변화가 발생하는 경향이 존재한다.
> ㄹ. 조직 문제에 대한 대안으로 선택된 방안은 조직 내 공식적 승인절차를 거친 후에 실행된다.

① ㄱ, ㄴ
② ㄱ, ㄹ
③ ㄴ, ㄷ
④ ㄴ, ㄹ
⑤ ㄷ, ㄹ

25 다음 중 조직의 변화에 대한 설명으로 옳은 것은?

① 조직 변화와 관련된 환경의 변화는 조직에 영향이 없는 변화들도 모두 포함한다.
② 변화를 실행하고자 하는 조직은 기존의 규정 내에서 환경에 대한 최적의 적응방안을 모색해야 한다.
③ 조직의 변화전략은 실현가능할 뿐 아니라 구체적이어야 한다.
④ 조직구성원들이 현실에 안주하고 변화를 기피하는 경향이 없을수록 환경 변화를 인지하지 못한다.
⑤ 조직의 변화는 '조직변화 방향 수립 – 조직변화 실행 – 변화결과 평가 – 환경변화 인지' 순으로 이루어진다.

26 다음 중 밑줄 친 부분이 적절하게 쓰이지 않은 것은?

① 우리 고향이 주요 개발 대상지로 선정되어서 마을 잔치를 했다.
② 평소에 자기 계발을 계속한 사람은 기회가 왔을 때 그것을 잡을 확률이 높다.
③ 5년간의 연구 끝에 신제품 개발에 성공했다.
④ 이 정부가 가장 중점을 두고 있는 부분이 경제 개발이라는 것은 정책을 보면 알 수 있다.
⑤ 인류는 미래를 위해서 화석 연료 대체 에너지 계발에 힘써야 한다.

※ 다음 글을 읽고 이어지는 질문에 답하시오. [27~28]

기업은 상품의 사회적 마모를 촉진시키는 주체이다. 생산과 소비가 지속되어야 이윤을 남길 수 있기 때문에, 하나의 상품을 생산해서 그 상품의 물리적 마모가 끝날 때까지를 기다렸다가는 그 기업은 망하기 십상이다. 이러한 상황에서 늘 수요에 비해서 과잉 생산을 하는 기업이 살아남을 수 있는 길은 상품의 사회적 마모를 짧게 해서 사람들로 하여금 계속 소비하게 만드는 것이다.

그래서 ㉠ 기업들은 더 많은 이익을 내기 위해서는 상품의 성능을 향상시키기보다는 디자인을 변화시키는 것이 더 바람직하다고 생각한다. 산업이 발달하여 ㉡ 상품의 성능이나 기능, 내구성이 이전보다 더욱 향상되었는데도 불구하고 상품의 생명이 이전보다 더 짧아지는 것은 어떻게 생각하면 자본주의 상품이 지닌 모순이라고 할 수 있다. 섬유의 질은 점점 좋아지지만 그 옷을 입는 기간은 이에 비해서 점점 짧아지게 되는 것이 바로 자본주의 상품이 지니고 있는 모순이다. 산업이 계속 발달하여 상품의 성능이 향상되는데도 상품의 사회적인 마모 기간이 누군가에 의해서 엄청나게 짧아지고 있다. 상품의 질은 향상되고 내가 버는 돈은 늘어가는 것 같은데 늘 무엇인가 부족한 듯한 느낌이 드는 것도 이와 관련이 있다.

27 다음 중 ㉠에 대해 제기할 수 있는 반론으로 가장 적절한 것은?

① 상품의 성능은 그대로 두어도 향상될 수 있는가?
② 디자인에 관한 소비자들의 취향이 바뀌는 것을 막을 방안은 있는가?
③ 상품의 성능 향상을 등한시하며 디자인만 바꾼다고 소비가 증가할 것인가?
④ 사회적 마모 기간이 점차 짧아지면 디자인을 개발하는 것이 기업에 도움이 되겠는가?
⑤ 소비 성향에 맞춰 디자인을 다양화할 수 있는가?

28 다음 중 ㉡이 가장 잘 나타난 사례로 볼 수 있는 것은?

① 같은 가격이라면 남들이 많이 가지고 있는 것을 산다.
② 자신에게 필요가 없게 된 물건은 싼값에 남에게 판다.
③ 옷을 살 때는 디자인이나 기능보다는 가격을 더 고려한다.
④ 휴대전화를 가지고 있으면서도 새로운 모델의 휴대전화를 사기 위해 돈을 모은다.
⑤ 기능을 고려하여 가장 비싼 노트북을 산다.

※ 다음 글을 읽고 이어지는 질문에 답하시오. [29~30]

> K기업 기획팀의 이현수 대리는 금일 오후 5시까지 전산시스템을 통해 제출해야 하는 사업계획서를 제출하지 못하였다. 이는 K기업이 정부로부터 지원금을 받을 수 있는 매우 중요한 사안으로, 이번 사건으로 K기업 전체에 비상이 걸렸다. 이현수 대리를 비롯하여 사업계획서와 관련된 담당자들은 금일 오후 4시 30분까지 제출 준비를 모두 마쳤으나, 회사 전산망 마비로 전산시스템 접속이 불가능해 사업계획서를 제출하지 못하였다. 이들은 정부 기관 측 담당자에게 사정을 설명하였으나, 담당자는 예외는 없다고 답변하였다. 이를 지켜본 강민호 부장은 '⊙ 이현수 대리는 기획팀을 대표하는 인재인데 이런 실수를 하다니 기획팀이 하는 업무는 모두 실수투성이 일 것이 분명할 것'이라고 말하였다.

29 다음 중 윗글에서 나타난 문제와 문제점을 바르게 나열한 것은?

	문제	문제점
①	사업계획서 제출 실패	정부 담당자 설득 실패
②	정부 담당자 설득 실패	사업계획서 제출 실패
③	사업계획서 제출 실패	회사 전산망 마비
④	회사 전산망 마비	사업계획서 제출 실패
⑤	회사 전산망 마비	정부 담당자 설득 실패

30 다음 중 밑줄 친 ⊙에서 나타난 논리적 오류로 옳은 것은?

① 권위나 인신공격에 의존한 논증

② 무지의 오류

③ 애매성의 오류

④ 연역법의 오류

⑤ 허수아비 공격의 오류

31 홍은, 영훈, 성준이는 K공단 공채에 지원했다. K공단 직무적성검사에 합격할 확률이 각각 $\frac{6}{7}$, $\frac{3}{5}$, $\frac{1}{2}$ 이고, 세 사람 중 두 사람이 합격할 확률을 $\frac{b}{a}$ 라 할 때, $a+b$의 값은?(단, a와 b는 서로소 이다)

① 51   ② 64

③ 77   ④ 90

⑤ 103

32 다음은 유아교육 규모에 대한 자료이다. 〈보기〉 중 옳지 않은 것을 모두 고르면?

〈유아교육 규모〉

구분	2018년	2019년	2020년	2021년	2022년	2023년	2024년
유치원 수(원)	8,494	8,275	8,290	8,294	8,344	8,373	8,388
학급 수(학급)	20,723	22,409	23,010	23,860	24,567	24,908	25,670
원아 수(명)	545,263	541,603	545,812	541,550	537,822	537,361	538,587
교원 수(명)	28,012	31,033	32,095	33,504	34,601	35,415	36,461
취원율(%)	26.2	31.4	35.3	36.0	38.4	39.7	39.9
교원 1인당 원아 수(명)	19.5	17.5	17.0	16.2	15.5	15.2	14.8

보기

㉠ 유치원 원아 수의 변동은 매년 일정한 흐름을 보이지는 않는다.
㉡ 교원 1인당 원아 수가 적어지는 것은 원아 수 대비 학급 수가 늘어나기 때문이다.
㉢ 취원율은 매년 증가하고 있는 추세이다.
㉣ 교원 수가 매년 증가하는 이유는 청년 취업과 관계가 있다.

① ㉠, ㉡   ② ㉠, ㉢

③ ㉡, ㉣   ④ ㉢, ㉣

⑤ ㉠, ㉢, ㉣

33 다음은 국가별 성인 평균섭취량에 대한 자료이다. 이에 대한 〈보기〉의 설명으로 옳은 것을 모두 고르면?

〈국가별 성인 평균섭취량〉

(단위 : g)

국가	탄수화물	단백질			지방		
		합계	동물성	식물성	합계	동물성	식물성
한국	380	60	38	22	55	30	25
미국	295	67	34	33	59	41	18
브라질	410	56	28	28	60	32	28
인도	450	74	21	53	49	21	28
러시아	330	68	44	24	60	38	22
프랑스	320	71	27	44	60	31	29
멕시코	425	79	58	21	66	55	11
스페인	355	60	32	28	54	28	26
영국	284	64	42	22	55	32	23
중국	385	76	41	35	65	35	30

〈성인 기준 하루 권장 섭취량〉

구분	탄수화물	단백질	지방
섭취량	300 ~ 400g	56 ~ 70g	51g

보기

㉠ 탄수화물 섭취량이 '성인 기준 하루 권장 섭취량'을 초과한 국가 수와 미만인 국가 수는 동일하다.
㉡ 단백질 섭취량이 '성인 기준 하루 권장 섭취량'을 초과하는 국가는 동물성 단백질 섭취량이 식물성 단백질 섭취량보다 많다.
㉢ 지방 섭취량이 '성인 기준 하루 권장 섭취량'과의 차이가 가장 작은 국가의 지방 섭취량 중 동물성 지방 섭취량이 차지하는 비율은 40% 이하이다.
㉣ 성인 평균 탄수화물 섭취량이 가장 작은 나라의 단백질과 지방 섭취량 중 동물성이 차지하는 비율은 식물성이 차지하는 비율보다 크다.

① ㉠
② ㉢
③ ㉣
④ ㉡, ㉢
⑤ ㉠, ㉣

34 다음 사례의 상황에서 올바른 의사소통을 하기 위한 방법으로 적절하지 않은 것은?

> 지나가다 마주친 이웃집 사람이 현재 관리가 잘 되어 문제가 되지 않는 쓰레기나 애완견 등의 부분에 대해 감정적으로 공격하기 시작하였다. 왜 그렇게 생각하는지, 무엇 때문인지 말을 들어봐도 알 수가 없고, 언행이 매우 공격적이다.

① 상대의 기분에 따라 내가 변하지 않기 위해 침착함을 잃지 않고, 이성적으로 생각해야 한다.

② 위축된 모습을 상대에게 보이면 상대가 더 공격적으로 되기 때문에 당당하게 자신의 의견을 말한다.

③ 상대가 화를 내면 맞대응으로 같이 화를 내면서, 동시에 논리적으로 반박하여 상대가 할 말이 없게 만든다.

④ 상대가 공격적인 말을 하면 그게 무슨 뜻인지 즉시 되물어서 대화의 주도권을 가져온다.

⑤ 모욕적인 말을 들으면 그 말이 무엇인지 분명히 말하고, 사과를 요구한다.

35 다음 문장에 어울리는 단어를 골라 순서대로 바르게 나열한 것은?

> • 요즘 옷은 남녀의 ㉠ 구별 / 차별이 없는 경우가 많다.
> • 많은 생산품 중에서 최상의 것만을 ㉡ 변별 / 식별해서 시장에 내놓았다.
> • 필적을 ㉢ 분별 / 감별한 결과 본인의 것이 아님이 판명되었다.

	㉠	㉡	㉢
①	구별	식별	분별
②	구별	변별	분별
③	구별	변별	감별
④	차별	변별	감별
⑤	차별	식별	감별

36 다음은 로가닉(Rawganic)에 대한 신문기사이다. 이를 읽고 이해한 내용으로 적절하지 않은 것은?

오늘날 한국 사회는 건강에 대한 관심과 열풍이 그 어느 때보다 증가하고 있다. 이미 우리 사회에서 유기농, 친환경, 웰빙과 같은 단어는 이미 친숙해진 지 오래다. 제품마다 웰빙이라는 단어를 부여해야만 매출이 상승했던 웰빙 시대를 지나서 사람들은 천연 재료를 추구하는 오가닉(Organic) 시대를 접하였으며, 나아가 오늘날에는 오가닉을 넘어 로가닉(Rawganic)을 추구하기 시작한 것이다.

로가닉이란, '천연상태의 날 것'을 의미하는 Raw와 '천연 그대로의 유기농'을 의미하는 Organic의 합성어이다. 즉, 자연에서 재배한 식자재를 가공하지 않고 천연 그대로 사용하는 것을 말하는 것이다. 로가닉은 '천연상태의 날 것'을 유지한다는 점에서 기존의 오가닉과 차이를 가진다. 재료 본연의 맛과 향을 잃지 않는 방식으로 제조되는 것이다. 이러한 로가닉은 오늘날 우리의 식품업계에 직접적으로 영향을 주고 있다. 화학조미료 사용을 줄이고 식재료 본연의 맛과 풍미를 살린 '로가닉 조리법'을 활용한 외식 프랜차이즈 브랜드가 꾸준히 인기를 끌고 있음을 확인할 수 있는 것이다.

로가닉은 세 가지의 핵심적인 가치요소가 포함되어야 한다. 첫째는 날 것 상태인 천연 그대로의 성분을 사용하는 것이고, 둘째는 희소성이며, 셋째는 매력적이고 재미있는 스토리를 가지고 있어야 한다는 것이다.

최근 ○○한우 브랜드는 당일 직송된 암소만을 엄선하여 사용함으로써 로가닉의 사고를 지닌 소비자들의 입맛을 사로잡고 있다. 품질이 우수한 식재료의 본연의 맛에서 가장 좋은 요리가 탄생한다는 로가닉 조리법을 통해 화제가 된 것이다. 또한 코펜하겐에 위치한 △△레스토랑은 '채집음식'을 추구함으로써 세계 최고의 레스토랑으로 선정되었다. 채집음식이란 재배한 식물이 아닌 야생에서 자란 음식재료를 활용하여 만든 음식을 의미한다.

다음으로 로가닉의 가치요소인 희소성은 루왁 커피를 예로 들 수 있다. 루왁 커피는 샤향 고양이인 루왁이 커피 열매를 먹고 배설한 배설물을 채집하여 만들어진 커피로, 까다로운 채집과정과 인공의 힘으로 불가능한 생산과정을 거침으로써 높은 희소가치를 지닌 상품으로 각광받고 있는 것이다.

마지막으로 로가닉은 매력적이고 재미있는 스토리텔링이 되어야 한다. 로가닉 제품의 채집과정과 효능, 상품 탄생배경 등과 같은 구체적이고 흥미 있는 스토리로 소비자들의 공감을 불러일으켜야 한다. 소비자들이 이러한 스토리텔링에 만족한다면 로가닉 제품의 높은 가격은 더 이상 매출 상승의 장애 요인이 되지 않을 것이다.

로가닉은 이처럼 세 가지 핵심적인 가치요소들을 충족함으로써 한층 더 고급스러워진 소비자들의 욕구를 채워 주고 있다.

① 로가닉의 희소성은 어려운 채집과정과 생산과정을 통해 나타난다.
② 직접 재배한 식물로 만들어진 채집음식은 로가닉으로 볼 수 있다.
③ 로가닉은 천연 상태의 날 것을 그대로 사용한다는 점에서 오가닉과 다르다.
④ 로가닉 제품의 높은 가격은 스토리텔링을 통해 보완할 수 있다.
⑤ 로가닉 조리법을 활용한 외식업체의 인기가 높음을 알 수 있다.

37 K공단은 창립 기념일을 맞이하여 인사팀, 영업팀, 홍보팀, 디자인팀, 기획팀에서 총 20명의 신입 사원들이 나와서 장기자랑을 한다. 각 팀에서는 최소 한 명 이상 참가하며, 장기자랑 종목은 각각 춤, 마임, 노래, 마술, 기타 연주이다. 다음 〈조건〉이 모두 참일 때, 장기자랑에 참석한 홍보팀 사원들은 모두 몇 명이고, 어떤 종목으로 참가하는가?(단, 장기자랑 종목은 팀별로 겹칠 수 없다)

> **조건**
> • 홍보팀은 영업팀 참가 인원의 2배이다.
> • 춤을 추는 팀은 총 6명이며, 인사팀은 노래를 부른다.
> • 기획팀 7명은 마임을 하며, 다섯 팀 중 가장 참가 인원이 많다.
> • 마술을 하는 팀은 2명이며, 영업팀은 기타 연주를 하거나 춤을 춘다.
> • 디자인팀은 춤을 추며, 노래를 부르는 팀은 마술을 하는 팀 인원의 2배이다.

① 1명, 마술   ② 1명, 노래

③ 2명, 기타 연주   ④ 2명, 노래

⑤ 2명, 마술

38 민호는 겨울 방학 동안 6개의 도시를 여행했다. 다음 〈조건〉을 참고할 때, 민호의 네 번째 여행지가 부산이었다면 전주는 몇 번째 여행지인가?

> **조건**
> • 춘천은 세 번째 여행지였다.
> • 대구는 여섯 번째 여행지였다.
> • 부산은 안동의 바로 전 여행지였다.
> • 전주는 강릉의 바로 전 여행지였다.

① 첫 번째   ② 두 번째

③ 세 번째   ④ 네 번째

⑤ 다섯 번째

39 K공단의 임직원들은 출장지에서 묵을 방을 배정받는다고 한다. 출장 인원은 대표를 포함한 10명이 며, 그중 6명은 숙소 배정표와 같이 미리 배정되었다. 생산팀 장과장, 인사팀 유과장, 총무팀 박부 장, 대표 4명이 아래의 〈조건〉에 따라 방을 배정받아야 할 때, 다음 중 항상 '거짓'인 것은?

조건

- 같은 직급은 옆방으로 배정하지 않는다.
- 마주보는 방은 같은 부서 임직원이 배정받을 수 없다.
- 대표의 옆방은 부장만 배정받을 수 있다.
- 빈방은 나란히 있거나 마주 보지 않는다.

<PART 2>

〈숙소 배정표〉					
101호 인사팀 최부장	102호	103호 생산팀 강차장	104호	105호	106호 생산팀 이사원
복도					
112호 관리팀 김부장	111호	110호	109호 총무팀 이대리	108호 인사팀 한사원	107호

① 인사팀 유과장은 105호에 배정받을 수 없다.
② 104호는 아무도 배정받지 않을 수 있다.
③ 111호에는 생산팀 장과장이 묵는다.
④ 총무팀 박부장은 110호에 배정받는다.
⑤ 105호에는 생산팀 장과장이 묵을 수 있다.

40 다음은 조직목표의 요소에 대한 설명이다. 빈칸 ㉠, ㉡에 들어갈 말이 바르게 연결된 것은?

조직설계 학자인 Richard L. Daft는 조직이 일차적으로 수행해야 할 과업인 운영목표에는 조직전체의 성과, 자원, 시장, ___㉡___, 혁신과 변화, ___㉠___ 에 관한 목표가 포함된다고 하였다.
전체성과는 영리조직은 수익성, 사회복지기관은 서비스 제공과 같은 조직의 성장목표이다. 자원은 조직에 필요한 재료와 재무자원을 획득하는 것이며, 시장과 관련된 조직목표는 시장점유율이나 시장에서의 지위향상과 같은 목표이다. ___㉡___ 은 조직구성원에 대한 교육훈련, 승진, 성장 등과 관련된 목표이며, 혁신과 변화는 불확실한 환경변화에 대한 적응가능성을 높이고 내부의 유연성을 향상시키고자 수립하는 것이다. ___㉠___ 은 투입된 자원에 대비한 산출량을 높이기 위한 목표로 단위생산비용, 조직구성원 1인당 생산량 및 투입비용 등으로 산출할 수 있다.

	㉠	㉡		㉠	㉡
①	생산성	조직개편	②	생산성	인력개발
③	생산성	R&D	④	지속가능성	조직개편
⑤	지속가능성	인력개발			

41 마케팅 부서 팀장은 자신의 부서 팀원들의 최종 업무수행능력 점수를 가지고 평균, 분산, 표준편차를 구하려고 한다. 다음 중 세 값을 순서대로 바르게 나열한 것은?

	평균	분산	표준편차		평균	분산	표준편차
①	70	92.5	$\sqrt{92.5}$	②	75	93.5	$\sqrt{93.5}$
③	76	90.5	$\sqrt{90.5}$	④	77	90.5	$\sqrt{90.5}$
⑤	77	90.8	$\sqrt{90.8}$				

※ 다음 글을 읽고 이어지는 질문에 답하시오. [42~43]

K공단은 매년 연말 팀장이 각 팀원에 대해서 업무수행능력 평가를 한다. 평가항목은 업무성과, 업무역량, 조직역량, 구성원 평가 4개의 영역으로 나눠 각각 40%, 20%, 30%, 10%의 가중치를 적용하여 최종점수를 산출한다.

K공단 환경평가부서 팀원 A, B, C, D, E의 영역별 평가점수는 다음과 같다.

(단위 : 점)

구분	업무성과	업무역량	조직역량	구성원 평가	해외 프로젝트 참여
A	60	50	80	80	○
B	80	90	70	80	×
C	60	70	70	70	×
D	95	90	80	90	○
E	90	80	90	60	○

42 다음 중 윗글을 통해 최종 업무수행능력 점수를 계산했을 때, 최고점자는 누구인가?

① A　　　　　　　　　　　② B
③ C　　　　　　　　　　　④ D
⑤ E

43 환경평가부서 팀장은 팀 내 최저점자를 선별하려 했으나, 최종점수가 동일하여 선별에 난항을 겪고 있다. 동점자인 경우의 평가 방법에 대해 인사팀에 문의하자 아래와 같은 답변을 받았다. 인사팀의 답변에 근거하였을 때, 환경평가부서 내 최저점자는 누구인가?

사내 인사시행규칙 제9조 제3항에 근거, 부서 내 업무수행능력 평가 점수가 동일한 경우에는 다음과 같이 평가합니다.
1. 최종 점수가 동일한 경우, 업무성과 점수가 높은 자가 상위득점자가 됨
2. 업무성과 점수도 동일한 경우, 해당연도 해외 출장 참여나 담당 프로젝트 건수 등 명확한 우열을 가릴 수 있는 기준에 근거하여 상위득점자를 산출함

① A　　　　　　　　　　　② B
③ C　　　　　　　　　　　④ D
⑤ E

※ 다음은 K공단의 공익신고 포상제도와 포상금 지급기준에 대한 자료이다. 이어지는 질문에 답하시오.
[44~45]

〈공익신고 포상제도〉

• 지급근거 : 「위반행위 신고접수처리 및 신고자보호 등에 관한 운영 지침」 각 조항

〈포상금 지급기준〉

• 직무관련자의 임직원 부조리 및 임직원에 의한 내부공익신고의 경우(제23조 제2항)
  ① 금액으로 산출이 가능한 경우(제23조 제2항 제1호)

피해액 혹은 수수금액	포상금액
100만 원 이하	전액
100만 원 초과	100만 원+100만 원 초과 대상가액의 30%
상한액	300만 원

  ② 금액으로 산출이 불가능한 경우(제23조 제2항 제2호)

구분	포상금액
위반의 내용이 일반적이고, 공단사업 운영에 적은 영향을 미치는 사항 또는 대상자 징계처분 결과가 견책 또는 감봉일 경우	100만 원 이내
위반의 내용이 중하고, 공단사업 운영에 큰 영향을 미치는 사항 또는 대상자 징계처분 결과가 정직일 경우	200만 원 이내
위반의 내용이 심대하고, 공단사업의 운영에 중대한 영향을 미치는 사항 또는 대상자 징계처분 결과가 해임 또는 파면일 경우	300만 원 이내

• 임직원이 본인의 의사에 반하여 수수하게 된 금품 등을 반환하거나 거절하고 신고한 경우(제23조 제2항 제3호)
  수수금품액의 25%(최저 5만 원, 최고 50만 원)
  ※ 단, 금품반환이나 거절의 사실 및 금액이 객관적으로 입증되는 경우에 한함
• 그 밖에 인사 또는 업무관련 청탁 등 부조리(제23조 제2항 제4호) 50만 원 정액 지급

44 다음 〈보기〉에서 공익신고 포상제도에 대한 설명으로 옳은 것을 모두 고르면?

> **보기**
> ㄱ. 신고자 개인이 1회의 신고로 받을 수 있는 포상금 최고금액은 300만 원이다.
> ㄴ. 내부공익신고에 따른 포상금의 경우, 금액으로의 산출가능 여부에 따라 최대 200만 원까지 차이가 난다.
> ㄷ. 위반의 내용이 심대하고, 공단사업 운영에 중대한 영향을 미치는 사항 또는 대상자 징계처분 결과가 해임 또는 파면인 내부공익신고의 경우, 신고자가 수령할 포상금액은 200만 원 이내이다.
> ㄹ. 임직원이 본인의 의사에 반하여 200만 원 상당의 현금다발을 수수한 후 반환하고 신고한 경우, 「위반행위 신고접수처리 및 신고자보호등에 관한 운영 지침」 제23조 제2항 제4호에 따라 지급되는 포상금과 동일한 금액을 지급받는다.

① ㄱ, ㄴ
② ㄱ, ㄹ
③ ㄴ, ㄷ
④ ㄴ, ㄹ
⑤ ㄷ, ㄹ

45 다음은 A ~ C직원의 공익신고 내용이다. 가장 큰 금액의 포상금을 수령할 직원과 그 금액을 연결한 내용으로 옳은 것은?

직원	신고내용
A대리	우연히 알게 된 인사과 P주임의 내부 부정에 대해 신고하였으며, 피해액을 금액으로 산출할 수는 없었으며 P주임은 일반적 사항 위반으로 인해 징계처분으로 감봉을 받게 되었다.
B주임	식부수행 노농 외무입실를 임링하는 K데리의 입합에 참여한 협력사 간이 부정청탁에 대해 악게 되어 신고하였으나, 소사 길과, 해딩 부징힝닥들 통해 K데괴가 수수한 금액을 ?10만 원으로 파악되었다.
C사원	의사에 반하여 협력업체로부터 금품 500만 원을 받았으나, 즉시 거절 후 신고하였다. 또한 같은 시기에 G사원이 자신의 직무와 관련하여 100만 원을 부정수수한 사건을 신고하였다.

	포상금을 수령할 직원	해당 포상금
①	A대리	100만 원
②	A대리	275만 원
③	B주임	133만 원
④	C사원	150만 원
⑤	C사원	275만 원

※ 평소 환경에 관심이 많은 A씨는 인터넷에서 다음과 같은 글을 보았다. 이를 읽고 이어지는 질문에 답하시오. [46~47]

마스크를 낀 사람들이 더는 낯설지 않다. "알프스나 남극 공기를 포장해 파는 시대가 오는 게 아니냐."는 농담을 가볍게 웃어넘기기 힘든 상황이 됐다. 황사·미세먼지·초미세먼지·오존·자외선 등 한 번 외출할 때마다 꼼꼼히 챙겨야 할 것들이 한둘이 아니다. 중국과 인접한 우리나라의 환경오염 피해는 더욱 심각한 상황이다. 지난 4월 3일 서울의 공기 질은 최악을 기록한 인도 델리에 이어 불명예 2위를 차지했다.

또렷한 환경오염은 급격한 기후변화의 촉매제가 되고 있다. 지난 1912년 이후 지구의 연평균 온도는 꾸준히 상승해 평균 0.75℃가 올랐다. 우리나라는 세계적으로 유래를 찾아보기 어려울 만큼 연평균 온도가 100여 년간 1.8℃나 상승했으며, 이는 지구 평균치의 2배를 웃도는 수치이다. 기온 상승은 다양한 부작용을 낳고 있다. 1991년부터 2010년까지 20여 년간 폭염일수는 8.2일에서 10.5일로 늘어났고, 열대야지수는 5.4일에서 12.5일로 증가했다. 1920년대에 비해 1990년대 겨울은 한 달이 짧아졌다. 이러한 이상 기온은 우리 농어촌에 악영향을 끼칠 수밖에 없다.

기후변화와 더불어, 세계 인구의 폭발적 증가는 식량난 사태로 이어지고 있다. 일부 저개발 국가에서는 굶주림이 일반화되고 있다. 올해 4월을 기준으로 전 세계 인구수는 74억 9,400만 명을 넘어섰다. 인류 역사상 가장 많은 인류가 지구에 사는 셈이다. 이 추세대로라면 오는 2050년에는 97억 2,500만 명을 넘어설 것으로 전망된다. 한정된 식량 자원과 급증하는 지구촌 인구수 앞에 결과는 불을 보듯 뻔하다. 곧 글로벌 식량위기가 가시화될 전망이다.

우리나라는 식량의 75% 이상을 해외에서 조달하고 있다. 이는 국제 식량가격의 급등이 식량안보 위협으로 이어질 수도 있음을 뜻한다. 미 국방성은 '수백만 명이 사망하는 전쟁이나 자연재해보다 기후변화가 가까운 미래에 더 심각한 재앙을 초래할 수 있다.'는 내용의 보고서를 발표하였다.

이뿐 아니라 식량이 부족한 상황에서 식량의 질적 문제도 해결해야 할 과제이다. 삶의 질을 중시하면서 친환경적인 안전 먹거리에 대한 관심과 수요는 증가하고 있지만, 급변하는 기후변화와 부족한 식량자원은 식량의 저질화로 이어질 가능성을 높이고 있다. 일손 부족 등으로 인해 친환경 먹거리 생산의 대량화 역시 쉽지 않은 상황이다.

46 다음 중 윗글의 주제로 가장 적절한 것은?

① 지구온난화에 의한 기후변화의 징조
② 환경오염에 따른 기후변화가 우리 삶에 미치는 영향
③ 기후변화에 대처하는 자세
④ 환경오염을 예방하는 방법
⑤ 환경오염과 인구증가의 원인

47 다음 중 A씨가 윗글을 읽고 이해한 내용으로 가장 적절한 것은?

① 기후변화는 환경오염의 촉매제가 되어 우리 농어촌에 악영향을 끼치고 있다.
② 알프스나 남극에서 공기를 포장해 파는 시대가 도래하였다.
③ 세계인구의 폭발적인 증가는 저개발 국가의 책임이 크다.
④ 우리나라의 식량자급률 특성상 기후변화가 계속된다면 식량난이 심각해질 것이다.
⑤ 친환경 먹거리는 급변하는 기후 속 식량난을 해결하는 방법의 하나다.

48 김팀장은 이대리에게 다음과 같은 업무지시를 내렸고, 이대리는 김팀장의 업무 지시에 따라 자신의 업무 일정을 정리하였다. 다음 중 이대리의 업무에 대한 설명으로 적절하지 않은 것은?

〈김팀장의 업무지시〉

이대리, 오늘 월요일 정기회의 진행에 앞서 이번 주 업무에 대해서 미리 전달할게요. 먼저, 이번 주 금요일에 진행되는 회사 창립 기념일 행사 준비는 잘 되고 있나요? 행사 진행 전에 확인해야 할 사항들에 대해 체크리스트를 작성해서 수요일 오전까지 저에게 제출해 주세요. 그리고 행사가 끝난 후에는 총무팀 회식을 할 예정입니다. 이대리가 적당한 장소를 결정하고, 목요일 퇴근 전까지 예약이 완료될 수 있도록 해 주세요. 아! 그리고 내일 오후 3시에 진행되는 신입사원 면접과 관련해서 오늘 퇴근 전까지 면접 지원자에게 다시 한 번 유선으로 참여 여부를 확인하고, 정확한 시간과 준비사항 등의 안내를 부탁할게요. 참! 지난주 영업팀이 신청한 비품도 주문해야 합니다. 오늘 오후 2시 이전에 발주해야 영업팀이 요청한 수요일 전에 배송 받을 수 있다는 점 기억하세요. 자, 그럼 바로 회의 진행하도록 합시다. 그리고 오늘 회의 내용은 이대리가 작성해서 회의가 끝난 후 바로 사내 인트라넷 게시판에 공유해 주세요.

〈12월 첫째 주 업무 일정〉

㉠ 회의록 작성 및 사내 게시판 게시
㉡ 신입사원 면접 참여 여부 확인 및 관련사항 안내
㉢ 영업팀 신청 비품 주문
㉣ 회사 창립 기념일 행사 준비 관련 체크리스트 작성
㉤ 총무팀 회식 장소 예약

---

① 이대리가 가장 먼저 처리해야 할 업무는 ㉠이다.
② 이대리는 ㉡보다 ㉢을 우선 처리하는 것이 좋다.
③ ㉠, ㉡, ㉢은 월요일 내에 모두 처리해야 한다.
④ ㉣을 완료한 이후에는 김팀장에게 제출해야 한다.
⑤ ㉤은 회사 창립 기념일 행사가 끝나기 전까지 처리해야 한다.

PART 2.

49 국토교통부는 자동차의 공회전 발생률과 공회전 시 연료소모량이 적은 차량 운전자에게 현금처럼 쓸 수 있는 탄소포인트를 제공하는 정책을 구상하고 있다. 국토교통부는 동일 차량 운전자 A ~ E를 대상으로 이 정책을 시범 시행하였다. 다음 자료를 근거로 할 때, 공회전 발생률과 공회전 시 연료소모량에 따라 A ~ E운전자가 받을 수 있는 탄소포인트의 총합이 큰 순서대로 나열한 것은?(단, 주어진 자료 이외의 다른 조건은 고려하지 않는다)

〈차량 시범 시행 결과〉

구분	A	B	C	D	E
주행시간(분)	200	30	50	25	50
총 공회전시간(분)	20	15	10	5	25

〈공회전 발생률에 대한 탄소포인트〉

구분	19% 이하	20 ~ 39%	40 ~ 59%	60 ~ 79%	80% 이상
탄소포인트(P)	100	80	50	20	10

〈공회전 시 연료소모량에 대한 구간별 탄소포인트〉

구분	99cc 이하	100 ~ 199cc	200 ~ 299cc	300 ~ 399cc	400cc 이상
탄소포인트(P)	100	75	50	25	0

※ [공회전 발생률(%)] $= \dfrac{(총\ 공회전시간)}{(주행시간)} \times 100$

※ [공회전 시 연료소모량(cc)] $=$ (총 공회전시간) $\times 20$

① D > C > A > B > E   ② D > B > A > E > C
③ D > A > C > B > E   ④ A > D > B > E > C
⑤ A > B > E > C > D

50 다음 기사를 읽고 이해한 내용으로 적절하지 않은 것은?

환경부가 최근 공개한 '2030 국가 온실가스 감축 기본 로드맵 수정안'에 따르면, 2030년 감축 목표치 3억 1,500만 톤 중 해외 감축량(9,600만 톤)을 1,600만 톤으로 줄이는 대신 국내 감축량을 2억 1,880만 톤에서 2억 9,860만 톤으로 늘릴 계획이다. 환경부 입장은 비용 부담 등 때문에 9,600만 톤에 대한 이행 방안이 불확실하다는 것이다. 현재 온실가스 배출량이 많은 정유·화학 및 철강업계 등에서는 강대국의 슈퍼 보호무역주의와 국제유가 상승으로 인한 대내외 경영 환경이 악화되면서 온실가스 감축량 증가는 큰 부담이 되고 있다.

우리 정부는 물론 기업도 2015년 12월 맺은 파리기후협정에 따른 국제사회와의 약속을 존중하고 이를 실행하기 위해 온실가스 감축을 이행해야 한다. 그러나 이를 이행하는 과정에서 정부로서도 어려움이 있겠지만, 각국 정부의 우려처럼 기업의 글로벌 경쟁력 관점도 충분히 고려해야 한다. 2016년에 국가 온실가스 감축량에 대한 역할 분담 때에도 기업은 버거운 수준의 감축량이 할당됐다고 어려움을 토로했다. 그런데 이번 수정안을 보면 추가 감축량의 절반 이상이 산업부문에 추가 부담돼 설상가상으로 불확실한 경영 환경에서 우리 기업이 향후 글로벌 경쟁력을 잃게 될 수도 있는 것이다.

최근 우리 경제의 고용·소비·투자 부문에서도 적신호가 켜지고 있다. 그나마 반도체를 비롯한 정유·화학 및 철강 산업은 아직 괜찮아 보이지만, 중국 기업들이 무섭게 추격하고 있고 이 같은 산업에 대한 중국 정부의 지원은 엄청나다. 이제부터 우리 정유·화학 및 철강 기업은 신성장을 위한 투자를 해야만 공급 과잉으로 치닫고 있는 글로벌 시장에서 중국 기업과의 경쟁에 살아남을 수 있다. 따라서 그동안 산업 효율성 제고를 위한 지속적인 투자를 해 온 기업에 또다시 온실가스 감축을 위한 추가 부담을 주게 된다면 예상치 못한 성장통을 겪을 수 있다.

이처럼 온실가스 감축에 대한 기업의 추가 부담은 기업의 글로벌 경쟁력 저하는 물론 원가 부담이 가격 인상으로 이어질 수 있다. 특히, 발전 산업의 경우 온실가스 감축 목표를 달성하기 위해 탄소배출권을 추가 구입하게 되고, 이는 전기 요금 상승 요인으로 작용해 기업과 국민이 이를 부담해야 한다. 더구나 탈원전 정책으로 인한 전기 요금의 인상이 예견되는 상황에서 온실가스 감축으로 인한 전기 요금의 추가 인상은 우리 사회에 더 큰 부담이 될 것이다.

결국, 온실가스 감축은 더 나은 사회를 만들기 위해 우리 모두가 안고 가야 할 문제다. 따라서 정부는 정부대로, 기업은 기업 자체적으로 가장 효과적인 온실가스 부담에 대한 최적의 조합을 다시 고민해 봐야 한다. 정부는 국가경쟁력 제고의 큰 틀 속에서 정부가 끌고 나가야 할 최대 역할을, 그리고 기업은 산업경쟁력 창출을 위한 산업별 역할을 고려해 2030년까지 기간별로 구체적인 시나리오를 작성할 필요가 있다.

2030년에 전개될 글로벌 아시아 시대를 대비해 중국 및 인도 기업과 같은 후발 기업으로부터 우리 기업이 글로벌 경쟁력을 밀어낼 수 있도록 기업 우선 정책을 끌고 나가기 편하지 못하면 우리 경제는 점점 더 어려워질 수밖에 없다. 따라서 온실가스 감축 문제도 이런 관점에서 우리 정부가 접근해야 할 것이며, 기업 역시 자체 경쟁력 제고를 위한 노력을 병행해야 할 것이다.

① 온실가스 감축은 글로벌 경쟁력을 잃게 되는 원인으로 작용할 수 있다.
② 우리의 정유·화학·철강 산업은 중국 기업과 경쟁 상태이다.
③ 정부는 경제를 위해 기업 우선 정책을 펼쳐야 한다.
④ 탄소배출권의 구매는 전기 요금 상승으로 이어지게 된다.
⑤ 온실가스 감축으로 인한 경쟁력 저하는 제품의 가격 인하로 이어질 수 있다.

합 격 의
공 식
시대에듀
S D E D U

사람이 여행을 하는 것은 도착하기 위해서가 아니라 여행하기 위해서이다.

– 괴테 –

PART 3

채용 가이드

CHAPTER 01 블라인드 채용 소개

CHAPTER 02 서류전형 가이드

CHAPTER 03 인성검사 소개 및 모의테스트

CHAPTER 04 면접전형 가이드

CHAPTER 05 한국환경공단 면접 기출질문

01 | 블라인드 채용 소개

1. 블라인드 채용이란?

채용 과정에서 편견이 개입되어 불합리한 차별을 야기할 수 있는 출신지, 가족관계, 학력, 외모 등의 편견요인은 제외하고, 직무능력만을 평가하여 인재를 채용하는 방식입니다.

2. 블라인드 채용의 필요성

• 채용의 공정성에 대한 사회적 요구
  - 누구에게나 직무능력만으로 경쟁할 수 있는 균등한 고용기회를 제공해야 하나, 아직도 채용의 공정성에 대한 불신이 존재
  - 채용상 차별금지에 대한 법적 요건이 권고적 성격에서 처벌을 동반한 의무적 성격으로 강화되는 추세
  - 시민의식과 지원자의 권리의식 성숙으로 차별에 대한 법적 대응 가능성 증가
• 우수인재 채용을 통한 기업의 경쟁력 강화 필요
  - 직무능력과 무관한 학벌, 외모 위주의 선발로 우수인재 선발기회 상실 및 기업경쟁력 약화
  - 채용 과정에서 차별 없이 직무능력중심으로 선발한 우수인재 확보 필요
• 공정한 채용을 통한 사회적 비용 감소 필요
  - 편견에 의한 차별적 채용은 우수인재 선발을 저해하고 외모·학벌 지상주의 등의 심화로 불필요한 사회적 비용 증가
  - 채용에서의 공정성을 높여 사회의 신뢰수준 제고

3. 블라인드 채용의 특징

편견요인을 요구하지 않는 대신 직무능력을 평가합니다.

블라인드 채용 = 편견유발 요인제외 + 직무능력 중심평가

※ 직무능력중심 채용이란?
기업의 역량기반 채용, NCS기반 능력중심 채용과 같이 직무수행에 필요한 능력과 역량을 평가하여 선발하는 채용방식을 통칭합니다.

4. 블라인드 채용의 평가요소

직무수행에 필요한 지식, 기술, 태도 등을 과학적인 선발기법을 통해 평가합니다.

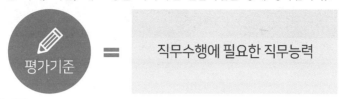

※ 과학적 선발기법이란?
직무분석을 통해 도출된 평가요소를 서류, 필기, 면접 등을 통해 체계적으로 평가하는 방법으로 입사지원서, 자기소개서, 직무수행능력평가, 구조화 면접 등이 해당됩니다.

5. 블라인드 채용 주요 도입 내용

- 입사지원서에 인적사항 요구 금지
  - 인적사항에는 출신지역, 가족관계, 결혼여부, 재산, 취미 및 특기, 종교, 생년월일(연령), 성별, 신장 및 체중, 사진, 전공, 학교명, 학점, 외국어 점수, 추천인 등이 해당
  - 채용 직무를 수행하는 데 있어 반드시 필요하다고 인정될 경우는 제외
    예 특수경비직 채용 시 : 시력, 건강한 신체 요구
    　　연구직 채용 시 : 논문, 학위 요구 등
- 블라인드 면접 실시
  - 면접관에게 응시자의 출신지역, 가족관계, 학교명 등 인적사항 정보 제공 금지
  - 면접관은 응시자의 인적사항에 대한 질문 금지

6. 블라인드 채용 도입의 효과성

- 구성원의 다양성과 창의성이 높아져 기업 경쟁력 강화
  - 편견을 없애고 직무능력 중심으로 선발하므로 다양한 직원 구성 가능
  - 다양한 생각과 의견을 통하여 기업의 창의성이 높아져 기업경쟁력 강화
- 직무에 적합한 인재선발을 통한 이직률 감소 및 만족도 제고
  - 사전에 지원자들에게 구체적이고 상세한 직무요건을 제시함으로써 허수 지원이 낮아지고, 직무에 적합한 지원자 모집 가능
  - 직무에 적합한 인재가 선발되어 직무이해도가 높아져 업무효율 증대 및 만족도 제고
- 채용의 공정성과 기업이미지 제고
  - 블라인드 채용은 사회적 편견을 줄인 선발 방법으로 기업에 대한 사회적 인식 제고
  - 채용과정에서 불합리한 차별을 받지 않고 실력에 의해 공정하게 평가를 받을 것이라는 믿음을 제공하고, 지원자들은 평등한 기회와 공정한 선발과정 경험

02 | 서류전형 가이드

01 채용공고문

1. 채용공고문의 변화

기존 채용공고문	변화된 채용공고문
• 취업준비생에게 불충분하고 불친절한 측면 존재 • 모집분야에 대한 명확한 직무관련 정보 및 평가기준 부재 • 해당분야에 지원하기 위한 취업준비생의 무분별한 스펙 쌓기 현상 발생	• NCS 직무분석에 기반한 채용공고를 토대로 채용전형 진행 • 지원자가 입사 후 수행하게 될 업무에 대한 자세한 정보 공지 • 직무수행내용, 직무수행 시 필요한 능력, 관련된 자격, 직업기초능력 제시 • 지원자가 해당 직무에 필요한 스펙만을 준비할 수 있도록 안내
• 모집부문 및 응시자격 • 지원서 접수 • 전형절차 • 채용조건 및 처우 • 기타사항	• 채용절차 • 채용유형별 선발분야 및 예정인원 • 전형방법 • 선발분야별 직무기술서 • 우대사항

2. 지원 유의사항 및 지원요건 확인

채용 직무에 따른 세부사항을 공고문에 명시하여 지원자에게 적격한 지원 기회를 부여함과 동시에 채용과정에서의 공정성과 신뢰성을 확보합니다.

구성	내용	확인사항
모집분야 및 규모	고용형태(인턴 계약직 등), 모집분야, 인원, 근무지역 등	채용직무가 여러 개일 경우 본인이 해당되는 직무의 채용규모 확인
응시자격	기본 자격사항, 지원조건	지원을 위한 최소자격요건을 확인하여 불필요한 지원을 예방
우대조건	법정·특별·자격증 가점	본인의 가점 여부를 검토하여 가점 획득을 위한 사항을 사실대로 기재
근무조건 및 보수	고용형태 및 고용기간, 보수, 근무지	본인이 생각하는 기대수준에 부합하는지 확인하여 불필요한 지원을 예방
시험방법	서류·필기·면접전형 등의 활용방안	전형방법 및 세부 평가기법 등을 확인하여 지원전략 준비
전형일정	접수기간, 각 전형 단계별 심사 및 합격자 발표일 등	본인의 지원 스케줄을 검토하여 차질이 없도록 준비
제출서류	입사지원서(경력·경험기술서 등), 각종 증명서 및 자격증 사본 등	지원요건 부합 여부 및 자격 증빙서류 사전에 준비
유의사항	임용취소 등의 규정	임용취소 관련 법적 또는 기관 내부 규정을 검토하여 해당여부 확인

직무기술서란 직무수행의 내용과 필요한 능력, 관련 자격, 직업기초능력 등을 상세히 기재한 것으로 입사 후 수행하게 될 업무에 대한 정보가 수록되어 있는 자료입니다.

1. 채용분야

설명

NCS 직무분류 체계에 따라 직무에 대한 「대분류 – 중분류 – 소분류 – 세분류」 체계를 확인할 수 있습니다. 채용 직무에 대한 모든 직무기술서를 첨부하게 되며 실제 수행 업무를 기준으로 세부적인 분류정보를 제공합니다.

채용분야	분류체계			
사무행정	대분류	중분류	소분류	세분류
분류코드	02. 경영 · 회계 · 사무	03. 재무 · 회계	01. 재무	01. 예산
				02. 자금
			02. 회계	01. 회계감사
				02. 세무

2. 능력단위

설명

직무분류 체계의 세분류 하위능력단위 중 실질적으로 수행할 업무의 능력만 구체적으로 파악할 수 있습니다.

능력단위	(예산)	03. 연간종합예산수립 05. 확정예산 운영	04. 추정재무제표 작성 06. 예산실적 관리
	(자금)	04. 자금운용	
	(회계감사)	02. 자금관리 05. 회계정보시스템 운용 07. 회계감사	04. 결산관리 06. 재무분석
	(세무)	02. 결산관리 07. 법인세 신고	05. 부가가치세 신고

3. 직무수행내용

설명

세분류 영역의 기본정의를 통해 직무수행내용을 확인할 수 있습니다. 입사 후 수행할 직무내용을 구체적으로 확인할 수 있으며, 이를 통해 입사서류 작성부터 면접까지 직무에 대한 명확한 이해를 바탕으로 자신의 희망직무 인지 아닌지, 해당 직무가 자신이 알고 있던 직무가 맞는지 확인할 수 있습니다.

직무수행내용	(예산) 일정기간 예상되는 수익과 비용을 편성, 집행하며 통제하는 일
	(자금) 자금의 계획 수립, 조달, 운용을 하고 발생 가능한 위험 관리 및 성과평가
	(회계감사) 기업 및 조직 내 · 외부에 있는 의사결정자들이 효율적인 의사결정을 할 수 있도록 유용한 정보를 제공, 제공된 회계정보의 적정성을 파악하는 일
	(세무) 세무는 기업의 활동을 위하여 주어진 세법범위 내에서 조세부담을 최소화시키는 조세전략을 포함하고 정확한 과세소득과 과세표준 및 세액을 산출하여 과세당국에 신고 · 납부하는 일

4. 직무기술서 예시

태도	(예산) 정확성, 분석적 태도, 논리적 태도, 타 부서와의 협조적 태도, 설득력
	(자금) 분석적 사고력
	(회계 감사) 합리적 태도, 전략적 사고, 정확성, 적극적 협업 태도, 법률준수 태도, 분석적 태도, 신속성, 책임감, 정확한 판단력
	(세무) 규정 준수 의지, 수리적 정확성, 주의 깊은 태도
우대 자격증	공인회계사, 세무사, 컴퓨터활용능력, 변호사, 워드프로세서, 전산회계운용사, 사회조사분석사, 재경관리사, 회계관리 등
직업기초능력	의사소통능력, 문제해결능력, 자원관리능력, 대인관계능력, 정보능력, 조직이해능력

5. 직무기술서 내용별 확인사항

항목	확인사항
모집부문	해당 채용에서 선발하는 부문(분야)명 확인 예 사무행정, 전산, 전기
분류체계	지원하려는 분야의 세부직무군 확인
주요기능 및 역할	지원하려는 기업의 전사적인 기능과 역할, 산업군 확인
능력단위	지원분야의 직무수행에 관련되는 세부업무사항 확인
직무수행내용	지원분야의 직무군에 대한 상세사항 확인
전형방법	지원하려는 기업의 신입사원 선발전형 절차 확인
일반요건	교육사항을 제외한 지원 요건 확인(자격요건, 특수한 경우 연령)
교육요건	교육사항에 대한 지원요건 확인(대졸 / 초대졸 / 고졸 / 전공 요건)
필요지식	지원분야의 업무수행을 위해 요구되는 지식 관련 세부항목 확인
필요기술	지원분야의 업무수행을 위해 요구되는 기술 관련 세부항목 확인
직무수행태도	지원분야의 업무수행을 위해 요구되는 태도 관련 세부항목 확인
직업기초능력	지원분야 또는 지원기업의 조직원으로서 근무하기 위해 필요한 일반적인 능력사항 확인

1. 입사지원서의 변화

기존지원서		능력중심 채용 입사지원서
직무와 관련 없는 학점, 개인신상, 어학점수, 자격, 수상경력 등을 나열하도록 구성	VS	해당 직무수행에 꼭 필요한 정보들을 제시할 수 있도록 구성

직무기술서

직무수행내용

요구지식 / 기술

관련 자격증

사전직무경험

인적사항	성명, 연락처, 지원분야 등 작성 (평가 미반영)
교육사항	직무지식과 관련된 학교교육 및 직업교육 작성
자격사항	직무관련 국가공인 또는 민간자격 작성
경력 및 경험사항	조직에 소속되어 일정한 임금을 받거나(경력) 임금 없이(경험) 직무와 관련된 활동 내용 작성

2. 교육사항

- 지원분야 직무와 관련된 학교 교육이나 직업교육 혹은 기타교육 등 직무에 대한 지원자의 학습 여부를 평가하기 위한 항목입니다.
- 지원하고자 하는 직무의 학교 전공교육 이외에 직업교육, 기타교육 등을 기입할 수 있기 때문에 전공 제한 없이 직업교육과 기타교육을 이수하여 지원이 가능하도록 기회를 제공합니다.
(기타교육 : 학교 이외의 기관에서 개인이 이수한 교육과정 중 지원직무와 관련이 있다고 생각되는 교육내용)

구분	교육과정(과목)명	교육내용	과업(능력단위)

3. 자격사항

- 채용공고 및 직무기술서에 제시되어 있는 자격 현황을 토대로 지원자가 해당 직무를 수행하는 데 필요한 능력을 가지고 있는지를 평가하기 위한 항목입니다.
- 채용공고 및 직무기술서에 기재된 직무관련 필수 또는 우대자격 항목을 확인하여 본인이 보유하고 있는 자격사항을 기재합니다.

자격유형	자격증명	발급기관	취득일자	자격증번호

4. 경력 및 경험사항

- 직무와 관련된 경력이나 경험 여부를 표현하도록 하여 직무와 관련한 능력을 갖추었는지를 평가하기 위한 항목입니다.
- 해당 기업에서 직무를 수행함에 있어 필요한 사항만을 기록하게 되어 있기 때문에 직무와 무관한 스펙을 갖추지 않아도 됩니다.
- 경력 : 금전적 보수를 받고 일정기간 동안 일했던 경우
- 경험 : 금전적 보수를 받지 않고 수행한 활동

※ 기업에 따라 경력 / 경험 관련 증빙자료 요구 가능

구분	조직명	직위 / 역할	활동기간(년 / 월)	주요과업 / 활동내용

Tip

입사지원서 작성 방법

○ 경력 및 경험사항 작성
- 직무기술서에 제시된 지식, 기술, 태도와 지원자의 교육사항, 경력(경험)사항, 자격사항과 연계하여 개인의 직무역량에 대해 스스로 판단 가능

○ 인적사항 최소화
- 개인의 인적사항, 학교명, 가족관계 등을 노출하지 않도록 유의

> 부적절한 입사지원서 작성 사례
> - 학교 이메일을 기입하여 학교명 노출
> - 거주지 주소에 학교 기숙사 주소를 기입하여 학교명 노출
> - 자기소개서에 부모님이 재직 중인 기업명, 직위, 직업을 기입하여 가족관계 노출
> - 자기소개서에 석·박사 과정에 대한 이야기를 언급하여 학력 노출
> - 동아리 활동에 대한 내용을 학교명과 더불어 언급하여 학교명 노출

1. 자기소개서의 변화

- 기존의 자기소개서는 지원자의 일대기나 관심 분야, 성격의 장·단점 등 개괄적인 사항을 묻는 질문으로 구성되어 지원자가 자신의 직무능력을 제대로 표출하지 못합니다.
- 능력중심 채용의 자기소개서는 직무기술서에 제시된 직업기초능력(또는 직무수행능력)에 대한 지원자의 과거 경험을 기술하게 함으로써 평가 타당도의 확보가 가능합니다.

1. 우리 회사와 해당 지원 직무분야에 지원한 동기에 대해 기술해 주세요.

2. 자신이 경험한 다양한 사회활동에 대해 기술해 주세요.

3. 지원 직무에 대한 전문성을 키우기 위해 받은 교육과 경험 및 경력사항에 대해 기술해 주세요.

4. 인사업무 또는 팀 과제 수행 중 발생한 갈등을 원만하게 해결해 본 경험이 있습니까? 당시 상황에 대한 설명과 갈등의 대상이 되었던 상대방을 설득한 과정 및 방법을 기술해 주세요.

5. 과거에 있었던 일 중 가장 어려웠던(힘들었었던) 상황을 고르고, 어떤 방법으로 그 상황을 해결했는지를 기술해 주세요.

Tip

자기소개서 작성 방법

① 자기소개서 문항이 묻고 있는 평가 역량 추측하기

> 예시
>
> - 팀 활동을 하면서 갈등 상황 시 상대방의 니즈나 의도를 명확히 파악하고 해결하여 목표 달성에 기여했던 경험에 대해서 작성해 주시기 바랍니다.
> - 다른 사람이 생각해내지 못했던 문제점을 찾고 이를 해결한 경험에 대해 작성해 주시기 바랍니다.

② 해당 역량을 보여줄 수 있는 소재 찾기(시간×역량 매트릭스)

예시

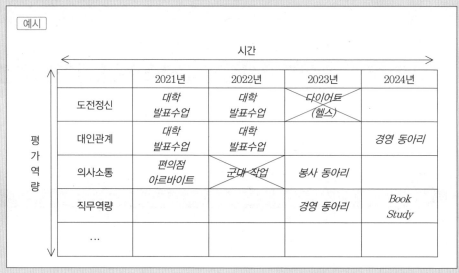

평가역량 \ 시간	2021년	2022년	2023년	2024년
도전정신	대학 발표수업	대학 발표수업	~~다이어트 (헬스)~~	
대인관계	대학 발표수업	대학 발표수업		경영 동아리
의사소통	편의점 아르바이트	~~군대 작업~~	봉사 동아리	
직무역량			경영 동아리	Book Study
…				

③ 자기소개서 작성 Skill 익히기
- 두괄식으로 작성하기
- 구체적 사례를 사용하기
- '나'를 중심으로 작성하기
- 직무역량 강조하기
- 경험 사례의 차별성 강조하기

03 | 인성검사 소개 및 모의테스트

01 인성검사 유형

인성검사는 지원자의 성격특성을 객관적으로 파악하고 그것이 각 기업에서 필요로 하는 인재상과 가치에 부합하는가를 평가하기 위한 검사입니다. 인성검사는 KPDI(한국인재개발진흥원), K-SAD(한국사회적성개발원), KIRBS(한국행동과학연구소), SHR(에스에이치알) 등의 전문기관을 통해 각 기업의 특성에 맞는 검사를 선택하여 실시합니다. 대표적인 인성검사의 유형에는 크게 다음과 같은 세 가지가 있으며, 채용 대행업체에 따라 달라집니다.

1. KPDI 검사

조직적응성과 직무적합성을 알아보기 위한 검사로 인성검사, 인성역량검사, 인적성검사, 직종별 인적성 검사 등의 다양한 검사 도구를 구현합니다. KPDI는 성격을 파악하고 정신건강 상태 등을 측정하고, 직무 검사는 해당 직무를 수행하기 위해 기본적으로 갖추어야 할 인지적 능력을 측정합니다. 역량검사는 특정 직무 역할을 효과적으로 수행하는 데 직접적으로 관련 있는 개인의 행동, 지식, 스킬, 가치관 등을 측정합니다.

2. KAD(Korea Aptitude Development) 검사

K-SAD(한국사회적성개발원)에서 실시하는 적성검사 프로그램입니다. 개인의 성향, 지적 능력, 기호, 관심, 흥미도를 종합적으로 분석하여 적성에 맞는 업무가 무엇인가 파악하고, 직무수행에 있어서 요구되는 기초능력과 실무능력을 분석합니다.

3. SHR 직무적성검사

직무수행에 필요한 종합적인 사고 능력을 다양한 적성검사(Paper and Pencil Test)로 평가합니다. SHR의 모든 직무능력검사는 표준화 검사입니다. 표준화 검사는 표본집단의 점수를 기초로 규준이 만들어진 검사이므로 개인의 점수를 규준에 맞추어 해석·비교하는 것이 가능합니다. S(Standardized Tests), H(Hundreds of Version), R(Reliable Norm Data)을 특징으로 하며, 직군·직급별 특성과 선발 수준에 맞추어 검사를 적용할 수 있습니다.

인성검사는 특히 면접질문과 관련성이 높습니다. 면접관은 지원자의 인성검사 결과를 토대로 질문을 하기 때문입니다. 일관적이고 이상적인 답변을 하는 것이 가장 좋지만, 실제 시험은 매우 복잡하여 전문가라 해도 일정 성격을 유지하면서 답변을 하는 것이 힘듭니다. 또한, 인성검사에는 라이 스케일(Lie Scale) 설문이 전체 설문 속에 교묘하게 섞여 들어가 있으므로 겉치레적인 답을 하게 되면 회답태도의 허위성이 그대로 드러나게 됩니다. 예를 들어 '거짓말을 한 적이 한 번도 없다.'에 '예'로 답하고, '때로는 거짓말을 하기도 한다.'에 '예'라고 답하여 라이 스케일의 득점이 올라가게 되면 모든 회답의 신빙성이 사라지고 '자신을 돋보이게 하려는 사람'이라는 평가를 받을 수 있으므로 주의해야 합니다. 따라서 모의테스트를 통해 인성검사의 유형과 실제 시험 시 어떻게 문제를 풀어야 하는지 연습해 보고 체크한 부분 중 자신의 단점과 연결되는 부분은 면접에서 질문이 들어왔을 때 어떻게 대처해야 하는지 생각해 보는 것이 좋습니다.

03 **유의사항**

1. 기업의 인재상을 파악하라!

인성검사를 통해 개인의 성격 특성을 파악하고 그것이 기업의 인재상과 가치에 부합하는지를 평가하는 시험이기 때문에 해당 기업의 인재상을 먼저 파악하고 시험에 임하는 것이 좋습니다. 모의테스트에서 인재상에 맞는 가상의 인물을 설정하고 문제에 답해 보는 것도 많은 도움이 됩니다.

2. 일관성 있는 대답을 하라!

짧은 시간 안에 다양한 질문에 답을 해야 하는데, 그 안에는 중복되는 질문이 여러 번 나옵니다. 이때 앞서 자신이 체크했던 대답을 잘 기억해뒀다가 일관성 있는 답을 하는 것이 중요합니다.

3. 모든 문항에 대답하라!

많은 문제를 짧은 시간 안에 풀려다 보니 다 못 푸는 경우도 종종 생깁니다. 하지만 대답을 누락하거나 끝까지 다 못했을 경우 좋지 않은 결과를 가져올 수도 있으니 최대한 주어진 시간 안에 모든 문항에 답할 수 있도록 해야 합니다.

※ 모의테스트는 질문 및 답변 유형 연습을 위한 것으로 실제 시험과 다를 수 있습니다.
※ 인성검사는 정답이 따로 없는 유형의 검사이므로 결과지를 제공하지 않습니다.

번호	내용	예	아니요
001	나는 솔직한 편이다.	☐	☐
002	나는 리드하는 것을 좋아한다.	☐	☐
003	법을 어겨서 말썽이 된 적이 한 번도 없다.	☐	☐
004	거짓말을 한 번도 한 적이 없다.	☐	☐
005	나는 눈치가 빠르다.	☐	☐
006	나는 일을 주도하기보다는 뒤에서 지원하는 것을 선호한다.	☐	☐
007	앞일은 알 수 없기 때문에 계획은 필요하지 않다.	☐	☐
008	거짓말도 때로는 방편이라고 생각한다.	☐	☐
009	사람이 많은 술자리를 좋아한다.	☐	☐
010	걱정이 지나치게 많다.	☐	☐
011	일을 시작하기 전 재고하는 경향이 있다.	☐	☐
012	불의를 참지 못한다.	☐	☐
013	처음 만나는 사람과도 이야기를 잘 한다.	☐	☐
014	때로는 변화가 두렵다.	☐	☐
015	나는 모든 사람에게 친절하다.	☐	☐
016	힘든 일이 있을 때 술은 위로가 되지 않는다.	☐	☐
017	결정을 빨리 내리지 못해 손해를 본 경험이 있다.	☐	☐
018	기회를 집을 포비기 되이 있다.	☐	☐
019	때로는 내가 정말 쓸모없는 사람이라고 느낀다.	☐	☐
020	누군가 나를 챙겨주는 것이 좋다.	☐	☐
021	자주 가슴이 답답하다.	☐	☐
022	나는 내가 자랑스럽다.	☐	☐
023	경험이 중요하다고 생각한다.	☐	☐
024	전자기기를 분해하고 다시 조립하는 것을 좋아한다.	☐	☐

025	감시받고 있다는 느낌이 든다.	☐	☐
026	난처한 상황에 놓이면 그 순간을 피하고 싶다.	☐	☐
027	세상엔 믿을 사람이 없다.	☐	☐
028	잘못을 빨리 인정하는 편이다.	☐	☐
029	지도를 보고 길을 잘 찾아간다.	☐	☐
030	귓속말을 하는 사람을 보면 날 비난하고 있는 것 같다.	☐	☐
031	막무가내라는 말을 들을 때가 있다.	☐	☐
032	장래의 일을 생각하면 불안하다.	☐	☐
033	결과보다 과정이 중요하다고 생각한다.	☐	☐
034	운동은 그다지 할 필요가 없다고 생각한다.	☐	☐
035	새로운 일을 시작할 때 좀처럼 한 발을 떼지 못한다.	☐	☐
036	기분 상하는 일이 있더라도 참는 편이다.	☐	☐
037	업무능력은 성과로 평가받아야 한다고 생각한다.	☐	☐
038	머리가 맑지 못하고 무거운 느낌이 든다.	☐	☐
039	가끔 이상한 소리가 들린다.	☐	☐
040	타인이 내게 자주 고민상담을 하는 편이다.	☐	☐

※ 모의테스트는 질문 및 답변 유형 연습을 위한 것으로 실제 시험과 다를 수 있습니다.
※ 인성검사는 정답이 따로 없는 유형의 검사이므로 결과지를 제공하지 않습니다.

※ 이 성격검사의 각 문항에는 서로 다른 행동을 나타내는 네 개의 문장이 제시되어 있습니다. 이 문장들을 비교하여, 자신의 평소 행동과 가장 가까운 문장을 'ㄱ' 열에 표기하고, 가장 먼 문장을 'ㅁ' 열에 표기하십시오.

01 나는 _____

	ㄱ	ㅁ
A. 실용적인 해결책을 찾는다.	☐	☐
B. 다른 사람을 돕는 것을 좋아한다.	☐	☐
C. 세부 사항을 잘 챙긴다.	☐	☐
D. 상대의 주장에서 허점을 잘 찾는다.	☐	☐

02 나는 _____

	ㄱ	ㅁ
A. 매사에 적극적으로 임한다.	☐	☐
B. 즉흥적인 편이다.	☐	☐
C. 관찰력이 있다.	☐	☐
D. 임기응변에 강하다.	☐	☐

03 나는 _____

	ㄱ	ㅁ
A. 무서운 영화를 잘 본다.	☐	☐
B. 조용한 곳이 좋다.	☐	☐
C. 가끔 울고 싶다.	☐	☐
D. 집중력이 좋다.	☐	☐

04 나는 _____

	ㄱ	ㅁ
A. 기계를 조립하는 것을 좋아한다.	☐	☐
B. 집단에서 리드하는 역할을 맡는다.	☐	☐
C. 호기심이 많다.	☐	☐
D. 음악을 듣는 것을 좋아한다.	☐	☐

05 나는 _____

	ㄱ	ㅁ
A. 타인을 늘 배려한다.	☐	☐
B. 감수성이 예민하다.	☐	☐
C. 즐겨하는 운동이 있다.	☐	☐
D. 일을 시작하기 전에 계획을 세운다.	☐	☐

06 나는 _____

	ㄱ	ㅁ
A. 타인에게 설명하는 것을 좋아한다.	☐	☐
B. 여행을 좋아한다.	☐	☐
C. 정적인 것이 좋다.	☐	☐
D. 남을 돕는 것에 보람을 느낀다.	☐	☐

07 나는 _____

	ㄱ	ㅁ
A. 기계를 능숙하게 다룬다.	☐	☐
B. 밤에 잠이 잘 오지 않는다.	☐	☐
C. 한 번 간 길을 잘 기억한다.	☐	☐
D. 불의를 보면 참을 수 없다.	☐	☐

08 나는 _____

	ㄱ	ㅁ
A. 종일 말을 하지 않을 때가 있다.	☐	☐
B. 사람이 많은 곳을 좋아한다.	☐	☐
C. 술을 좋아한다.	☐	☐
D. 휴양지에서 편하게 쉬고 싶다.	☐	☐

09 나는 _____

	ㄱ	ㅁ
A. 뉴스보다는 드라마를 좋아한다.	☐	☐
B. 길을 잘 찾는다.	☐	☐
C. 주말엔 집에서 쉬는 것이 좋다.	☐	☐
D. 아침에 일어나는 것이 힘들다.	☐	☐

10 나는 _____

	ㄱ	ㅁ
A. 이성적이다.	☐	☐
B. 할 일을 종종 미룬다.	☐	☐
C. 어른을 대하는 게 힘들다.	☐	☐
D. 불을 보면 매혹을 느낀다.	☐	☐

11 나는 _____

	ㄱ	ㅁ
A. 상상력이 풍부하다.	☐	☐
B. 예의 바르다는 소리를 자주 듣는다.	☐	☐
C. 사람들 앞에 서면 긴장한다.	☐	☐
D. 친구를 자주 만난다.	☐	☐

12 나는 _____

	ㄱ	ㅁ
A. 나만의 스트레스 해소 방법이 있다.	☐	☐
B. 친구가 많다.	☐	☐
C. 책을 자주 읽는다.	☐	☐
D. 활동적이다.	☐	☐

04 | 면접전형 가이드

01 면접유형 파악

1. 면접전형의 변화

기존 면접전형에서는 일상적이고 단편적인 대화나 지원자의 첫인상 및 면접관의 주관적인 판단 등에 의해서 입사 결정 여부를 판단하는 경우가 많았습니다. 이러한 면접전형은 면접 내용의 일관성이 결여되거나 직무 관련 타당성이 부족하였고, 면접에 대한 신뢰도에 영향을 주었습니다.

기존 면접(전통적 면접)		능력중심 채용 면접(구조화 면접)
• 일상적이고 단편적인 대화 • 인상, 외모 등 외부 요소의 영향 • 주관적인 판단에 의존한 총점 부여 ⇩ • 면접 내용의 일관성 결여 • 직무관련 타당성 부족 • 주관적인 채점으로 신뢰도 저하	VS	• 일관성 – 직무관련 역량에 초점을 둔 구체적 질문 목록 – 지원자별 동일 질문 적용 • 구조화 – 면접 진행 및 평가 절차를 일정한 체계에 의해 구성 • 표준화 – 평가 타당도 제고를 위한 평가 Matrix 구성 – 척도에 따라 항목별 채점, 개인 간 비교 • 신뢰성 – 면접진행 매뉴얼에 따라 면접위원 교육 및 실습

2. 능력중심 채용의 면접 유형

① 경험 면접
   • 목적 : 선발하고자 하는 직무 능력이 필요한 과거 경험을 질문합니다.
   • 평가요소 : 직업기초능력과 인성 및 태도적 요소를 평가합니다.
② 상황 면접
   • 목적 : 특정 상황을 제시하고 지원자의 행동을 관찰함으로써 실제 상황의 행동을 예상합니다.
   • 평가요소 : 직업기초능력과 인성 및 태도적 요소를 평가합니다.
③ 발표 면접
   • 목적 : 특정 주제와 관련된 지원자의 발표와 질의응답을 통해 지원자 역량을 평가합니다.
   • 평가요소 : 직무수행능력과 인지적 역량(문제해결능력)을 평가합니다.
④ 토론 면접
   • 목적 : 토의과제에 대한 의견수렴 과정에서 지원자의 역량과 상호작용능력을 평가합니다.
   • 평가요소 : 직무수행능력과 팀워크를 평가합니다.

1. 경험 면접

① 경험 면접의 특징

- 주로 직업기초능력에 관련된 지원자의 과거 경험을 심층 질문하여 검증하는 면접입니다.
- 직무능력과 관련된 과거 경험을 평가하기 위해 심층 질문을 하며, 이 질문은 지원자의 답변에 대하여 '꼬리에 꼬리를 무는 형식'으로 진행됩니다.

- 능력요소, 정의, 심사 기준
  - 평가하고자 하는 능력요소, 정의, 심사기준을 확인하여 면접위원이 해당 능력요소 관련 질문을 제시합니다.
- Opening Question
  - 능력요소에 관련된 과거 경험을 유도하기 위한 시작 질문을 합니다.
- Follow-up Question
  - 지원자의 경험 수준을 구체적으로 검증하기 위한 질문입니다.
  - 경험 수준 검증을 위한 상황(Situation), 임무(Task), 역할 및 노력(Action), 결과(Result) 등으로 질문을 구분합니다.

경험 면접의 형태

[면접관 1] [면접관 2] [면접관 3]

[면접관 1] [면접관 2] [면접관 3]

[지원자]

〈일대다 면접〉

[지원자 1] [지원자 2] [지원자 3]

〈다대다 면접〉

② 경험 면접의 구조

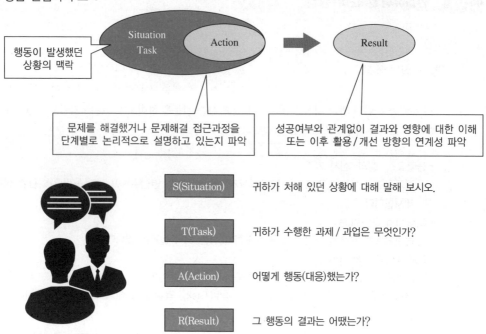

행동이 발생했던 상황의 맥락

문제를 해결했거나 문제해결 접근과정을 단계별로 논리적으로 설명하고 있는지 파악

성공여부와 관계없이 결과와 영향에 대한 이해 또는 이후 활용 / 개선 방향의 연계성 파악

S(Situation)   귀하가 처해 있던 상황에 대해 말해 보시오.

T(Task)   귀하가 수행한 과제 / 과업은 무엇인가?

A(Action)   어떻게 행동(대응)했는가?

R(Result)   그 행동의 결과는 어땠는가?

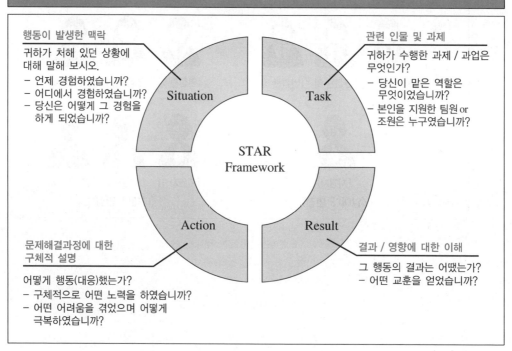

(   )에 관한 과거 경험에 대하여 말해 보시오.

행동이 발생한 맥락
귀하가 처해 있던 상황에 대해 말해 보시오.
– 언제 경험하였습니까?
– 어디에서 경험하였습니까?
– 당신은 어떻게 그 경험을 하게 되었습니까?

관련 인물 및 과제
귀하가 수행한 과제 / 과업은 무엇인가?
– 당신이 맡은 역할은 무엇이었습니까?
– 본인을 지원한 팀원 or 조원은 누구였습니까?

Situation

Task

STAR Framework

Action

Result

문제해결과정에 대한 구체적 설명
어떻게 행동(대응)했는가?
– 구체적으로 어떤 노력을 하였습니까?
– 어떤 어려움을 겪었으며 어떻게 극복하였습니까?

결과 / 영향에 대한 이해
그 행동의 결과는 어땠는가?
– 어떤 교훈을 얻었습니까?

③ 경험 면접 질문 예시(직업윤리)

시작 질문	
1	남들이 신경 쓰지 않는 부분까지 고려하여 절차대로 업무(연구)를 수행하여 성과를 낸 경험을 구체적으로 말해 보시오.
2	조직의 원칙과 절차를 철저히 준수하며 업무(연구)를 수행한 것 중 성과를 향상시킨 경험에 대해 구체적으로 말해 보시오.
3	세부적인 절차와 규칙에 주의를 기울여 실수 없이 업무(연구)를 마무리한 경험을 구체적으로 말해 보시오.
4	조직의 규칙이나 원칙을 고려하여 성실하게 일했던 경험을 구체적으로 말해 보시오.
5	타인의 실수를 바로잡고 원칙과 절차대로 수행하여 성공적으로 업무를 마무리하였던 경험에 대해 말해 보시오.

후속 질문		
상황 (Situation)	상황	구체적으로 언제, 어디에서 경험한 일인가?
		어떤 상황이었는가?
	조직	어떤 조직에 속해 있었는가?
		그 조직의 특성은 무엇이었는가?
		몇 명으로 구성된 조직이었는가?
	기간	해당 조직에서 얼마나 일했는가?
		해당 업무는 몇 개월 동안 지속되었는가?
	조직규칙	조직의 원칙이나 규칙은 무엇이었는가?
임무 (Task)	과제	과제의 목표는 무엇이었는가?
		과제에 적용되는 조직의 원칙은 무엇이었는가?
		그 규칙을 지켜야 하는 이유는 무엇이었는가?
	역할	당신이 조직에서 맡은 역할은 무엇이었는가?
		과제에서 맡은 역할은 무엇이었는가?
	문제의식	규칙을 지키지 않을 경우 생기는 문제점 / 불편함은 무엇인가?
		해당 규칙이 왜 중요하다고 생각하였는가?
역할 및 노력 (Action)	행동	업무 과정의 어떤 장면에서 규칙을 철저히 준수하였는가?
		어떻게 규정을 적용시켜 업무를 수행하였는가?
		규정은 준수하는 데 어려움은 없었는가?
	노력	그 규칙을 지키기 위해 스스로 어떤 노력을 기울였는가?
		본인의 생각이나 태도에 어떤 변화가 있었는가?
		다른 사람들은 어떤 노력을 기울였는가?
	동료관계	동료들은 규칙을 철저히 준수하고 있었는가?
		팀원들은 해당 규칙에 대해 어떻게 반응하였는가?
		규칙에 대한 태도를 개선하기 위해 어떤 노력을 하였는가?
		팀원들의 태도는 당신에게 어떤 자극을 주었는가?
	업무추진	주어진 업무를 추진하는 데 규칙이 방해되진 않았는가?
		업무수행 과정에서 규정을 어떻게 적용하였는가?
		업무 시 규정을 준수해야 한다고 생각한 이유는 무엇인가?

결과 (Result)	평가	규칙을 어느 정도나 준수하였는가?
		그렇게 준수할 수 있었던 이유는 무엇이었는가?
		업무의 성과는 어느 정도였는가?
		성과에 만족하였는가?
		비슷한 상황이 온다면 어떻게 할 것인가?
	피드백	주변 사람들로부터 어떤 평가를 받았는가?
		그러한 평가에 만족하는가?
		다른 사람에게 본인의 행동이 영향을 주었다고 생각하는가?
	교훈	업무수행 과정에서 중요한 점은 무엇이라고 생각하는가?
		이 경험을 통해 느낀 바는 무엇인가?

2. 상황 면접

① 상황 면접의 특징

직무 관련 상황을 가정하여 제시하고 이에 대한 대응능력을 직무관련성 측면에서 평가하는 면접입니다.

- 상황 면접 과제의 구성은 크게 2가지로 구분
  - 상황 제시(Description) / 문제 제시(Question or Problem)
- 현장의 실제 업무 상황을 반영하여 과제를 제시하므로 직무분석이나 직무전문가 워크숍 등을 거쳐 현장성을 높임
- 문제는 상황에 대한 기본적인 이해능력(이론적 지식)과 함께 실질적 대응이나 변수 고려능력(실천적 능력) 등을 고르게 질문해야 함

상황 면접의 형태

[면접관 1]　[면접관 2]

[연기자 1]　[연기자 2]

[면접관 1]　[면접관 2]

[지원자]

〈시뮬레이션〉

[지원자 1]　[지원자 2]　[지원자 3]

〈문답형〉

② 상황 면접 예시

	인천공항 여객터미널 내에는 다양한 용도의 시설(사무실, 통신실, 식당, 전산실, 창고 면세점 등)이 설치되어 있습니다.	실제 업무 상황에 기반함
상황 제시	금년에 소방배관의 누수가 잦아 메인 배관을 교체하는 공사를 추진하고 있으며, 당신은 이번 공사의 담당자입니다.	배경 정보
	주간에는 공항 운영이 이루어져 주로 야간에만 배관 교체 공사를 수행하던 중, 시공하는 기능공의 실수로 배관 연결 부위를 잘못 건드려 고압배관의 소화수가 누출되는 사고가 발생하였으며, 이로 인해 인근 시설물에 누수에 의한 피해가 발생하였습니다.	구체적인 문제 상황
문제 제시	일반적인 소방배관의 배관연결(이음)방식과 배관의 이탈(누수)이 발생하는 원인에 대해 설명해 보시오.	문제 상황 해결을 위한 기본 지식 문항
	담당자로서 본 사고를 현장에서 긴급히 처리하는 프로세스를 제시하고, 보수완료 후 사후적 조치가 필요한 부분 및 재발방지 방안에 대해 설명해 보시오.	문제 상황 해결을 위한 추가 대응 문항

3. 발표 면접

① 발표 면접의 특징

- 직무관련 주제에 대한 지원자의 생각을 정리하여 의견을 제시하고, 발표 및 질의응답을 통해 지원자의 직무능력을 평가하는 면접입니다.
- 발표 주제는 직무와 관련된 자료로 제공되며, 일정 시간 후 지원자가 보유한 지식 및 방안에 대한 발표 및 후속 질문을 통해 직무적합성을 평가합니다.

- 주요 평가요소
  - 설득적 말하기 / 발표능력 / 문제해결능력 / 직무관련 전문성
- 이미 언론을 통해 공론화된 시사 이슈보다는 해당 직무분야에 관련된 주제가 발표면접의 과제로 선정되는 경우가 최근 들어 늘어나고 있음
- 짧은 시간 동안 주어진 과제를 빠른 속도로 분석하여 발표문을 작성하고 제한된 시간 안에 면접관에게 효과적인 발표를 진행하는 것이 핵심

발표 면접의 형태

[면접관 1] [면접관 2]   [면접관 1] [면접관 2]

[지원자]   [지원자 1] [지원자 2] [지원자 3]

〈개별 과제 발표〉   〈팀 과제 발표〉

※ 면접관에게 시각적 효과를 사용하여 메시지를 전달하는 쌍방향 커뮤니케이션 방식

※ 심층면접을 보완하기 위한 방안으로 최근 많은 기업에서 적극 도입하는 추세

② 발표 면접 예시

1. 지시문

당신은 현재 A사에서 직원들의 성과평가를 담당하고 있는 팀원이다. 인사팀은 지난주부터 사내 조직문화관련 인터뷰를 하던 도중 성과평가제도에 관련된 개선 니즈가 제일 많다는 것을 알게 되었다. 이에 팀장님은 인터뷰 결과를 종합하려 성과평가제도 개선 아이디어를 A4용지에 정리하여 신속 보고할 것을 지시하셨다. 당신에게 남은 시간은 1시간이다. 자료를 준비하는 대로 당신은 팀원들이 모인 회의실에서 5분 간 발표할 것이며, 이후 질의응답을 진행할 것이다.

2. 배경자료

〈성과평가제도 개선에 대한 인터뷰〉

최근 A사는 회사 사세의 급성장으로 인해 작년보다 매출이 두 배 성장하였고, 직원 수 또한 두 배로 증가하였다. 회사의 성장은 임금, 복지에 대한 상승 등 긍정적인 영향을 주었으나 업무의 불균형 및 성과보상의 불평등 문제가 발생하였다. 또한 수시로 입사하는 신입직원과 경력직원, 퇴사하는 직원들까지 인원들의 잦은 변동으로 인해 평가해야 할 대상이 변경되어 현재의 성과평가제도로는 공정한 평가가 어려운 상황이다.

[생산부서 김상호]
우리 팀은 지난 1년 동안 생산량이 급증했기 때문에 수십 명의 신규인력이 급하게 채용되었습니다. 이 때문에 저희 팀장님은 신규 입사자들의 이름조차 기억 못할 때가 많이 있습니다. 성과평가를 제대로 하고 있는지 의문이 듭니다.

[마케팅 부서 김흥민]
개인의 성과평가의 취지는 충분히 이해합니다. 그러나 현재 평가는 실적기반이나 정성적인 평가가 많이 포함되어 있어 객관성과 공정성에는 의문이 드는 것이 사실입니다. 이러한 상황에서 평가제도를 재수립하지 않고, 인센티브에 계속 반영한다면, 평가제도에 대한 반감이 커질 것이 분명합니다.

[교육부서 홍경민]
현재 교육부서는 인사팀과 밀접하게 일하고 있습니다. 그럼에도 인사팀에서 실시하는 성과평가제도에 대한 이해가 부족한 것 같습니다.

[기획부서 김경호 차장]
저는 저의 평가자 중 하나가 연구부서의 팀장님인데, 일 년에 몇 번 같이 일하지 않는데 어떻게 저를 평가할 수 있을까요? 특히 연구팀은 저희가 예산을 배정하는데, 저에게는 좋지만….

4. 토론 면접

① 토론 면접의 특징
- 다수의 지원자가 조를 편성해 과제에 대한 토론(토의)을 통해 결론을 도출해가는 면접입니다.
- 의사소통능력, 팀워크, 종합인성 등의 평가에 용이합니다.

> - 주요 평가요소
>   - 설득적 말하기, 경청능력, 팀워크, 종합인성
> - 의견 대립이 명확한 주제 또는 채용분야의 직무 관련 주요 현안을 주제로 과제 구성
> - 제한된 시간 내 토론을 진행해야 하므로 적극적으로 자신 있게 토론에 임하고 본인의 의견을 개진할 수 있어야 함

토론 면접의 형태

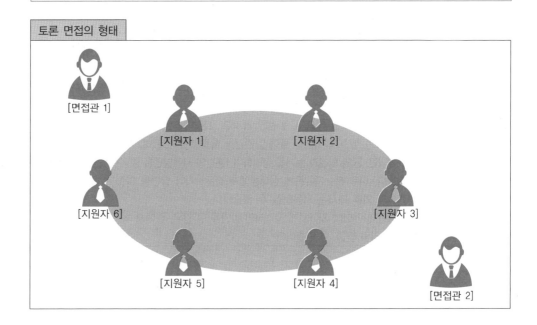

② 토론 면접 예시

고객 불만 고충처리

1. 들어가며

최근 우리 상품에 대한 고객 불만의 증가로 고객고충처리 TF가 만들어졌고 당신은 여기에 지원해 배치받았다. 당신의 업무는 불만을 가진 고객을 만나서 애로사항을 듣고 처리해 주는 일이다. 주된 업무로는 고객의 니즈를 파악해 방향성을 제시해 주고 그 해결책을 마련하는 일이다. 하지만 경우에 따라서 고객의 주관적인 의견으로 인해 제대로 된 방향으로 의사결정을 하지 못할 때가 있다. 이럴 경우 설득이나 논쟁을 해서라도 의견을 관철시키는 것이 좋을지 아니면 고객의 의견대로 진행하는 것이 좋을지 결정해야 할 때가 있다. 만약 당신이라면 이러한 상황에서 어떤 결정을 내릴 것인지 여부를 자유롭게 토론해 보시오.

2. 1분 자유 발언 시 준비사항

- 당신은 의견을 자유롭게 개진할 수 있으며 이에 따른 불이익은 없습니다.
- 토론의 방향성을 이해하고, 내용의 장점과 단점이 무엇인지 문제를 명확히 말해야 합니다.
- 합리적인 근거에 기초하여 개선방안을 명확히 제시해야 합니다.
- 제시한 방안을 실행 시 예상되는 긍정적·부정적 영향요인도 동시에 고려할 필요가 있습니다.

3. 토론 시 유의사항

- 토론 주제문과 제공해드린 메모지, 볼펜만 가지고 토론장에 입장할 수 있습니다.
- 사회자의 지정 또는 발표자가 손을 들어 발언권을 획득할 수 있으며, 사회자의 통제에 따릅니다.
- 토론회가 시작되면, 팀의 의견과 논거를 정리하여 1분간의 자유발언을 할 수 있습니다. 순서는 사회자가 지정합니다. 이후에는 자유롭게 상대방에게 질문하거나 답변을 하실 수 있습니다.
- 핸드폰, 서적 등 외부 매체는 사용하실 수 없습니다.
- 논제에 벗어나는 발언이나 지나치게 공격적인 발언을 할 경우, 위에서 제시한 유의사항을 지키지 않을 경우 불이익을 받을 수 있습니다.

03 면접 Role Play

1. 면접 Role Play 편성

- 교육생끼리 조를 편성하여 면접관과 지원자 역할을 교대로 진행합니다.
- 지원자 입장과 면접관 입장을 모두 경험해 보면서 면접에 대한 적응력을 높일 수 있습니다.

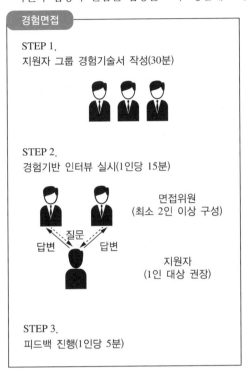

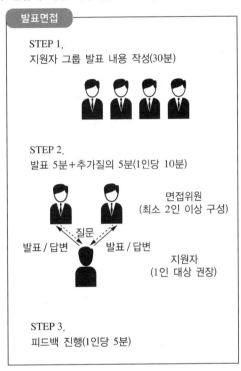

Tip

면접 준비하기
1. 면접 유형 확인 필수
- 기업마다 면접 유형이 상이하기 때문에 해당 기업의 면접 유형을 확인하는 것이 좋음
- 일반적으로 실무진 면접, 임원면접 2차례에 거쳐 면접을 실시하는 기업이 많고 실무진 면접과 임원 면접에서 평가요소가 다르기 때문에 유형에 맞는 준비방법이 필요
2. 후속 질문에 대한 사전 점검
- 블라인드 채용 면접에서는 주요 질문과 함께 후속 질문을 통해 지원자의 직무능력을 판단
  → STAR 기법을 통한 후속 질문에 미리 대비하는 것이 필요

05 | 한국환경공단 면접 기출질문

한국환경공단의 면접전형은 필기전형 합격자를 대상으로 진행되며, 직무수행능력(PT)과 직업기초능력(인성)을 평가하며, 평가 비중은 각각 50%이다. 직무역량평가는 면접 30분 전 제시된 PT주제에 대해 PT를 준비하고, 면접장 입실 후 개인발표 및 질의·응답을 하는 방식으로 진행된다. 인성 평가는 PT면접 후 지원자별 질의·응답으로 진행된다. 면접전형에서 만점의 60% 이상 득점자를 대상으로 종합평가를 실시한다. 종합평가는 면접전형 점수와 필기전형 점수를 합산한 총점 기준으로 계산한다.

1. PT주제와 관련 질문

1) 펌프에서 발생하는 이상현상의 종류를 설명하고 그에 대한 대책을 말해 보시오.
2) 하수슬러지의 혐기성 소화과정에서 pH와 알칼리도 변화를 설명하고, 이의 일반적인 관리 방안에 대해 설명하시오.
   - 하수슬러지란 무엇인가?
   - 혐기성소화를 거치고 탈수기를 돌리는 이유에 대해 설명하시오.
   - 혐기성소화과정에서 얻을 수 있는 유용한 자원에 대해 설명하시오.
   - 탈질/질산화조에서 쓰이는 미생물에 대해 말하고, 왜 이것이 사용되는지 말해 보시오.
   - 탈질/질산화라면 A2/O 공정을 이야기하는 것 같은데, 공정과정에 대해 설명하고 이에 대한 경제성을 말해 보시오.
   - A2/O 공정에서 탈질이 이루어지는 곳은 어디인가?
3) ESS의 활용 방안에 대해 설명하시오.
4) 수변전설비에 대한 용어를 설명하시오.
5) 캐비테이션 현상에 대해 설명하시오.
6) 변전소에서 사용되는 기기 종류와 역할에 대해 설명하시오.
7) Y합금강은 무엇이며, 이에 대한 문제점(실현가능성, 경제성 등)을 설명하시오.
8) 토바관계식에 대해 설명하시오.
9) 수격현상에 대해 설명하시오.
10) 펌프 관련 효율 증가 및 이상 현상 방지 방안에 대해 설명하시오.
11) 2050 탄소중립에 맞춰 공단이 나아가야 할 방향에 대해 설명하시오.
    - 폐기물을 이용하지 않고, 건물에서 탄소중립을 할 수 있는 방법이 있는지 말해 보시오.
    - 탄소중립 목표 감량이 되지 않았을 경우 어떤 현상이 발생하는가?
12) 하수 수질 개선을 위해 공단이 할 수 있는 방향에 대해 설명하시오.

2. 직무역량 평가

- 열역학과 비열에 대해 설명해 보시오.
- 중대재해처벌법과 산업안전보건법의 차이를 말해 보시오.
- BCC구조에 대해 설명해 보시오.
- 지원 분야의 지식을 향상하기 위해서 노력한 방법에 대해 말해 보시오.
- 만약 공단에 합격하게 된다면 하고 싶은 업무가 있는가? 있다면 그 이유는 무엇인지 말해 보시오.
- 파리 기후 변화 협약의 핵심과 온도 목표치에 대해 아는 대로 발표하시오.
- 중금속의 종류가 몇 개이고, 비중은 얼마나 되며 수질 폐기 대기 방면에서 중금속 문제를 어떻게 해결해야 하는지 말해 보시오.
- 수질오염총량제에 대한 정의와 장점에 대해 아는 대로 말해 보시오.
- 생활에서 환경을 위해 실천할 수 있는 행위에 대해 아는 대로 말해 보시오.
- 현재의 환경문제 하나를 정하여 그것에 대한 문제점과 개선방안을 발표하시오.
- 대기 TMS에 대하여 설명하고, 문제점과 해결방안을 제시하시오.
- 최근 ESS 설비의 화재 원인과 대책에 대하여 발표하시오.
- 토양 데이터베이스 시스템을 만들기 위하여 필요한 데이터와 그 방법을 발표하시오.
- 우산에 사용되는 일회용 비닐커버 소각·매립 시의 문제점과 비닐커버 감축방안에 대하여 발표하시오.
- 제주도 오버투어리즘(Overtourism)에 대한 외국 관련 예시와 방안에 대하여 발표하시오.
- 친환경 에너지타운에 대하여 발표하시오.
- 수질오염에 대하여 원인을 분석하여 발표하시오.

3. 인성 평가

- 환경을 위해 실천하고 있는 행동이 있는가? 있다면 실천 후 느낀 점을 말해 보시오.
- 친구에게 환경공단에 대해 어떻게 설명할 것인가?
- 1분 동안 자기소개를 해 보시오.
- 살면서 누군가와 협력했던 경험이 있는가?
- 공단의 미션에 대해 말해 보시오.
- 공단의 비전에 대해 말해 보시오.
- 인생에 있어서 자신의 멘토는 누구인지 말하고, 이유를 말해 보시오.
- 상사가 지시한 일을 깜빡하고 제 기한에 하지 못했을 때, 어떻게 행동할 것인지 말해 보시오.
- 사회에서 분배정책과 성장이라는 2가지 측면에서 어느 쪽이 더 중요하다고 생각하는지, 이유는 무엇인지 말해 보시오.
- 비리를 저지르는 상사를 마주하게 된다면 어떻게 행동할지 말해 보시오.
- 인턴을 경험하면서 가장 힘들었던 일은 무엇인가? 이를 극복하기 위해 어떻게 행동하였는지 말해 보시오.
- 인턴을 경험하면서 본인의 기대를 충족시켰던 일과, 기대에 못 미쳤던 경험에 대해 말해 보시오.
- 상사가 부당한 지시를 내린다면 어떻게 행동할 것인가?

- 갈등을 해결하기 위해 어떻게 해결하려고 노력하는가?
- 만약 상사가 지원자에게 일을 너무 많이 줄 경우, 어떻게 대처할지 말해 보시오.
- 공단에서 온실가스 감축을 위해 진행하고 있는 사업에 대해 알고 있는가? 있다면 아는 대로 말해 보시오.
- 공단에 지원하게 된 동기는 무엇인가?
- 본인이 지원한 부서와 관련된 경험이 있는가? 있다면 말해 보시오.
- 지원자의 역량을 어떻게 공단에 기여할 수 있는지 말해 보시오.
- 살면서 남에게 신뢰를 주게 된 경험이 있는가?
- 본인이 생각할 때, 갈등 해결 시 가장 중요한 것은 무엇이라 생각하는가?
- 본인의 피해를 감수하고, 공동의 목표를 달성하기 위해 노력한 경험이 있다면 말해 보시오.
- 갑, 을 관계를 목격했을 때 어떻게 행동할 것인가?
- 지원자를 물건으로 표현한다면 무엇으로 표현할 수 있는가?
- 우리 공단의 홈페이지에 접속해 본 적이 있는가?
- 꼼꼼하게 문제를 해결한 경험에 대하여 말해 보시오.
- 소통하는 방법으로 경청 말고 다른 방법을 아는 것이 있는가?
- 지원자가 겪었던 갈등 상황과 이를 해결한 방법, 그리고 깨달은 점을 말해 보시오.
- 공단의 시스템에 대하여 아는 것이 있는가?
- 우리 공단 입사를 준비하면서 힘들었던 점은 무엇인가?
- 유수율이 정확하게 무엇인지 알고 있는가?
- 풀기 어려운 문제를 창의적으로 해결한 경험이 있는가?
- 지원자가 가장 뿌듯했던 순간은 언제인가?
- 다른 사람들과 협력한 경험에 대하여 말해 보시오.
- 문제 상황이 발생했을 때, 협동심을 발휘하여 극복한 경험이 있는가?
- 장점에 대한 내용이 포함되지 않은 지원자의 진짜 단점을 말해 보시오.
- 입사를 하게 된다면, 앞으로의 포부에 대하여 말해 보시오.
- 대학교 전공과목에서 경험한 실습이나 실험에 대하여 말해 보시오.
- 갈등에 대한 지원자만의 해결방법이 있는가?
- 최근 사회적으로 이슈되고 있는 환경주제에 대하여 한 가지 말해 보시오.
- 윤리적인 행동에서 벗어난 경험을 한 적이 있는가?
- 취업을 제외하고 최근에 받은 큰 스트레스는 무엇인가?
- 지원하는 직무를 통해 본인이 얻고 싶은 것은 무엇인가?
- 지원자는 4대강 사업에 대하여 찬성하는가, 반대하는가?
- 우리 공단 홈페이지에 개선이 필요한 사항에 대하여 말해 보시오.
- 본인이 희생했던 경험에 대해 말해 보시오.
- 한국환경공단이란 무엇을 하는 기업이라고 생각하는가?
- 학교에서는 무엇을 배웠는가?
- 지원자 성격의 장단점을 말해 보시오.
- 가리는 음식이 있는가?
- 출장업무가 많을 수도 있는데 잘 적응할 수 있는가?
- 공단에 입사하면 어떤 업무를 담당하고 싶은가?
- 한국환경공단이 하는 사업에 대하여 말해 보시오.
- 장래 계획에 대하여 말해 보시오.

- 여름철에 물고기가 많이 폐사하는 이유는 무엇인가?
- 건강관리는 어떻게 하는가?
- 여행을 좋아하는가?
- 공단을 준비하면서 힘들었던 점은 무엇이고, 이를 어떻게 극복했는가?
- 한국환경공단이 위험방지를 위해 해야 할 업무에 대해 아는 것이 있는가?
- 지원자의 별명은 무엇인가?
- 공단의 cleanSY, Allbaro 시스템을 아는가?
- 정보보안의 4대 요소에 대해 말해 보시오.
- 빅데이터의 3V가 무엇인지 말해 보시오.
- 비수도권 인재를 우대하는 것에 대해서 어떻게 생각하는가?
- 양심에 어긋나는 행동이나 법에 어긋나는 행동을 해 본 경험이 있는가?
- 전공인 회계에 관련한 경험이 있는가?
- 다른 기업에 지원한 곳이 있는가?
- 최근 시사문제 중 관심이 있는 것이 무엇인가?
- 환경에 대해서 어떻게 생각하는가?
- 전공 관련 자격증은 왜 아직 취득하지 않았는가?
- 조직 내 갈등 상황을 어떻게 해결하였는가?

합격의 공식
시대에듀

S D E D U

"오늘 당신의 노력은 아름다운 꽃의 물이 될 것입니다."

그러나, 이 꽃을 볼 때 사람들은 이 꽃의 아름다움과 향기만을 사랑하고 칭찬하였지, 이 꽃을 그렇게 아름답게 어여쁘게 만들어 주는 병 속의 물은 조금도 생각지 않는 것이 보통입니다.

만일 이 꽃병 속에 들어 있는 물을 죄다 쏟아 버리고 빈 병에다 이 꽃을 꽂아 보십시오.

아무리 아름답고 어여쁜 꽃이기로서니 단 한 송이의 꽃을 피울 수 있으며, 단 한 번이라도 꽃 향기를 날릴 수 있겠습니까?

우리는 여기서 아무리 본바탕이 좋고 아름다운 꽃이라도 보이지 않는 물의 숨은 힘이 없으면 도저히 그 빛과 향기를 자랑할 수 없는 것을 알았습니다.

－ 방정환의 「우리 뒤에 숨은 힘」 중 －

합 격 의
공 식
시대에듀

S D E D U

행운이란 100%의 노력 뒤에 남는 것이다.

- 랭스턴 콜만 -

현재 나의 실력을 객관적으로 파악해 보자!

모바일 OMR
답안채점 / 성적분석 서비스

도서에 수록된 모의고사에 대한 객관적인 결과(정답률, 순위)를 종합적으로 분석하여 제공합니다.

OMR 입력

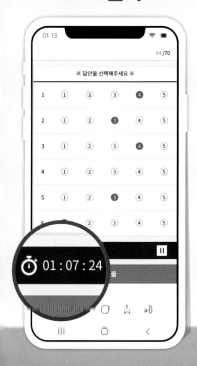

성적분석

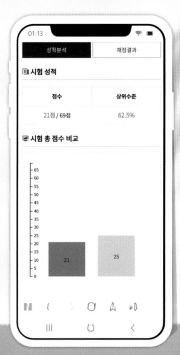

채점결과

※OMR 답안채점 / 성적분석 서비스는 등록 후 30일간 사용 가능합니다.

도서 내 모의고사 우측 상단에 위치한 QR코드 찍기 → 로그인 하기 → '시작하기' 클릭 → '응시하기' 클릭 → 나의 답안을 모바일 OMR 카드에 입력 → '성적분석 & 채점결과' 클릭 → 현재 내 실력 확인하기

시대에듀

공기업 취업을 위한 NCS
직업기초능력평가 시리즈

NCS부터 전공까지 완벽 학습 "통합서" 시리즈

공기업 취업의 기초부터 차근차근! 취업의 문을 여는 **Master Key!**

NCS 영역 및 유형별 체계적 학습 "집중학습" 시리즈

영역별 이론부터 유형별 모의고사까지! 단계별 학습을 통한 **Only Way!**

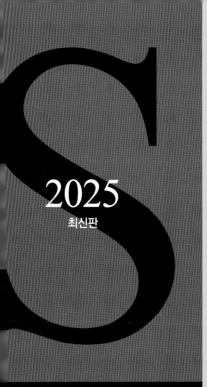

2025
최신판

SDC

판매량
1위
한국환경공단
YES24

한국
환경공단

정답 및 해설

NCS + 최종점검 모의고사 6회

편저 | SDC(Sidae Data Center)

기출복원문제부터
대표기출유형 및
모의고사까지

한 권으로
마무리!

SDC

SDC는 시대에듀 데이터 센터의 약자로
약 30만 개의 NCS · 적성 문제 데이터를
바탕으로 최신 출제경향을 반영하여
문제를 출제합니다.

시대에듀

Add+

합격의 공식 시대에듀 www.sdedu.co.kr

2024년 하반기
주요 공기업 NCS
기출복원문제

끝까지 책임진다! 시대에듀!

QR코드를 통해 도서 출간 이후 발견된 오류나 개정법령, 변경된 시험 정보, 최신기출문제, 도서 업데이트 자료 등이 있는지 확인해 보세요! **시대에듀 합격 스마트 앱**을 통해서도 알려 드리고 있으니 구글 플레이나 앱 스토어에서 다운받아 사용하세요. 또한, 파본 도서인 경우에는 구입하신 곳에서 교환해 드립니다.

2024 | 하반기 주요 공기업
NCS 기출복원문제

01	02	03	04	05	06	07	08	09	10	11	12	13	14	15	16	17	18	19	20
④	③	⑤	③	③	③	④	④	③	⑤	③	④	②	①	③	④	⑤	④	③	④
21	22	23	24	25	26	27	28	29	30	31	32	33	34	35	36	37	38	39	40
⑤	③	②	⑤	⑤	③	③	③	①	①	③	①	②	①	④	③	④	④	④	③
41	42	43	44	45	46	47	48	49	50										
②	③	⑤	③	①	④	④	⑤	②	②										

01
정답 ④

쉼이란 대화 도중에 잠시 침묵하는 것을 말한다. 쉼을 사용하는 대표적인 경우는 다음과 같다.
• 이야기의 전이 시(흐름을 바꾸거나 다른 주제로 넘어갈 때)
• 양해, 동조, 반문의 경우
• 생략, 암시, 반성의 경우
• 여운을 남길 때
위와 같은 목적으로 쉼을 활용함으로써 논리성, 감정 제고, 동질감 등을 확보할 수 있다.
반면, 연단공포증은 면접이나 발표 등 청중 앞에서 이야기할 때 가슴이 두근거리고, 입술이 타고, 식은땀이 나고, 얼굴이 달아오르는 생리적인 현상으로, 쉼과는 관련이 없다. 연단공포증은 90% 이상의 사람들이 호소하는 불안이므로 극복하기 위해서는 연단공포증에 대한 걱정을 떨쳐내고 이러한 심리현상을 잘 통제하여 의사 표현하는 것을 연습해야 한다.

02
정답 ③

미국의 심리학자인 도널드 키슬러는 대인관계 의사소통 방식을 체크리스트로 평가하여 8가지 유형으로 구분하였다. 이 중 친화형은 따뜻하고 배려심이 깊으며, 타인과의 관계를 중시하는 유형이다. 또한 협동적이고 조화로운 성격으로, 자기희생적인 경향이 강하다.

> **키슬러의 대인관계 의사소통 유형**
> • 지배형 : 자신감이 있고 지도력이 있으나 논쟁적이고 독단이 강하여 대인 갈등을 겪을 수 있으므로 타인의 의견을 경청하고 수용하는 자세가 필요하다.
> • 실리형 : 이해관계에 예민하고 성취 지향적으로 경쟁적인 데다 자기중심적이어서 타인의 입장을 배려하고 관심을 갖는 자세가 필요하다.
> • 냉담형 : 이성적인 의지력이 강하고 타인의 감정에 무관심하며 피상적인 대인관계를 유지하므로 타인의 감정 상태에 관심을 가지고 긍정적인 감정을 표현하는 것이 필요하다.
> • 고립형 : 혼자 있는 것을 선호하고 사회적 상황을 회피하며 지나치게 자신의 감정을 억제하므로 대인관계의 중요성을 인식하고 타인에 대한 비현실적인 두려움의 근원을 성찰하는 것이 필요하다.
> • 복종형 : 수동적이고 의존적이며 자신감이 없으므로 적극적인 자기표현과 주장이 필요하다.
> • 순박형 : 단순하고 솔직하며 자기주관이 부족하므로 자기주장을 하는 노력이 필요하다.
> • 친화형 : 따뜻하고 인정이 많고 자기희생적이나 타인의 요구를 거절하지 못하므로 타인과의 정서적인 거리를 유지하는 노력이 필요하다.
> • 사교형 : 외향적이고 인정하는 욕구가 강하며, 타인에 대한 관심이 많아서 간섭하는 경향이 있고 흥분을 잘 하므로 심리적 안정과 지나친 인정욕구에 대한 성찰이 필요하다.

03

철도사고는 달리는 도중에도 발생할 수 있으므로 먼저 인터폰을 통해 승무원에게 사고를 알리고, 열차가 멈춘 후에 안내방송에 따라 비상핸들이나 비상콕크를 돌려 문을 열고 탈출해야 한다. 만일 화재가 발생했을 경우에는 승무원에게 사고를 알리고 곧바로 119에도 신고를 해야 한다.

[오답분석]
① 침착함을 잃고 패닉에 빠지게 되면, 적절한 행동요령에 따라 대피하기 어렵다. 따라서 사고현장에서 대피할 때는 승무원의 안내에 따라 질서 있게 대피해야 한다.
② 화재사고 발생 시 승객들은 여유가 있을 경우 전동차 양 끝에 비치된 소화기를 통해 초기 진화를 시도해야 한다.
③ 역이 아닌 곳에서 열차가 멈췄을 경우 감전의 위험이 있으므로 반드시 승무원의 안내에 따라 반대편 선로의 열차 진입에 유의하며 대피 유도등을 따라 침착하게 비상구로 대피해야 한다.
④ 전동차에서 대피할 때는 부상자, 노약자, 임산부 등 탈출이 어려운 사람부터 먼저 대피할 수 있도록 배려하고 도와주어야 한다.

04

하향식 읽기 모형은 독자의 배경지식을 바탕으로 글의 맥락을 먼저 파악하는 읽기 전략이다. ③의 경우 제품 설명서를 통해 세부 기능과 버튼별 용도를 파악하고 기계를 작동시켰으므로 상향식 읽기를 수행한 사례이다. 제품 설명서를 하향식으로 읽는다면 제품 설명서를 읽기 전 제품을 보고 배경지식을 바탕으로 어떤 기능이 있는지 예측하고, 해당 기능을 수행하는 세부 방법을 제품 설명서를 통해 찾아봐야 한다.

[오답분석]
① 회의의 주제에 대한 배경지식을 가지고 회의 안건을 예상한 후 회의 자료를 파악하였으므로 하향식 읽기 모형에 해당한다.
② 헤드라인을 먼저 읽어 배경지식을 바탕으로 전체적인 내용을 파악하고 상세 내용을 읽었으므로 하향식 읽기 모형에 해당한다.
④ 요리에 대한 경험과 지식을 바탕으로 요리 과정을 파악하였으므로 하향식 읽기 모형에 해당한다.
⑤ 해당 분야에 대한 기본적인 지식을 바탕으로 서문이나 목차를 통해 책의 전체적인 흐름을 파악하였으므로 하향식 읽기 모형에 해당한다.

05

농도가 15%인 소금물 200g의 소금의 양은 $200 \times \frac{15}{100} = 30$g이고, 농도가 20%인 소금물 300g의 소금의 양은 $300 \times \frac{20}{100} = 60$g이다. 따라서 두 소금물을 섞었을 때의 농도는 $\frac{30+60}{200+300} \times 100 = \frac{90}{500} \times 100 = 18\%$이다.

06

여직원끼리 인접하지 않는 경우는 남직원과 여직원이 번갈아 앉는 경우뿐이다. 이때 여직원 D의 자리를 기준으로 남직원 B가 옆에 앉는 경우를 다음과 같이 나눌 수 있다.
• 첫 번째, 여섯 번째 자리에 여직원 D가 앉는 경우
  남직원 B가 여직원 D 옆에 앉는 경우는 1가지뿐으로, 남은 자리에 남직원, 여직원이 번갈아 앉아 경우의 수는 $2 \times 1 \times 2! \times 2! = 8$가지이다.
• 두 번째, 세 번째, 네 번째, 다섯 번째 자리에 여직원 D가 앉는 경우
  각 경우에 대하여 남직원 B가 여직원 D 옆에 앉는 경우는 2가지이다. 남은 자리에 남직원, 여직원이 번갈아 앉으므로 경우의 수는 $4 \times 2 \times 2! \times 2! = 32$가지이다.
따라서 구하고자 하는 경우의 수는 $8 + 32 = 40$가지이다.

07
정답 ④

제시된 수열은 홀수 항일 때 +12, +24, +48, …씩 증가하고, 짝수 항일 때 +20씩 증가하는 수열이다.
따라서 빈칸에 들어갈 수는 13+48=61이다.

08
정답 ④

2022년에 중학교에서 고등학교로 진학한 학생의 비율은 99.7%이고, 2023년 중학교에서 고등학교로 진학한 학생의 비율은 99.6%이다. 따라서 진학한 비율이 감소하였으므로 중학교에서 고등학교로 진학하지 않은 학생의 비율은 증가하였음을 알 수 있다.

[오답분석]
① 중학교의 취학률이 가장 낮은 해는 97.1%인 2020년이다. 이는 97% 이상이므로 중학교의 취학률은 매년 97% 이상이다.
② 매년 초등학교의 취학률이 가장 높다.
③ 고등교육기관의 취학률은 2020년 이후로 계속해서 70% 이상을 기록하였다.
⑤ 고등교육기관의 취학률이 가장 낮은 해는 2016년이고, 고등학교의 상급학교 진학률이 가장 낮은 해 또한 2016년이다.

09
정답 ③

[오답분석]
① B기업의 매출액이 가장 많은 때는 2024년 3월이지만, 그래프에서는 2024년 4월의 매출액이 가장 많은 것으로 나타났다.
② 2024년 2월에는 A기업의 매출이 더 많지만, 그래프에서는 B기업이 더 많은 것으로 나타났다.
④ A기업의 매출액이 가장 적은 때는 2024년 4월이지만, 그래프에서는 2024년 3월의 매출액이 가장 적은 것으로 나타났다.
⑤ A기업과 B기업의 매출액의 차이가 가장 큰 때는 2024년 1월이지만, 그래프에서는 2024년 5월과 6월의 매출액 차이가 더 큰 것으로 나타났다.

10
정답 ⑤

스마트 팜 관련 정부 사업 참여 경험은 K사의 강점 요인이다. 또한 정부의 적극적인 지원은 스마트 팜 시장 성장에 따른 기회 요인이다. 따라서 스마트 팜 관련 정부 사업 참여 경험을 바탕으로 정부의 적극적인 지원을 확보하는 것은 내부의 강점을 통해 외부의 기회 요인을 극대화하는 SO전략에 해당한다.

[오답분석]
①·②·③·④ 외부의 기회를 이용하여 내부의 약점을 보완하는 WO전략에 해당한다.

11
정답 ③

A~F 모두 문맥을 무시하고 일부 문구에만 집착하여 뜻을 해석하고 있으므로 '과대해석의 오류'를 범하고 있다. 과대해석의 오류는 전체적인 상황이나 맥락을 고려하지 않고 특정 단어나 문장에만 집착하여 의미를 해석하는 오류로, 글의 의미를 지나치게 확대하거나 축소하여 생각하고, 문자 그대로의 의미에만 너무 집착하여 다른 가능성이나 해석을 배제하게 되는 논리적 오류이다.

[오답분석]
① 무지의 오류 : '신은 존재하지 않는다가 증명되지 않았으므로 신은 존재한다.'처럼 증명되지 않았다고 해서 그 반대의 주장이 참이라고 생각하는 오류이다.
② 연역법의 오류 : '조류는 날 수 있다. 펭귄은 조류이다. 따라서 펭귄은 날 수 있다.'처럼 잘못된 삼단논법에 의해 발생하는 논리적 오류이다.
④ 허수아비 공격의 오류 : '저 사람은 과거에 거짓말을 한 적이 있으니 이번에 일어난 사기 사건의 범인이다.'처럼 개별적 인과관계를 입증하지 않고 전혀 상관없는 별개의 논리를 만들어 공격하는 논리적 오류이다.
⑤ 권위나 인신공격에 의존한 논증 : '제정신을 가진 사람이면 그런 주장을 할 수가 없다.'처럼 상대방의 주장 대신 인격을 공격하거나, '최고 권위자인 A교수도 이런 말을 했습니다.'처럼 자신의 논리적인 약점을 권위자를 통해 덮으려는 논리적 오류이다.

12

A~E열차의 운행시간 단위를 시간 단위로, 평균 속력의 단위를 시간당 운행거리로 통일하여 정리하면 다음과 같다.

구분	운행시간	평균 속력	운행거리
A열차	900분=15시간	50m/s=(50×60×60)m/h=180km/h	15×180=2,700km
B열차	10시간 30분=10.5시간	150km/h	10.5×150=1,575km
C열차	8시간	55m/s=(55×60×60)m/h=198km/h	8×198=1,584km
D열차	720분=12시간	2.5km/min=(2.5×60)km/h=150km/h	12×150=1,800km
E열차	10시간	2.7km/min=(2.7×60)m/h=162km/h	10×162=1,620km

따라서 C열차의 운행거리는 네 번째로 길다.

13

K대학교 기숙사 운영위원회는 단순히 '기숙사에 문제가 있다.'라는 큰 문제에서 벗어나 식사, 시설, 통신환경이라는 세 가지 주요 문제를 파악하고 문제별로 다시 세분화하여 더욱 구체적으로 인과관계 및 구조를 파악하여 분석하고 있다. 따라서 제시문에서 나타난 문제해결 절차는 '문제 도출'이다.

문제해결 절차 5단계
1. 문제 인식 : 해결해야 할 전체 문제를 파악하여 우선순위를 정하고 선정 문제에 대한 목표를 명확히 하는 단계
2. 문제 도출 : 선정된 문제를 분석하여 해결해야 할 것이 무엇인지를 명확히 하는 단계로, 현상에 대한 문제를 분해하여 인과관계 및 구조를 파악하는 단계
3. 원인 분석 : 파악된 핵심 문제에 대한 분석을 통해 근본 원인을 도출해 내는 단계
4. 해결안 개발 : 문제로부터 도출된 근본 원인을 효과적으로 해결할 수 있는 최적의 해결 방안을 수립하는 단계
5. 실행 및 평가 : 해결안 개발을 통해 만들어진 실행 계획을 실제 상황에 적용하는 단계로, 해결안을 통해 문제의 원인들을 제거해 나가는 단계

14

공공사업을 위해 투입된 세금을 본래의 목적에 사용하지 않고 무단으로 다른 곳에 쓴 상황이므로 '예정되어 있는 곳에 쓰지 아니하고 다른 데로 돌려서 씀'을 의미하는 '전용(轉用)'이 가장 적절한 단어이다.

오답분석
② 남용(濫用) : 일정한 기준이나 한도를 넘어서 함부로 씀
③ 적용(適用) : 알맞게 이용하거나 맞추어 씀
④ 활용(活用) : 도구나 물건 따위를 충분히 잘 이용함
⑤ 준용(遵用) : 그대로 좇아서 씀

15

시조새는 비대칭형 깃털을 가진 최초의 동물로, 현대의 날 수 있는 조류처럼 바람을 맞는 곳의 깃털은 짧고, 뒤쪽은 긴 형태로 이루어졌으며, 이와 같은 비대칭형 깃털이 양력을 제공하여 짧은 거리의 활강을 가능하게 하였다. 따라서 비행을 하기 위한 시조새의 신체 조건은 날개의 깃털이 비대칭 구조로 형성되어 있는 것이다.

오답분석
① 제시문에서 언급하지 않은 내용이다.
②·④ 세 개의 갈고리 발톱과 척추뼈가 꼬리까지 이어지는 구조는 공룡의 특징을 보여주는 신체 조건이다.
⑤ 시조새는 현대 조류처럼 가슴뼈가 비행에 최적화된 형태로 발달되지 않았다고 언급하고 있다.

16

제시문은 서양의학에 중요한 영향을 준 히포크라테스와 갈레노스에 대해 소개하고 있다. 히포크라테스는 자연적 관찰을 통해 의사를 과학적인 기반 위의 직업으로 만들었으며, 히포크라테스 선서와 같이 전문직업으로써의 윤리적 기준을 마련한 서양의학의 상징이라고 소개하고 있으며, 갈레노스는 실제 해부와 임상 실험을 통해 의학 이론을 증명하고 방대한 저술을 남겨 후대 의학 발전에 큰 영향을 주었음을 설명하고 있다. 따라서 '히포크라테스와 갈레노스가 서양의학에 끼친 영향과 중요성'이 제시문의 주제이다.

오답분석
① 갈레노스의 의사로서의 이력은 언급하고 있지만, 생애에 대해 구체적으로 밝히는 글은 아니다.
② 갈레노스가 해부와 실험을 통해 의학 이론을 증명하였음을 설명할 뿐이며, 해부학의 발전 과정에 대해 설명하는 글은 아니다.
③ 히포크라테스 선서는 히포크라테스가 서양의학에 남긴 중요한 윤리적 기준이지만, 이를 중심으로 설명하는 글은 아니다.
⑤ 히포크라테스와 갈레노스 모두 4체액설과 같은 부분에서는 현대 의학과는 거리가 있었음을 밝히고 있다.

17

정답 ⑤

'비상구'는 '화재나 지진 따위의 갑작스러운 사고가 일어날 때에 급히 대피할 수 있도록 특별히 마련한 출입구'이다. 따라서 이와 가장 비슷한 단어는 '갇힌 곳에서 빠져나가거나 도망하여 나갈 수 있는 출구'를 의미하는 '탈출구'이다.

오답분석
① 진입로 : 들어가는 길
② 출입구 : 나갔다가 들어왔다가 하는 어귀나 문
③ 돌파구 : 가로막은 것을 쳐서 깨뜨려 통과할 수 있도록 뚫은 통로나 목
④ 여울목 : 여울물(강이나 바다 따위의 바닥이 얕거나 폭이 좁아 물살이 세게 흐르는 곳의 물)이 턱진 곳

18

정답 ④

A열차의 속력을 V_a, B열차의 속력을 V_b라 하고, 터널의 길이를 l, 열차의 전체 길이를 x라 하자.

A열차가 터널을 진입하고 빠져나오는 데 걸린 시간은 $\dfrac{l+x}{V_a}=14$초이다. B열차가 A열차보다 5초 늦게 진입하고 5초 빠르게 빠져나왔으므로 터널을 진입하고 빠져나오는 데 걸린 시간은 $14-5-5=4$초이다. 그러므로 $\dfrac{l+x}{V_b}=4$초이다.

따라서 $V_a=14(l+x)$, $V_b=4(l+x)$이므로 $\dfrac{V_a}{V_b}=\dfrac{14(l+x)}{4(l+x)}=3.5$배이다.

19

정답 ③

A팀은 5일마다, B팀은 4일마다 회의실을 사용하므로 두 팀이 회의실을 사용하고자 하는 날은 20일마다 겹친다. 첫 번째 겹친 날에 A팀이 먼저 사용했으므로 20일 동안 A팀이 회의실을 사용한 횟수는 4회이다. 두 번째 겹친 날에는 B팀이 사용하므로 40일 동안 A팀이 회의실을 사용한 횟수는 7회이고, 세 번째로 겹친 날에는 A팀이 회의실을 사용하므로 60일 동안 A팀은 회의실을 11회 사용하였다. 이를 표로 정리하면 다음과 같다.

겹친 횟수	첫 번째	두 번째	세 번째	네 번째	다섯 번째	…	$(n-1)$번째	n번째
회의실 사용 팀	A팀	B팀	A팀	B팀	A팀	…	A팀	B팀
A팀의 회의실 사용 횟수	4회	7회	11회	14회	18회	…		

겹친 날을 기준으로 A팀은 9회, B팀은 8회를 사용하였으므로 다음으로는 B팀이 회의실을 사용할 순서이다. 이때, B팀이 m번째로 회의실을 사용할 순서라면 A팀이 이때까지 회의실을 사용한 횟수는 $7m$회이다. 따라서 B팀이 겹친 날을 기준으로 회의실을 8회까지 사용하였고, 9번째로 사용할 순서이므로 이때까지 A팀이 회의실을 사용한 횟수는 최대 $7\times9=63$회이다.

20

정답 ④

마지막 조건에 따라 광물 B는 인회석이고, 광물 B로 광물 C를 긁었을 때 긁힘 자국이 생기므로 광물 C는 인회석보다 무른 광물이다. 한편, 광물 A로 광물 C를 긁었을 때 긁힘 자국이 생기므로 광물 A는 광물 C보다 단단하고, 광물 A로 광물 B를 긁었을 때 긁힘 자국이 생기지 않으므로 광물 A는 광물 B보다는 무른 광물이다. 따라서 가장 단단한 광물은 B이며, 그다음으로 A, C 순으로 단단하다.

오답분석

① 광물 C는 인회석보다 무른 광물이므로 석영이 아니다.
② 광물 A는 인회석보다 무른 광물이지만, 방해석인지는 확인할 수 없다.
③ 가장 무른 광물은 C이다.
⑤ 광물 B는 인회석이므로 모스 굳기 단계는 5단계이다.

21

정답 ⑤

J공사의 지점 근무 인원이 71명이므로 가용 인원수가 부족한 B오피스는 제외된다. 또한, 시설 조건에서 스튜디오와 회의실이 필요하다고 했으므로 스튜디오가 없는 D오피스도 제외된다. 나머지 A, C, E오피스는 모두 교통 조건을 충족하므로 임대비용만 비교하면 된다. A, C, E오피스의 5년 임대비용은 다음과 같다.
• A오피스 : 600만×71×5=213,000만 원 → 21억 3천만 원
• C오피스 : 3,600만×12×5=216,000만 원 → 21억 6천만 원
• E오피스 : (3,800만×12×0.9)×5=205,200만 원 → 20억 5천 2백만 원
따라서 사무실 이전 조건을 바탕으로 가장 저렴한 공유 오피스인 E오피스로 이전한다.

22

정답 ③

에너지바우처를 신청하기 위해서는 소득기준과 세대원 특성기준을 모두 충족해야 한다. C는 생계급여 수급자이므로 소득기준을 충족하고, 65세 이상이므로 세대원 특성기준도 충족한다. 그러나 C의 경우 보장시설인 양로시설에 거주하는 보장시설 수급자이므로 지원 제외 대상이다. 따라서 C는 에너지바우처를 신청할 수 없다.

오답분석

① A의 경우 의료급여 수급자이므로 소득기준을 충족하고, 7세 이하의 영유아가 있으므로 세대원 특성기준도 충족한다. 따라서 에너지바우처를 신청할 수 있다.
② B의 경우 교육급여 수급자이므로 소득기준을 충족하고, 한부모가족이므로 세대원 특성기준도 충족한다. 또한 4인 이상 세대에 해당하므로 바우처 지원금액은 716,300원으로 70만 원 이상이다.
④ 동절기 에너지바우처 지원방법은 요금차감과 실물카드 2가지 방법이 있다. 이 중 D의 경우 연탄보일러를 이용하고 있으므로 실물카드를 받아 연탄을 직접 결제하는 방식으로 지원받아야 한다.
⑤ E의 경우 생계급여 수급자이므로 소득기준을 충족하고, 희귀질환을 앓고 있는 어머니가 세대원으로 있으므로 세대원 특성기준도 충족한다. 또한 2인 세대에 해당하므로 하절기 바우처 지원금액인 73,800원이 지원된다. 이때, 하절기는 전기요금 고지서에서 요금을 자동으로 차감해 주므로 전기비에서 73,800원이 차감될 것이다.

23

정답 ②

A가족과 B가족 모두 소득기준과 세대원 특성기준이 에너지바우처 신청기준을 충족한다. A가족의 경우 5명이므로 총 716,300원을 지원받을 수 있다. 그러나 이미 연탄쿠폰을 발급받았으므로 동절기 에너지바우처는 지원받을 수 없다. 따라서 하절기 지원금액인 117,000원을 지원받는다. B가족의 경우 2명이므로 총 422,500원을 지원받을 수 있으며, 지역난방을 이용 중이므로 하절기와 동절기 모두 요금차감의 방식으로 지원받는다. 따라서 두 가족의 에너지바우처 지원 금액은 117,000+422,500=539,500원이다.

24

정답 ⑤

제시된 프로그램은 'result'의 초기 값을 0으로 정의한 후 'result' 값이 2를 초과할 때까지 하위 명령을 실행하는 프로그램이다. 이때 'result' 값을 1 증가시킨 후 그 값을 출력하고, 다시 1을 빼므로 $0 \rightarrow 1 \rightarrow 1$ 출력 $\rightarrow 0 \rightarrow 1 \rightarrow 1$ 출력 $\rightarrow 0 \rightarrow 1 \rightarrow 1$ 출력 $\rightarrow \cdots$ 과정을 무한히 반복하게 된다. 따라서 1이 무한히 출력된다.

25

정답 ⑤

ROUND 함수는 인수를 지정한 자릿수로 반올림한 값을 구하는 함수로, 「=ROUND(인수,자릿수)」로 표현한다. 이때 자릿수는 다음과 같이 나타낸다.

만의 자리	천의 자리	백의 자리	십의 자리	일의 자리	소수점 첫째 자리	소수점 둘째 자리	소수점 셋째 자리
-4	-3	-2	-1	0	1	2	3

따라서 「=ROUND(D2,-1)」는 [D2] 셀에 입력된 117.3365의 값을 십의 자리로 반올림하여 나타내므로, 출력되는 값은 120이다.

26

정답 ③

제시문은 ADHD의 원인과 치료 방법에 대한 글이다. 첫 번째 문단에서는 ADHD가 유전적 원인에 의해 발생한다고 설명하고, 두 번째 문단에서는 환경적 원인에 의해 발생한다고 설명하고 있다. 이를 종합하면 ADHD가 다양한 원인이 복합적으로 작용하는 질환임을 알 수 있다. 또한 빈칸 뒤에서도 다양한 원인에 부합하는 맞춤형 치료와 환경 조성이 필요하다고 하였으므로 빈칸에 들어갈 내용으로 가장 적절한 것은 ③이다.

27

정답 ③

~율/률의 앞 글자가 'ㄱ' 받침을 가지고 있으므로 '출석률'이 옳은 표기이다.

> **~율과 ~률의 구별**
> • ~율 : 앞 글자의 받침이 없거나 받침이 'ㄴ'인 경우 → 비율, 환율, 백분율
> • ~률 : 앞 글자의 받침이 있는 경우(단, 'ㄴ' 받침 제외) → 능률, 출석률, 이직률, 합격률

28

정답 ③

남성 합격자 수와 여성 합격자 수의 비율이 $2 : 3$이므로 여성 합격자는 48명이다.
남성 불합격자 수와 여성 불합격자 수가 모두 a명이라 하면 다음과 같이 정리할 수 있다.

(단위 : 명)

구분	합격자	불합격자	전체 지원자
남성	$2b=32$	a	$a+2b$
여성	$3b=48$	a	$a+3b$

남성 전체 지원자 수는 $(a+32)$명이고, 여성 전체 지원자 수는 $(a+48)$명이다.
$(a+32) : (a+48)=6 : 7$
$\rightarrow 6 \times (a+48)=7 \times (a+32)$
$\rightarrow a=(48 \times 6)-(32 \times 7)$
$\therefore a=64$
따라서 전체 지원자 수는 $2a+5b=(64 \times 2)+(16 \times 5)=128+80=208$명이다.

29

정답 ①

A씨는 2023년에는 9개월 동안 K공사에 근무하였다. (건강보험료)=(보수월액)×(건강보험료율)이고, 2023년 1월 1일 이후 (장기요양

보험료)=(건강보험료)×$\dfrac{(장기요양보험료율)}{(건강보험료율)}$이므로 (장기요양보험료)=(보수월액)×(건강보험료율)×$\dfrac{(장기요양보험료율)}{(건강보험료율)}$이다.

그러므로 (보수월액)=$\dfrac{(장기요양보험료)}{(장기요양보험료율)}$이다.

따라서 A씨의 2023년 장기요양보험료는 35,120원이므로 보수월액은 $\dfrac{35,120}{0.9082\%}=\dfrac{35,120}{0.9082}\times100 ≒ 3,866,990$원이다.

30

정답 ①

'가명처리'란 개인정보의 일부를 삭제하거나 일부 또는 전부를 대체하는 등의 방법으로 추가 정보가 없이는 특정 개인을 알아볼
수 없도록 처리하는 것을 말한다(개인정보보호법 제2조 제1의2호).

[오답분석]
② 개인정보보호법 제2조 제3호
③ 개인정보보호법 제2조 제1호 가목
④ 개인정보보호법 제2조 제2호

31

정답 ③

「=COUNTIF(범위,조건)」 함수는 조건을 만족하는 범위 내 인수의 개수를 셈하는 함수이다. 이때, 열 전체에 적용하려면 해당
범위에서 숫자를 제외하면 된다. 따라서 B열에서 값이 100 이하인 셀의 개수를 구하는 함수는 「=COUNTIF(B:B,"<=100")」
이다.

32

정답 ①

• 초등학생의 한 달 용돈의 합계는 B열부터 E행까지 같은 열에 있는 금액의 합이다. 따라서 (A)에 들어갈 함수는 「=SUM(B2:E2)」이다.
• 한 달 용돈이 150,000원 이상인 학생 수는 [F2] 셀부터 [F7] 셀까지 금액이 150,000원 이상인 셀의 개수로 구할 수 있다. 따라서
  (B)에 들어갈 함수는 「=COUNTIF(F2:F7,">=150,000")」이다.

33

정답 ②

빅데이터 분석을 기획하고자 할 때는 먼저 범위를 설정한 다음 프로젝트를 정의해야 한다. 그 후에 수행 계획을 수립하고 위험
계획을 수립해야 한다.

34

정답 ①

㉠ 짜깁기 : 기존의 글이나 영화 따위를 편집하여 하나의 완성품으로 만드는 일
㉡ 뒤처지다 : 어떤 수준이나 대열에 들지 못하고 뒤로 처지거나 남게 되다.

[오답분석]
• 짜집기 : 짜깁기의 비표준어형
• 뒤쳐지다 : 물건이 뒤집혀서 젖혀지다.

35

공문서에서 날짜를 작성할 때 날짜 다음에 괄호를 사용할 경우에는 마침표를 찍지 않아야 한다.

> **공문서 작성 시 유의사항**
> • 한 장에 담아내는 것이 원칙이다.
> • 마지막엔 반드시 '끝'자로 마무리한다.
> • 날짜 다음에 괄호를 사용할 경우에는 마침표를 찍지 않는다.
> • 복잡한 내용은 항목별로 구분한다('-다음-', 또는 '-아래-').
> • 대외문서이며 장기간 보관되는 문서이므로 정확하게 기술한다.

36

영서가 1시간 동안 빚을 수 있는 만두의 수를 x개, 어머니가 1시간 동안 빚을 수 있는 만두의 수를 y개라 할 때 다음 식이 성립한다.

$\frac{2}{3}(x+y)=60 \cdots \bigcirc$

$y=x+10 \cdots \bigcirc$

$\bigcirc \times \frac{3}{2}$ 에 $\bigcirc$을 대입하면

$x+(x+10)=90$

$\rightarrow 2x=80$

$\therefore x=40$

따라서 영서는 혼자서 1시간 동안 40개의 만두를 빚을 수 있다.

37

• 1,000 이상 10,000 미만

맨 앞과 맨 뒤의 수가 같은 경우는 1~9의 수가 올 수 있으므로 9가지이고, 각각의 경우에 따라 두 번째 수와 네 번째 수로 0~9의 수가 올 수 있으므로 경우의 수는 10가지이다. 그러므로 모든 네 자리 대칭수의 개수는 9×10=90개이다.

• 10,000 이상 50,000 미만

맨 앞과 맨 뒤의 수가 같은 경우는 1, 2, 3, 4의 수가 올 수 있으므로 4가지이고, 각각의 경우에 따라 두 번째 수와 네 번째 수로 0~9의 수가 올 수 있으므로 경우의 수는 10가지, 그 각각의 경우에 따라 세 번째에 올 수 있는 수 또한 0~9의 수가 올 수 있으므로 경우의 수는 10가지이다. 그러므로 10,000~50,000 사이의 대칭수의 개수는 4×10×10=400개이다.

따라서 1,000 이상 50,000 미만의 모든 대칭수의 개수는 90+400=490개이다.

38

어떤 자연수의 모든 자릿수의 합이 3의 배수일 때, 그 자연수는 3의 배수이다. 그러므로 2+5+□의 값이 3의 배수일 때, 25□는 3의 배수이다. 2+5=7이므로, 7+□의 값이 3의 배수가 되도록 하는 □의 값은 2, 5, 8이다. 따라서 가능한 모든 수의 합은 2+5+8=15이다.

39

정답 ④

바이올린(V), 호른(H), 오보에(O), 플루트(F) 중 첫 번째 조건에 따라 호른과 바이올린을 묶었을 때 가능한 경우는 3!=6가지로 다음과 같다.

- (HV) − O − F
- (HV) − F − O
- F − (HV) − O
- O − (HV) − F
- F − O − (HV)
- O − F − (HV)

이때 두 번째 조건에 따라 오보에는 플루트 왼쪽에 위치하지 않으므로 (HV) − O − F, O − F − (HV) 2가지는 제외된다.
따라서 왼쪽에서 두 번째 칸에는 바이올린, 호른, 오보에만 위치할 수 있으므로 플루트는 배치할 수 없다.

40

정답 ③

사회적 기업은 수익 창출을 통해 자립적인 운영을 추구하고, 사회적 문제 해결과 경제적 성장을 동시에 달성하려는 특징을 가진 기업 모델로, 영리 조직에 해당한다.

> **영리 조직과 비영리 조직**
> - 영리 조직 : 이윤 추구를 주된 목적으로 하는 집단으로, 일반적인 사기업이 해당된다.
> - 비영리 조직 : 사회적 가치 실현을 위해 공익을 추구하는 집단으로 자선단체, 의료기관, 교육기관, 비정부기구(NGO) 등이 해당된다.

41

정답 ②

(영업이익률)$=\dfrac{(영업이익)}{(매출액)}\times100$이고, 영업이익을 구하기 위해서는 매출총이익을 먼저 계산해야 한다. 따라서 2022년 4분기의 매출총이익은 $60-80=-20$십억 원이고, 영업이익은 $-20-7=-27$십억 원이므로 영업이익률은 $-\dfrac{27}{60}\times100=-45\%$이다.

42

정답 ③

1시간은 3,600초이므로 36초는 $36초\times\dfrac{1시간}{3,600초}=0.01$시간이다. 그러므로 무빙워크의 전체 길이는 $5\times0.01=0.05$km이다.

따라서 무빙워크와 같은 방향으로 4km/h의 속력으로 걸을 때의 속력은 $5+4=9$km/h이므로 걸리는 시간은 $\dfrac{0.05}{9}=\dfrac{5}{900}=\dfrac{5}{900}$

$\times\dfrac{3,600초}{1시간}=20초$이다.

43

정답 ⑤

제시된 순서도는 result 값이 6을 초과할 때까지 2씩 증가하고, result 값이 6을 초과하면 그 값을 출력하는 순서도이다.
따라서 result 값이 5일 때 2를 더하여 $5+2=7$이 되어 6을 초과하므로 출력되는 값은 7이다.

44

방문 사유 → 파손 관련(NO) → 침수 관련(NO) → 데이터 복구 관련(YES) → ◎ 출력 → STOP
따라서 출력되는 도형은 ◎이다.

45

상품코드의 맨 앞 자릿수가 '9'이므로 2 ~ 7번째 자릿수의 이진코드 변환 규칙은 'ABBABA'를 따른다. 이를 변환하면 다음과 같다.

3	8	7	6	5	5
A	B	B	A	B	A
0111101	0001001	0010001	0101111	0111001	0110001

따라서 주어진 수를 이진코드로 바르게 변환한 것은 ①이다.

46

안전 스위치를 누르는 동안에만 스팀이 나온다고 하였으므로 안전 스위치를 누르는 등의 외부 입력이 없다면 스팀은 발생하지 않는다.

오답분석
① 기본형 청소구로 카펫를 청소하면 청소 효율이 떨어질 뿐이며, 카펫 청소는 가능하다고 언급되어 있다.
② 스팀 청소 완료 후 충분히 식지 않은 상태에서 통을 분리하면 뜨거운 물이 새어 나와 화상의 위험이 있다고 언급되어 있다.
③ 기본형 청소구의 돌출부를 누른 상태에서 잡아당기면 좁은 흡입구를 꺼낼 수 있다고 언급되어 있다.
⑤ 스팀 청소구의 물통에 물을 채우는 작업, 걸레판에 걸레를 부착하는 작업 모두 반드시 전원을 분리한 상태에서 진행해야 한다고 언급되어 있다.

47

바닥에 물이 남는다면 스팀 청소구를 좌우로 자주 기울이지 않도록 주의하거나 젖은 걸레를 교체해야 한다.

48

팀 목표를 달성하도록 팀원을 격려하는 환경을 조성하기 위해서는 동료의 피드백이 필요하다. 긍정이든 부정이든 피드백이 없다면 팀원들은 개선을 이루거나 탁월한 성과를 내고자 하는 노력을 게을리하게 된다

동료의 피드백을 장려하는 4단계
1. 간단하고 분명한 목표와 우선순위를 설정하라.
2. 행동과 수행을 관찰하라.
3. 즉각적인 피드백을 제공하라.
4. 뛰어난 수행성과에 대해 인정하라.

49

정답 ②

업무적으로 내적 동기를 유발하기 위해서는 업무 관련 교육을 꾸준히 하여야 한다.

내적 동기를 유발하는 방법
- 긍정적 강화법 활용하기
- 새로운 도전의 기회 부여하기
- 창의적인 문제해결법 찾기
- 자신의 역할과 행동에 책임감 갖기
- 팀원들을 지도 및 격려하기
- 변화를 두려워하지 않기
- 지속적인 교육 실시하기

50

정답 ②

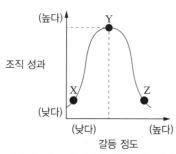

갈등 정도와 조직 성과에 대한 그래프에서 갈등이 X점 수준일 때에는 조직 내부의 의욕이 상실되고 환경의 변화에 대한 적응력도 떨어져 조직 성과가 낮아진다. 갈등이 Y점 수준일 때에는 갈등의 순기능이 작용하여 조직 내부에 생동감이 넘치고 변화 지향적이며 문제해결능력이 발휘되어 조직 성과가 높아진다. 반면, 갈등이 Z점 수준일 때에는 오히려 갈등의 역기능이 작용하여 조직 내부에 혼란과 분열이 발생하고 조직 구성원들이 비협조적이 되어 조직 성과는 낮아지게 된다.

합 격 의
공 식
시대에듀
S D E D U

인생이란 결코 공평하지 않다.
이 사실에 익숙해져라.

- 빌 게이츠 -

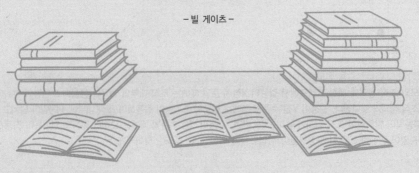

PART 1

합격의 공식 시대에듀 www.sdedu.co.kr

직업기초능력평가

CHAPTER 01　의사소통능력

CHAPTER 02　수리능력

CHAPTER 03　문제해결능력

CHAPTER 04　조직이해능력

01 | 의사소통능력

대표기출유형 01 | 기출응용문제

01

정답 ⑤

오염수를 희석을 시키더라도 시간이 지나면 오염물질이 다시 모여들 수 있다는 것은 엔트로피 증가의 법칙을 무시한 주장이다.

오답분석

① 초미세먼지(2.5마이크로미터)의 1만 분의 1 정도의 크기이다.
② 방사성 오염 물질은 독립된 원자 상태로 존재하기도 하나, 대부분은 다른 원소들과 화학적으로 결합한 분자 상태로 존재한다.
③ 전기적으로 중성인 경우도 있고, 양전하나 음전하를 가진 이온의 상태로 존재하기도 한다.
④ 당초 섭씨 1,000도 이상으로 뜨거웠던 건 맞지만 오랜 기간에 걸쳐 천천히 식은 상태다.

02

정답 ③

부모의 학력이 자녀의 소득에 영향을 미치는 것은 환경적 요인에 의한 결정이다. 이러한 현상이 심화될 경우 빈부격차의 대물림 현상이 심해질 것으로 바라보고 있다.

오답분석

① 노력뿐만 아니라 환경적 요인, 운 등 다양한 요소에 의해 결정된다.
② 분배정의론 관점은 환경적 요인에 의해 나타난 불리함에 대해서 개인에게 책임을 묻는 것이 정당하지 않다고 주장하고 있다.
④ 사회민주주의 국가는 조세 정책을 통해 기회균등화 효과를 거두고 있다.
⑤ 세율을 낮추면 이전지출이 줄어든다. 또한 이전 지출을 줄이는 것보다 세율을 높이고 이전 지출을 늘리는 것이 재분배에 효과적이다.

03

정답 ⑤

평균 비용이 한계 비용보다 큰 경우, 공공요금을 평균 비용 수준에서 결정하면 수요량이 줄면서 거래량이 따라 줄고, 결과적으로 생산량도 감소한다. 이는 사회 전체의 관점에서 볼 때 자원이 효율적으로 배분되지 못하는 상황이다.

오답분석

①·②는 첫 번째 문단, ③은 두 번째 문단, ④는 마지막 문단에서 확인할 수 있다.

04

정답 ②

보험 사무대행기관의 지원·교육 업무는 보험재정부에서 병행하고 있는 업무이다.

05

정답 ③

자료에 따르면 신청기간은 2월, 4월, 6월, 8월, 10월의 1 ~ 20일까지이다. 따라서 5월에 신청서를 접수했을 것이라는 내용은 적절하지 않다.

06

정답 ④

패널 토의는 3 ~ 6인의 전문가가 토의 문제에 대한 정보나 지식, 의견이나 견해를 자유롭게 주고받고 토의가 끝난 후 청중의 질문을 받는 순서로 진행된다. 찬반으로 명백하게 나눠 진행하기보다는 서로 다른 의견을 수렴 및 조정하는 방법이기 때문에 ④는 적절하지 않다.

07

정답 ④

꼭 필요한 부위에만 접착제와 대나무 못을 사용하여 목재가 수축·팽창하더라도 뒤틀림과 휘어짐이 최소화될 수 있도록 하였다. 따라서 접착제와 대나무 못을 사용하면 목재의 수축과 팽창이 발생하지 않게 된다는 말은 옳지 않다.

08

정답 ④

온건한 도덕주의는 일부 예술작품만 도덕적 판단의 대상이 된다고 보고, 극단적 도덕주의는 모든 예술작품이 도덕적 판단의 대상이 된다고 본다. 따라서 온건한 도덕주의에서 도덕적 판단의 대상이 되는 예술작품은 극단적 도덕주의에서도 도덕적 판단의 대상이다.

[오답분석]

① 두 번째 문단 네 번째 줄에서 톨스토이는 극단적 도덕주의의 입장을 대표한다고 하였다.
② 온건한 도덕주의에서는 예술작품 중 일부에 대해서 긍정적 또는 부정적 도덕적 가치판단이 가능하다고 하였으며, 미적 가치와 도덕적 가치의 독립적인 지위를 인정해야 한다는 언급은 없다.
③ 자율성주의는 모든 예술작품이 도덕적 가치판단의 대상이 될 수 없다고 본다.
⑤ 자율성주의는 예술작품의 미적 가치와 도덕적 가치가 서로 자율성을 유지한다고 보며, 미적 가치가 도덕적 가치보다 우월한 것으로 본다고 할 수는 없다.

09

정답 ③

첫 번째 문단에서 오늘날 우리가 부르는 애국가의 노랫말은 외세의 침략으로 나라가 위기에 처해있던 1907년을 전후하여 조국애와 충성심을 북돋우기 위하여 만들어졌음을 알 수 있다. 따라서 1896년 『독립신문』에 현재의 노랫말이 게재되지 않았다.

[오답분석]

① 두 번째 문단에서 1935년 해외에서 활동 중이던 안익태가 오늘날 우리가 부르고 있는 국가를 작곡하였고, 이 곡은 해외에서만 퍼져나갔다고 하였으므로, 1940년에 해외에서는 애국가 곡조를 들을 수 있었다.
② 네 번째 문단에서 국기강하식 방송, 극장에서의 애국가 상영 등은 1980년대 후반 중지되었다고 하였으므로, 1990년대 초반까지 애국가 상영이 의무화되었다는 말은 적절하지 않다.
④ 마지막 문단에서 연주만 하는 의전행사나 시상식·공연 등에서는 전주곡을 연주해서는 안 된다고 하였으므로 적절하지 않다.
⑤ 두 번째 문단을 통해 안익태가 애국가를 작곡한 때는 1935년, 대한민국 정부 공식 행사에 사용된 해는 1948년이므로 13년이 걸렸다.

01

제시문의 첫 번째 문단에서는 '사회적 자본'이 늘어나면 정치 참여도가 높아진다는 주장을 하였고, 두 번째 문단에서는 '사회적 자본'의 개념을 사이버공동체에 도입하였으나 현실과 잘 맞지 않는다고 하면서 '사회적 자본'의 한계를 서술했다. 그리고 마지막 문단에서는 이 같은 사회적 자본만으로는 정치 참여가 늘어나기 어렵고 이른바 '정치적 자본'의 매개를 통해서만이 가능하다는 주장을 하고 있다. 따라서 ⑤가 제시문의 주제로 가장 적절하다.

02

두 번째 문단의 '시장경제가 제대로 운영되기 위해서는 국가의 소임이 중요하다.'라고 한 부분과 세 번째 문단의 '시장경제에서 국가가 할 일은 크게 세 가지로 나누어 볼 수 있다.'라고 한 부분에서 '시장경제에서의 국가의 역할'이라는 제목을 유추할 수 있다.

03

제시문에서는 우리 민족과 함께해 온 김치의 역사를 비롯하여 김치의 특징과 다양성 등을 함께 이야기하고 있으며, 복합 산업으로 발전하면서 규모가 성장하고 있는 김치 산업에 관해서도 이야기하고 있다. 따라서 글 전체의 내용을 아우를 수 있는 글의 제목으로 가장 적절한 것은 ⑤이다.

오답분석

①·④ 첫 번째 문단이나 두 번째 문단의 소제목은 될 수 있으나, 글 전체 내용을 나타내는 제목으로는 적절하지 않다.
② 세 번째 문단에서 김치산업에 관한 내용을 언급하고 있지만, 이는 현재 김치산업의 시장 규모에 대한 내용일 뿐이므로 산업의 활성화 방안과는 거리가 멀다.

04

제시문의 중심 내용은 나이 계산법 방식이 3가지가 혼재되어 있어 그로 인한 '나이 불일치'로 행정서비스 및 계약 상의 혼선과 법적 틈이 발생해 이를 해소하고자 나이 방식을 하나로 통합하자는 것이다. 또한 이에 덧붙여 나이 방식이 통합되어도 일상에는 변화가 없으며 일부 법에 대해서는 기존 방식이 유지될 수 있다고 하였다. 따라서 제시문의 주제로 ③이 가장 적절하다.

오답분석

① 여섯 번째 문단의 '연 나이를 채택해 또래 집단과 동일한 기준을 적용하는 것이 오히려 혼선을 막을 수 있고 법 집행의 효율성이 남보'라는 내용에서 일부 법령에 대해서는 연 나이 계산법을 유지한다는 것을 알 수 있으나, 해당 내용이 전체 글을 다루고 있다고 보기는 어렵다.
② 세 번째 문단에 따르면 나이 불일치가 야기한 혼선과 법적 다툼이 우리나라 나이 계산법으로 인한 문제가 아니라 나이 계산법 방식이 3가지가 혼재되어 있어 발생하는 문제라고 하였다.
④ 나이 계산법 혼용에 따른 분쟁 해결 방안을 다루기 보다는 이러한 분쟁이 발생하지 않도록 나이 계산법을 하나로 통일하자는 내용을 다루고 있다.
⑤ 다섯 번째 문단의 '법적·사회적 분쟁이 크게 줄어들 것으로 기대하고 있지만 국민 전체가 일상적으로 체감하는 변화는 크지 않을 것'이라는 내용으로 보아 나이 계산법의 변화로 달라지는 행정 서비스는 크게 없을 것으로 보이며, 이를 글의 전체적인 주제로 보기는 적절하지 않다.

05

글의 내용을 요약하여 필자가 주장하는 핵심을 파악해야 한다. 제시문은 텔레비전의 언어가 개인의 언어 습관에 미치는 악영향을 경계하면서, 올바른 언어 습관을 길들이기 위해 문학 작품 독서를 강조하고 있으므로 ②가 필자의 주장으로 가장 적절하다.

대표기출유형 03 기출응용문제

01
정답 ②

질소가 무조건 많이 함유된 것이 좋은 비료가 아니라 탄소와 질소의 비율이 잘 맞는 것이 중요하다.

[오답분석]
① 비료를 만드는 데 발생하는 열로 유해 미생물을 죽일 수 있다고 언급하였다.
③ 커피박을 이용해서 비료를 만들면 커피박을 폐기하는 데 필요한 비용을 절약할 수 있기 때문에 경제적으로도 이득이라고 할 수 있다.
④ 비료에서 중요한 요소로 질소를 언급하고 있고, 유기 비료이기 때문에 유기물의 함량 또한 중요하다. 그리고 제시문에서도 질소와 유기물 함량을 분석하고 있기에 중요한 고려 요소라고 할 수 있다.
⑤ 부재료로 언급된 것 중에서 한약재 찌꺼기가 가장 질소 함량이 높다고 하였다.

02
정답 ⑤

김씨에게 탁구를 가르쳐 준 사람에 대한 정보는 말로 표현할 수 있는 서술 정보에 해당하며, 이는 뇌의 내측두엽에 있는 해마에 저장된다.

[오답분석]
① 김씨는 내측두엽의 해마가 손상된 것일 뿐 감정이나 공포와 관련된 기억이 저장되는 편도체의 손상 여부는 알 수 없다.
② 대뇌피질에 저장된 수술 전의 기존 휴대폰 번호는 말로 표현할 수 있는 서술 정보에 해당한다.
③ 운동 기술은 대뇌의 선조체나 소뇌에 저장되는데, 김씨는 수술 후 탁구 기술을 배우는 데 문제가 없으므로 대뇌의 선조체는 손상되지 않았음을 알 수 있다.
④ 탁구 기술은 비서술 정보이므로 대뇌의 선도체나 소뇌에 저장되었을 것이다.

03
정답 ④

'살쾡이'가 표준어가 된 것은 주로 서울 지역에서 그렇게 발음하기 때문이다. 따라서 가장 광범위하게 사용되기 때문이라는 추론은 적절하지 않다.

[오답분석]
① 제시문에서는 '삵'이라는 단어에 비해 '살쾡이'가 후대에 생겨난 단어라고 하였다. 이때, '호랑이'라는 단어도 이와 같은 식으로 생겨났다고 하였으므로 '호'라는 단어가 먼저 생겨나고 '호랑이'가 후대에 생겨난 단어임을 알 수 있다.
② '삵'과 '괭이'라는 두 개의 단어가 합쳐서 '살쾡이'를 지시하고 있고, '호'와 '랑이'가 합쳐져 '호랑이'라는 하나의 대상을 지시하고 있다는 점에서 알 수 있는 내용이다.
③ 남한에서는 '살쾡이'를 표준어로 삼고 '살괭이'를 방언으로 처리한 반면, 북한에서는 '살괭이'만을 사전에 등재하고 '살쾡이'는 그렇지 않다는 점에서 알 수 있는 내용이다.
⑤ '살쾡이'는 지역에 따라 삵괭이, 사괭이, 사깽이, 산괭이 등이 방언으로 분리는데 이는 지역의 발음이 다르기 때문이다.

04
정답 ①

제시문에서 정보화 사회의 문제점으로 다루고 있는 것은 '정보 격차'로, 글쓴이는 지식과 정보에 접근할 수 없는 사람들이 소득을 얻는 데 불리할 수밖에 없다고 주장한다. 이때 정보가 상품화됨에 따라 정보를 둘러싼 불평등은 더욱 심화될 것이라고 전망하고 있다. 인터넷이나 컴퓨터 유지비 측면에서의 격차 발생은 글쓴이의 주장을 강화시키는 것으로, 이 문제에 대한 반대 입장이 될 수 없다.

01

제시문을 통해 조선 시대 금속활자는 왕실의 위엄과 권위를 상징하는 것임을 알 수 있다. 특히 정조는 왕실의 위엄을 나타내기 위한 을묘원행을 기념하는 의궤 인쇄를 정리자로 인쇄하고, 화성 행차의 의미를 부각하기 위해 그 해의 방목만을 정리자로 간행했다. 이를 통해 정리자는 정조가 가장 중시한 금속활자였다는 것을 알 수 있으며, 나머지 선택지는 제시문의 단서만으로는 추론할 수 없다.

02

첫 번째 문단에 따르면 범죄는 취잿감으로 찾아내기가 쉽고 편의에 따라 기사화할 수 있을 뿐만 아니라 범죄 보도를 통해 시청자의 관심을 끌 수 있기 때문에 언론이 범죄를 보도의 주요 소재로 삼지만, 지나친 범죄 보도는 범죄자나 범죄 피의자의 초상권을 침해하여 법적·윤리적 문제를 일으킨다. 따라서 마지막 문단의 내용처럼 범죄 보도가 초래하는 법적·윤리적 논란은 언론계 전체의 신뢰도에 치명적인 손상을 가져올 수도 있다. 이를 비유하기에 가장 적절한 표현은 '부메랑'이다. 부메랑은 그것을 던진 사람에게 되돌아와 상처를 입힐 수도 있기 때문이다.

오답분석

① 시금석(試金石) : 귀금속의 순도를 판정하는 데 쓰는 검은색의 현무암이나 규질의 암석을 뜻하며, 가치·능력·역량 등을 알아볼 수 있는 기준이 되는 기회나 사물을 비유적으로 이르는 말로도 쓰인다.
③ 아킬레스건(Achilles 腱) : 치명적인 약점을 비유하는 말이다.
④ 악어의 눈물 : 일반적으로 강자가 약자에게 보이는 '거짓 눈물'을 비유하는 말이다.
⑤ 뜨거운 감자 : 삼킬 수도 뱉을 수도 없다는 뜻에서 할 수도 안할 수도 없는 난처한 경우 또는 다루기 어려운 미묘한 문제를 비유하는 말이다.

03

빈칸 뒤의 문장은 최근 선진국에서는 스마트팩토리로 인해 해외로 나간 자국 기업들이 다시 본국으로 돌아오는 현상인 '리쇼어링'이 가속화되고 있다는 내용이다. 즉, 스마트팩토리의 발전이 공장의 위치를 해외에서 본국으로 변화시키고 있으므로 빈칸에는 ③이 가장 적절하다.

04

빈칸 앞 내용은 왼손보다 오른손을 선호하는 이유에 대한 가설을 제시하고, 이러한 가설이 근본적인 설명을 하지 못한다고 말한다. 그러면서 빈칸 뒷부분에서 글쓴이는 왼손이 아닌 '오른손만을 선호'하는 이유에 대한 자신의 생각을 드러내고 있다. 즉, 앞의 가설대로 단순한 기능 분담이라면 먹는 일에 왼손을 사용하는 사회도 존재해야 하는데, 그렇지 않기 때문에 반박하고 있음을 추론해 볼 수 있으므로 빈칸에는 사람들이 오른손만 선호하고 왼손을 선호하지 않는다는 주장이 나타나야 한다. 따라서 빈칸에 들어갈 문장으로는 ①이 가장 적절하다.

05

'갑돌'의 성품이 탁월하다고 볼 수 있는 것은 그의 성품이 곧고 자신감이 충만하며, 다수의 옳지 않은 행동에 대하여 비판의 목소리를 낼 것이고 그렇게 하는 데에 별 어려움을 느끼지 않을 것이기 때문이다. 또한, 세 번째 문단에 따르면 탁월한 성품은 올바른 훈련을 통해 올바른 일을 바르고 즐겁게 그리고 어려워하지 않으며 처리할 수 있는 능력을 뜻한다. 따라서 아리스토텔레스의 입장에서는 '엄청난 의지를 발휘'하고 자신과의 '힘든 싸움'을 해야 했던 '병식'보다는 잘못된 일에 '별 어려움' 없이 '비판의 목소리'를 내는 '갑돌'의 성품을 탁월하다고 여길 것이다.

06

정답 ②

보기는 삼단논법의 추리라고 할 수 있다. 삼단논법은 대체로 대전제, 소전제, 결론의 순서로 배열된다.

- 대전제 : P+M
- 소전제 : S+M
- 결론 : P+S, M

결론은 매개념으로 대전제와 소전제에 각각 나타난다. 글에 적용시켜 보면, 대전제는 '인생의 목적(P)은 문화를 창조하는 데 있다(M).'이고, 결론은 '인생의 목적(P)을 달성하기 위해서는 지식을 습득해야 한다(S).'이다. 따라서 소전제는 지식 습득(S)과 문화 창조(M)가 들어가는 내용이 되어야 하므로 답은 ②가 된다.

07

정답 ④

(라)의 앞부분에서는 위기 상황을 제시하고, 뒷부분에서는 인류의 각성을 촉구하는 내용을 다루고 있다. 따라서 각성의 당위성을 이끌어내는 내용인 보기가 (라)에 들어가야 앞뒤의 내용을 논리적으로 연결할 수 있다.

대표기출유형 05 │ 기출응용문제

01

정답 ②

용해는 '물질이 액체 속에서 균일하게 녹아 용액이 만들어지는 현상'이고, 융해는 '고체에 열을 가했을 때 액체로 되는 현상'을 의미한다. 따라서 글의 맥락상 '용해되지'가 적절하다.

02

정답 ①

문맥의 흐름상 '겉에 나타나 있거나 눈에 띄다.'의 의미를 지닌 '드러나다'의 쓰임은 적절하다. 한편, '들어나다'는 사전에 등록되어 있지 않은 단어로 '드러나다'의 잘못된 표현이다.

03

정답 ④

한글 맞춤법 규정에 따르면 '초점(焦點)'의 경우 고유어가 들어 있지 않으므로 사이시옷이 들어가지 않는다. 따라서 '초점'이 옳은 표기이다.

04

정답 ③

8번의 '우 도로명주소' 항목에 따르면 우편번호를 먼저 기재한 다음, 행정기관이 위치한 도로명 및 건물번호 등을 기재해야 한다.

[오답분석]
① 6번 항목에 따르면 직위가 있는 경우에는 직위를 쓰고, 직위가 없는 경우에는 직급을 온전하게 써야 한다.
② 7번 항목에 따르면 시행일과 접수일란에 기재하는 연월일은 각각 마침표(.)를 찍어 숫자로 기재하여야 한다.
④ 11번 항목에 따르면 전자우편주소는 행정기관에서 공무원에게 부여한 것을 기재하여야 한다.
⑤ 10번 항목에 따르면 지역번호는 괄호 안에 기재해야 한다.

PART 1

05

정답 ④

중요한 내용을 두괄식으로 작성함으로써 보고받은 자가 해당 문서를 신속하게 이해하고 의사결정을 하는 데 도움을 주는 것이 중요하다.

06

정답 ③

대부분의 수입신고는 보세구역 반입 후에 행해지므로 수입신고와 보세반입 절차는 반드시 함께 이루어져야 한다. 따라서 ⓒ에는 이끌려 지도된다는 의미의 '인도(引導)'보다 어떤 일과 더불어 생긴다는 의미의 '수반(隨伴)'이 적절하다.

오답분석

① 적하(積荷) : 화물을 배나 차에 실음. 또는 그 화물
② 반출(搬出) : 운반하여 냄
④ 적재(積載) : 물건이나 짐을 선박, 차량 따위의 운송 수단에 실음
⑤ 화주(貨主) : 화물의 임자

07

정답 ②

오답분석

① 산을 '넘는다'는 행위의 의미이므로 '넘어야'가 맞다.
③ 어깨너머 : 타인이 하는 것을 옆에서 보거나 들음
④ '나뉘다(나누이다)'는 '나누다'의 피동형이므로 피동을 나타내는 접사 '-어지다'와 결합할 수 없다.
⑤ 새 : '사이'의 준말

08

정답 ⑤

ⓜ의 앞뒤 문장은 생활 속에서 초미세먼지에 적절히 대응하기 위한 방안을 나열하고 있으므로 ⓜ에는 문장을 병렬적으로 연결할 때 사용하는 접속어인 '그리고'가 들어가는 것이 적절하다.

02 | 수리능력

대표기출유형 01 | 기출응용문제

01

정답 ①

작년 기획팀 팀원 전체 나이의 합은 $20 \times 35 = 700$세였다. 여기서 65세 팀원 A와 55세 팀원 B가 퇴직하였으므로 두 직원을 제외한 팀원 전체 나이의 합은 $700 - (65+55) = 580$세다. 이때, 새로 입사한 직원 C의 나이를 c세라고 하면 다음의 등식이 성립한다.

$$\frac{580+c}{19} = 32$$

$\rightarrow 580 + c = 608$

$\therefore c = 28$

따라서 직원 C의 나이는 28세이다.

02

정답 ③

버섯 1봉지 가격을 x원, 두부 한 모를 y원, 대파 한 묶음을 z원이라고 하자.

$x + 2y + z + 4,200 + 3,400 = 12,500 \cdots \textcircled{\tiny ㄱ}$

$x + y = 3z - 300 \cdots \textcircled{\tiny ㄴ}$

$x = y + 300 \cdots \textcircled{\tiny ㄷ}$

$\textcircled{\tiny ㄷ}$과 $\textcircled{\tiny ㄱ}$을 연립하면

$x + 2y + z = 12,500 - 7,600 = 4,900 \rightarrow y + 300 + 2y + z = 4,900 \rightarrow 3y + z = 4,600 \cdots \textcircled{\tiny ⓐ}$

$\textcircled{\tiny ㄴ}$과 $\textcircled{\tiny ㄷ}$을 연립하면

$x + y = 3z - 300 \rightarrow y + 300 + y - 3z = -300 \rightarrow 2y - 3z = -600 \cdots \textcircled{\tiny ⓑ}$

$\textcircled{\tiny ⓐ}$와 $\textcircled{\tiny ⓑ}$를 연립하면

$11y = 13,200$

$\therefore y = 1,200$

따라서 두부 한 모의 가격은 1,200원이다.

03

정답 ④

등산복 판매량을 x벌, 등산화 판매량을 y켤레라고 하자.

$x + y = 40 \rightarrow x = 40 - y \cdots \textcircled{\tiny ㄱ}$

$2,000x + 5,000y = 110,000 \cdots \textcircled{\tiny ㄴ}$

$\textcircled{\tiny ㄱ}$과 $\textcircled{\tiny ㄴ}$을 연립하면

$2(40-y) + 5y = 110$

$\rightarrow 80 + 3y = 110$

$\rightarrow 3y = 30$

$\therefore y = 10$

따라서 등산화는 10켤레를 팔았으며, 등산화 판매로 얻은 이익은 50,000원이다.

04

지하철의 이동거리를 $x$km라 하자.

이상이 생겼을 때 지하철의 속력은 $60 \times 0.4 = 24$km/h이다.

평소보다 45분 늦게 도착하였으므로

$$\frac{x}{24} - \frac{x}{60} = \frac{45}{60}$$

→ $5x - 2x = 90$

→ $3x = 90$

∴ $x = 30$

따라서 지하철의 이동거리는 30km이다.

05

정답 ⑤

10인 단체 티켓 가격은 $10 \times 16,000 \times 0.75 = 120,000$원이다. 놀이공원에 방문하는 부서원 수를 x명이라 할 때 부서원이 10명 이상이라면 10인 단체 티켓 1장과 개인 티켓을 구매하는 방법이 있고, 10인 단체 티켓 2장을 구매하는 방법이 있다.

이때 두 번째 방법, 즉 단체 티켓 2장을 구매하는 것이 더 유리하기 위해서는 $16,000 \times (x-10) > 120,000$을 만족해야 하므로, $x > 17.5$이다. 따라서 부서원이 18명 이상일 때 10인 단체 티켓 2장을 구매하는 것이 더 유리하다.

06

정답 ②

일시불로 구입한 경우 12개월 후 금액을 α원이라 하면

$$\alpha = 100 \times 1 - \left(\frac{x}{100}\right) \times 1.04^{12}$$

20만 원을 우선 지불한 후 남은 금액을 8만 원씩 할부 12개월로 지불했을 때 금액을 β원이라 하면

$$\beta = 20 \times 1.04^{12} + \frac{8 \times (1.04^{12} - 1)}{1.04 - 1}$$

$\alpha < \beta$이기 위한 x의 최솟값은

$$100 \times \left(1 - \frac{x}{100}\right) \times 1.04^{12} < 20 \times 1.04^{12} + \frac{8 \times (1.04^{12} - 1)}{1.04 - 1}$$

→ $160 - 1.6x < 32 + 120$

∴ $x > 5$

따라서 x보다 큰 정수 중 가장 작은 수는 6이므로 최소 6%를 할인해야 일시불로 구입한 사람이 더 이익이 된다.

07

정답 ④

• B비커의 설탕물 100g을 A비커의 설탕물과 섞은 후 각 비커의 설탕의 양

  - A비커 : $\left(\frac{x}{100} \times 300 + \frac{y}{100} \times 100\right)$g   - B비커 : $\left(\frac{y}{100} \times 500\right)$g

• A비커의 설탕물 100g을 B비커의 설탕물과 섞은 후 각 비커의 설탕의 양

  - A비커 : $\left(\frac{3x+y}{400} \times 300\right)$g   - B비커 : $\left(\frac{y}{100} \times 500 + \frac{3x+y}{400} \times 100\right)$g

설탕물을 모두 옮긴 후 두 비커에 들어 있는 설탕물의 농도는

$$\frac{\frac{3x+y}{400} \times 300}{300} \times 100 = 5 \cdots ㉠$$

$$\frac{\frac{y}{100} \times 500 + \frac{3x+y}{400} \times 100}{600} \times 100 = 9.5 \cdots ㉡$$

©에 ⊙을 대입하여 정리하면 $5y+5=57$, $y=\dfrac{52}{5}$ 이고 $x=\dfrac{20-\dfrac{52}{5}}{3}=\dfrac{16}{5}$ 이다.

따라서 $10x+10y=10\times\dfrac{16}{5}+10\times\dfrac{52}{5}=32+104=136$이다.

08

정답 ①

식물의 나이를 각각 x, y세라고 하자.

$x+y=8$ … ⊙

$x^2+y^2=34$ … ©

©을 변형하면 $x^2+y^2=(x+y)^2-2xy$가 되는데, 여기에 $x+y=8$을 대입하면

$34=64-2xy \rightarrow xy=15$ … ©

⊙과 ©을 만족하는 자연수 순서쌍은 $(x,\ y)=(5,\ 3),\ (3,\ 5)$이다.

따라서 두 식물의 나이 차는 2세이다.

09

정답 ③

감의 개수를 x개라고 하자. 사과는 $(20-x)$개이므로

$400x+700\times(20-x)\le 10,000 \rightarrow 14,000-300x\le 10,000$

$\therefore x\ge \dfrac{40}{3}=13.333\cdots$

따라서 감은 최소 14개를 사야 한다.

10

정답 ④

윤정이가 구입한 개당 가격을 x원, 할인율을 y%라 하면 원가는 $100x$원이다.

따라서 판매가를 식으로 세우면 $50\times1.25x+50\times1.25\times\left(1-\dfrac{y}{100}\right)x$원이다.

윤정이가 물건을 다 팔았을 때 본전이 되었다고 했으므로 (판매가)=(원가)이다.

$100x=50\times1.25x+50\times1.25\times\left(1-\dfrac{y}{100}\right)x \rightarrow 2=1.25+1.25\times\left(1-\dfrac{y}{100}\right)x \rightarrow 3=5-\dfrac{y}{20}$

$\therefore y=40$

따라서 할인율은 40%이다.

11

정답 ③

맨 처음 접시에 있었던 과자 개수를 x개라고 하면, 먹은 과자 개수와 먹고 난 후 남은 과자 개수는 다음과 같다.

구분	먹은 과자 개수(개)	남은 과자 개수(개)
민우	$\dfrac{1}{2}x$	$\dfrac{1}{2}x$
지우	$\dfrac{1}{2}x\times\dfrac{1}{2}=\dfrac{1}{4}x$	$\dfrac{1}{2}x-\dfrac{1}{4}x=\dfrac{1}{4}x$
경태	$\dfrac{1}{4}x\times\dfrac{1}{4}=\dfrac{1}{16}x$	$\dfrac{1}{4}x-\dfrac{1}{16}x=\dfrac{3}{16}x$
수인 & 진형	$\dfrac{3}{16}x=6 \rightarrow x=32$	0

따라서 처음 접시에 있었던 과자 개수는 32개이다.

12

정답 ①

1학년 학생 수를 x명, 2학년 학생 수를 y명, 3학년 학생 수를 z명이라고 하면

$y+z=350 \cdots \bigcirc$

$x+z=250 \cdots \bigcirc$

$x+y=260 \cdots \bigcirc$

$\bigcirc$, $\bigcirc$을 연립하면 $y-x=100 \cdots \bigcirc$

$\bigcirc$, $\bigcirc$을 연립하면 $2y=360 \rightarrow x=80$, $y=180$, $z=170$

따라서 1학년 학생 수는 총 80명이다.

13

정답 ⑤

위원회를 구성할 수 있는 경우의 수는 학생회장과 A교수가 동시에 뽑히는 경우를 제외한 것과 같다.

전체 인원 12명 중 5명을 뽑는 경우의 수는 $_{12}C_5 = \dfrac{12 \times 11 \times 10 \times 9 \times 8}{5 \times 4 \times 3 \times 2 \times 1} = 792$가지이고, 학생회장과 A교수가 같이 대표로 뽑힐

경우의 수는 12명 중 이 두 명을 제외한 10명에서 3명을 뽑는 경우이므로 $_{10}C_3 = \dfrac{10 \times 9 \times 8}{3 \times 2 \times 1} = 120$가지이다.

따라서 위원회를 구성하는 경우의 수는 $792-120=672$가지이다.

14

정답 ⑤

7일 중 4일은 수영을 한다고 했으므로 수영을 하는 날을 고르는 경우의 수는 $_7C_4 = \dfrac{7 \times 6 \times 5 \times 4}{4 \times 3 \times 2 \times 1} = 35$가지이다. 다음으로 3일 중 2일은 농구, 야구, 테니스 중 하나씩을 고른다고 했으므로, 이틀을 고르는 경우의 수는 $_3C_2=3$가지이고, 세 가지 종목 중 2가지를 고르고, 이틀 동안 계획하는 경우의 수는 $_3C_2 \times 2!=6$가지이다. 마지막 남은 하루에 계획할 수 있는 운동의 종류는 배드민턴, 검도, 줄넘기 중 하나이므로 3가지이다. 따라서 일주일간 세울 수 있는 계획의 수는 $35 \times 3 \times 6 \times 3=1,890$가지이다.

15

정답 ④

(적어도 1개는 하얀 공을 꺼낼 확률)$=1-$(모두 빨간 공을 꺼낼 확률)

• 전체 공의 개수 : $4+6=10$개

• 2개의 공 모두 빨간 공을 꺼낼 확률 : $\dfrac{_4C_2}{_{10}C_2} = \dfrac{2}{15}$

∴ (적어도 1개는 하얀 공을 꺼낼 확률)$=1-\dfrac{2}{15} = \dfrac{13}{15}$

01

세차 가격이 무료가 되는 주유량은 다음과 같다.
- A의 경우 : $1,550a \geq 50,000$원 → $a \geq 32.2$이므로 33L부터 세차 가격이 무료이다.
- B의 경우 : $1,500b \geq 70,000$원 → $b \geq 46.6$이므로 47L부터 세차 가격이 무료이다.

주유량에 따른 주유와 세차에 드는 비용은 다음과 같다.

(단위 : 원)

구분	32L 이하	33L 이상 46L 이하	47L 이상
A주유소	$1,550a+3,000$	$1,550a$	$1,550a$
B주유소	$1,500a+3,000$	$1,500a+3,000$	$1,500a$

주유량이 32L 이하와 47L 이상일 때, A주유소와 B주유소의 세차 가격 포함유무가 동일하므로 이때는 리터당 주유가격이 낮은 B주유소가 더 저렴하다.

따라서 A주유소에서 33L 이상 46L 이하를 주유할 때 B주유소보다 더 저렴하다.

02

여성은 매년 30명씩 증가했으므로 2024년도 여성 신입사원은 $260+30=290$명이고, 남성 신입사원은 $500-290=210$명이다.

따라서 남녀 성비는 $\dfrac{210}{290} \times 100 ≒ 72.4\%$이다.

03

취업 관련 도서를 선호하는 3학년 학생 수는 $368 \times 0.066 ≒ 24$명이고, 철학·종교 도서를 선호하는 1학년 학생 수는 $375 \times 0.03 ≒ 11$명이다.

따라서 취업 관련 도서를 선호하는 3학년 학생 수 대비 철학·종교 도서를 선호하는 1학년 학생 수의 비율은 $\dfrac{11}{24} \times 100 ≒ 46\%$이다.

04

정답 ②

약사 S씨가 한 달 후 최대한의 이득을 얻기 위해서는 초기 입점 비용이 낮고, 이윤이 높아야 한다. 따라서 초기 입점 비용에서 한 달후 이윤을 차감했을 때의 값이 가장 적은 곳이 가장 유리한 곳이다.
- 개업하기 전 초기 입점 비용(단위 : 만 원) : (매매가)+(중개 수수료)+(리모델링 비용)
  - A상가 : $92,000+(92,000 \times 0.006)=92,552$만 원
  - B상가 : $89,000+(89,000 \times 0.007)+(1.2 \times 500)=90,616$만 원
  - C상가 : $90,000+(90,000 \times 0.005)=90,450$만 원
  - D상가 : $95,000+(95,000 \times 0.006)=95,570$만 원
  - E상가 : $87,000+(87,000 \times 0.007)+(1.5 \times 500)=88,359$만 원
- 개업 한 달 후 최종 비용(단위 : 만 원) : (초기 입점 비용)−[(초기 입점 비용)×0.03×(병원 입점 수)]
  - A상가 : $92,552-(92,552 \times 0.03 \times 2) ≒ 86,999$만 원
  - B상가 : $89,616-(89,616 \times 0.03 \times 3) ≒ 81,551$만 원
  - C상가 : $90,450-(90,450 \times 0.03 \times 1) ≒ 87,737$만 원
  - D상가 : $95,570-(95,570 \times 0.03 \times 1) ≒ 92,703$만 원
  - E상가 : $88,359-(88,359 \times 0.03 \times 2) ≒ 83,057$만 원

따라서 최종적으로 B상가에 입점하는 것이 가장 이득이다.

PART 1

05

7월과 9월에는 COD가 DO보다 많았다.

오답분석

① 8월의 수온은 29℃로 측정 기간 중 가장 높다.
② DO는 4월에 가장 많았고, 9월에 가장 적었다. 이때의 차는 $12.1-6.4=5.7$mg/L이다.
④ 7월의 BOD의 양은 2.2mg/L이고, 12월 BOD의 양은 1.4mg/L이다. 7월 대비 12월 소양강댐의 BOD 증감률은 다음과 같다.
  $(1.4-2.2)\div2.2\times100 \fallingdotseq -36.36\%$ 따라서 7월 대비 12월 소양강댐의 BOD 감소율은 30% 이상이다.
⑤ 겨울철(12월, 1월, 2월)은 여름철(6월, 7월, 8월)보다 높은 DO 수치를 보이고 있다.

06

산업 및 가계별로 지구온난화 유발 기체 총량을 구하면 다음과 같다.
• 농업, 임업 및 어업

$$\left(10,400\times\frac{30}{100}\right)+\left(810\times\frac{20}{100}\right)+\left(12,000\times\frac{40}{100}\right)+\left(0\times\frac{10}{100}\right)=8,082천 톤 CO_2eq$$

• 석유, 화학 및 관련제품

$$\left(6,350\times\frac{30}{100}\right)+\left(600\times\frac{20}{100}\right)+\left(4,800\times\frac{40}{100}\right)+\left(0.03\times\frac{10}{100}\right)=3,945.003천 톤 CO_2eq$$

• 전기, 가스, 증기 및 수도사업

$$\left(25,700\times\frac{30}{100}\right)+\left(2,300\times\frac{20}{100}\right)+\left(340\times\frac{40}{100}\right)+\left(0\times\frac{10}{100}\right)=8,306천 톤 CO_2eq$$

• 건설업

$$\left(3,500\times\frac{30}{100}\right)+\left(13\times\frac{20}{100}\right)+\left(24\times\frac{40}{100}\right)+\left(0\times\frac{10}{100}\right)=1,062.2천 톤 CO_2eq$$

• 가계부문

$$\left(5,400\times\frac{30}{100}\right)+\left(100\times\frac{20}{100}\right)+\left(390\times\frac{40}{100}\right)+\left(0\times\frac{10}{100}\right)=1,796천 톤 CO_2eq$$

대기배출량이 가장 많은 부문의 대기배출량을 줄여야 지구온난화 예방에 효과적이므로 '전기, 가스, 증기 및 수도사업' 부문의 대기배출량을 줄여야 한다.

07

2018년 대비 2019년에 생산가능인구는 12천 명 증가했다.

오답분석

① 전년과 비교했을 때, 2018, 2019, 2022, 2024년에는 비례관계를, 2021, 2023년에는 반비례관계를 보인다.
② 전년과 비교했을 때, 2018년에 경제활동인구가 202천 명으로 가장 많이 감소했다.
④ 분모가 작고 분자가 크면 비율이 높으므로, 고용률이 낮고 실업률이 높은 2021년과 2022년의 비율만 비교하면 된다.

  2021년 : $\frac{8.1}{40.5}=0.2\%$, 2022년 : $\frac{8}{40.3}\fallingdotseq0.1985\%$

  따라서 2021년의 비율이 더 크므로 옳은 설명이다.
⑤ 2022년과 2023년의 경제활동참가율은 같지만, 전체적으로는 경제활동참가율이 감소하고 있다.

08

각 만족도 문항의 긍정답변에 대하여 각각의 백분율을 계산하면 각각의 긍정답변을 50명을 기준으로 나누어서 계산한다. ㉠=(30÷50)×100%=60%, ㉡=(25÷50)×100%=50%, ㉢=(48÷50)×100%=96%, ㉣=(41÷50)×100%=82%, ㉤=(30÷50)×100%=60%이다.

09

K기업은 내년에도 H교육 컨설팅에게 교육을 맡겨야 하는지에 대한 의사결정을 통계 결과를 활용하여 결정하려고 한다.

통계의 기능
- 관찰 가능한 자료를 통해 논리적으로 어떠한 결론을 추출 또는 검증한다.
- 의사결정의 보조수단이 된다.
- 표본을 통해 연구대상 집단의 특성을 유추한다.
- 많은 수량적 자료를 처리 가능하고 쉽게 이해할 수 있는 형태로 축소시킨다.

10

ㄴ. $115,155 \times 2 = 230,310 > 193,832$이므로 옳은 설명이다.

ㄷ. 2022년 : $\frac{18.2}{53.3} \times 100 ≒ 34.1\%$, 2023년 : $\frac{18.6}{54.0} \times 100 ≒ 34.4\%$, 2024년 : $\frac{19.1}{51.9} \times 100 ≒ 36.8\%$

따라서 2022 ~ 2024년 동안 석유제품 소비량 대비 전력 소비량의 비율은 매년 증가한다.

[오답분석]

ㄱ. 비율은 매년 증가하지만, 전체 최종에너지 소비량 추이를 알 수 없으므로 절대적인 소비량까지 증가하는지는 알 수 없다.

ㄹ. • 산업부문 : $\frac{4,750}{15,317} \times 100 ≒ 31.01\%$

　　• 가정 · 상업부문 : $\frac{901}{4,636} \times 100 ≒ 19.43\%$

따라서 산업부문의 유연탄 소비량 대비 무연탄 소비량의 비율은 25% 이상이다.

11

ㄴ. 건설 부문의 도시가스 소비량은 2023년에 1,808TOE, 2024년에 2,796TOE로, 2024년의 전년 대비 증가율은 $\frac{2,796 - 1,808}{1,808}$ $\times 100 ≒ 54.6\%$p이다. 따라서 옳은 설명이다.

ㄷ. 2024년 온실가스 배출량 중 간접배출이 차지하는 비중은 $\frac{28,443}{35,638} \times 100 ≒ 79.8\%$이고, 2023년 온실가스 배출량 중 고정연소가 차지하는 비중은 $\frac{4,052}{30,823} \times 100 ≒ 13.1\%$이다. 그 5배는 $13.1 \times 5 = 65.5\%$로 2024년 온실가스 배출량 중 간접배출이 차지하는 비중인 79.8%보다 작으므로 옳은 설명이다.

[오답분석]

ㄱ. 에너지 소비량 중 이동 부문에서 경유가 차지하는 비중은 2023년에 $\frac{196}{424} \times 100 ≒ 46.2\%$이고, 2024년에 $\frac{179}{413} \times 100 ≒ 43.3\%$로, 전년 대비 2.9%p 감소하였으므로 옳지 않은 설명이다.

12

자료를 분석하면 다음과 같다.

생산량(개)	0	1	2	3	4	5
총 판매수입(만 원)	0	7	14	21	28	35
총 생산비용(만 원)	5	9	12	17	24	33
이윤(만 원)	−5	−2	+2	+4	+4	+2

따라서 옳은 것은 ㄱ, ㄴ이다.

[오답분석]

ㄷ. 생산량을 4개에서 5개로 늘리면 이윤은 2만 원으로 감소한다.

ㄹ. 1개를 생산하면 −2만 원이지만, 생산하지 않을 때는 −5만 원이다.

13

정답 ②

(가)에 들어갈 비율은 $\frac{78,855}{275,484} \times 100 ≒ 28.6\%$이다. 하지만 직접 계산을 하지 않더라도 2021년과 2022년을 비교하면, 2022년이 전체 공무원 수는 적지만 여성공무원 수는 더 많다. 따라서 2022년 여성공무원 비율인 29.3%보다 낮다는 것을 알 수 있다.

오답분석

① 표에서 확인할 수 있다.
③ 2024년 남성공무원의 비율은 100-29.8=70.2%이다.
④ 2024년 여성공무원 비율은 2019년 비율보다 29.8-26.5=3.3%p 증가했다.
⑤ 2023년 남성공무원의 수는 278,303-82,178=196,125명이다.

14

정답 ④

세 지역 모두 핵가족 가구 비중이 더 높으므로, 핵가족 가구 수가 더 많다.

오답분석

① 핵가족 가구의 비중이 가장 높은 곳은 71%인 B지역이다.
② 1인 가구는 기타 가구의 일부이므로, 1인 가구만의 비중은 알 수 없다.
③ 확대가족 가구의 비중이 가장 높은 곳은 C지역이지만 이 수치는 어디까지나 비중이므로 가구 수는 알 수가 없다.
⑤ 부부 가구의 구성비는 B지역이 가장 높다.

15

정답 ①

자료는 비율을 나타내기 때문에 실업자의 수는 알 수 없다.

오답분석

② 실업자 비율은 2%p 증가하였다.
③ 경제활동인구 비율은 80%에서 70%로 감소하였다.
④ 취업자 비율은 12%p 감소한 반면, 실업자 비율은 2%p 증가하였기 때문에 취업자 비율의 증감폭이 더 크다.
⑤ 비경제활동인구 비율은 20%에서 30%로 증가하였다.

16

정답 ②

㉠ 근로자가 총 90명이고 전체에게 지급된 임금의 총액이 2억 원이므로 근로지당 평균 월 급여액은 $\frac{2억}{90} ≒ 222$만 원이다. 따라서 평균 월 급여액은 230만 원 이하이다.
㉡ 월 210만 원 이상 급여를 받는 근로자 수는 26+12+8+4=50명이다. 따라서 총 90명의 절반인 45명보다 많으므로 옳은 설명이다.

오답분석

㉢ 월 180만 원 미만의 급여를 받는 근로자 수는 6+4=10명이다. 따라서 전체에서 $\frac{10}{90} ≒ 11\%$의 비율을 차지하고 있으므로 옳지 않은 설명이다.
㉣ '월 240만 원 이상 월 270만 원 미만'의 구간에서 월 250만 원 이상 받는 근로자의 수는 주어진 자료만으로는 확인할 수 없다. 따라서 옳지 않은 설명이다.

17

정답 ④

정상가로 A, B, C과자를 2봉지씩 구매할 수 있는 금액은 $(1,500+1,200+2,000)\times2=4,700\times2=9,400$원이다. 이 금액으로 A, B, C과자를 할인된 가격으로 2봉지씩 구매하고 남은 금액은 $9,400-\{(1,500+1,200)\times0.8+2,000\times0.6\}\times2=9,400-3,360$ $\times2=9,400-6,720=2,680$원이다. 따라서 남은 금액으로 A과자를 $\dfrac{2,680}{1,500\times0.8}=2.23$, 즉 2봉지 더 구매할 수 있다.

18

정답 ④

선 그래프는 시간의 경과에 따른 수량의 변화를 선의 기울기로 나타내는 그래프로, 해당 자료를 표현하기에 적절하다.

오답분석

① 원 그래프 : 작성 시 정각 12시의 선을 시작선으로 하며, 이를 기점으로 하여 오른쪽으로 그리는 것이 보통이다. 또한 분할선은 구성비율이 큰 순서로 그리되, '기타' 항목은 구성비율의 크기에 관계없이 가장 뒤에 그리는 것이 일반적이다.
② 점 그래프 : 지역분포를 비롯하여 도시, 지방, 기업, 상품 등의 평가나 위치, 성격 등을 표시하는 데 주로 이용된다.
③ 띠 그래프 : 전체에 대한 부분의 비율을 나타내는 데 많이 쓰인다.
⑤ 꺾은선 그래프 : 시간이 흐름에 따라 변해가는 모습을 나타내는 데 많이 쓰인다. 날씨 변화, 에너지 사용 증가율, 물가의 변화 등을 나타내기에는 막대 그래프보다 꺾은선 그래프가 유용하다. 그래서 꺾은선 그래프를 읽을 때는 변화의 추이를 염두에 두고 자료를 분석하는 것이 좋다.

19

정답 ①

원 그래프는 전체 통계량에 대한 부분의 비율을 하나의 원의 내부에 부채꼴로 구분한 그래프로, 전체에 대한 구성 비율을 나타낼 때 적절한 도표이다.

20

정답 ④

A, B, E구의 1인당 소비량을 각각 a, b, $e$kg이라고 하자.
제시된 조건을 식으로 나타내면 다음과 같다.
• 첫 번째 조건 : $a+b=30 \cdots \bigcirc$
• 두 번째 조건 : $a+12=2e \cdots \bigcirc\!\!\bigcirc$
• 세 번째 조건 : $e=b+6 \cdots \bigcirc\!\!\bigcirc\!\!\bigcirc$
ⓒ을 ⓛ에 대입하여 식을 정리하면, $a+12=2(b+6) \rightarrow a-2b=0 \cdots$ ②
㉠$-$㉢을 하면 $3b=30 \rightarrow b=10$, $a=20$, $e=16$
A $\sim$ E구의 변동계수를 구하면 다음과 같다.
• A구 : $\dfrac{5}{20}\times100=25\%$
• B구 : $\dfrac{4}{10}\times100=40\%$
• C구 : $\dfrac{6}{30}\times100=20\%$
• D구 : $\dfrac{4}{12}\times100 = 33.33\%$
• E구 : $\dfrac{8}{16}\times100=50\%$
따라서 변동계수가 3번째로 큰 구는 D구이다.

03 | 문제해결능력

대표기출유형 01 | 기출응용문제

01

정답 ②

A대리와 E대리의 진술이 서로 모순이므로, 둘 중 한 사람은 거짓을 말하고 있다.

ⅰ) A대리의 진술이 거짓인 경우

A대리의 말이 거짓이라면 B사원의 말도 거짓이 되고, D사원의 말도 거짓이 되므로 모순이다.

ⅱ) A대리의 진술이 진실인 경우

A대리, B사원, D사원의 말이 진실이 되고, C사원과 E대리의 말이 거짓이 된다.

〈진실〉

• A대리 : A대리・E대리 출근, 결근 사유 모름

• B사원 : C사원 출근, A대리 진술은 진실

• D사원 : B사원 진술은 진실

〈거짓〉

• C사원 : D사원 결근 거짓 → D사원 출근

• E대리 : D사원 결근, D사원이 A대리한테 결근 사유 전함 거짓 → D사원 출근, A대리는 결근 사유 듣지 못함

따라서 B사원이 출근하지 않았다.

02

정답 ⑤

두 번째 조건과 세 번째 조건에 따라 3학년이 앉은 첫 번째 줄과 다섯 번째 줄의 바로 옆줄인 두 번째 줄과 네 번째 줄, 여섯 번째 줄에는 3학년이 앉을 수 없다. 즉, 두 번째 줄, 네 번째 줄, 여섯 번째 줄에는 1학년 또는 2학년이 앉아야 한다. 이때 3학년이 앉은 줄의 수가 1학년과 2학년이 앉은 줄의 수와 같다는 네 번째 조건에 따라 남은 세 번째 줄은 반드시 3학년이 앉아야 한다. 따라서 ⑤는 항상 거짓이 된다.

오답분석

① 두 번째 줄에는 1학년 또는 2학년이 앉을 수 있다.

② 첫 번째와 세 번째 줄은 항상 3학년이 앉는다.

③ 네 번째 조건에 따라 3학년은 다른 학년보다 더 많은 줄에 앉는다.

④ 여섯 번째 줄에는 1학년 또는 2학년이 앉을 수 있다.

03

정답 ④

여섯 번째와 마지막 조건에 따라 유기화학 분야는 여름에 상을 수여받고, 겨울에 상을 수여받을 수 있다. 따라서 여름이나 겨울에 무기화학 분야가 상을 수여받으므로 가을에는 상을 받을 수 없다.

04

정답 ①

한 번 배정받은 층은 다시 배정받을 수 없기 때문에 A는 3층, B는 2층에 배정받을 수 있다. C는 1층 또는 4층에 배정받을 수 있지만, D는 1층에만 배정받을 수 있기 때문에 C는 4층, D는 1층에 배정받는다. 이를 표로 정리하면 다음과 같다.

A	B	C	D
3층	2층	4층	1층

따라서 항상 참인 것은 ①이다.

[오답분석]
② · ③ · ④ 주어진 조건만으로는 판단할 수 없다.
⑤ 매년 새롭게 층을 배정받기 때문에 B 또한 3년 이상 기숙사에 살았을 것이다.

05

정답 ⑤

주어진 조건에 따라 엘리베이터 검사 순서를 추론해 보면 다음과 같다.
• 첫 번째 : 5호기
• 두 번째 : 3호기
• 세 번째 : 1호기
• 네 번째 : 2호기
• 다섯 번째 : 6호기
• 여섯 번째 : 4호기
따라서 1호기 다음은 2호기, 그 다음이 6호기이고, 6호기는 5번째로 검사한다.

06

정답 ③

을과 무의 진술이 모순되므로 둘 중 한 명은 참, 다른 한 명은 거짓이다. 여기서 을의 진술이 참일 경우 갑의 진술도 거짓이 되어 두 명이 거짓을 진술한 것이 되므로 문제의 조건에 위배된다. 따라서 을의 진술이 거짓, 무의 진술이 참이다. 그러므로 A강좌는 을이, B와 C강좌는 갑과 정이, D강좌는 무가 담당하고, 병은 강좌를 담당하지 않는다.

07

정답 ②

세 번째 조건에서 D는 A의 바로 왼쪽에 앉으며, 마지막 조건에서 B는 E의 바로 오른쪽에 앉는다. 따라서 'D – A'와 'E – B'를 각각 한 묶음으로 생각하여 나타낼 수 있는 경우는 다음과 같다.

구분	첫 번째	두 번째	세 번째	네 번째	다섯 번째
경우 1	D	A	C	E	B
경우 2	E	B	C	D	A

경우 2는 다섯 번째 조건에 맞지 않으므로 경우 1만 가능하다. 따라서 E는 네 번째 자리에 앉을 수 있다.

[오답분석]
① D는 첫 번째 자리에 앉는다.
③ C는 세 번째 자리에 앉는다.
④ C는 E의 왼쪽 자리에 앉는다.
⑤ C는 A의 오른쪽 자리에 앉는다.

08

정답 ①

주어진 조건에 따라 직원 A ~ H가 앉을 수 있는 경우는 'A－B－D－E－C－F－H－G'이다. 여기서 D와 E의 자리를 서로 바꿔도 모든 조건이 성립하고, 'A－G－H'와 'D－E－C'의 자리를 바꿔도 모든 조건이 성립한다. 따라서 총 경우의 수는 2×2＝4가지이다.

09

정답 ⑤

각 팀은 3명, 4명으로 각각 구성된다. A, B는 D와 함께 소속되어야 하므로 양 팀의 구성이 가능한 경우는 다음과 같다.
1) A, B, D, F / C, E, G
2) A, B, D, G / C, E, F
따라서 이 2가지 구성에 해당하지 않는 것은 ⑤이다.

10

정답 ②

제시된 조건에 따르면, 1층에는 남성인 주임을 배정해야 하므로 C주임이 배정된다. 그러면 3층에 배정 가능한 직원은 남성인 B사원 또는 E대리이다. 먼저 3층에 B사원을 배정하는 경우, 5층에는 A사원이 배정된다. 그리고 D주임은 2층에, E대리는 이보다 위층인 4층에 배정된다. 다음으로 3층에 E대리를 배정하는 경우, 5층에 A사원이 배정되면 4층에 B사원이 배정되고, 5층에 B사원이 배정되면 4층에 A사원이 배정된다. 그리고 D주임은 항상 E대리보다 아래층인 2층에 배정된다. 이를 정리하면 다음과 같다.

층수	경우 1	경우 2	경우 3
5층	A사원	A사원	B사원
4층	E대리	B사원	A사원
3층	B사원	E대리	E대리
2층	D주임	D주임	D주임
1층	C주임	C주임	C주임

따라서 5층에 A사원이 배정되더라도, 4층에는 B사원이 아닌 E대리가 배정될 수도 있다.

[오답분석]
① D주임은 항상 2층에 배정된다.
③·⑤ 5층에 B사원이 배정되면 3층에는 E대리, 4층에는 A사원이 배정된다.
④ C주임은 항상 1층에 배정된다.

01

정답　③

- 702 나 2838 : '702'는 승합차에 부여되는 자동차 등록번호이다.
- 431 사 3019 : '사'는 운수사업용 차량에 부여되는 자동차 등록번호이다.
- 912 라 2034 : '912'는 화물차에 부여되는 자동차 등록번호이다.
- 214 하 1800 : '하'는 렌터카에 부여되는 자동차 등록번호이다.
- 241 가 0291 : '0291'은 발급될 수 없는 일련번호이다.

따라서 비사업용 승용차의 자동차 등록번호로 잘못 부여된 것은 모두 5개이다.

02

정답　⑤

규칙에 따라 사용할 수 있는 숫자는 1, 5, 6을 제외한 나머지 2, 3, 4, 7, 8, 9의 총 6개이다. (한 자릿수)×(두 자릿수)=156이 되는 수를 알기 위해서는 156의 소인수를 구해보면 된다. 156의 소인수는 3, 2^2, 13으로 여기서 156이 되는 수의 곱 중에 조건을 만족하는 것은 2×78과 4×39이다. 따라서 선택지 중에 A팀 또는 B팀에 들어갈 수 있는 암호배열은 39이다.

03

정답　①

조건에 따라 소괄호 안에 있는 부분을 순서대로 풀이하면

'1 A 5'에서 A는 좌우의 두 수를 더하는 것이지만, 더한 값이 10 미만이면 좌우에 있는 두 수를 곱해야 한다. 1+5=6으로 10 미만이므로 두 수를 곱하여 5가 된다.

'3 C 4'에서 C는 좌우의 두 수를 곱하는 것이지만 곱한 값이 10 미만일 경우 좌우에 있는 두 수를 더한다. 이 경우 3×4=12로 10 이상이므로 12가 된다.

중괄호를 풀어보면 '5 B 12'이다. B는 좌우에 있는 두 수 가운데 큰 수에서 작은 수를 빼는 것이지만, 두 수가 같거나 뺀 값이 10 미만이면 두 수를 곱한다. 12−5=7로 10 미만이므로 두 수를 곱해야 한다. 따라서 60이 된다.

'60 D 6'에서 D는 좌우에 있는 두 수 가운데 큰 수를 작은 수로 나누는 것이지만, 두 수가 같거나 나눈 값이 10 미만이면 두 수를 곱해야 한다. 이 경우 나눈 값이 10이 되므로 답은 10이다.

04

정답　②

서울 지점의 C씨에게 배송할 제품과 경기남부 지점의 B씨에게 배송할 제품에 대한 기호를 모두 기록해야 한다.

- C씨 : MS11EISS
  - 재료 : 연강(MS)
  - 판매량 : 1box(11)
  - 지역 : 서울(E)
  - 윤활유 사용 : 요할작용(I)
  - 용도 : 스프링(SS)
- B씨 : AHSS00SSST
  - 재료 : 초고강도강(AHSS)
  - 판매량 : 1set(00)
  - 지역 : 경기남부(S)
  - 윤활유 사용 : 밀폐작용(S)
  - 용도 : 타이어코드(ST)

01

A사원의 3박 4일간 교통비, 식비, 숙박비를 계산하면 다음과 같다.
- 교통비 : 39,500+38,150=77,650원
- 식비 : $(8,500×3×2)+(9,100×3×2)=105,600$원
- 숙박비
  - 가 : $(75,200×3)×0.95=214,320$원
  - 나 : $(81,100×3)×0.90=218,970$원
  - 다 : $(67,000×3)=201,000$원

  A사원은 숙박비가 가정 저렴한 다 숙소를 이용하므로 숙박비는 201,000원이다.
따라서 A사원의 총 출장 경비를 합산하면 77,650+105,600+201,000원=384,250원이다.

02

- 1 Set
  프랑스 와인인 B와인이 반드시 포함된다(B와인 : 60,000원).
  인지도와 풍미가 가장 높은 와인은 영국 와인이지만 영국 와인은 65,000원이므로 포장비를 포함하면 135,000원이 되어 세트를 구성할 수 없다. 가격이 되는 한도에서 인지도와 풍미가 가장 높은 와인은 이탈리아 와인이다.
- 2 Set
  이탈리아 와인인 A와인이 반드시 포함된다(A와인 : 50,000원).
  모든 와인이 가격 조건에 해당하고, 와인 중 당도가 가장 높은 와인은 포르투갈 와인이다.

03

각 조합에 대해 할인행사가 적용된 총 결제금액과 총효용을 산출하면 다음과 같다.

조합	총 결제금액	총 효용
①	$[5,000×2+2,500×1+8,200×1]×90\%=18,630$원	80+35+70=185
②	$[1,200×6+2,500×2+5,500×2]×90\%=20,880$원	–
③	$[5,000×3+1,200×1+2,500×1+5,500×1]×90\%=21,780$원	–
④	$5,000×1+1,200×2+2,500×3=14,900$원(볼펜 세트 1개 증정)	40+40+140=220
⑤	$[1,200×3+8,200×2+5,500×1]×90\%=22,950$원	–

①과 ④ 외의 조합의 경우, 할인을 적용받아도 결제금액이 예산범위를 초과하므로 구입이 불가능하다. 따라서 ①과 ④ 중 효용의 합이 더 높은 것은 총 효용이 220인 ④이다.

04

3만 원 초과 10만 원 이하 소액통원의료비를 청구할 경우 진단서 없이 보험금 청구서와 병원영수증, 질병분류기호(질병명)가 기재된 처방전만으로 접수가 가능하다.

05

첫 번째 조건에 따라 A업체는 선정되지 않는다.
세 번째 조건에 따라 A업체가 선정되지 않으면 C업체가 선정된다.
네 번째 조건에 따라 C업체가 선정되면 E업체는 선정되지 않는다.
여섯 번째 조건에 따라 E업체가 선정되지 않으면 B업체가 선정되지 않는다.
두 번째 조건에 따라 B업체가 선정되면 G업체는 선정되지 않는다.
따라서 C업체와 B업체의 선정만이 확실하며, D업체와 F업체의 선정 여부는 알 수 없다.

06

정답 ③

평가위원의 조건에 따라 최종적으로 선정이 확실한 업체는 B, C이다. 최소한 3개의 업체가 선정되어야 하고, 기존 의견에 따라 선정된 업체가 3개 미만인 경우, D업체를 포함시켜야 하는 조건이 추가되면 다섯 번째 조건에 따라 D업체가 선정됨과 동시에 F업체도 선정된다.

07

정답 ④

인적사항이 변경되지 않은 19세 이상의 대한민국 국민은 사전 등록 절차 없이 자동출입국 심사대를 이용할 수 있으므로 ④의 19세 E씨는 사전등록 없이 자동출입국 심사대 이용이 가능하다.

오답분석

① 35세 A씨는 19세 이상이므로 사전 등록 절차 없이 자동출입국 심사대를 이용할 수 있으나, 7세인 A씨의 아들 B군은 사전 등록이 필요하다.
② 인적사항이 변경된 C씨의 경우 사전등록이 필요하다.
③ 17세 미만인 외국인의 경우 사전 등록이 필요하므로 외국인 등록이 되어있더라도 15세인 D씨는 사전 등록이 필요하다.
⑤ 출입국관리 공무원의 대면심사가 필요한 체류만료일이 1개월 이내인 외국인의 경우 자동출입국 심사대 이용이 제한되므로 F씨의 자동출입국 심사대 이용은 제한된다.

08

정답 ②

투자 여부 판단 조건에 대한 관계를 정리하면 다음과 같다.

구분	㉠	㉡	㉢	㉣	㉤
A	○		○	×	×
B	○	○	○	○	
C	○	×	○	×	×
D	×	○	×		
E	×	○	○	)(	)(

2)의 대우로 ㉡이 나타나지 않으면 ㉣은 나타나지 않는다. 3)의 대우로 ㉡ 또는 ㉡이 나타나지 않으면 ㉤은 나타나지 않는다. 조건 1 ~ 5에 따라 이상 징후 발견 표를 작성하면 위와 같으므로, 투자 부적격 기업은 B이다.

09

B안의 가중치는 전문성인데 자원봉사제도는 (−)이므로 적절하지 않은 판단이다.

[오답분석]

① 전문성 면에서는 유급법률구조제도가 (+), 자원봉사제도가 (−)이므로 옳은 설명이다.
② A안에 가중치를 적용할 경우 접근용이성과 전문성에 가중치를 적용하므로 두 정책목표 모두에서 (+)를 보이는 유급법률구조제도가 적절하다.
④ B안에 가중치를 적용할 경우 전문성에 가중치를 적용하므로 (+)를 보이는 유급법률구조제도가 가장 적절하며, A안에 가중치를 적용할 경우 ②에 의해 유급법률구조제도가 가장 적절하다. 따라서 어떤 것을 적용하더라도 결과는 같다.
⑤ 비용저렴성을 달성하려면 (+)를 보이는 자원봉사제도가 가장 유리하다.

10

먼저 층이 정해진 부서를 배치하고, 나머지 부서들의 층수를 결정해야 한다. 변경 사항에서 연구팀은 기존 5층보다 아래층으로 내려가고, 영업팀은 기존 6층보다 아래층으로 내려간다. 또한 생산팀은 연구팀보다 위층에 배치돼야 하지만 인사팀과의 사이에는 하나의 부서만 가능하므로 6층에 총무팀을 기준으로 5층 또는 7층 배치가 가능하므로 다음과 같은 4가지의 경우가 나올 수 있다.

구분	경우 1	경우 2	경우 3	경우 4
7층	인사팀	인사팀	생산팀	생산팀
6층	총무팀	총무팀	총무팀	총무팀
5층	생산팀	생산팀	인사팀	인사팀
4층	탕비실	탕비실	탕비실	탕비실
3층	연구팀	영업팀	연구팀	영업팀
2층	전산팀	전산팀	전산팀	전산팀
1층	영업팀	연구팀	영업팀	연구팀

따라서 어느 경우에도 생산팀은 3층에 배치될 수 없다.

04 | 조직이해능력

대표기출유형 01 | 기출응용문제

01

정답 ④

조직의 경영자는 조직을 둘러싼 외부 환경에 대해 항상 관심을 가져야 하며, 외부 환경에 변화가 생겼을 경우 이를 조직에 전달하여야 한다.

경영자의 역할
- 대인적 역할 : 조직의 대표자, 조직의 리더, 상징자·지도자
- 정보적 역할 : 외부환경 모니터, 변화 전달, 정보전달자
- 의사결정적 역할 : 문제 조정, 대외적 협상 주도, 분쟁조정자·자원배분자·협상가

02

정답 ②

- 소프트웨어적 요소
  - 스타일(Style) : 조직구성원을 이끌어 나가는 관리자의 경영방식
  - 구성원(Staff) : 조직 내 인적 자원의 능력, 전문성, 동기 등
  - 스킬(Skills) : 조직구성원이 가지고 있는 핵심 역량
  - 공유가치(Shared Values) : 조직 이념, 비전 등 조직구성원이 함께 공유하는 가치관
- 하드웨어적 요소
  - 전략(Strategy) : 시장에서의 경쟁우위를 위해 회사가 개발한 계획
  - 구조(Structure) : 조직별 역할, 권한, 책임을 명시한 조직도
  - 시스템(Systems) : 조직의 관리체계, 운영절차, 제도 등 전략을 실행하기 위한 프로세스

03

정답 ③

경영활동은 조직의 효과성을 높이기 위해 총수입 극대화, 총비용 극소화를 통해 이윤을 창출하는 것과 관련된 외부경영활동과, 조직내부에서 인적·물적 자원 및 생산기술을 관리하는 내부경영활동으로 구분할 수 있다. 인도네시아 현지 시장의 규율을 조사하는 것은 시장진출을 준비하는 과정으로, 외부경영활동에 해당된다.

오답분석
① 잠재적 고객인 인도네시아 시장의 고객들의 성향을 파악하는 것은 외부경영활동으로 구분된다.
② 중국 협력업체의 가동률 급락으로 인해 대안이 되는 협력업체로서 국내 업체들과의 협력안을 검토하는 것 역시 내부 생산공정 관리와 같이 생산관리의 일환으로, 내부경영활동에 해당된다.
④ 내부 엔진 조립 공정 개선 시 생산성을 증가시킬 수 있다는 피드백이 있으므로, 이를 위한 기술개발에 투자하는 것은 생산관리로, 내부경영활동에 해당된다.
⑤ 설문조사에 따르면 유연근무제 도입을 원하는 직원이 많은 만큼, 능률적인 인력 관리를 위하여 유연근무제의 일환인 탄력근무제를 도입하는 것은 내부경영활동에 해당한다.

04

정답 ①

K사가 안전과 가격, 디자인 면에서 호평을 받으며 미국시장의 최강자가 될 수 있었던 요인은 OEM 방식을 활용할 수도 있었지만 내실 경영 및 자기 브랜드를 고집한 대표이사의 선택으로 개별 도매상들을 상대로 직접 물건을 판매하고 평판 좋은 도매상들과 유대관계를 강화하는 등 단단한 유통망을 갖추었기 때문이다.

05

정답 ③

K사가 평판이 좋은 중소규모 도매상을 선정해 유대관계를 강화한 곳은 미국시장이었다.

[오답분석]

K사가 유럽시장에서 성공을 거둔 요인으로는 소비자의 특성에 맞춘 고급스런 디자인의 고가 제품 포지셔닝, 모토그랑프리 후원 등 전략적 마케팅, 실용적인 신제품 개발 등을 들 수 있다.

06

정답 ⑤

K사는 해외 진출 시 분석을 위해 공급 능력 확보를 위한 방안, 현지 시장의 경쟁상황이나 경쟁업체에 대한 차별화 전략으로 인한 제품 가격 및 품질향상, 시장점유율 등을 활용하였다.

대표기출유형 02　기출응용문제

01

정답 ④

리더와 부하 간 상호관계는 조직문화의 구성요소 중 리더십 스타일에 대한 설명이다. 관리시스템은 조직문화의 구성요소로서 장기 전략 목적 달성에 적합한 보상제도와 인센티브, 경영정보와 의사결정시스템, 경영계획 등 조직의 목적을 실제로 달성하는 모든 경영관리제도와 절차를 의미한다.

02

정답 ②

공식적 목표와 실제적 목표가 다를 수 있으며 다수의 조직목표를 추구할 수 있다.

> **조직목표의 특징**
> • 공식적 목표와 실제적 목표가 다를 수 있음
> • 다수의 조직목표 추구 가능
> • 조직목표 간 위계적 상호관계가 있음
> • 가변적 속성
> • 조직의 구성요소와 상호관계를 가짐

03

정답 ③

비영리조직이면서 대규모조직인 학교에서 5시간 있었다.
- 학교 : 공식조직, 비영리조직, 대규모조직
- 카페 : 공식조직, 영리조직, 대규모조직
- 스터디 : 비공식조직, 비영리조직, 소규모조직

오답분석

① 비공식적이면서 소규모조직인 스터디에서 2시간 있었다.
② 공식조직인 학교와 카페에서 8시간 있었다.
④ 영리조직인 카페에서 3시간 있었다.
⑤ 비공식적이면서 비영리조직인 스터디에서 2시간 있었다.

04

정답 ①

조직변화의 과정
1. 환경변화 인지
2. 조직변화 방향 수립
3. 조직변화 실행
4. 변화결과 평가

05

정답 ①

조직이 생존하기 위해서는 급변하는 환경에 적응하여야 한다. 이를 위해서는 원칙이 확립되어 있고 고지식한 기계적 조직보다는 운영이 유연한 유기적 조직이 더 적합하다.

오답분석

② 대규모 조직은 소규모 조직과는 다른 조직 구조를 갖게 된다. 대규모 조직은 소규모 조직에 비해 업무가 전문화, 분화되어 있고 많은 규칙과 규정이 존재하게 된다.
③ 조직 구조의 결정 요인 중 하나인 기술은 조직이 투입요소를 산출물로 전환시키는 지식, 기계, 절차 등을 의미한다. 소량생산기술을 가진 조직은 유기적 조직 구조를, 대량생산기술을 가진 조직은 기계적 조직 구조를 가진다.
④ 조직 활동의 결과에 따라 조직의 성과와 만족이 결정되며, 그 수준은 조직구성원들의 개인적 성향과 조직 문화의 차이에 따라 달라진다.
⑤ 조직 구조 결정요인으로는 크게 전략, 규모, 기술, 환경이 있다. 전략은 조직의 목적을 달성하기 위하여 수립한 계획으로, 조직이 자원을 배분하고 경쟁적 우위를 달성하기 위한 주요 방침이며, 기술은 조직이 투입요소를 산출물로 전환시키는 지식, 기계, 절차 등을 의미한다. 또한 조직은 환경의 변화에 적절하게 대응하기 위해 환경에 따라 조직의 구조를 다르게 조작한다.

06

정답 ③

오답분석
- B : 사장 직속으로 4개의 본부가 있다는 설명은 옳지만, 인사를 전담하고 있는 본부는 없으므로 적절하지 않다.
- C : 감사실이 분리되어 있다는 설명은 옳지만, 사장 직속이 아니므로 적절하지 않다.

07

정답 ③

ㄴ. 기업은 최소 비용으로 최대 효과를 얻음으로써 이윤극대화를 목적으로 구성된 조직이다.
ㄷ. 조직은 개인들이 업무를 수행하는 물리적 공간이자, 자신의 직업에 대해 만족감을 얻기도 하는 심리적 공간이기도 하다.

[오답분석]
ㄱ. 조직은 두 사람 이상이 공동의 목표를 달성하기 위해 의식적으로 구성된 상호작용과 조정을 행하는 행동의 집합체이다.
ㄹ. 기업은 이윤창출만을 목표로 하지 않고, 고객에게 양질의 상품과 서비스를 제공하는 것 역시 목표로 하며, 잠재적 고객을 고객층
으로 끌어오는 것이 중요하다.

08

정답 ①

K공단의 사내 봉사 동아리이기 때문에 공식이 아닌 비공식 조직에 해당한다. 비공식 조직의 특징에는 적절한 것은 인간관계에
따라 형성된 자발적인 조직, 내면적 · 비가시적, 비제도적, 감정적, 사적 목적 추구, 부분적 질서를 위한 활동 등이 있다.

[오답분석]
② 영리조직의 특성이다.
③ · ④ 공식조직의 특성이다.
⑤ 비영리조직의 특성이다.

09

정답 ⑤

조직문화는 조직의 안정성을 가져오므로 많은 조직들은 그 조직만의 독특한 조직 문화를 만들기 위해 노력한다.

10

정답 ⑤

영리조직의 사례로는 이윤 추구를 목적으로 하는 다양한 사기업을 들 수 있으며, 비영리조직으로는 정부조직, 병원, 대학, 시민단체,
종교단체 등을 들 수 있다.

01

정답 ④

K주임이 가장 먼저 해야 하는 일은 오늘 오후 2시에 예정된 팀장 회의 일정을 P팀장에게 전달하는 것이다. 다음으로 내일 진행될 언론홍보팀과의 회의 일정에 대한 답변을 오늘 내로 전달해달라는 요청을 받았으므로 먼저 익일 업무 일정을 확인 후 회의 일정에 대한 답변을 전달해야 한다. 이후 회의 전에 미리 숙지해야 할 자료를 확인하는 것이 적절하다. 따라서 K주임은 ④의 순서로 업무를 처리하는 것이 가장 적절하다.

02

정답 ②

각종 위원회 위원 위촉에 관한 전결규정은 없다. 따라서 정답은 ②가 된다. 단, 대표이사의 부재중에 부득이하게 위촉을 해야 하는 경우가 발생했다면 차하위자(전무)가 대결을 할 수는 있다.

03

정답 ⑤

예산집행 조정, 통제 및 결산 총괄 등 예산과 관련된 업무는 ⓜ 자산팀이 아닌 ㉠ 예산팀이 담당하는 업무이다. 자산팀은 물품 구매와 장비ㆍ시설물 관리 등의 업무를 담당한다.

04

정답 ⑤

전문자격 시험의 출제정보를 관리하는 시스템의 구축ㆍ운영 업무는 정보화사업팀이 담당하는 업무로, 개인정보 보안과 관련된 업무를 담당하는 정보보안전담반의 업무로는 적절하지 않다.

05

정답 ④

홈페이지 운영 등은 정보사업팀에서 한다.

오답분석

① 1개의 감사실과 11개의 팀으로 되어 있다.
② 예산기획과 경영평가는 전략기획팀에서 관리한다.
③ 경영평가(전략기획팀), 성과평가(인재개발팀), 품질평가(평가관리팀) 등 다른 팀에서 담당한다.
⑤ 감사실을 두어 감사, 부패방지 및 지도점검을 하게 하였다.

06

정답 ⑤

품질평가 관련 민원은 평가관리팀이 담당하고 있다.

07

정답 ④

문제 발생의 원인은 회의내용에서 알 수 있는 내용이다.

오답분석

① 회의에 참가한 인원이 6명일 뿐 조직의 인원은 회의록에서 알 수 없다.
② 회의 참석자는 생산팀 2명, 연구팀 2명, 마케팅팀 2명으로 총 6명이다.
③ 마케팅팀에서 제품을 전격 회수하고 연구팀에서 유해성분을 조사하기로 했다.
⑤ 연구팀에서 유해성분을 조사하기로 결정했을 뿐 결과는 알 수 없다.

08

회의 후 가장 먼저 해야 할 일은 '주문량이 급격히 증가한 일주일 동안 생산된 제품 파악'이다. 문제의 제품을 먼저 파악해야 포장 재질 및 인쇄된 잉크 유해성분을 조사한 뒤 적절한 조치가 가능해지기 때문이다.

09

이사원에게 현재 가장 긴급한 업무는 미팅 장소를 변경해야 하는 것이다. 미리 안내했던 장소를 사용할 수 없으므로 오전 11시에 사용 가능한 다른 회의실을 예약해야 한다. 그 후 바로 거래처 직원에게 미팅 장소가 변경된 점을 안내해야 하므로 ⓛ이 ⓒ보다 먼저 이루어져야 한다. 거래처 직원과의 오전 11시 미팅 이후에는 오후 2시에 예정된 김팀장과의 면담이 이루어져야 한다. 김팀장과의 면담 시간은 미룰 수 없으므로 이미 예정되었던 시간에 맞춰 면담을 진행한 후 부서장이 요청한 문서 작업 업무를 처리하는 것이 적절하다. 따라서 이사원은 ⓛ – ⓒ – ㉠ – ㉣ – ㉤의 순서로 업무를 처리해야 한다.

PART **2**

합격의 공식 시대에듀 www.sdedu.co.kr

최종점검 모의고사

제1회 최종점검 모의고사

제2회 최종점검 모의고사

제3회 최종점검 모의고사

01	02	03	04	05	06	07	08	09	10	11	12	13	14	15	16	17	18	19	20
⑤	④	④	③	①	④	③	⑤	③	②	③	④	③	④	④	⑤	③	②	③	④
21	22	23	24	25	26	27	28	29	30	31	32	33	34	35	36	37	38	39	40
②	④	⑤	④	③	④	⑤	②	③	④	①	②	①	③	③	②	③	③	②	②
41	42	43	44	45	46	47	48	49	50										
⑤	②	②	②	②	②	③	①	④	③										

01 내용 추론 정답 ⑤

미국 컬럼비아 대학교에서 만들어 낸 치즈케이크는 7겹으로, 7가지의 반죽형 식용 카트리지로 만들어졌다. 따라서 페이스트를 층층이 쌓아서 만드는 FDM 방식을 사용하여 제작하였음을 알 수 있다.

오답분석
① PBF / SLS 방식 3D 푸드 프린터는 설탕 같은 분말 형태의 재료를 접착제나 레이저로 굳혀 제작하는 것이므로 설탕 케이크 장식을 제작하기에 적절한 방식이다.
② 3D 푸드 프린터는 질감이나 맛을 조정하여 음식을 제작할 수 있으므로 식감 등으로 발생하는 편식을 줄일 수 있다.
③ 3D 푸드 프린터는 음식을 제작할 때 개인별로 필요한 영양소를 첨가하는 등 사용자 맞춤 식단을 제공할 수 있다는 장점이 있다.
④ 네 번째 문단에서 현재 3D 푸드 프린터의 한계점을 보면 디자인적·심리적 요소로 인해 3D 푸드 프린터로 제작된 음식에 거부감이 들 수 있다고 하였다.

02 문서 수정 정답 ④

(라) 문장이 포함된 세 번째 분난은 3D 푸드 프린터의 장점에 대해 설명하는 문단이며, 특히 대체육 프린팅의 장점에 대해 소개하고 있다. 그러나 (라) 문장은 대체육의 단점에 대해 서술하고 있으므로 네 번째 문단에서 추가로 서술하거나 삭제하는 것이 적절하다.

오답분석
① (가) 문장은 컬럼비아 대학교에서 3D 푸드 프린터로 만들어 낸 치즈케이크의 특징을 설명하는 문장이므로 적절하다.
② (나) 문장은 현재 주로 사용되는 3D 푸드 프린터의 작동 방식을 설명하는 문장이므로 적절하다.
③ (다) 문장은 3D 푸드 프린터의 장점을 소개하는 세 번째 문단의 중심내용이므로 적절하다.
⑤ (마) 문장은 3D 푸드 프린터의 한계점인 '디자인으로 인한 심리적 거부감'을 서술하고 있으므로 적절하다.

업체	1벌당 공임비(원)	제작 수(장)	공임비(원)
가	13,000+3,000+1,000=17,000	5,000	17,000×5,000=85,000,000
나	15,000+3,000=18,000	4,900	18,000×4,900=88,200,000
다	16,000	5,000	16,000×5,000=80,000,000
라	18,000	4,500	18,000×4,500=81,000,000

따라서 공임비가 저렴한 순서대로 나열하면 다 - 라 - 가 - 나 순이다.

업체별 공임비는 다음과 같다.
- 가 : 85,000,000원÷4,500장≒18,890원
- 나 : 88,200,000원÷4,500장=19,600원
- 다 : 80,000,000원÷4,500장≒17,780원
- 라 : 81,000,000원÷4,500장=18,000원

따라서 박씨가 가장 잘 이해하고 있다.

마지막 문단을 통해 유산의 위험이 있다면 안정기까지 최대한 주의해야 함을 알 수 있다.

내년 식사 순서의 규칙을 살펴보면, 첫 번째 규칙은 모든 부서가 올해 식사 순서와는 달리 새로운 순서로 식사를 하기로 했다는 것이다. 예를 들면, A부서는 첫 번째가 아닌 순서에서 식사하고 B부서도 두 번째가 아닌 순서에서 식사해야 한다. 두 번째 규칙은 E부서 식사 후에는 C부서가 바로 이어서 식사하게 된다는 것이다. 이러한 두 규칙을 적용하여 경우의 수를 살펴보면 다음과 같다.
- 식사 순서 경우의 수
  - B부서 → A부서 → D부서 → E부서 → C부서
  - B부서 → A부서 → E부서 → C부서 → D부서
  - B부서 → D부서 → A부서 → E부서 → C부서
  - B부서 → D부서 → E부서 → C부서 → A부서
  - D부서 → A부서 → B부서 → E부서 → C부서
  - D부서 → A부서 → E부서 → C부서 → B부서
  - E부서 → C부서 → A부서 → B부서 → D부서
  - E부서 → C부서 → B부서 → A부서 → D부서
  - E부서 → C부서 → D부서 → A부서 → B부서
  - E부서 → C부서 → D부서 → B부서 → A부서

D부서가 가장 먼저 식사를 한다고 가정하면, 두 번째 순서에 B부서는 자신의 원래 순서이므로 위치하지 못한다. C부서 역시 E부서 뒤에 위치해야 하므로 두 번째 순서에 위치하지 못한다. 또한, E부서가 두 번째 순서에 위치하면 C부서가 세 번째 순서, 즉 자신의 원래 순서에 위치하게 된다. 따라서 D부서가 첫 번째 순서라면 A부서만이 두 번째 순서에 위치할 수 있다.

07 명제 추론 정답 ③

주어진 조건에 의하면 D면접자와 E면접자는 2번, 3번 의자에 앉아 있고, A면접자는 1번과 8번 의자에 앉을 수 없다. B면접자는 6번 또는 7번 의자에 앉을 수 있다는 점과 A면접자와 C면접자 사이에는 2명이 앉는다는 조건까지 모두 고려하면 A면접자와 B면접자가 서로 이웃해 있을 때, 다음과 같은 두 가지 경우를 확인할 수 있다.

• B면접자가 6번 의자에 앉을 경우

구분	1	2	3	4	5	6	7	8
경우 1		D	E		A	B		C
경우 2		D	E	C		B	A	
경우 3		D	E	A		B	C	
조건	A(×) C(×)							A(×)

• B면접자가 7번 의자에 앉을 경우

구분	1	2	3	4	5	6	7	8
경우 1		D	E	C(×)		A	B	
경우 2		D	E			A	B	C(×)
경우 3		D	E		A		B	C
조건	A(×) C(×)							A(×)

→ B면접자가 7번 의자에 앉는 경우 1과 경우 2에서는 A면접자와 C면접자 사이에 2명이 앉는다는 조건이 성립되지 않는다. 따라서 A면접자와 B면접자가 서로 이웃해 앉는다면 C면접자는 4번 또는 8번 의자에 앉을 수 있다.

[오답분석]

① 주어진 조건을 살펴보면 A면접자는 1번, 8번 의자에 앉지 않는다고 하였고 2번과 3번 의자는 D면접자와 E면접자로 확정되어 있다. 그리고 C면접자와의 조건 때문에 6번 의자에도 앉을 수 없다. 따라서 A면접자는 4번, 5번, 7번 의자에 앉을 수 있다. 따라서 A면접자가 4번 의자에 앉는 것이 항상 옳다고 볼 수 없다.

② 주어진 조건에서 C면접자는 D면접자와 이웃해 앉지 않는다고 하였다. D면접자는 2번 의자로 확정되어 있으므로 C면접자는 1번 의자에 앉을 수 없다.

④ B면접자가 7번 의자에 앉고 A면접자와 B면접자 사이에 2명이 앉도록 하면, A면접자는 4번 의자에 앉아야 한다. 그런데 A면접자와 C면접자 사이에 2명이 앉아 있다는 조건이 성립되려면 C면접자는 1번 의자에 앉아야 하는데, C면접자는 D면접자와 이웃해 있지 않다고 하였으므로 옳지 않다.

⑤ C면접자가 8번 의자에 앉는 것과는 상관없이 B면접자는 6번 또는 7번 의자에 앉을 수 있다. 따라서 B면접자가 6번 의자에 앉는다는 것은 항상 옳다고 볼 수 없다.

08 응용 수리 정답 ⑤

첫 번째 이벤트에서 같은 조였던 사람은 두 번째 이벤트에서 같은 조가 될 수 없다고 하였으므로 보기에 주어진 각 조의 조원들은 첫 번째 이벤트에서 모두 다른 조일 수밖에 없다. 그러므로 첫 번째 이벤트의 각 조에서 두 조원씩은 이미 1, 4조에 배정되었고 나머지 두 조원씩 8명을 2, 3조에 배정해야 한다. 두 번째 이벤트의 2, 3조 역시 첫 번째 이벤트에서 같은 조였던 사람은 두 번째 이벤트에서 같은 조가 될 수 없으므로 각 조에서 한 명씩을 뽑아 배정해야 한다. 한 조를 정하고 나면 나머지 한 조는 자동으로 정해지므로 16가지($= _2C_1 \times _2C_1 \times _2C_1 \times _2C_1$)이다.

09 한자성어 정답 ③

제시문에서는 협업과 소통의 문화가 기업에 성공적으로 정착하려면 기업의 작은 변화부터 필요하다고 주장한다. 따라서 제시문과 관련 있는 한자성어로는 '높은 곳에 오르려면 낮은 곳에서부터 오른다.'는 뜻의 '일을 순서대로 하여야 함'을 의미하는 '등고자비(登高自卑)'가 가장 적절하다.

오답분석
① 장삼이사(張三李四) : 장씨의 셋째 아들과 이씨의 넷째 아들이라는 뜻으로, 이름이나 신분이 특별하지 아니한 평범한 사람들을 이르는 말
② 하석상대(下石上臺) : 아랫돌 빼서 윗돌 괴고 윗돌 빼서 아랫돌 괸다는 뜻으로, 임시변통으로 이리저리 둘러맞춤을 이르는 말
④ 주야장천(晝夜長川) : 밤낮으로 쉬지 아니하고 연달아 흐르는 시냇물이라는 뜻으로, '쉬지 않고 언제나', '늘'이라는 의미이다.
⑤ 내유외강(內柔外剛) : 속은 부드럽고, 겉으로는 굳셈

10 명제 추론
정답 ②

예금 업무를 보려는 사람들의 대기 순번과 공과금 업무를 보려는 사람들의 대기 순번은 별개로 카운트된다. A는 예금 업무이고, A보다 B가 늦게 발권하였으나 대기번호는 A보다 빠른 4번이므로 B는 공과금 업무를 보려고 한다는 사실을 알 수 있다. 그리고 1인당 업무 처리시간은 모두 동일하게 주어지므로 주어진 조건들을 표로 정리하면 다음과 같다.

예금 창구		공과금 창구	
대기번호 2번	업무진행 중	대기번호 3번	업무진행 중
대기번호 3번	−	대기번호 4번	B
대기번호 4번	−	대기번호 5번	C
대기번호 5번	E	대기번호 6번	−
대기번호 6번	A	대기번호 7번	−
대기번호 −번	D	대기번호 8번	−

따라서 B − C − E − A − D 순서로 업무를 보게 된다.

11 경영 전략
정답 ③

경영 전략 추진과정
1. 전략목표 설정 : 비전 설정, 미션 설정
2. 환경분석 : 내부환경 분석, 외부환경 분석
3. 경영 전략 도출 : 조직전략, 사업전략, 부문전략
4. 경영 전략 실행 : 경영목적 달성
5. 평가 및 피드백 : 경영전략 결과 평가, 전략목표 및 경영전략 재조정

12 경영 전략
정답 ④

경영은 경영목적, 인적자원, 자금, 전략의 4요소로 구성된다. 경영목적은 조직의 목적을 달성하기 위해 경영자가 수립하는 것으로 보다 구체적인 방법과 과정이 담겨 있다. 인적자원은 조직에서 일하는 구성원으로 경영은 이들의 직무수행에 기초하여 이루어지기 때문에 인적자원의 배치 및 활용이 중요하다. 자금은 경영을 하는 데 사용할 수 있는 돈으로 자금이 충분히 확보되는 정도에 따라 경영의 방향과 범위가 정해지게 된다. 경영전략은 조직이 변화하는 환경에 적응하기 위하여 경영활동을 체계화하는 것으로, 목표달성을 위한 수단이다. 경영전략은 조직의 목적에 따라 전략 목표를 설정하고, 조직의 내·외부 환경을 분석하여 도출한다.

13 한자성어
정답 ③

밑줄 친 ⊙은 '남보다 앞장서서 행동해서 몸소 다른 사람의 본보기가 됨'을 의미하는 '솔선수범(率先垂範)'의 의미와 유사하다.

오답분석
① 결자해지(結者解之) : 맺은 사람이 풀어야 한다는 뜻으로, 자기가 저지른 일은 자기가 해결하여야 함을 이르는 말
② 박람강기(博覽强記) : 여러 가지 책을 널리 읽고 기억을 잘한다는 의미
④ 일취월장(日就月將) : 나날이 자라거나 발전함을 이르는 말
⑤ 자화자찬(自畵自讚) : 자기가 그린 그림을 스스로 칭찬한다는 뜻으로, 자기가 한 일을 스스로 자랑함을 이르는 말

14 한자성어

제시문에서는 아들이 징역 10년이라는 중형에 처할 수 있는 상황에서 아들의 인생을 바로 잡아주기 위해 아들을 직접 신고한 어머니의 사례를 제시하고 있다. 따라서 제시문과 관련 있는 한자성어로는 '큰 도리를 지키기 위하여 부모나 형제도 돌아보지 않음'을 의미하는 '대의멸친(大義滅親)'이 가장 적절하다.

오답분석
① 반포지효(反哺之孝) : 까마귀 새끼가 자라서 늙은 어미에게 먹이를 물어다 주는 효(孝)라는 뜻으로, 자식이 자란 후에 어버이의 은혜를 갚는 효성을 이르는 말
② 지록위마(指鹿爲馬) : 윗사람을 농락하여 권세를 마음대로 함을 이르는 말
③ 불구대천(不俱戴天) : 하늘을 함께 이지 못한다는 뜻으로, 이 세상에서 같이 살 수 없을 만큼 큰 원한을 가짐을 비유적으로 이르는 말
⑤ 권토중래(捲土重來) : 어떤 일에 실패한 뒤에 힘을 가다듬어 다시 그 일에 착수함을 비유하여 이르는 말

15 조직 구조
정답 ④

조직의 구조, 기능, 규정 등이 조직화되어 있는 것은 공식조직이며, 비공식조직은 개인들의 협동과 상호작용에 따라 형성된 자발적인 집단으로 볼 수 있다. 공식조직은 인간관계에 따라 형성된 비공식조직으로부터 시작되지만, 조직의 규모가 커지면서 점차 조직 구성원들의 행동을 통제할 장치를 마련하게 되고, 이를 통해 공식화된다.

16 조직 구조
정답 ⑤

비영리조직은 공익을 추구하는 특징을 가진다. 기업은 이윤을 목적으로 하는 영리조직이다.

17 명제 추론
정답 ③

첫 번째, 세 번째 조건에 의해 광수는 가운데 집에 산다.
두 번째, 네 번째, 다섯 번째 조건에 의해 광수는 노란 지붕 집에 살고, 원숭이를 키운다.
다섯 번째, 여섯 번째 조건에 의해 원태는 빨간 지붕 집에 살고, 개를 키운다.
따라서 수덕이는 파란 지붕 집에 살고, 고양이를 키운다.
ㄷ. 둘 중에 하나만 참이면 되는데, 수덕이가 파란 지붕 집에 사므로 옳다.
ㄹ. 수덕이는 고양이를 키우므로 옳다.

오답분석
ㄱ. 수덕이가 빨간 지붕 집에 살지 않지만, 원태는 개를 키우므로 옳지 않다.
ㄴ. 광수가 노란 지붕 집에 살고, 원숭이를 키우므로 옳지 않다.
ㅁ. 원태는 농부일 수도 있고, 의사일 수도 있다.

18 응용 수리
정답 ②

• 내일 비가 오고 모레 비가 안 올 확률 : $\frac{1}{5} \times \frac{2}{3} = \frac{2}{15}$

• 내일 비가 안 오고 모레 비가 안 올 확률 : $\frac{4}{5} \times \frac{7}{8} = \frac{7}{10}$

$\therefore \frac{2}{15} + \frac{7}{10} = \frac{5}{6}$

19 응용 수리

정답 ③

- 다섯 사람이 일렬로 줄을 서는 경우의 수 : $5!=5\times4\times3\times2\times1=120$가지
- 현호, 진수가 양 끝에 서는 경우의 수 : $2\times$(민우, 용재, 경섭이가 일렬로 줄을 서는 경우)$=2\times3!=12$가지

양 끝에 현호와 진수가 서는 확률은 $\dfrac{12}{120}=\dfrac{1}{10}$ 이다.

따라서 $a+b=11$이다.

20 응용 수리

정답 ④

첫 번째 날 또는 일곱 번째 날에 총무부 소속 팀이 봉사활동을 하게 될 확률은 1에서 마케팅 소속 팀이 첫 번째 날과 일곱 번째 날에 봉사활동을 반드시 하는 확률을 뺀 것과 같다.

마케팅부 소속 5팀과 총무부 소속 2팀을 첫 번째 날부터 일곱 번째 날까지 배치하는 경우의 수는 $\dfrac{7!}{5!\times2!}=21$가지이다.

마케팅부 소속 5팀 중 첫 번째 날과 일곱 번째 날에 봉사활동 할 팀을 배치하는 경우의 수는 두 번째 날부터 여섯 번째 날까지 마케팅부 소속 3팀과 총무부 소속 2팀을 배치하는 경우의 수이므로 $\dfrac{5!}{3!\times2!}=10$가지이다.

따라서 첫 번째 날 또는 일곱 번째 날에 총무부 소속 팀이 봉사활동을 하게 될 확률은 $1-\dfrac{10}{21}=\dfrac{11}{21}$ 이므로, $a-b=21-11=10$ 이다.

21 문서 내용 이해

정답 ②

미토콘드리아 유전자는 세포질 속에만 존재하는 것으로, 수정 과정에서 난자를 통해 어미로부터만 유전된다고 하였으므로 복제인간과 난자 제공자의 미토콘드리아 DNA는 동일하다.

오답분석

① 일란성 쌍둥이는 난자가 같기 때문에 같은 미토콘드리아의 영향을 받지만, 복제인간은 체세포 제공자와는 다른 사람의 난자 즉, 다른 미토콘드리아의 영향을 받는다. 따라서 미토콘드리아 DNA의 차이 때문에 서로 다르다.

③ 과학자들은 환경이 동일하더라도 복제인간이 체세포 제공자와 똑같지는 않을 것이라고 예상한다고 했고, ①에서 설명한 미토콘드리아 DNA의 차이 때문에 체세포 제공자와 복제인간의 유전자는 일란성 쌍둥이의 유전자보다 더 유사할 수 없다.

④ 복제인간은 체세포 제공자와는 다른 사람의 난자, 즉 다른 미토콘드리아 유전자를 물려받기 때문에 유전정보가 100% 같지는 않다고 했으므로 체세포와 난자를 한 사람으로부터 제공받을 경우에는 같은 DNA를 갖는다.

⑤ 복제인간이 체세포 제공자와 여러 가지 면에서 다른 특성을 보이는 것은 환경의 영향만이 아니며, 결정적으로 다른 특성을 보이며 성장할 가능성이 없다는 언급이 없다.

22 응용 수리

정답 ④

- A만 문제를 풀 확률 : $\dfrac{1}{4}\times\dfrac{2}{3}\times\dfrac{1}{2}=\dfrac{2}{24}$
- B만 문제를 풀 확률 : $\dfrac{3}{4}\times\dfrac{1}{3}\times\dfrac{1}{2}=\dfrac{3}{24}$
- C만 문제를 풀 확률 : $\dfrac{3}{4}\times\dfrac{2}{3}\times\dfrac{1}{2}=\dfrac{6}{24}$

∴ 한 사람만 문제를 풀 확률 : $\dfrac{2}{24}+\dfrac{3}{24}+\dfrac{6}{24}=\dfrac{11}{24}$

23 한자성어

제시문에서는 서로 반대 관계에 있던 사우디아라비아와 러시아가 미국의 석유 생산에 함께 대응하는 모습을 이야기하고 있다. 따라서 제시문과 관련 있는 한자성어로는 오나라 사람과 월나라 사람이 같은 배를 탔다는 뜻으로, '서로 적의를 품은 사람들이 한자리에 있게 된 경우나 서로 협력하여야 하는 상황을 비유적으로 이르는 말'인 '오월동주(吳越同舟)'가 가장 적절하다.

오답분석

① 면백(免白) : 머리에 아무 관도 쓰지 못하는 신세를 면한다는 뜻으로, 늙어서야 처음으로 변변치 못한 벼슬을 하게 됨을 이르는 말
② 천재일우(千載一遇) : 천 년 동안 단 한 번 만난다는 뜻으로, 좀처럼 만나기 어려운 좋은 기회를 이르는 말
③ 비분강개(悲憤慷慨) : 슬프고 분하여 의분이 북받침
④ 수어지교(水魚之交) : 물이 없으면 살 수 없는 물고기와 물의 관계라는 뜻으로, 아주 친밀하여 떨어질 수 없는 사이를 비유적으로 이르는 말

24 응용 수리

- 잘 익은 귤을 꺼낼 확률 : $1 - \left(\frac{10}{100} + \frac{15}{100} \right) = \frac{75}{100}$

- 썩거나 안 익은 귤을 꺼낼 확률 : $\frac{10}{100} + \frac{15}{100} = \frac{25}{100}$

따라서 한 사람은 잘 익은 귤, 다른 한 사람은 그렇지 않은 귤을 꺼낼 확률은 $2 \times \frac{75}{100} \times \frac{25}{100} = 37.5\%$이다.

25 명제 추론

세 번째 조건에 따라 A는 청소기를 제외한 프리미엄형 가전을 총 2개 골랐는데, B가 청소기를 가져가지 않으므로 A는 청소기 일반형, C는 청소기 프리미엄형을 가져가야 한다. 또한, 다섯 번째 조건을 만족시키기 위해 A가 가져가는 프리미엄형 가전 종류의 일반형을 B가 가져가야 하며, 여섯 번째 조건을 만족시키기 위해 전자레인지는 C가 가져가야 한다. 이를 표로 정리하면 다음과 같다.

구분	A	B	C
경우 1	냉장고(프), 세탁기(프), 청소기(일)	냉장고(일), 세탁기(일), 에어컨(프 or 일)	에어컨(프 or 일), 청소기(프), 전자레인지
경우 2	세탁기(프), 에어컨(프), 청소기(일)	세탁기(일), 에어컨(일), 냉장고(프 or 일)	냉장고(프 or 일), 청소기(프), 전자레인지
경우 3	냉장고(프), 에어컨(프), 청소기(일)	냉장고(일), 에이컨(일), 세탁기(프 or 일)	세탁기(프 or 일), 청소기(프), 전자레인지

㉠ C는 항상 전자레인지를 가져간다.
㉢ B는 반드시 일반형 가전 2개를 가져가며, 나머지 한 개는 프리미엄형일 수도, 일반형일 수도 있다.

오답분석

㉡ A는 반드시 청소기를 가져간다.
㉣ C는 청소기 프리미엄형을 가져간다.

26 명제 추론

세 번째 조건에 따라 A팀장이 볶음밥을 시키므로, 짬뽕을 시키는 3명은 각각 직급이 달라야 한다. 즉, 과장, 대리, 사원이 각각 1명씩 시켜야 하는데, 다섯 번째 조건에 따라 D사원은 볶음밥이나 짜장면을 시켜야 한다. 각각의 경우를 살펴보면 다음과 같다.
- D사원이 볶음밥을 시키는 경우
  네 번째 조건에 따라 J대리가 짬뽕을 시키므로 N대리가 짜장면을 시키고, 여섯 번째 조건에 따라 S과장이 짜장면을 시켜야 하므로 K과장이 짬뽕을 시키고, 일곱 번째 조건에 따라 P사원도 짬뽕을 시킨다. 따라서 S과장은 짜장면을 시킨다.

짜장면	짬뽕	볶음밥
N대리 S과장	J대리 K과장 P사원	A팀장 D사원

- D사원이 짜장면을 시키는 경우

일곱 번째 조건에 따라 K과장은 사원과 같은 메뉴를 시켜야 하는데, 만약 K과장이 짜장면이나 볶음밥을 시키면 S과장이 반드시 짬뽕을 시켜야 하므로 조건에 어긋난다. 따라서 K과장은 짬뽕을 시키고, P사원도 짬뽕을 시킨다. J대리는 짜장면을 싫어하므로 짬뽕이나 볶음밥을 시켜야 하는데, 만약 J대리가 짬뽕을 시키면 볶음밥을 싫어하는 N대리는 짜장면을, S과장은 볶음밥을 시켜야 하고 이는 다섯 번째 조건에 어긋나므로 J대리가 볶음밥을, N대리는 짬뽕을, S과장은 짜장면을 시킨다.

짜장면	짬뽕	볶음밥
D사원 S과장	K과장 P사원 N대리	A팀장 J대리

모든 경우에서 A팀장은 과장과 같은 메뉴를 시킬 수 없으므로, ④는 옳지 않은 설명이다.

27 경청   정답 ⑤

비위 맞추기는 상대방을 위로하기 위해서 혹은 비위를 맞추기 위해서 너무 빨리 동의하는 것으로, 그 의도는 좋지만 지지하고 동의하는 데 너무 치중함으로써 상대방에게 자신의 생각이나 감정을 충분히 표현할 시간을 주지 못하게 된다.

오답분석

① 걸러내기 : 듣고 싶지 않은 것들을 막아버리는 것이다.
② 다른 생각하기 : 상대방이 말을 할 때 자꾸 다른 생각을 하는 것이다.
③ 조언하기 : 다른 사람의 문제를 본인이 해결해 주고자 지나치게 조언하고 끼어드는 것이다.
④ 옳아야만 하기 : 자신이 잘못했다는 말을 받아들이지 않기 위해 거짓말을 하고, 고함을 지르고, 주제를 바꾸고, 변명을 하게 되는 것이다.

28 상황 판단   정답 ②

다음과 같이 경기를 할 때, B팀은 최대 승점 5점을 얻는다.

구분	1경기	2경기	3경기	4경기
A팀	장사 – 3점	왼손 – 0점	오른손 – 1점	오른손 – 1점
B팀	왼손 – 0점	장사 – 3점	오른손 – 1점	오른손 – 1점

오답분석

① 다음과 같이 경기를 한 때, A, B팀 모두 최대 승점 5점을 얻는다.

구분	1경기	2경기	3경기	4경기
A팀	장사 – 1점	왼손 – 3점	오른손 – 0점	오른손 – 1점
B팀	장사 – 1점	오른손 – 0점	왼손 – 3점	오른손 – 1점

③ · ④ 다음과 같이 경기를 할 때, B팀은 최대 승점 7점을 얻는다.

구분	1경기	2경기	3경기	4경기
A팀	장사 – 3점	왼손 – 0점	오른손 – 0점	오른손 – 1점
B팀	오른손 – 0점	장사 – 3점	왼손 – 3점	오른손 – 1점

⑤ 다음과 같이 경기를 할 때, B팀은 최소 승점 4점을 얻는다.

구분	1경기	2경기	3경기	4경기
A팀	장사 – 1점	왼손 – 1점	오른손 – 1점	오른손 – 1점
B팀	장사 – 1점	왼손 – 1점	오른손 – 1점	오른손 – 1점

29 경영 전략

정답 ③

제시문의 내용을 살펴보면, P전자는 성장성이 높은 LCD 사업 대신에 익숙한 PDP 사업에 더욱 몰입하였으나, 점차 LCD의 경쟁력이 높아짐으로써 PDP는 무용지물이 되었다는 것을 알 수 있다. 따라서 P전자는 LCD 시장으로의 사업전략을 수정할 수 있었지만 보다 익숙한 PDP 사업을 선택하고 집중함으로써 시장에서 경쟁력을 잃는 결과를 얻게 되었다.

30 의사 표현

정답 ④

일반적으로 말의 속도와 리듬에 있어서 매우 빠르거나 짧게 얘기하면 공포나 노여움을 나타낸다.

31 자료 계산

정답 ①

• 네 번째 조건을 이용하기 위해 6개 수종의 인장강도와 압축강도의 차를 구하면 다음과 같다.
  - A : $52-48=4\text{N/mm}^2$
  - B : $125-64=61\text{N/mm}^2$
  - C : $69-63=6\text{N/mm}^2$
  - 삼나무 : $45-41=4\text{N/mm}^2$
  - D : $24-21=3\text{N/mm}^2$
  - E : $59-51=8\text{N/mm}^2$

  즉, 인장강도와 압축강도의 차가 두 번째로 큰 수종은 E이므로 E는 전나무이다.

• 첫 번째 조건을 이용하기 위해 6개 수종의 전단강도 대비 압축강도 비를 구하면 다음과 같다.
  - A : $\dfrac{48}{10}=4.8$
  - B : $\dfrac{64}{12}≒5.3$
  - C : $\dfrac{63}{9}=7$
  - 삼나무 : $\dfrac{41}{7}≒5.9$
  - D : $\dfrac{24}{6}=4$
  - E : $\dfrac{51}{7}≒7.3$

  즉, 전단강도 대비 압축강도 비가 큰 상위 2개 수종은 C와 E이다. E가 전나무이므로 C는 낙엽송이다.

• 두 번째 조건을 이용하기 위해 6개 수종의 휨강도와 압축강도의 차를 구하면 다음과 같다.
  - A : $88-48=40\text{N/mm}^2$
  - B : $118-64=54\text{N/mm}^2$
  - C : $82-63=19\text{N/mm}^2$
  - 삼나무 : $72-41=31\text{N/mm}^2$
  - D : $39-24=15\text{N/mm}^2$
  - E : $80-51=29\text{N/mm}^2$

  즉, 휨강도와 압축강도의 차가 큰 상위 2개 수종은 A와 B이므로 소나무와 참나무는 A와 B 중 하나이다. 따라서 D는 오동나무이다.

• 오동나무 기건비중의 2.5배는 $0.31×2.5=0.775$이다. 세 번째 조건에 의하여 참나무의 기건비중은 오동나무 기건비중의 2.5배 이상이므로, B는 참나무이고 A가 소나무이다.

따라서 A는 소나무, C는 낙엽송이다.

32 조직 구조

정답 ②

분권화된 의사결정이 가능한 사업별 조직 구조는 (가)보다 (나)의 조직 구조로 볼 수 있다.

• (가)의 조직 구조는 업무의 내용이 유사하고 관련성이 있는 것들을 결합해서 기능적 조직구조 형태를 이룬 것으로, 환경이 안정적이거나 일상적인 기술, 조직의 내부 효율성을 중요시할 때 나타난다.

• (나)의 조직 구조는 급변하는 환경변화에 효과적으로 대응하고 제품, 지역, 고객별 차이에 신속하게 적응하기 위하여 분권화된 의사결정이 가능한 사업별 조직 구조의 형태를 이룬 것이다. 이를 통해 (나)의 조직 구조는 개별 제품, 서비스, 제품그룹, 주요 프로젝트나 프로그램 등에 따라 조직화된다.

33 · 업무 종류

- 총무(總務)는 총회나 회의에서 결정된 사항을 실행하고, 각 부서의 회의를 주관하며, 부서 간의 상호 협조와 활동을 지원하는 업무로 볼 수 있다. 이를 통해 이사회개최 관련 업무, 집기비품 및 소모품의 구입과 관리, 사무실 임차 및 관리 등의 업무로 (가)는 총무부에 해당된다.

- 인사(人事)는 조직에 필요한 인원을 확보하여 적절한 자리에 배치하고 보충하는 일로 볼 수 있으며, 조직기구의 개편 및 조정, 업무분장 및 조정, 인력수급계획 및 관리 등의 업무로 (나)는 인사부에 해당된다.

- 기획(企劃)은 어떤 대상에 대해 그 대상의 변화를 가져올 목적을 확인하고, 그 목적을 성취하는 데에 가장 적합한 행동을 설계하는 것을 의미한다. 이에 해당하는 경영계획 및 전략 수립, 중장기 사업계획의 종합 및 조정 등의 업무를 볼 때, (다)는 기획부에 해당된다.

- 회계(會計)는 합리적인 경제적 의사결정을 하는 데 유용한 재무적 정보를 제공하기 위한 일련의 과정으로 볼 수 있다. 따라서 재무상태 및 경영실적 보고, 결산 관련 업무 등으로 (라)는 회계부에 해당된다.

- 영업(營業)은 영리를 목적으로 사업 업무를 수행하는 것을 말한다. 판매 계획, 판매예산의 편성, 시장조사 등의 업무로 (마)는 영업부에 해당된다.

34 · 의사 표현

ⓒ은 '주의 환기'에 대한 내용이다. '여지 남기기'란 책임을 전가하려는 사람에게는 밀어붙이기보다 빠져나갈 여지를 미리 만들어 주고, 여운을 남기는 말로 상대방의 감정을 누그러뜨려 설득을 유리하게 할 수 있는 방법이다.

35 · 의사 표현

침묵을 지키는 사람의 참여도를 높이기 위해서는 발언을 시키고 싶은 사람을 직접 지명하지 않고 일부러 그 좌우에 앉아 있는 사람에게 집중적으로 의견을 묻는 방법을 활용한다. 이 방법은 일종의 간접적 설득으로 자기의 옆 사람이 발언하면 무관심하게만 앉아 있을 수 없는 사람의 심리를 활용하는 것이다.

[오답분석]
① 직접 지목하여 묻는 방법은 침묵하는 사람의 참여도를 높이는 방법으로 적절하지 않다.
② 침묵하는 사람의 참여를 유도하기 위해서는 직접 지명하지 않고 암묵적·간접적으로 유도하는 방법을 활용해야 한다.
④ 개인적으로 이야기를 나누는 것은 직접적인 방법이므로 적절하지 않다.
⑤ 미리 이야기하는 것도 직접적인 방법이므로 적절하지 않다.

36 · 의사 표현

설득력을 향상시키기 위해서는 권위를 이용하는 방법이 있다. 설득하려는 내용과 그 인물의 이미지가 합치한다면 권위 있는 사람의 말이나 작품을 이용하여 설득하는 내용을 정당화시킬 수 있기 때문이다.
자신의 주장을 양보하는 식으로 기선을 제압하여 설득을 이끌어내는 것, 상대방의 불평이 가져올 결과를 강조하여 상황을 이해시키 도록 하는 것, 공동의 목표 추구를 통해 등고 심리를 형성하는 것, 노고를 인정한 뒤 새로운 요구를 하는 것을 설득력 있는 의사 표현 방법으로 적절하다.

37 문제 유형

정답 ③

퍼실리테이션(Facilitation)이란 '촉진'을 의미하며, 어떤 그룹이나 집단이 의사결정을 잘 하도록 도와주는 일을 의미한다. 깊이 있는 커뮤니케이션을 통해 서로의 문제점을 이해하고 공감함으로써, 초기에는 미처 생각하지 못했던 창조적인 문제해결방법이 도출된다.

오답분석

① 소프트 어프로치 : 조직 구성원들은 같은 문화적 토양을 가지고 이심전심으로 서로를 이해하는 상황을 가정한다.
② 하드 어프로치 : 상이한 문화적 토양을 가지고 있는 구성원을 가정하여 서로의 생각을 직설적으로 주장하고 논쟁이나 협상을 통해 의견을 조정해 가는 방법이다. 이때 중심적 역할을 하는 것이 논리, 즉 사실과 원칙에 근거한 토론이다.
⑤ 퍼실리테이션의 효과 : 객관적으로 사물을 보는 관찰력, 논리적 사고 능력, 편견 없이 듣는 청취력, 원만한 인간관계 능력, 문제를 탐색 및 발견하는 능력, 자신의 변혁 추구 능력, 문제해결을 위한 구성원 간의 커뮤니케이션 조정 능력, 합의 도출을 위한 구성원 간의 갈등관리능력 등이 있다.

38 문제 유형

정답 ③

퍼실리테이션이 이루어지는 조직에서 구성원이 문제해결을 할 때는 자율적으로 실행하는 것이며, 제3자가 합의점이나 줄거리를 준비해 놓고 예정대로 결론이 도출되어 가도록 해서는 안 된다. 따라서 구성원의 역할이 유동적이라고 볼 수 있으며, 반대로 전통적인 조직에서의 구성원의 역할은 고정적이라고 볼 수 있다.

39 문제 유형

정답 ②

퍼실리테이터형 리더십의 핵심은 리더가 스스로 의사결정을 하거나 의견을 독점하지 않고 구성원이 스스로 결정할 수 있도록 권한을 위임하고 결정과정에 중립을 지키는 것을 말한다. 다만 수동적으로 침묵하는 중립이 아니라 구성원 간에 활발한 논의가 이루어지고 상호의 경험과 지식이 잘 융합하여 현명한 결정에 도달할 수 있도록 적극적으로 돕는 것을 말한다.

오답분석

① 퍼실리테이터는 커뮤니케이션을 통해 서로의 문제점을 이해하고 공감함으로써 문제해결을 도모한다.
③ 결정 과정에 수동적인 자세를 유지하기보다는 그룹이 나아갈 방향을 알려주고, 주제에 대한 공감을 이룰 수 있도록 도와주는 역할을 한다.
④ 깊이 있는 커뮤니케이션을 통해 구성원의 동기가 강화되고 자율적인 역할을 통해 창조적인 문제해결을 도모한다.
⑤ 퍼실리테이션에 의한 방법은 초기에 생각하지 못했던 창조적인 해결 방법을 도출한다.

40 경영 전략

정답 ②

목표관리(Management By Objectives)란 조직의 상하 구성원들이 참여의 과정을 통해 조직 단위와 구성원의 목표를 명확하게 설정하고, 그에 따라 생산 활동을 수행하도록 한 뒤 업적을 측정·평가하는 포괄적 조직관리 체제를 말한다. 목표관리는 종합적인 조직운영 기법으로 활용될 뿐만 아니라 근무성적평정 수단, 예산 운영 및 재정관리의 수단으로 다양하게 활용되고 있다.

오답분석

① 과업평가계획(Project Evaluation and Review Technique) : 특정 프로젝트의 일정과 순서를 계획적으로 관리하는 기법으로, 계획내용인 프로젝트의 달성에 필요한 모든 작업을 작업 관련 내용과 순서를 기초로 하여 네트워크상으로 파악한다.
③ 조직개발(Organization Development) : 조직의 유효성과 건강을 높이고, 환경변화에 적절하게 대응하기 위하여 구성원의 가치관과 태도, 조직풍토, 인간관계 등을 향상시키는 변화활동을 의미한다.
④ 종합적 품질관리(Total Quality Management) : 조직의 생산성과 효율성을 제고시키기 위하여 조직 구성원 전원이 참여하여 고객의 욕구와 기대를 충족시키도록 지속적으로 개선해 나가는 활동을 의미한다.
⑤ 전사적 자원관리(Enterprise Resource Planning) : 기업 내 생산, 물류, 재무, 회계, 영업과 구매, 재고 등 경영 활동 프로세스들을 통합적으로 연계해 관리하며, 기업에서 발생하는 정보를 공유하여 새로운 정보의 생성과 빠른 의사결정을 도와주는 전사적 자원관리시스템을 의미한다.

41 자료 해석 정답 ⑤

파견팀장 선발방식에 따라 지원자들의 선발점수를 산출하면 다음과 같다.

(단위 : 점)

지원자	학위 점수	파견근무 점수	관련분야 근무경력 점수	가점	선발점수
A	20	27	28	2	77
B	30	16	30	2	78
C	25	30	24	-	79
D	30	24	24	-	78
E	25	21	30	$(1 \times 2) + 1$	79

선발점수 최고점자는 C와 E 2인이므로, 관련분야 근무경력이 더 오래된 E를 파견팀장으로 선발한다.

42 자료 해석 정답 ②

변경된 관련분야 근무경력 점수 산정기준에 따라 지원자들의 선발점수를 산출하면 다음과 같다.

(단위 : 점)

지원자	학위 점수	파견근무 점수	관련분야 근무경력 점수	가점	선발점수
A	20	27	28	2	77
B	30	16	30	2	78
C	25	30	22	-	77
D	30	24	24	-	78
E	25	21	28	$(1 \times 2) + 1$	77

선발점수 최고점자는 B와 D 2인 이상이므로, 관련분야 근무경력이 더 오래된 B를 파견팀장으로 선발한다.

43 조직 구조 정답 ②

조직목표는 조직체제의 다양한 구성요소들과 상호관계를 가지고 있기 때문에 다양한 원인들에 의하여 변동되거나 없어지고 새로운 목표로 바뀌기도 한다.

오답분석

① 조직목표들은 위계적 상호관계가 있어서 서로 상하관계에 있으면서 영향을 주고받는다.
③ 조직목표는 수립 이후에 변경되거나 필요성이 소멸됨에 따라 사라지기도 한다.
④ 조직은 복수 혹은 단일의 조직목표를 갖고 있을 수 있다. 하지만 어느 경우가 더 바람직하다고 평가할 수는 없다.
⑤ 조직목표의 변화를 야기하는 조직 내적 요인으로는 리더의 결단, 조직 내 권력구조 변화, 목표형성 과정 변화 등이 있고, 조직 외적 요인으로는 경쟁업체의 변화, 조직자원의 변화, 경제정책의 변화 등이 있다.

44 자료 이해 정답 ②

• 김사원 : 전체 경쟁력 점수는 E국이 D국보다 1점 높다. 이때 E국과 D국의 총합을 각각 계산하는 것보다 D국을 기준으로 E국의 편차를 부문별로 계산하여 판단하는 것이 좋다. 부문별 편차는 변속감 −1, 내구성 −2, 소음 −4, 경량화 +10, 연비 −2이므로 총합은 E국이 +1이다.
• 최대리 : C국을 제외하고 국가 간 차이가 가장 큰 부문은 경량화 21점, 가장 작은 부분은 연비 9점이다.
• 오사원 : 내구성이 가장 높은 국가는 B이고, 경량화가 가장 낮은 국가는 D이다.

45 | 명제 추론

정보에 의하면 인턴 이씨는 품질팀에 배정되었다. 최씨와 안씨는 영업팀과 기획팀에 배정되지 않았다고 했으므로 감사팀이나 인사팀에 배정되었다. 인사팀에 배정된 신입사원은 품질경영기사 자격증을 가지고 있지 않다고 하였고, 정보처리기사를 보유한 신입사원은 영업팀과 기획팀에 배정되었다고 하였으므로 최씨와 안씨는 정보처리기사 자격증을 가지고 있지 않다. 이를 표로 나타내면 다음과 같다.

구분	김씨	이씨	박씨	최씨	안씨
배치 부서	영업팀 or 기획팀	품질팀	기획팀 or 영업팀	감사팀 or 인사팀	인사팀 or 감사팀
보유 자격증	정보처리기사	품질경영기사	정보처리기사	품질경영기사 or 재무설계사	품질경영기사 or 재무설계사

품질경영기사 자격증을 신입사원 2명이 보유하고 있다고 하였기 때문에 박씨나 김씨가 가질 수 없고, 이씨, 최씨 안씨 중 2명이 품질경영기가, 1명이 재무설계사를 가지고 있다. 인사팀에 배정되는 사람은 품질경영기사 자격증이 없으므로 최씨나 안씨 중 1명이 품질경영기사를 가지고 있고, 이씨가 품질경영기사 자격증을 가지고 있다.

46 | 명제 추론

정보 처리 기사 자격증을 보유한 인턴은 영업팀과 기획팀에 배정되었으므로 영업팀과 기획팀에 배정된 인턴 김씨와 박씨가 정보처리기사 자격증을 보유하고 있다.

47 | SWOT 분석

ⓒ WO전략은 약점을 보완하여 기회를 포착하는 전략이다. ⓒ에서 말하는 원전 운영 기술력은 강점에 해당되므로 적절하지 않다.
ⓒ ST전략은 강점을 살려 위협을 회피하는 전략이다. ⓒ은 위협 회피와 관련하여 정부의 탈원전 정책 기조를 고려하지 않았으므로 적절하지 않다.

[오답분석]

ⓐ SO전략은 강점을 살려 기회를 포착하는 전략으로, 강점인 기술력을 활용해 해외 시장에서 우위를 점하려는 ⓐ은 적절한 SO전략으로 볼 수 있다.
ⓓ WT전략은 약점을 보완하여 위협을 회피하는 전략이다. 안전우려를 고려하여 안전점검을 강화하고, 정부의 탈원전 정책 기조에 협조하는 ⓓ은 적절한 WT전략으로 볼 수 있다.

48 | 문서 내용 이해

세 번째 문단에 의하면 외부 후드는 열 교환 환기 징지의 구성 요소로, 실내외 공기를 교환하는 역힐을 한다.

게임 규칙과 결과를 토대로 경우의 수를 따져보면 다음과 같다.

라운드	벌칙 제외	총 퀴즈 개수(개)
3	A	15
4	B	19
5	C	21
	D	
	C	22
	E	
	D	22
	E	

ㄴ. 총 22개의 퀴즈가 출제되었다면, E가 정답을 맞혀 벌칙에서 제외된 것이다.

ㄷ. 게임이 종료될 때까지 총 21개의 퀴즈가 출제되었다면 C, D가 벌칙에서 제외된 경우로 5라운드에서 E에게는 정답을 맞힐 기회가 주어지지 않았다. 따라서 퀴즈를 푸는 순서가 벌칙을 받을 사람 선정에 영향을 미친다.

오답분석

ㄱ. 5라운드까지 4명의 참가자가 벌칙에서 제외되었으므로 정답을 맞힌 퀴즈는 8개, 벌칙을 받을 사람은 5라운드까지 정답을 맞힌 퀴즈는 0개나 1개이므로 정답을 맞힌 퀴즈는 총 8개나 9개이다.

ㄱ. 심사위원 3인이 같은 의견을 낸 경우엔 다수결에 의해 예선 통과 여부가 결정되므로 누가 심사위원장인지 알 수 없다.

ㄷ. 심사위원장을 A, 나머지 심사위원을 B, C, D라 하면 두 명의 ○ 결정에 따른 통과 여부는 다음과 같다.

○ 결정	A, B	A, C	A, D	B, C	B, D	C, D
통과 여부	○	○	○	×	×	×

• 경우 1

  참가자 4명 중 2명 이상이 A가 포함된 2인의 심사위원에게 ○ 결정을 받았고 그 구성이 다르다면 심사위원장을 알아낼 수 있다.

• 경우 2

  참가자 4명 중 1명만 A가 포함된 2인의 심사위원에게 ○ 결정을 받아 통과하였다고 하자. 나머지 3명은 A가 포함되지 않은 2인의 심사위원에게 ○ 결정을 받아 통과하지 못하였고 그 구성이 다르다. 통과하지 못한 참가자에게 ○ 결정을 준 심사위원에는 A가 없고 통과한 참가자에게 ○ 결정을 준 심사위원에 A가 있기 때문에 심사위원장이 A라는 것을 알아낼 수 있다.

오답분석

ㄴ. 4명의 참가자 모두 같은 2인의 심사위원에게만 ○ 결정을 받아 탈락했으므로 나머지 2인의 심사위원 중에 심사위원장이 있다는 것만 알 수 있고, 누가 심사위원장인지는 알 수 없다.

PART 2

01	02	03	04	05	06	07	08	09	10	11	12	13	14	15	16	17	18	19	20
②	③	②	③	②	⑤	①	③	⑤	②	④	①	⑤	②	②	③	④	①	②	②
21	22	23	24	25	26	27	28	29	30	31	32	33	34	35	36	37	38	39	40
⑤	①	④	①	①	④	④	②	③	①	③	③	⑤	④	④	④	④	③	③	④
41	42	43	44	45	46	47	48	49	50										
③	④	③	④	③	④	④	①	⑤	②										

01 　문서 내용 이해 　　　　　　　　　　정답 ②

두 번째 문단에서 작용 반작용 법칙은 '두 물체가 접촉하여 힘을 줄 때뿐만 아니라 서로 떨어져 힘이 작용할 때도 항상 성립한다.'고 했으므로 반작용의 힘은 위성이 지구와 인접해 있어야 나타나는 것이 아니라 물체에 힘이 작용할 때, 항상 존재한다.

02 　문서 내용 이해 　　　　　　　　　　정답 ③

네 번째, 다섯 번째 문단에서 인공위성의 자세 제어용 추력기(소형의 추력기)와 반작용 휠은 모두 세 방향으로 설치되어 있음을 확인할 수 있다.

03 　글의 주제 　　　　　　　　　　　　정답 ②

마지막 문장의 '표준화된 언어와 방언 둘 다의 가치를 인정'하고, '잘 가려서 사용할 줄 아는 능력을 길러야 한다.'는 내용을 바탕으로 ②와 같은 주제를 이끌어낼 수 있다.

04 　내용 추론 　　　　　　　　　　　　정답 ③

레일리 산란의 세기는 보랏빛이 가장 강하지만 우리 눈은 보랏빛보다 파란빛을 더 잘 감지하기 때문에 하늘이 파랗게 보이는 것이다.

오답분석

④ 빛의 진동수는 파장과 반비례하고, 레일리 산란의 세기는 파장의 네제곱에 반비례한다. 즉, 빛의 진동수가 2배가 되면 파장은 1/2배가 되고, 레일리 산란의 세기는 $2^4 = 16$배가 된다.

①·②는 첫 번째 문단, ⑤는 마지막 문단의 내용을 통해 추론할 수 있다.

05 　자료 계산 　　　　　　　　　　　　정답 ②

황아영의 총점은 $85 + 82 + 90 = 257$점이며, 성수민이 언어와 수리영역에서 획득한 점수는 각각 93점과 88점으로 총 181점이다. 따라서 황아영보다 높은 총점을 기록하기 위해서는 최소 $257 - 181 + 1 = 77$점을 획득해야 한다.

06 자료 이해

정답 ⑤

박지호와 김진원의 총점은 알 수 없으므로 비교가 불가능하다.

오답분석

① 하정은이 94+90=184점으로 가장 높다.
② 하정은의 총점은 94+90+84=268점이며, 양현아의 총점은 88+76+97=261점이다. 268×0.95=254.6이므로, 양현아는 하정은의 총점의 95% 이상을 획득했다.
③ 신민경은 수리와 인성영역에서 각각 91점과 88점을 획득하였고, 언어영역에서 얻을 수 있는 최대점수는 84점이므로 획득 가능한 총점은 최대 263점이다.
④ 김진원의 언어영역 점수는 90점이고, 수리와 인성영역에서 얻을 수 있는 최대점수는 각각 75점, 83점이므로 김진원이 획득 가능한 총점은 최대 248점이다.

07 응용 수리

정답 ①

지혜와 주헌이가 함께 걸어간 거리는 150×30분이고, 집에서 회사까지 거리는 150×50분이다. 따라서 지혜가 집에 가는 데 걸린 시간은 150×30÷300=15분이고, 다시 회사까지 가는데 걸린 시간은 150×50÷300=25분이다. 따라서 주헌이가 회사에 도착하는데 걸린 시간은 20분이고, 지혜가 걸린 시간은 40분이므로, 지혜는 주헌이가 도착하고 20분 후에 회사에 도착한다.

08 명제 추론

정답 ③

먼저 B업체가 선정되지 않으면 세 번째 조건에 따라 C업체가 선정된다. 또한 첫 번째 조건의 대우인 'B업체가 선정되지 않으면, A업체도 선정되지 않는다.'에 따라 A업체는 선정되지 않는다. A업체가 선정되지 않으면 두 번째 조건에 따라 D업체가 선정된다. D업체가 선정되면 마지막 조건에 따라 F업체도 선정되고, 네 번째 조건의 대우에 따라 E업체는 선정되지 않는다.
따라서 B업체가 선정되지 않을 경우 C, D, F업체가 시공업체로 선정된다.

09 명제 추론

정답 ⑤

E는 교양 수업을 신청한 A보다 나중에 수강한다고 하였으므로 목요일 또는 금요일에 강의를 들을 수 있다. 이때, 목요일과 금요일에는 교양 수업이 진행되므로 'E는 반드시 교양 수업을 듣는다.'는 항상 참이 된다.

오답분석

① A가 수요일에 강의를 듣는다면 E는 교양2 또는 교양3 강의를 들을 수 있다.
② B가 수강하는 전공 수업의 정확한 요일을 알 수 없으므로 C는 전공1 또는 전공2 강의를 들을 수 있다.
③ C가 화요일에 강의를 듣는다면 D는 교양 강의를 듣는다. 이때, 교양 수업을 듣는 A는 E보다 앞선 요일에 수강하므로 E는 교양2 또는 교양3 강의를 들을 수 있다.

구분	월(전공1)	화(전공2)	수(교양1)	목(교양2)	금(교양3)
경우1	B	C	D	A	E
경우2	B	C	A	D	E
경우3	B	C	A	E	D

④ D는 전공 수업을 신청한 C보다 나중에 수강하므로 전공 또는 교양 수업을 들을 수 있다.

10 자료 해석

정답 ②

11:00 ~ 11:30에는 20명의 고객이 식사를 하고 있다. 그리고 11:30부터 1시간 동안은 2분당 +3명, 5분당 -1명이 출입한다. 이때, 2와 5의 최소공배수는 10이고, 10분당 출입하는 고객 수는 3×5-1×2=+13명이다. 따라서 12:00에는 20+13×3=59명이 매장에서 식사를 하고 있다.

11 　자료 해석

정답 ④

매출액은 매장에 방문한 고객 수에 주요 시간대별 가격을 곱한 값을 모두 더하면 알 수 있다.

- 런치에 방문한 고객 수 : $20+(3\times60\div2)+(2\times60\div1)+(6\times60\div5)=302$명
- 디너에 방문한 고객 수 : $20+(7\times60\div2)+(3\times60\div1)+(4\times60\div5)=458$명

∴ 하루 매출액 : $(302\times10,000)+(458\times15,000)=9,890,000$원

12 　자료 해석

정답 ①

조사 당일에 만석이었던 적이 한 번 있었다고 하였으므로, 가장 많은 고객이 있었던 시간대의 고객 수가 한식뷔페의 좌석 수가 된다.

시간대별 고객의 증감은 최소공배수를 활용하여 다음과 같이 계산한다.

[런치]

시간	내용
11:30 ~ 12:30	• 2분과 5분의 최소공배수 : 10분 • $(3\times10\div2)-(1\times10\div5)=+13$명 ∴ 10분당 13명 증가
12:30 ~ 13:30	• 1분과 6분의 최소공배수 : 6분 • $(2\times6)-(5\times1)=+7$명 ∴ 6분당 7명 증가
13:30 ~ 14:30	• 5분과 3분의 최소공배수 : 15분 • $(6\times15\div5)-(2\times15\div3)=+8$명 ∴ 15분당 8명 증가

즉, 런치에는 고객의 수가 계속 증가함을 알 수 있다.

[디너]

시간	내용
16:30 ~ 17:30	• 2분과 3분의 최소공배수 : 6분 • $(7\times6\div2)-(7\times6\div3)=+7$명 ∴ 6분당 7명 증가
17:30 ~ 18:30	• 1분과 5분의 최소공배수 : 5분 • $(3\times5\div1)-(6\times5\div5)=+9$명 ∴ 5분당 9명 증가
18:30 ~ 19:30	• 5분과 3분의 최소공배수 : 15분 • $(4\times15\div5)-(3\times15\div3)=-3$명 ∴ 15분당 3명 감소

즉, 디너에는 18:30 이전까지는 고객 수가 계속 증가함을 알 수 있다.

- 런치 최대 고객 수(14:30) : $20+(13\times60\div10)+(7\times60\div6)+(8\times60\div15)=200$명
- 디너 최대 고객 수(18:35) : $20+(7\times60\div6)+(9\times60\div5)-3+4=199$명

따라서 한식 뷔페 좌석 수는 모두 200석이다.

13 　업무 종류

정답 ⑤

팀장의 업무지시 내용을 살펴보면 지출결의서는 퇴근하기 1시간 전까지는 제출해야 한다. 업무스케줄 상에서 퇴근 시간은 18시이므로, 퇴근 1시간 전인 17시까지는 지출결의서를 제출해야 한다. 따라서 업무스케줄의 '16:00 ~ 17:00' 란에 작성하는 것이 적절하다.

14 경영 전략 정답 ②

시각, 청각, 후각, 촉각, 미각의 다섯 가지 감각을 통해 만들어진 감각 마케팅의 사례로, 개인화 마케팅의 사례로 보기는 어렵다.

오답분석
① 고객들의 개인적인 사연을 기반으로 광고 서비스를 제공함으로써 개인화 마케팅의 사례로 적절하다.
③ 고객들이 자신이 직접 사과를 받는 듯한 효과를 얻게 됨으로써 개인화 마케팅의 사례로 적절하다.
④ 댓글 작성자의 이름을 기반으로 이벤트를 진행함으로써 개인화 마케팅의 사례로 적절하다.
⑤ 고객의 이름을 불러주고 서비스를 제공해 줌으로써 개인화 마케팅의 사례로 적절하다.

15 자료 계산 정답 ②

쿠키는 140개로 한 명당 2개씩 총 70명, 도시락 100개는 1개씩 총 100명, 커피 160개는 2개씩 총 80명에게 나눠줄 수 있으므로 최소가능 인원인 쿠키에 따라 최대 70명의 직원에게 나눠줄 수 있다.

16 자료 계산 정답 ③

1호차는 8시 30분에 출발하고, 이후 15분 간격으로 2대의 버스가 출발하므로 2호차는 8시 45분, 3호차는 9시에 출발한다. 기획팀은 9시에 출발하는 3호차에 탑승하게 되므로 워크샵 장소까지는 1시간 20분이 소요되어 도착시각은 10시 20분이 된다.

17 자료 계산 정답 ④

남성과 여성은 같은 방을 쓸 수 없고 임원과 일반 직원도 같은 방을 쓸 수 없으며 임원은 최대 2명까지 한 방을 쓰도록 하므로 임원이 필요한 방은 여성임원 1명이 필요한 방 1개, 남성임원 2명이 필요한 방 1개로, 총 2개의 방이 필요하다. 일반 직원 중 여성은 44명으로 필요한 방은 최소 15개, 일반 남성 직원은 28명으로 필요한 방은 최소 10개이다. 그러므로 필요한 방은 1+1+15+10=27개이다.

18 명제 추론 정답 ①

주어진 조건을 정리하면 다음과 같다.

구분	제주도	일본	대만
정주		게스트하우스	
경순			호텔
민경	게스트하우스		

따라서 민경이가 가는 곳은 제주도이고, 게스트하우스에서 숙박한다.

19 경영 전략 정답 ②

경영참가제도의 가장 큰 목적은 경영의 민주성을 제고하는 것이다. 근로자 또는 노동조합이 경영과정에 참여하여 자신의 의사를 반영함으로써 공동으로 문제를 해결하고, 노사 간의 세력 균형을 이룰 수 있다. 또한 근로자나 노동조합이 새로운 아이디어를 제시하거나 현장에 적합한 개선방안을 마련해줌으로써 경영의 효율성을 제고할 수 있다. 이를 통해 궁극적으로는 노사 간 대화의 장이 마련되고 상호 신뢰를 증진시킬 수 있다.

오답분석
ㄱ. 근로자 또는 노동조합이 경영자와 함께 사내 문제를 공동으로 해결할 수 있다.
ㄷ. 의견을 공유하는 과정에서 노동조합 또는 근로자가 새로운 아이디어를 제시하거나 현장에 적합한 개선방안을 제시하여 경영의 효율성을 제고할 수 있다.
ㄹ. 경영참가제도의 궁극적 목표는 노사 간 대화의 장 확보와 상호 신뢰 증진이다.

20 내용 추론 정답 ②

공장, 하수처리장 등과 같이 일정한 지점에서 오염물질을 배출하는 것을 점오염원이라고 하므로 (다)가 적절하다. 비점오염원은 점오염원을 제외하고 불특정하게 오염물질을 배출하는 도시, 도로, 농지, 산지 등의 오염물질 발생원을 뜻하므로 (가) 오수, (나) 토사, (라) 농약 등을 말한다.

21 내용 추론 정답 ⑤

오답분석
① 포장마차나 노점상에서 나오는 하수는 길거리 빗물받이에 버릴 수 없다.
② 아파트에서 세탁기 설치 시, 앞 베란다가 아닌 뒤 베란다나 다용도실에 설치해야 한다.
③ 야외에서 쓰레기는 지정된 장소에만 버려야 하며 땅속에 묻거나 태우는 행위를 해서는 안 된다.
④ 낚시 후에 낚싯줄, 낚싯바늘은 수거해야 한다.

22 창의적 사고 정답 ①

보기에서 활용된 분리 원칙은 '전체와 부분의 분리'이다. 이는 모순되는 요구를 전체와 부분으로 분리해 상반되는 특성을 모두 만족시키는 원리이다. 보기에서는 안테나 전체의 무게를 늘리지 않고 가볍게 유지하면서 안테나의 한 부분인 기둥의 표면을 거칠게 만들어 눈이 달라붙도록 하여 지지대를 강화하였다. ①의 경우 자전거 전체의 측면에서는 동력을 전달하기 위해서 유연해야 하고, 부분의 측면에서는 내구성을 갖추기 위해 단단해야 하는 2개의 상반되는 특성을 지닌다. 따라서 보기와 ①은 '전체와 부분에 의한 분리'의 사례이다.

오답분석
②·④ '시간에 의한 분리'에 대한 사례이다.
③·⑤ '공간에 의한 분리'에 대한 사례이다.

23 전개 방식 정답 ④

녹차와 홍차는 같은 식물의 찻잎으로 만들어지며 둘 다 L-테아닌과 폴리페놀 성분을 함유하고 있다는 점에서 공통점이 있으나, 발효 방법과 함유된 폴리페놀 성분의 종류가 다르다는 점에서 차이가 있다. 제시문은 녹차와 홍차를 비교하여 공통점과 차이점을 중심으로 내용을 전개하고 있다.

24 자료 이해 정답 ①

창업자 수 상위 세 업종은 카페(5,740명), 음식점(3,784명), 소매업(2,592명)으로 세 업종의 창업자 수의 합은 5,740+3,784+2,592=12,116명이다. 이는 전체 창업자 수인 17,304명의 $\frac{12,116}{17,304} \times 100 ≒ 70\%$로 절반 이상이다.

오답분석
② 월평균 매출액 증가율이 가장 높은 업종은 병원 및 의료서비스(6.5%)이지만, 월평균 대출액 증가율이 가장 높은 업종은 카페(15.4%)이다.
③ 월평균 고용인원이 가장 적은 업종은 농사(1명)이며, 창업자 수가 가장 적은 업종은 여행사(243명), 폐업자 수가 가장 적은 업종은 농사(122명)이다.
④ 월평균 매출액 변화율이 가장 높은 업종은 PC방(8.4%)이고 가장 낮은 업종은 소매업(0.5%)으로 그 변화율의 차이는 8.4-0.5 =7.9%p이다.
⑤ 자영업 업종 중 카페는 월평균 고용인원에서 상위 4위(5명)이다.

25 문서 내용 이해

정답 ①

첫 번째 문단에서 엔테크랩이 개발한 감정인식 기술은 모스크바시 경찰 당국에 공급할 계획이라고 하였으므로 아직 도입되어 활용되고 있는 것은 아니다.

26 빈칸 삽입

정답 ④

빈칸의 앞에서는 감정인식 기술을 수사기관에 도입할 경우 새로운 차원의 수사가 가능하다고 하였고, 빈칸의 뒤에서는 이 기술이 어느 부서에서 어떻게 이용될 것인지 밝히지 않았고 결정된 것이 없다고 하였으므로 앞의 내용과 뒤의 내용이 상반될 때 쓰는 접속어인 '그러나'가 적절하다.

27 업무 종류

정답 ④

교육 홍보물의 교육내용은 '연구개발의 성공을 보장하는 R&D 기획서 작성'과 'R&D 기획서 작성 및 사업화 연계'이므로 김사원이 속한 부서의 업무는 R&D 연구 기획과 사업 연계이다. 따라서 장비 활용 지원은 부서의 수행업무로 가장 적절하지 않다.

28 업무 종류

정답 ②

교육을 바탕으로 기획서를 작성하여 성과를 내는 것은 교육의 효과성으로, 이는 교육을 받은 회사 또는 사람의 역량이 가장 중요하다. 홍보물과 관련이 적은 성과에 대한 답변은 김사원이 답하기에는 어려운 질문이다.

29 조직 구조

정답 ③

조직의 역량 강화 및 조직문화 구축은 위의 교육과 관련이 없는 영역이다. 김사원은 조직의 사업과 관련된 내용을 발언해야 한다.

30 문제 유형

정답 ①

제시문에서는 고객의 요구가 빠르게 변화하는 사회에서 현재의 상품에 안주하다가는 최근 냉동핫도그 고급화 전략을 내세우는 곳들에게 뒤쳐질 수 있다는 문제를 인식하고, 그에 대한 문제 상황을 해결해 보기 위해 신제품 개발에 대해 논의하는 자리이다.

문제해결 절차 5단계

문제인식	'What'을 결정하는 단계로, 해결해야 할 전체 문제를 파악하여 우선순위를 정하고, 선정문제에 대한 목표를 명확히 하는 단계
문제도출	선정된 문제를 분석하여 해결해야 할 것이 무엇인지를 명확히 하는 단계
원인분석	파악된 핵심문제에 대한 분석을 통해 근본 원인을 도출해 내는 단계
해결안 개발	문제로부터 도출된 근본원인을 효과적으로 해결할 수 있는 최적의 해결방안을 수립하는 단계
해결안 실행 및 평가	해결안 개발을 통해 만들어진 실행계획을 실제 상황에 적용하는 활동으로 당초 장애가 되는 문제의 원인들을 해결안을 사용하여 제거해 나가는 단계

31 문제 유형

정답 ③

제시문에 제시된 문제해결을 위해서는 고급화에 맞춰 시장을 공략하기 위해 새로운 관점으로 사고를 전환하는 능력이 필요하다.

문제해결을 위한 기본적 사고

전략적 사고	문제와 해결방안이 상위 시스템 또는 다른 문제와 어떻게 연결되어 있는지를 생각하는 것
분석적 사고	전체를 각각의 요소로 나누어 그 요소의 의미를 도출한 다음 우선순위를 부여하고 구체적인 문제해결 방법을 실행하는 것
발상의 전환	기존의 사물과 세상을 바라보는 인식의 틀을 전환하여 새로운 관점에서 바라보는 사고를 지향
내외부자원의 효과적 활용	문제해결 시 기술, 재료, 방법, 사람 등 필요한 자원 확보 계획을 수립하고 모든 자원을 효과적으로 활용하는 것

32 문제 유형

정답 ③

마케팅팀장은 충분한 커뮤니케이션을 통해 서로의 문제점을 이해하고 공감함으로써 창조적인 문제해결을 도모하는 퍼실리테이션 방법을 이용하고 있다. 이를 통해 팀워크 향상을 이루며, 동기가 강화된다. 퍼실리테이션(Facilitation)란 '촉진'을 의미하며, 어떤 그룹이나 집단이 의사결정을 잘 하도록 도와주는 일을 의미한다. 깊이 있는 커뮤니케이션을 통해 서로의 문제점을 이해하고 공감함으로써, 초기에는 미처 생각하지 못했던 창조적인 문제해결 방법이 도출된다.

오답분석

①·④ 소프트 어프로치 : 조직 구성원들은 같은 문화적 토양을 가지고 이심전심으로 서로를 이해하는 상황을 가정한다. 코디네이터 역할을 하는 제3자는 결론으로 끌고 갈 지점을 미리 머릿속에 그려가면서 권위나 공감에 의지하여 의견을 중재하고, 타협과 조정을 통하여 해결을 도모한다.

②·⑤ 하드 어프로치 : 상이한 문화적 토양을 가지고 있는 구성원을 가정하여 서로의 생각을 직설적으로 주장하고 논쟁이나 협상을 통해 의견을 조정해 가는 방법이다. 이때 중심적 역할을 하는 것이 논리, 즉 사실과 원칙에 근거한 토론이다.

33 글의 주제

정답 ⑤

제시문에서는 기자와 언론사를 통해 재구성되는 뉴스와 스마트폰과 소셜미디어를 통한 뉴스 이용으로 나타나는 가짜 뉴스의 사례를 제시하고 있다. 뉴스가 유용한 지식과 정보를 제공하는 반면, 거짓 정보를 흘려 잘못된 정보와 의도로 현혹하기도 한다는 필자의 주장을 통해 뉴스 이용자의 올바른 이해와 판단이 필요하다는 필자의 의도를 파악할 수 있다.

34 자료 이해

정답 ④

2024년 소포우편 분야의 2020년 대비 매출액 증가율은 $\frac{5,017-3,390}{3,390} \times 100 ≒ 48.0\%$p이므로 옳지 않은 설명이다.

오답분석

① 매년 매출액이 가장 높은 분야는 일반통상 분야인 것을 확인할 수 있다.

② 일반통상 분야의 매출액은 2021년, 2022년, 2024년, 특수통상 분야의 매출액은 2023년, 2024년에 감소했고, 소포우편 분야는 매년 매출액이 꾸준히 증가한다.

③ 2024년 1분기 특수통상 분야의 매출액이 차지하고 있는 비율은 $\frac{1,406}{5,354} \times 100 ≒ 26.3\%$이므로 20% 이상이다.

⑤ 2023년에는 일반통상 분야의 매출액이 전체의 $\frac{11,107}{21,722} \times 100 ≒ 51.1\%$이므로 옳은 설명이다.

35 자료 이해   정답 ④

2021년부터 2023년까지 경기 수가 증가하는 스포츠는 배구와 축구로, 총 2종목이다.

오답분석

① 2021년 농구의 전년 대비 경기 수 감소율은 $\dfrac{413-403}{413}\times100 ≒ 2.4\%p$이며, 2024년 전년 대비 경기 수 증가율은 $\dfrac{410-403}{403}\times100 ≒ 1.7\%p$이다. 따라서 2021년 전년 대비 경기 수 감소율이 더 높다.

② 2020년 농구와 배구의 경기 수 차이는 $413-226=187$회이고, 야구와 축구의 경기 수 차이는 $432-228=204$회이다. 따라서 $\dfrac{187}{204}\times100 ≒ 91.7\%$이므로 90% 이상이다.

③ 5년 동안의 종목별 스포츠 경기 수 평균은 다음과 같다.
- 농구 : $\dfrac{413+403+403+403+410}{5}=406.4$회
- 야구 : $\dfrac{432+442+425+433+432}{5}=432.8$회
- 배구 : $\dfrac{226+226+227+230+230}{5}=227.8$회
- 축구 : $\dfrac{228+230+231+233+233}{5}=231.0$회

따라서 야구 평균 경기 수는 축구 평균 경기 수의 약 1.87배로, 2배 이하이다.

⑤ 2024년 경기 수가 5년 동안의 종목별 평균 경기 수보다 적은 스포츠는 야구 1종목이다.

36 자료 이해   정답 ④

2023년 GDP 대비 국가부채 상위 3개 국가는 일본(115.9%), 영국(110.2%), 미국(108.2%)이고, 2024년 GDP 대비 국가부채 상위 3개 국가도 역시 일본(120.2%), 미국(98.8%), 영국(97.9%)으로 동일하다.

오답분석

① 다른 국가는 모두 동일하나, 미국과 중국의 경우에는 2023년에는 중국(70.5%)이 미국(70.2%)보다 높지만, 2024년에는 중국(73.1%)이 미국(75.8%)보다 낮다.

② 2023년의 GDP 대비 기업부채 비율이 100% 이상인 국가는 홍콩(105.3%), 중국(152.9%), 일본(101.2%)이고, 2024년의 GDP 대비 기업부채 비율이 100% 이상인 국가는 한국(106.8%), 중국(150.2%), 일본(119.8%)으로 동일하지 않다.

③ 2023년 대비 2024년에 GDP 대비 기업부채 비율이 증가한 나라는 한국, 영국, 일본, 필리핀 네 곳이고, 2023년 대비 2024년에 GDP 대비 기업부채 비율이 감소한 나라는 홍콩, 미국, 중국, 브라질, 멕시코, 인도 여섯 곳으로, 같지 않다.

⑤ 2024년 GDP 대비 국가부채가 50% 이하인 국가는 한국(44.1%), 필리핀(42.2%), 멕시코(37.3%), 인도(28.8%)이다. 그러나 한국의 2024년 GDP 대비 기업부채는 50% 이상이므로 옳지 않다.

37 자료 해석   정답 ④

향이 가장 좋은 제품은 4점을 받은 D, E이며, 그중 분위기가 더 좋은 제품은 4점을 받은 D이다.

38 자료 해석   정답 ③

E회사는 가격은 1점, 지속성은 4점으로, C회사와 함께 지속성 점수가 가장 높으나 C회사는 가격에서 E회사보다 높은 4점을 받았으므로 C회사의 제품을 선택하는 것이 E회사 제품을 구매하는 것보다 더 좋은 선택이다.

39 · 조직 구조

정답 ③

ㄴ. 기계적 조직의 조직 내 의사소통은 비공식적 경로가 아닌 공식적 경로를 통해 주로 이루어진다.

ㄷ. 유기적 조직은 의사결정권한이 조직 하부구성원들에게 많이 위임되어 있으나, 업무내용은 기계적 조직에 비해 가변적이다.

오답분석

ㄱ. 기계적 조직은 위계질서 및 규정, 업무분장이 모두 명확하게 확립되어 있는 조직이다.

ㄹ. 유기적 조직에서는 비공식적인 상호의사소통이 원활히 이루어지며, 규제나 통제의 정도가 낮아 변화에 따라 쉽게 변할 수 있는 특징을 가진다.

40 · 빈칸 삽입

정답 ④

보기의 문장은 호주에서 카셰어링 서비스가 급격한 성장세를 보이는 이유를 비용 측면에서 바라보고 있다. 문장의 '이처럼'은 호주의 카셰어링 서비스가 급격하게 성장하고 있다는 내용을 가리키므로 호주 카셰어링 시장의 성장을 구체적 수치로 보여 주는 세 번째 문단에 위치하는 것이 적절하다. 이때, 세 번째 문단의 (라) 뒤에서는 차량을 소유할 경우 부담해야 하는 비용에 관하여 이야기하고 있으므로 결국 비용 측면을 언급하는 보기의 문장은 (라)에 들어가는 것이 가장 적절하다.

41 · 문서 내용 이해

정답 ③

삼각지는 본래 지명 새벌(억새 벌판)의 경기 방언인 새뿔을 각각 석 삼(三)과 뿔 각(角)으로 잘못 해석하여 바꾼 것이므로 뿔 모양의 지형에서 유래되었다는 내용은 옳지 않다.

오답분석

① 우리나라의 지명 중 山(산), 谷(곡), 峴(현), 川(천) 등은 산악 지형이 대부분인 한반도의 산과 골짜기를 넘는 고개, 그 사이를 굽이치는 하천을 반영한 것이다.

② 평지나 큰 들이 있는 곳에는 坪(평), 平(평), 野(야), 原(원) 등의 한자가 많이 쓰였다.

④ 조선 시대에는 촌락의 특수한 기능이 지명에 반영되는 경우가 많았는데 하천 교통이 발달한 곳의 지명에는 ~도(渡), ~진(津), ~포(浦) 등의 한자가 들어간다.

⑤ 김포공항에서 유래된 공항동은 서울의 인구 증가로 인해 새롭게 만들어진 동이므로 공항동 지명의 역사는 일제에 의해 한자어 지명이 바뀐 고잔동 지명의 역사보다 짧다.

42 · 빈칸 삽입

정답 ④

공문서의 전달과 관리의 내왕, 관물의 수송 등을 주로 담당했던 역과 관리나 일반 여행자에게 숙박 편의를 제공했던 원의 역원취락(驛院聚落)은 주요 역로를 따라 발달했다는 앞의 내용을 통해 역(驛)~, ~원(院) 등의 한자가 들어가는 지명은 과거에 육상 교통이 발달했던 곳임을 알 수 있다.

43 · 자료 이해

정답 ③

용접 분야 기업의 수는 표면처리 분야 기업의 수의 2배인 298×2=596개보다 적으므로 옳지 않은 설명이다.

오답분석

① 열처리 분야 기업 60개의 50% 이상인 64%가 중국에 수출하므로 중국에 수출하는 열처리 분야 기업은 30개 이상이다.

② 금형 분야 기업의 수는 전체 기업 수의 40%인 약 1,014개보다 적으므로 옳은 설명이다.

④ 표를 보면 소성가공 분야 기업 중 미국에 수출하는 기업의 수가 동남아에 수출하는 기업의 수보다 3.1%p 더 많으므로 옳은 설명이다.

⑤ 주조 분야 기업 중 일본에 대한 수출비중이 64.1%로 가장 높음을 볼 때 옳은 설명이다.

44 자료 이해

- 준엽 : 국내 열처리 분야 기업들이 가장 많이 수출하는 국가는 중국(64%)이며, 열처리 분야 기업들 중 가장 많은 기업이 1순위로 진출하고 싶어 하는 국가도 중국(62.3%)으로 동일하다.
- 진경 : 용접 분야 기업들 중 기타 국가에 수출하는 기업의 수는 594×0.5=297개로, 용접 분야 기업 중 독일을 제외한 유럽에 1순위로 진출하고 싶어 하는 기업의 수인 746×0.16=119.36개보다 많다.

[오답분석]

- 지현 : 금형 분야 기업들 중 가장 많은 기업이 1순위로 진출하고 싶어 하는 국가는 유럽(독일 제외)(22.4%)이다.
- 찬영 : 표면처리 분야 기업들 중 유럽(독일 제외)에 진출하고 싶어 하는 기업들은 15.0%로, 미국에 진출하고 싶어 하는 기업인 7.8%의 2배인 15.6% 미만이다.

45 SWOT 분석
정답 ③

ⓒ 약점을 극복하여 기회를 활용하는 WO전략이다. 하지만 ⓒ의 내용은 단순히 약점 극복에 대한 전략만 포함하고 있다.
ⓒ 강점을 활용해 위험을 회피하는 ST전략이 들어가야 한다. 그러나 ⓒ은 해외 공장 보유라는 강점을 활용하는 것은 포함하고 있으나, 위협요인 회피에 대한 내용은 담고 있지 않다.

[오답분석]

㉠ SO전략으로서 가동이 가능한 해외 공장들이 많다는 강점을 활용해 국내 자동차부품 제조업체 폐업으로 인한 내수공급량 부족을 점유할 전략이므로 적절하다.
㉣ WT전략으로서 국내 공장 가동률이 저조한 점을 보완할 수 있는 방안을 통해 위협요인인 동남아 제조사의 진입을 억제하는 전략으로 적절하다.

46 자료 이해
정답 ④

- 이주임 : 2022년 부채는 4,072백만 원, 2023년 부채는 3,777백만 원으로, 2023년 전년 대비 감소율은 $\frac{4,072-3,777}{4,072}\times100 ≒$ 7.2%이다. 따라서 옳은 설명이다.
- 박사원 : 자산 대비 자본의 비율은 2022년에 $\frac{39,295}{44,167}\times100≒89.0\%$이고, 2023년에 $\frac{40,549}{44,326}\times100≒91.5\%$로 증가하였으므로 옳은 설명이다.

[오답분석]

- 김대리 : 2021년부터 2023년까지 당기순이익의 전년 대비 증감방향은 '증가 – 증가 – 증가'이나, 부채의 경우 '증가 – 증가 – 감소'이므로 옳지 않은 설명이다.
- 최주임 : 2022년의 경우, 부채비율이 전년과 동일하므로 옳지 않은 설명이다.

47 명제 추론
정답 ④

(1) '가'사항을 채택하면 '나'사항을 채택한 경우와 '다'사항을 채택한 경우로 나눌 수 있으므로 '나'사항과 '다'사항은 같이 채택될 수 없다.
(2) '다'사항과 '라'사항을 동시에 채택하면, '나'사항을 채택하지 않아야 하므로 '다'사항과 '라'사항을 동시에 채택할 경우에는 '나'사항과 '다'사항은 같이 채택될 수 없다.
(3) '가'사항이나 '나'사항을 채택하면, '라'사항도 채택해야 하는데 (2)에 의해 여기에 '다'사항을 채택하면 '나'사항을 채택할 수 없게 되어 '나'사항과 '다'사항은 같이 채택될 수 없다.
따라서 (1), (2), (3) 모두에 의해 '나'사항과 '다'사항은 항상 같이 채택될 수 없다.

[오답분석]

①・② (1)에 의해 '나'사항이 채택되지 않고 '다'사항이 채택되면, '가'사항이 채택될 수 있다.
③ '가'사항과 '나'사항, '라'사항이 모두 나와 있는 조건은 (3)인데 (3)에 의해서도 ③이 옳지 않은 경우는 아니다.
⑤ (3)의 대우이므로, 항상 옳다.

48 　내용 추론　　　　　　　　　　　　　　　　　　　　　　　정답 ①

제시문에서는 조상형 동물의 몸집이 커지면서 호흡의 필요성에 따라 아가미가 생겨났고, 호흡계 일부가 변형된 허파는 식도 아래쪽으로 생성되었다. 이후 폐어 단계에서 척추동물로 진화하면서 호흡계와 소화계가 겹친 부위가 분리되기 시작하여 결국 하나의 교차점을 남기면서 인간의 음식물로 인한 질식 현상과 같은 단점을 남겼다고 설명하고 있다. 또한 마지막 문장에서 이러한 과정이 당시에는 최선의 선택이었다고 하였으므로, 진화가 순간순간에 필요한 대응일 뿐 최상의 결과를 내는 과정이 아님을 알 수 있다.

49 　자료 이해　　　　　　　　　　　　　　　　　　　　　　　정답 ⑤

2020 ~ 2024년의 국가공무원 중 여성의 비율과 지방자치단체공무원 중 여성의 비율의 차를 구하면 다음과 같다.
- 2020년 : 47−30=17%p
- 2021년 : 48.1−30.7=17.4%p
- 2022년 : 48.1−31.3=16.8%p
- 2023년 : 49−32.6=16.4%p
- 2024년 : 49.4−33.7=15.7%p

즉, 비율의 차는 2021년에 증가했다가 2022년 이후에 계속 감소함을 알 수 있다.

50 　내용 추론　　　　　　　　　　　　　　　　　　　　　　　정답 ②

국가 주요 정책이나 환경에 대한 관심이 상표 출원에 많은 영향을 미치고 있음을 알 수 있다.

[오답분석]
① 환경과 건강에 대한 관심이 증가하면서 앞으로도 친환경 관련 상표 출원은 증가할 것으로 유추할 수 있다.
③ 친환경 상표가 가장 많이 출원된 제품이 화장품인 것은 맞지만 그 안전성에 대해서는 언급하고 있지 않기 때문에 유추하기 어렵다.
④ 2007년부터 2017년까지 영문자 ECO가 상표 출원실적이 가장 높았으며 그다음은 그린, 에코 순이다. 제시문의 내용만으로는 유추하기 어렵다.
⑤ 출원건수는 상품류를 기준으로 한다. ECO 달세제, ECO 별세제는 모두 친환경 세제라는 상품류에 속하므로 단류 출원 1건으로 계산한다.

01	02	03	04	05	06	07	08	09	10	11	12	13	14	15	16	17	18	19	20
③	④	④	④	③	②	④	②	③	②	②	④	①	③	④	①	③	⑤	④	②
21	22	23	24	25	26	27	28	29	30	31	32	33	34	35	36	37	38	39	40
⑤	④	⑤	②	③	⑤	③	④	③	④	⑤	③	③	③	③	②	⑤	①	③	②
41	42	43	44	45	46	47	48	49	50										
⑤	④	③	②	④	②	④	⑤	①	⑤										

01 문서 내용 이해 정답 ③

수전해 기술을 포함해 친환경적인 방법으로 수소를 생산하고 효과적으로 저장하는 기술에 2021년에는 33억 원을 지원했다. 앞으로 6년 동안 총 253억 원을 투입할 예정이다.

오답분석

① 그린수소의 생산은 수전해 없이는 불가능하다.
② 현재 우리나라는 수전해 기술 관련 연구개발 역사가 짧고 아직 관련시장이 크지 않기 때문에 국산 수전해 설비의 효율이 경쟁국에 비해 낮고 핵심 소재 기술도 부족한 실정이다.
④ 국내 연구기관들은 수전해 셀 구성 재료의 저가화와 고효율, 고내구성 등 기계적 안정적 측면에서 실용화 연구 중심으로 적극 검토가 필요하며 기업들은 MW급 대용량 전해조 시스템 개발과 투자비를 현저히 낮출 수 있는 기술 개발에 박차를 가해야 한다.
⑤ 우리나라는 국내 그린수소 생산을 위한 지리적인 제약 요인으로 2030년부터는 해외 그린수소 수입이 불가피한 상황이다. 따라서 다른 나라와 기술교류 및 해외 공동 사업 등을 적극적으로 추진해야 한다.

02 응용 수리 정답 ④

철수가 출발하고 나서 영희를 따라잡은 시간을 x분이라고 하자.
철수와 영희는 5 : 3 비율의 속력으로 간다고 했으므로 철수의 속력을 $5am$/분이라고 하면 영희의 속력은 $3am$/분이다.
$5am$/분 × x분 = $3am$/분 × 30분 + $3am$/분 × x분
→ $5ax = 90a + 3ax$
→ $2ax = 90a$
∴ $x = 45$
따라서 철수가 영희를 따라잡은 시간은 45분만이다.

03 자료 해석

부속서 I에 해당하는 국가는 온실가스 배출량을 1990년 수준으로 감축하기 위해 노력하지만 강제성을 부여하지는 않기에 벌금은 없다.

04 조직 구조

- A대리 : 조직 내 집단 간 경쟁의 원인은 조직 내 한정 자원을 차지하려는 목적에서 발생한다.
- B차장 : 한정 자원의 차지 외에도 집단들이 상반된 목표를 추구할 때에도 경쟁이 발생한다.
- D주임 : 경쟁이 지나치면 집단 간 경쟁에 지나치게 많은 자원을 투입하고 본질적 목표를 소홀히 하게 되어 비능률을 초래하게 된다.

[오답분석]

- C주임 : 경쟁을 통해 집단 내부의 결속력을 다지고, 집단의 활동이 더욱 조직화되어 효율성을 확보할 수 있다. 하지만 지나치게 되면 자원의 낭비, 비능률 등의 문제가 초래된다. 따라서 경쟁이 치열할수록 좋다는 C주임의 설명은 적절하지 않다.

05 명제 추론

조건에 따르면 최소한 수학자 1명, 논리학자 1명, 과학자 2명이 선정되어야 하고, 그 외 나머지 2명을 선정해야 한다. 예를 들어 물리학, 생명과학, 화학, 천문학을 전공한 과학자 총 4명을 선정하면 천문학 전공자는 기하학 전공자와 함께 선정되고, 논리학자는 비형식논리 전공자를 선정하면 가능하다.

[오답분석]

① 형식논리 전공자가 1명 선정되면 비형식논리 전공자도 최소한 1명 선정되어야 하므로 논리학자는 2명 선정된다. 그러나 형식논리 전공자가 먼저 선정된 것이 아니라면 옳지 않다.
② 같은 전공을 가진 수학자가 2명 선정될 수 있다. 예를 들어 다음과 같이 선정될 수 있다.
- 논리학자 1명 – 비형식논리 전공자
- 수학자 2명 – 기하학 전공자, 기하학 전공자
- 과학자 3명 – 물리학 전공자, 생명과학 전공자, 천문학 전공자
④ 통계학 전공자를 포함하면 수학자는 3명이 선정될 수 있다. 예를 들어 다음과 같이 선정될 수 있다.
- 논리학자 1명 – 비형식논리 전공자
- 수학자 3명 – 통계학 전공자, 대수학 전공자, 기하학 전공자
- 과학자 2명 – 천문학 전공자, 기계공학 전공자
⑤ 논리학자는 3명이 선정될 수 있다. 예를 들어, 다음과 같이 선정될 수 있다.
- 논리학자 3명 – 형식논리 전공자 1명, 비형식논리 전공자 2명
- 수학자 1명 – 기하학 전공자
- 과학자 2명 – 천문학 전공자, 물리학 전공자

06 상황 판단

월요일과 화요일에는 카페모카, 비엔나커피 중 하나를 마시는데, 화요일에는 우유가 들어가지 않은 음료를 마시므로 비엔나커피를 마시고, 전날 마신 음료는 다음 날 마시지 않으므로 월요일에는 카페모카를 마신다. 수요일에는 바닐라 시럽이 들어간 유일한 음료인 바닐라라테를 마신다. 목요일에는 우유가 들어가지 않은 아메리카노와 비엔나커피 중 하나를 마시는데, 비엔나커피는 일주일에 2번 이상 마시지 않으며, 비엔나커피는 이미 화요일에 마셨으므로 아메리카노를 마신다. 금요일에는 홍차라테를 마시고, 토요일과 일요일에는 시럽이 없고 우유가 들어가는 카페라테와 홍차라테 중 하나를 마신다. 바로 전날 마신 음료는 마실 수 없으므로 토요일에는 카페라테를, 일요일에는 홍차라테를 마신다.
이를 표로 정리하면 다음과 같다.

일	월	화	수	목	금	토
홍차라테	카페모카	비엔나커피	바닐라라테	아메리카노	홍차라테	카페라테

따라서 아메리카노를 마신 요일은 목요일이다.

07   상황 판단   정답 ④

바뀐 조건에 따라 甲이 요일별로 마실 음료를 정리하면 다음과 같다.

일	월	화	수	목	금	토
카페라테	카페모카	비엔나커피	바닐라라테	아메리카노	카페라테	홍차라테

금요일에는 카페라테를 마시고, 토요일과 일요일에는 시럽이 없고 우유가 들어가는 카페라테와 홍차라테를 한 잔씩 마신다. 조건에 의해 바로 전날 마신 음료는 마실 수 없으므로 토요일에는 홍차라테를, 일요일에는 카페라테를 마신다.

08   자료 계산   정답 ②

2019년부터 2024년의 당기순이익을 매출액으로 나눈 수치는 다음과 같다.

- 2019년 : $\dfrac{170}{1,139} \fallingdotseq 0.15$
- 2020년 : $\dfrac{227}{2,178} \fallingdotseq 0.1$
- 2021년 : $\dfrac{108}{2,666} \fallingdotseq 0.04$
- 2022년 : $\dfrac{-266}{4,456} \fallingdotseq -0.06$
- 2023년 : $\dfrac{117}{3,764} \fallingdotseq 0.03$
- 2024년 : $\dfrac{65}{4,427} \fallingdotseq 0.01$

즉, 2019년의 수치가 가장 크므로 다음 해인 2020년의 투자규모가 가장 크다.

09   자료 이해   정답 ③

2019년부터 2024년까지 공정자산총액과 부채총액의 차를 순서대로 나열하면 952, 1,067, 1,383, 1,127, 1,864, 1,908십억 원이다. 따라서 2024년이 가장 크다.

[오답분석]
① 2022년에는 자본총액이 전년 대비 감소했다.
② 직전 해에 비해 당기순이익이 가장 많이 증가한 해는 2023년이다.
④ 총액 규모가 가장 큰 것은 공정자산총액이다.
⑤ 2023년 대비 2024년에 자본총액은 증가하였지만 자본금은 감소하였으므로 자본총액 중 자본금이 차지하는 비중은 감소한 것을 알 수 있다.

10   명제 추론   정답 ②

두 번째, 다섯 번째 조건과 여덟 번째 조건에 따라 회계직인 D는 미국 서부로 배치된다.

11   명제 추론   정답 ②

주어진 자료에 따르면 가능한 경우는 총 2가지로 다음과 같다.

구분	인도네시아	미국 서부	미국 남부	칠레	노르웨이
경우 1	B	D	A	C	E
경우 2	C	D	B	A	E

㉠ 경우 2로 B는 미국 남부에 배치된다.
㉢ 경우 1, 2 모두 노르웨이에는 항상 회계직인 E가 배치된다.

[오답분석]
㉡ 경우 1로 C는 칠레에 배치된다.
㉣ 경우 2일 때, A는 미국 남부에 배치된다.

12 응용 수리

정답 ④

한 골만 넣으면 경기가 바로 끝난다고 하였으므로 현재 상황은 양 팀이 동점임을 알 수 있다. 양 팀이 한 번씩 승부차기를 하고도 경기가 끝나지 않는다는 것은 양 팀 모두 성공하거나 실패하는 경우이다.
- 양 팀 모두 성공하는 확률 : $0.7 \times 0.4 = 0.28$
- 양 팀 모두 실패하는 확률 : $0.3 \times 0.6 = 0.18$

따라서 경기가 끝나지 않을 확률은 $0.28 + 0.18 = 0.46$이다.

13 문서 내용 이해

정답 ①

17세기 철학자인 데카르트는 '동물은 정신을 갖고 있지 않으며, 고통을 느끼지 못하므로 심한 취급을 해도 좋다.'라고 주장하였다.

[오답분석]

② 피타고라스는 윤회설에 입각하여 동물에게 경의를 표해야 함을 주장하였다.
③ 루소는 '인간불평등 기원론'을 통해 인간과 동물은 동등한 자연의 일부임을 주장하였다.
④ 동물 복지 축산농장 인증제는 공장식 축산 방식의 문제를 개선하기 위한 동물 복지 운동의 일환으로 등장하였다.
⑤ 미국의 신경과학자들은 '의식에 관한 케임브리지 선언'을 통해 동물에게도 의식이 있다고 선언했다.

14 어휘

정답 ③

㉠의 '떨어지다'는 '값, 기온, 수준, 형세 따위가 낮아지거나 내려가다.'를 뜻하므로 이와 같은 의미로 사용된 것은 ③이다.

[오답분석]

① 이익이 남다.
② 입맛이 없어지다.
④ 병이나 습관 따위가 없어지다.
⑤ 뒤를 대지 못하여 남아 있는 것이 없게 되다.

15 명제 추론

정답 ④

서울 대표를 기준으로 하여 시계 방향으로 '서울 – 대구 – 춘천 – 경인 – 부산 – 광주 – 대전 – 속초' 순서로 앉아 있다. 따라서 경인 대표의 맞은편에 앉은 사람은 속초 대표이다.

16 문제 유형

성답 ①

- (가), (바) : 곤충 사체 발견, 방사능 검출은 현재 직면한 문제이므로 발생형 문제로 적절하다.
- (다), (마) : 더 많은 전압을 회복시킬 수 있는 충전지 연구와 근로시간 단축은 현재 상황보다 효율을 더 높이기 위한 문제이므로 탐색형 문제로 적절하다.
- (나), (라) : 초고령사회와 드론시대를 대비하여 미래지향적인 과제를 설정하는 것은 설정형 문제로 적절하다.

17 SWOT 분석
정답 ③

전기의 가격은 $10 \sim 30$원/km인 반면, 수소의 가격은 72.8원/km로 전기보다 수소의 가격이 더 비싸다. 하지만 원료의 가격은 자사의 내부환경의 약점(Weakness) 요인이 아니라 거시적 환경에서 비롯된 위협(Treat) 요인으로 보아야 한다.

오답분석

- (가) : 보조금 지원을 통해 첨단 기술이 집약된 친환경 차를 중형 SUV 가격에 구매할 수 있다고 하였으므로, 자사의 내부환경(자사 경영자원)의 강점(Strength) 요인으로 볼 수 있다.
- (나) : 충전소가 전국 12개소에 불과하며, 올해 안에 10개소를 더 설치한다고 계획 중이지만 완공 여부는 알 수 없으므로 자사의 내부환경(자사 경영자원)의 약점(Weakness) 요인으로 볼 수 있다.
- (라) : 친환경차에 대한 인기가 뜨겁다고 하였으므로, 고객이라는 외부환경에서 비롯된 기회(Opportunity) 요인으로 볼 수 있다.
- (마) : 생산량에 비해 정부 보조금이 부족한 것은 외부환경(거시적)에서 비롯된 위협(Treat) 요인으로 볼 수 있다.

18 조직 구조
정답 ⑤

서약서 집행 담당자는 보안담당관이고, 보안담당관은 총무국장이므로 서약서는 이사장이 아닌 총무국장에게 제출해야 한다.

19 자료 이해
정답 ④

지자체 부서명이 '미세먼지대책과'인 곳은 경기와 충남지역이므로 두 지역의 보급대수 합은 $6,000+2,820=8,820$대이다.

오답분석

① 서울지역의 지자체 부서명은 '기후대기과'이며, 이와 같은 지역은 부산, 광주, 충북, 경남으로 총 네 개 지역이다.

② 지방보조금이 700만 원 이상인 곳은 대전, 충북, 충남, 전북, 전남, 경북, 경남 총 7곳이며, 전체 지역인 17곳의 $\frac{7}{17} \times 100 ≒ 41.2\%$를 차지한다.

③ 전기차 보급대수가 두 번째로 많은 지역은 서울(11,254대)이고, 다섯 번째로 적은 지역은 광주(1,200대)이다. 두 지역의 보급대수 차이는 $11,254-1,200=10,054$대이다.

⑤ 지자체 부서명이 '환경정책과'인 지역은 세종과 경북이며, 총 보급대수는 $530+2,481=3,011$대이다. 따라서 전 지역 보급대수에서 두 지역이 차지하는 비율은 $\frac{3,011}{65,000} \times 100 ≒ 4.6\%$로 5% 미만이다.

20 자료 이해
정답 ②

ㄱ. 2024년까지 산업재산권 총계는 100건으로 SW권 총계의 140%인 $71 \times 1.4=99.4$건보다 많으므로 옳은 설명이다.

ㄷ. 2024년까지 등록된 저작권 수는 214건으로, SW권의 3배인 $71 \times 3=213$건보다 많으므로 옳은 설명이다.

오답분석

ㄴ. 2024년까지 출원된 특허권 수는 16건으로, 산업재산권의 80%인 $21 \times 0.8=16.8$건보다 적으므로 옳지 않은 설명이다.

ㄹ. 2024년까지 출원된 특허권 수는 등록 및 출원된 특허권의 $\frac{16}{66} \times 100 ≒ 24.2\%$로 50%에 못 미친다. 또한 등록 및 출원된 특허권은 등록된 특허권과 출원된 특허권을 더하여 산출하는데, 출원된 특허권 수보다 등록된 특허권 수가 더 많으므로 옳지 않은 설명이다.

21 | 자료 이해 정답 ⑤

등록된 지식재산권 중 2022년부터 2024년까지 건수에 변동이 없는 것은 상표권, 저작권, 실용신안권 3가지이다.

오답분석

① 등록된 특허권 수는 2022년에 33건, 2023년에 43건, 2024년에 50건으로 매년 증가하였다.

② 디자인권 수는 2024년에 24건으로, 2022년 디자인권 수보다 $\dfrac{24-28}{28} \times 100 ≒ -14.3\%$로 5% 이상 감소한 것이므로 옳은 설명이다.

③ 자료를 보면 2022년부터 2024년까지 모든 산업재산권에서 등록된 건수가 출원된 건수 이상인 것을 알 수 있다.

④ 등록된 SW권 수는 2022년에 57건, 2024년에 71건으로, $\dfrac{71-57}{57} \times 100 ≒ 24.6\%$ 증가하였으므로 옳은 설명이다.

22 | 빈칸 삽입 정답 ④

빈칸 앞의 문장에서는 과학자의 믿음과 종교인의 믿음이 서로 다르다고 이야기하고 있으나, 빈칸 뒤의 문장에서는 믿음이라는 말 외에 다른 단어로 대체하기 어렵다고 이야기하고 있으므로 빈칸에는 앞의 내용과 뒤의 내용이 상반될 때 쓰는 '그러나'가 적절하다.

23 | 글의 주제 정답 ⑤

마지막 문단에서 글쓴이는 과학과 종교 두 영역이 서로 상생하기 위해서는 겸허함과 인내를 통해 편견에서 벗어나야 한다고 주장하며, 이를 위해서는 서로의 영역을 인정해 주려는 노력이 우선시되어야 한다고 이야기하고 있다.

24 | 조직 구조 정답 ②

ㄱ. 조직 내부 문제에 대한 진단은 설문조사, 지표 분석 등 공식적으로 이루어지기도 하지만, 임의적 내부 의견수렴 등을 통해 비공식적으로 이루어지기도 한다.

ㄹ. 조직 문제 대안들 중 선택된 방안은 선택 후 실시 전에 조직 의사결정자의 승인을 거친다.

오답분석

ㄴ. 조직 문제에 대한 대안은 새로운 대안 개발 외에도 기존 대안 중 선택하는 방법도 있다. 따라서 반드시 새로운 대안 설계가 가장 바람직한 것은 아니다.

ㄷ. 조직의 의사결정은 급진적이고 혁신적인 변화보다는 기존 결정에서 점진적으로 수정해 나가는 방식으로 이루어지는 경향이 있다.

25 | 조직 구조 정답 ③

조직의 변화에 있어서 실현가능성과 구체성은 중요한 요소이다.

오답분석

① 조직에 영향이 있는 변화들로 한정하지 않으면 지나치게 방대한 요소를 고려하게 되어 비효율이 발생한다.

② 변화를 실행하려는 조직은 기존 규정을 개정해서라도 환경에 적응하여야 한다. 따라서 틀린 설명이다.

④ 조직구성원들이 현실에 안주하고 변화를 기피하는 경향이 있을수록 환경 변화를 인지하지 못한다.

⑤ 조직의 변화는 '환경변화 인지 – 조직변화 방향 수립 – 조직변화 실행 – 변화결과 평가' 순으로 이루어진다.

26 | 맞춤법 정답 ⑤

⑤는 '계발' 대신 '새로운 물건을 만들거나 새로운 생각을 내어놓음'의 용법으로 쓰이는 '개발'로 써야 한다.

27 　내용 추론　　　　　　　　　　　　　　　　　　　　　　　　정답 ③

㉠은 기업들이 더 많은 이익을 내기 위해 '디자인의 향상'에 몰두하는 것이 바람직하다는 판단이다. 즉, '상품의 사회적 마모를 짧게 해서 소비를 계속 증가시키기 위한' 방안인데, 이것에 대한 반론이 되기 위해서는 ㉠의 주장이 지니고 있는 문제점을 비판하여야 한다. ㉠이 지니고 있는 가장 큰 문제점은 '과연 성능 향상 없는 디자인 변화가 소비를 촉진시킬 수 있는 것인가.'가 되어야 한다. 디자인 변화는 분명히 상품의 소비를 촉진시킬 수 있는 효과적 방법 중의 하나이지만 '성능이나 기능, 내구성'의 향상이 전제되지 않았을 때는 효과를 내기 힘들기 때문이다.

28 　내용 추론　　　　　　　　　　　　　　　　　　　　　　　　정답 ④

㉡은 '자본주의 상품의 모순'을 설명하고 있는 부분인데, '상품의 기능이나 성능, 내구성이 향상되었는데도 상품의 생명이 짧아지는 것'을 의미한다. 이에 대한 사례로는 ④와 같이 상품을 아직 충분히 쓸 수 있는데도 불구하고 새로운 상품을 구매하는 행위 등이 있다.

29 　문제 유형　　　　　　　　　　　　　　　　　　　　　　　　정답 ③

문제는 흔히 문제점과 구분하지 않고 사용하는데, 문제란 원활한 업무 수행을 위해 해결해야 하는 질문이나 의논 대상을 의미한다. 즉, 해결하기를 원하지만 실제로 해결해야 하는 방법을 모르고 있는 상태나 얻고자 하는 해답이 있지만, 그 해답을 얻는 데 필요한 일련의 행동을 알지 못한 상태이다.
문제점이란 문제의 근본 원인이 되는 사항으로, 문제해결에 필요한 열쇠의 핵심 사항을 말한다. 문제점은 개선해야 할 사항이나 손을 써야 할 사항, 그에 의해서 문제가 해결될 수 있고 문제의 발생을 미리 방지할 수 있는 사항을 말한다.
제시문에서 문제는 사업계획서 제출에 실패한 것이고, 문제점은 K기업의 전산망 마비로 전산시스템 접속이 불가능해진 것이라고 볼 수 있다.

30 　논리적 오류　　　　　　　　　　　　　　　　　　　　　　　정답 ④

연역법의 오류는 'A=B, B=C, so A=C'와 같은 삼단 논법에서 발생하는 오류를 칭하는 말이다.
'이현수 대리(A)는 기획팀(B)을 대표하는 인재인데(A=B), 이현수 대리가 이런 실수(C)를 하다니(A=C) 기획팀이 하는 업무는 모두 실수투성이 일 것이 분명할 것(B=C)'이라는 말은, 'A=B, A=C, so B=C'와 같은 삼단 논법에서 발생하는 오류인 연역법의 오류에 해당한다.

오답분석

① 권위나 인신공격에 의존한 논증 : 위대한 성인이나 유명한 사람의 말을 활용해 자신의 주장을 합리화하거나 상대방의 주장이 아니라 상대방의 인격을 공격하는 것이다.
② 무지의 오류 : 증명되지 않았다고 해서 그 반대의 주장이 참이라는 것이다.
③ 애매성의 오류 : 언어적 애매함으로 인해 이후 주장이 논리적 오류에 빠지는 경우이다.
⑤ 허수아비 공격의 오류 : 상대방의 주장과는 전혀 상관없는 별개의 논리를 만들어 공격하는 경우이다.

31 　응용 수리　　　　　　　　　　　　　　　　　　　　　　　　정답 ⑤

(세 사람 중 두 사람이 합격할 확률)=(홍은이만 떨어질 확률)+(영훈이만 떨어질 확률)+(성준이만 떨어질 확률)
$$=\left(\frac{1}{7}\times\frac{3}{5}\times\frac{1}{2}\right)+\left(\frac{6}{7}\times\frac{2}{5}\times\frac{1}{2}\right)+\left(\frac{6}{7}\times\frac{3}{5}\times\frac{1}{2}\right)=\frac{33}{70}$$
따라서 33+70=103의 값이 나온다.

32 자료 이해
정답 ③

ⓛ (교원 1인당 원아 수)=$\frac{(원아 수)}{(교원 수)}$이다. 따라서 교원 1인당 원아 수가 적어지는 것은 원아 수 대비 교원 수가 늘어나기 때문이다.

ⓔ 제시된 자료만으로는 알 수 없다.

33 자료 이해
정답 ③

성인 평균 탄수화물 섭취량이 가장 작은 나라는 영국(284g)이다. 영국의 단백질 섭취량(64g)에서 동물성 단백질이 차지하는 양은 42g, 지방 섭취량(55g)에서 동물성 지방이 차지하는 양은 32g이므로 단백질과 지방 섭취량 중 동물성이 차지하는 비율은 식물성이 차지하는 비율보다 크다.

오답분석

ⓐ 탄수화물의 '성인 기준 하루 권장 섭취량'은 300 ~ 400g이다. 이를 초과한 국가는 총 3곳으로 브라질(410g), 인도(450g), 멕시코(425g)이고, 미만인 국가는 총 2곳으로 미국(295g), 영국(284g)이다.

ⓛ 단백질이 '성인 기준 하루 권장 섭취량'을 초과하는 국가는 인도(74g), 프랑스(71g), 멕시코(79g), 중국(76g)이다. 이 네 국가 중 인도와 프랑스는 식물성 단백질 섭취량이 더 많다.

ⓒ 국가별 '성인 기준 하루 권장 섭취량'의 지방 섭취량(51g)과의 차이가 가장 작은 국가는 2g 차이인 인도이다. 인도의 지방 섭취량(49g) 중 동물성 섭취량(21g)이 차지하는 비율은 약 $\frac{21}{49} \times 100 = 42.9\%$로 40%를 초과한다.

34 의사 표현
정답 ③

상대가 화를 내는 등 공격적인 상황에서 같이 화를 내는 것을 옳지 않다. 맞대응하기보다는 상대의 자극적인 말을 무시하는 등 상대를 제풀에 지치게 만드는 것이 효과적이다.

35 어휘
정답 ③

ⓐ 구별(區別) : 성질이나 종류에 따라 차이가 남. 또는 성질이나 종류에 따라 갈라놓음
ⓛ 변별(辨別) : 사물의 옳고 그름이나 좋고 나쁨을 가림
ⓒ 감별(鑑別) : 보고 식별함

오답분석

• 차별(差別) : 둘 이상의 대상을 각각 등급이나 수준 따위의 차이를 두어서 구별함
• 시별(識別) : 분별하어 알아봄
• 분별(分別) : 서로 다른 일이나 사물을 구별하여 가림

36 문서 내용 이해
정답 ②

채집음식이란 재배한 식물이 아닌 야생에서 자란 음식재료를 활용하여 만든 음식을 의미한다.

오답분석

① 로가닉의 희소성은 루왁 커피를 사례로 봄으로써 까다로운 채집과정과 인공의 힘으로 불가능한 생산과정을 거치면서 나타남을 알 수 있다.
③ 로가닉은 '천연상태의 날 것'을 유지한다는 점에서 기존의 오가닉과 차이를 가짐을 알 수 있다.
④ 소비자들이 로가닉 제품의 스토리텔링에 만족한다면 높은 가격은 더 이상 매출 상승의 장애 요인이 되지 않을 것으로 보고 있다.
⑤ '로가닉 조리법'을 활용한 외식 프랜차이즈 브랜드가 꾸준히 인기를 끌고 있음을 확인할 수 있다.

37 명제 추론

정답 ⑤

주어진 조건을 정리하면 다음과 같다.

구분	노래	기타 연주	마술	춤	마임
인사팀	○(4명)				
영업팀		○(1명)			
홍보팀			○(2명)		
디자인팀				○(6명)	
기획팀					○(7명)

따라서 K공단 홍보팀에서는 총 2명이 장기자랑에 참가하며, 참가 종목은 마술이다.

38 명제 추론

정답 ①

부산이 민호의 네 번째 여행지였을 때 가능한 경우는 다음과 같다.

여행지	전주	강릉	춘천	부산	안동	대구

따라서 전주는 첫 번째 여행지이다.

39 명제 추론

정답 ③

대표의 옆방에는 부장이 묵어야 하므로 대표는 오직 111호에만 묵을 수 있으며, 110호에는 총무팀 박부장이 배정받는다. 따라서 111호에는 생산팀 장과장은 묵을 수 없다.

[오답분석]

① 두 번째 조건에서 같은 부서는 마주 보는 방을 배정받을 수 없으므로 인사팀 유과장은 105호에 배정받을 수 없다.

②·⑤ 만약 105호에 생산팀 장과장이 배정받으면, 인사팀 유과장은 102·104·107호에 배정받을 수 있으므로 102호 또는 107호에 배정받으면 104호는 빈방으로 남을 수 있다.

④ 111호에 대표가 묵는다고 했으므로 총무팀 박부장은 110호로 배정받는다.

40 조직 구조

정답 ②

조직의 일차적 과업인 운영목표에 포함되어야 하는 것으로서, 투입된 자원 대비 산출량을 개선하기 위한 목표는 ⑤ 생산성이다. 또한 조직구성원에 대한 교육훈련, 승진, 성장 등과 관련된 목표는 ⓒ 인력개발이다.

41 응용 수리

정답 ⑤

- 평균 : $\dfrac{66+79+66+89+85}{5}=77$

- 분산 : $\dfrac{(66-77)^2+(79-77)^2+(66-77)^2+(89-77)^2+(85-77)^2}{5}=90.8$

- 표준편차 : $\sqrt{90.8}$

- 평균 : $\dfrac{(전체\ 관찰값의\ 합)}{(총\ 관찰값의\ 수)}$
- 분산 : 각 관찰값과 평균값과의 차이의 제곱의 평균
- 표준편차 : 분산의 양의 제곱근

42 자료 해석

정답 ④

최종 업무수행능력 점수를 계산해 보면 다음과 같다.

- A : 24+10+24+8=66점
- B : 32+18+21+8=79점
- C : 24+14+21+7=66점
- D : 38+18+24+9=89점
- E : 36+16+27+6=85점이다.

따라서 D가 최고점자가 된다.

43 자료 해석

정답 ③

최저점자가 A와 C, 2명이므로 사내 인사시행규칙 제9조3항에 근거하여 재평가하면 다음과 같다.

1. A, C 모두 업무성과 점수가 60점으로 동일
2. A가 해외 프로젝트에 참여함으로써 상위득점자로 산출

따라서 환경평가부서 내 최저점자는 C가 된다.

44 자료 해석

정답 ②

ㄱ. 신고자 개인이 1회의 신고로 받을 수 있는 포상금 최고금액은 피해액 혹은 수수금액이 300만 원을 초과하는 직무관련자의 임직원 부조리 및 임직원에 의한 내부공익신고로서, 이때의 포상금은 300만 원이다.

ㄹ. 임직원이 본인의 의사에 반하여 200만 원 상당의 현금다발을 수수한 후 반환하고 신고한 경우, 이의 25%인 50만 원을 지급받게 된다. 이는 「위반행위 신고접수처리 및 신고자보호등에 관한 운영 지침」 제23조 제2항 제4호에 따라 지급되는 포상금인 50만 원과 동일한 금액이다.

오답분석

ㄴ. 내부공익신고에 따른 포상금은 금액으로 산출이 가능한 경우 피해액이 10만 원이면 10만 원을 수령하게 되며, 금액으로 산출이 불가능한 경우 290만 원의 포상금을 받을 수도 있다. 따라서 200만 원을 초과하는 차이가 나는 경우도 가능하다.

ㄷ. 공단사업의 운영에 중대한 영향을 미치는 사항 또는 대상자 징계처분 결과가 해임 또는 파면인 내부공익신고의 경우, 신고자가 수령할 포상금액은 300만 원 이내이다.

45 자료 해석

정답 ④

직원	포상금 수령근거	포상금 수령액
A대리	인사과 소속 P주임의 내부 부정에 관한 것이므로 직무관련자에 대한 내부공익신고이며, 일반적 사항을 위반하였고 감봉을 받게 되었으므로 제23조 제2항 제2호에 따라 포상금을 수령하게 된다.	100만 원 이내
B주임	외부입찰을 담당하는 K대리와 그의 직무와 관련된 협력사 간의 부정청탁이므로 내부공익신고로서 제23조 제2항에 해당되며, 수수금액이 210만 원이므로 제1호에 따라 포상금을 수령하게 된다.	100만+(210만-100만)×0.3 =133만 원
C사원	① 의사에 반하여 수수한 금액을 거절 후 신고하였으므로 제23조 제2항 제3호에 따라 포상금을 수령한다. ② 직무관련자인 G사원에 대한 내부공익신고이므로 제23조 제2항 제1호에 따라 포상금을 수령한다.	① 500만×0.25=125만 원 50만 원을 초과하므로 50만 원을 수령한다. ② 100만 원 ①+②=150만 원

따라서 가장 많은 포상금을 수령하는 직원은 C사원이며 수령액은 150만 원이다.

46 　글의 주제

정답 ②

제시문에서는 환경오염은 급격한 기후변화의 촉매제 역할을 하고 있으며, 이는 농어촌과 식량 자원에 악영향을 미치고 있다고 이야기하고 있다. 따라서 ②가 글의 주제로 적절하다.

47 　문서 내용 이해

정답 ④

우리나라는 식량의 75% 이상을 해외에서 조달해 오고 있다. 이러한 특성상 기후변화가 계속된다면 식량공급이 어려워져 식량난이 심각해질 수 있다.

오답분석

① 기후변화가 환경오염의 촉매제가 된 것이 아니라, 환경오염이 기후변화의 촉매제가 되었다.
② 알프스나 남극 공기를 포장해 파는 시대가 올지도 모른다는 말은 그만큼 공기 질 저하가 심각하다는 것을 나타낸 것이다.
③ 한정된 식량 자원에 의한 굶주림이 일부 저개발 국가에서 일반화되었지만, 저개발 국가에서 인구의 폭발적인 증가가 일어났다고는 볼 수 없다.
⑤ 친환경적인 안전 먹거리에 대한 수요가 증가하고 있지만 일손 부족 등으로 친환경 먹거리 생산량의 대량화는 어렵기 때문에 해결방법이 될 수 없다.

48 　업무 종류

정답 ⑤

김팀장의 업무 지시에 따르면 이번 주 금요일 회사 창립 기념일 행사가 끝난 후 진행될 총무팀 회식의 장소 예약은 목요일 퇴근 전까지 처리되어야 한다. 따라서 이대리는 ⑩을 목요일 퇴근 전까지 처리해야 한다.

49 　자료 계산

정답 ①

차량 A ~ E의 탄소포인트 총합을 나타내면 다음과 같다.

구분	공회전 발생률(%)	공회전 시 연료소모량(cc)	탄소포인트의 총합(P)
A	$\dfrac{20}{200} \times 100 = 10$	$20 \times 20 = 400$	$100 + 0 = 100$
B	$\dfrac{15}{30} \times 100 = 50$	$15 \times 20 = 300$	$50 + 25 = 75$
C	$\dfrac{10}{50} \times 100 = 20$	$10 \times 20 = 200$	$80 + 50 = 130$
D	$\dfrac{5}{25} \times 100 = 20$	$5 \times 20 = 100$	$80 + 75 = 155$
E	$\dfrac{25}{50} \times 100 = 20$	$25 \times 20 = 500$	$50 + 0 = 50$

$\therefore \ \mathrm{D} > \mathrm{C} > \mathrm{A} > \mathrm{B} > \mathrm{E}$

50 　문서 내용 이해

정답 ⑤

온실가스 감축에 대한 기업의 추가 부담은 기업의 글로벌 경쟁력 저하는 물론, 원가 부담이 가격 인상으로 이어질 수 있다.

합 격 의
공 식
시대에듀

S D E D U

노력하여 어려움을 이기면 어려움은 곧 기쁨이 된다.
미래는 오직 우리가 준비하는 것에 달려 있다.

- 이순신 -

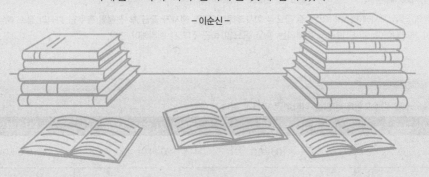

NCS 한국환경공단 답안카드

〈절취선〉

성 명

지원 분야

문제지 형별기재란

( )형   Ⓐ Ⓑ

수 험 번 호

⓪	①	②	③	④	⑤	⑥	⑦	⑧	⑨
⓪	①	②	③	④	⑤	⑥	⑦	⑧	⑨
⓪	①	②	③	④	⑤	⑥	⑦	⑧	⑨
⓪	①	②	③	④	⑤	⑥	⑦	⑧	⑨
⓪	①	②	③	④	⑤	⑥	⑦	⑧	⑨
⓪	①	②	③	④	⑤	⑥	⑦	⑧	⑨
⓪	①	②	③	④	⑤	⑥	⑦	⑧	⑨

감독위원 확인

(인)

문번	답안	문번	답안	문번	답안
1	① ② ③ ④ ⑤	21	① ② ③ ④ ⑤	41	① ② ③ ④ ⑤
2	① ② ③ ④ ⑤	22	① ② ③ ④ ⑤	42	① ② ③ ④ ⑤
3	① ② ③ ④ ⑤	23	① ② ③ ④ ⑤	43	① ② ③ ④ ⑤
4	① ② ③ ④ ⑤	24	① ② ③ ④ ⑤	44	① ② ③ ④ ⑤
5	① ② ③ ④ ⑤	25	① ② ③ ④ ⑤	45	① ② ③ ④ ⑤
6	① ② ③ ④ ⑤	26	① ② ③ ④ ⑤	46	① ② ③ ④ ⑤
7	① ② ③ ④ ⑤	27	① ② ③ ④ ⑤	47	① ② ③ ④ ⑤
8	① ② ③ ④ ⑤	28	① ② ③ ④ ⑤	48	① ② ③ ④ ⑤
9	① ② ③ ④ ⑤	29	① ② ③ ④ ⑤	49	① ② ③ ④ ⑤
10	① ② ③ ④ ⑤	30	① ② ③ ④ ⑤	50	① ② ③ ④ ⑤
11	① ② ③ ④ ⑤	31	① ② ③ ④ ⑤		
12	① ② ③ ④ ⑤	32	① ② ③ ④ ⑤		
13	① ② ③ ④ ⑤	33	① ② ③ ④ ⑤		
14	① ② ③ ④ ⑤	34	① ② ③ ④ ⑤		
15	① ② ③ ④ ⑤	35	① ② ③ ④ ⑤		
16	① ② ③ ④ ⑤	36	① ② ③ ④ ⑤		
17	① ② ③ ④ ⑤	37	① ② ③ ④ ⑤		
18	① ② ③ ④ ⑤	38	① ② ③ ④ ⑤		
19	① ② ③ ④ ⑤	39	① ② ③ ④ ⑤		
20	① ② ③ ④ ⑤	40	① ② ③ ④ ⑤		

NCS 한국환경공단 답안카드

번호	① ② ③ ④ ⑤	번호	① ② ③ ④ ⑤	번호	① ② ③ ④ ⑤
1	① ② ③ ④ ⑤	21	① ② ③ ④ ⑤	41	① ② ③ ④ ⑤
2	① ② ③ ④ ⑤	22	① ② ③ ④ ⑤	42	① ② ③ ④ ⑤
3	① ② ③ ④ ⑤	23	① ② ③ ④ ⑤	43	① ② ③ ④ ⑤
4	① ② ③ ④ ⑤	24	① ② ③ ④ ⑤	44	① ② ③ ④ ⑤
5	① ② ③ ④ ⑤	25	① ② ③ ④ ⑤	45	① ② ③ ④ ⑤
6	① ② ③ ④ ⑤	26	① ② ③ ④ ⑤	46	① ② ③ ④ ⑤
7	① ② ③ ④ ⑤	27	① ② ③ ④ ⑤	47	① ② ③ ④ ⑤
8	① ② ③ ④ ⑤	28	① ② ③ ④ ⑤	48	① ② ③ ④ ⑤
9	① ② ③ ④ ⑤	29	① ② ③ ④ ⑤	49	① ② ③ ④ ⑤
10	① ② ③ ④ ⑤	30	① ② ③ ④ ⑤	50	① ② ③ ④ ⑤
11	① ② ③ ④ ⑤	31	① ② ③ ④ ⑤		
12	① ② ③ ④ ⑤	32	① ② ③ ④ ⑤		
13	① ② ③ ④ ⑤	33	① ② ③ ④ ⑤		
14	① ② ③ ④ ⑤	34	① ② ③ ④ ⑤		
15	① ② ③ ④ ⑤	35	① ② ③ ④ ⑤		
16	① ② ③ ④ ⑤	36	① ② ③ ④ ⑤		
17	① ② ③ ④ ⑤	37	① ② ③ ④ ⑤		
18	① ② ③ ④ ⑤	38	① ② ③ ④ ⑤		
19	① ② ③ ④ ⑤	39	① ② ③ ④ ⑤		
20	① ② ③ ④ ⑤	40	① ② ③ ④ ⑤		

성 명

지원 분야

문제지 형별기재란
(   )형   Ⓐ Ⓑ

수험번호
⓪ ① ② ③ ④ ⑤ ⑥ ⑦ ⑧ ⑨
⓪ ① ② ③ ④ ⑤ ⑥ ⑦ ⑧ ⑨
⓪ ① ② ③ ④ ⑤ ⑥ ⑦ ⑧ ⑨
⓪ ① ② ③ ④ ⑤ ⑥ ⑦ ⑧ ⑨
⓪ ① ② ③ ④ ⑤ ⑥ ⑦ ⑧ ⑨
⓪ ① ② ③ ④ ⑤ ⑥ ⑦ ⑧ ⑨
⓪ ① ② ③ ④ ⑤ ⑥ ⑦ ⑧ ⑨

감독위원 확인
(인)

NCS 한국환경공단 답안카드

〈절취선〉

성 명

지원 분야

문제지 형별기재란

( )형   Ⓐ   Ⓑ

수험번호

	⓪	①	②	③	④	⑤	⑥	⑦	⑧	⑨
	⓪	①	②	③	④	⑤	⑥	⑦	⑧	⑨
	⓪	①	②	③	④	⑤	⑥	⑦	⑧	⑨
	⓪	①	②	③	④	⑤	⑥	⑦	⑧	⑨
	⓪	①	②	③	④	⑤	⑥	⑦	⑧	⑨
	⓪	①	②	③	④	⑤	⑥	⑦	⑧	⑨
	⓪	①	②	③	④	⑤	⑥	⑦	⑧	⑨

감독위원 확인

㊞

문번	1	2	3	4	5		문번	1	2	3	4	5		문번	1	2	3	4	5
1	①	②	③	④	⑤		21	①	②	③	④	⑤		41	①	②	③	④	⑤
2	①	②	③	④	⑤		22	①	②	③	④	⑤		42	①	②	③	④	⑤
3	①	②	③	④	⑤		23	①	②	③	④	⑤		43	①	②	③	④	⑤
4	①	②	③	④	⑤		24	①	②	③	④	⑤		44	①	②	③	④	⑤
5	①	②	③	④	⑤		25	①	②	③	④	⑤		45	①	②	③	④	⑤
6	①	②	③	④	⑤		26	①	②	③	④	⑤		46	①	②	③	④	⑤
7	①	②	③	④	⑤		27	①	②	③	④	⑤		47	①	②	③	④	⑤
8	①	②	③	④	⑤		28	①	②	③	④	⑤		48	①	②	③	④	⑤
9	①	②	③	④	⑤		29	①	②	③	④	⑤		49	①	②	③	④	⑤
10	①	②	③	④	⑤		30	①	②	③	④	⑤		50	①	②	③	④	⑤
11	①	②	③	④	⑤		31	①	②	③	④	⑤							
12	①	②	③	④	⑤		32	①	②	③	④	⑤							
13	①	②	③	④	⑤		33	①	②	③	④	⑤							
14	①	②	③	④	⑤		34	①	②	③	④	⑤							
15	①	②	③	④	⑤		35	①	②	③	④	⑤							
16	①	②	③	④	⑤		36	①	②	③	④	⑤							
17	①	②	③	④	⑤		37	①	②	③	④	⑤							
18	①	②	③	④	⑤		38	①	②	③	④	⑤							
19	①	②	③	④	⑤		39	①	②	③	④	⑤							
20	①	②	③	④	⑤		40	①	②	③	④	⑤							

NCS 한국환경공단 답안카드

성 명	
지원분야	

문제지 형별기재란

(형) Ⓐ Ⓑ

수 험 번 호
⓪ ① ② ③ ④ ⑤ ⑥ ⑦ ⑧ ⑨
⓪ ① ② ③ ④ ⑤ ⑥ ⑦ ⑧ ⑨
⓪ ① ② ③ ④ ⑤ ⑥ ⑦ ⑧ ⑨
⓪ ① ② ③ ④ ⑤ ⑥ ⑦ ⑧ ⑨
⓪ ① ② ③ ④ ⑤ ⑥ ⑦ ⑧ ⑨
⓪ ① ② ③ ④ ⑤ ⑥ ⑦ ⑧ ⑨
⓪ ① ② ③ ④ ⑤ ⑥ ⑦ ⑧ ⑨

감독위원 확인
(인)

번호	1	2	3	4	5	번호	1	2	3	4	5	번호	1	2	3	4	5
1	①	②	③	④	⑤	21	①	②	③	④	⑤	41	①	②	③	④	⑤
2	①	②	③	④	⑤	22	①	②	③	④	⑤	42	①	②	③	④	⑤
3	①	②	③	④	⑤	23	①	②	③	④	⑤	43	①	②	③	④	⑤
4	①	②	③	④	⑤	24	①	②	③	④	⑤	44	①	②	③	④	⑤
5	①	②	③	④	⑤	25	①	②	③	④	⑤	45	①	②	③	④	⑤
6	①	②	③	④	⑤	26	①	②	③	④	⑤	46	①	②	③	④	⑤
7	①	②	③	④	⑤	27	①	②	③	④	⑤	47	①	②	③	④	⑤
8	①	②	③	④	⑤	28	①	②	③	④	⑤	48	①	②	③	④	⑤
9	①	②	③	④	⑤	29	①	②	③	④	⑤	49	①	②	③	④	⑤
10	①	②	③	④	⑤	30	①	②	③	④	⑤	50	①	②	③	④	⑤
11	①	②	③	④	⑤	31	①	②	③	④	⑤						
12	①	②	③	④	⑤	32	①	②	③	④	⑤						
13	①	②	③	④	⑤	33	①	②	③	④	⑤						
14	①	②	③	④	⑤	34	①	②	③	④	⑤						
15	①	②	③	④	⑤	35	①	②	③	④	⑤						
16	①	②	③	④	⑤	36	①	②	③	④	⑤						
17	①	②	③	④	⑤	37	①	②	③	④	⑤						
18	①	②	③	④	⑤	38	①	②	③	④	⑤						
19	①	②	③	④	⑤	39	①	②	③	④	⑤						
20	①	②	③	④	⑤	40	①	②	③	④	⑤						

2025 최신판 시대에듀 한국환경공단
NCS + 최종점검 모의고사 6회 + 무료NCS특강

개정13판1쇄 발행	2025년 03월 20일 (인쇄 2025년 02월 28일)
초 판 발 행	2016년 05월 20일 (인쇄 2016년 05월 09일)
발 행 인	박영일
책 임 편 집	이해욱
편 저	SDC(Sidae Data Center)
편 집 진 행	김재희 · 하진형
표지디자인	박종우
편집디자인	김경원 · 장성복
발 행 처	(주)시대고시기획
출 판 등 록	제10-1521호
주 소	서울시 마포구 큰우물로 75 [도화동 538 성지 B/D] 9F
전 화	1600-3600
팩 스	02-701-8823
홈 페 이 지	www.sdedu.co.kr
I S B N	979-11-383-8945-7 (13320)
정 가	24,000원

※ 이 책은 저작권법의 보호를 받는 저작물이므로 동영상 제작 및 무단전재와 배포를 금합니다.
※ 잘못된 책은 구입하신 서점에서 바꾸어 드립니다.

한국
환경공단

NCS+최종점검 모의고사 6회

최신 출제경향 전면 반영

기업별 맞춤 학습 "기본서" 시리즈

공기업 취업의 기초부터 심화까지! 합격의 문을 여는 **Hidden Key!**

기업별 시험 직전 마무리 "모의고사" 시리즈

실제 시험과 동일하게 마무리! 합격을 향한 **Last Spurt!**

※**기업별 시리즈** : HUG 주택도시보증공사 / LH 한국토지주택공사 / 강원랜드 / 건강보험심사평가원 / 국가철도공단 / 국민건강
보험공단 / 국민연금공단 / 근로복지공단 / 발전회사 / 부산교통공사 / 서울교통공사 / 인천국제공항공사 / 코레일 한국철도공사 /
한국농어촌공사 / 한국도로공사 / 한국산업인력공단 / 한국수력원자력 / 한국수자원공사 / 한국전력공사 / 한전KPS / 항만공사 등

※도서의 이미지 및 구성은 변동될 수 있습니다.

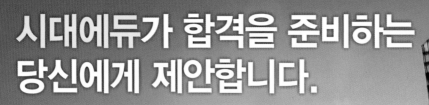

시대에듀가 합격을 준비하는
당신에게 제안합니다.

결심하셨다면 지금 당장 실행하십시오.
시대에듀와 함께라면 문제없습니다.

성공의 기회!
시대에듀를 잡으십시오.

NEXT STEP!

기회란 포착되어 활용되기 전에는 기회인지조차 알 수 없는 것이다.

- 마크 트웨인 -